Reiseführer

Spaniens Orangenblütenküste,
eine Liebe auf den ersten Blick

Biographie der Autorin
Für die Autorin des Reiseführers „Spaniens Orangenblütenküste, eine Liebe auf den ersten Blick", sind Reisen in andere Länder das schönste Hobby. Ihr Lebensmotto lautet: „Reisen bildet und macht Spaß". Nach verschiedenen Bürotätigkeiten studierte sie Sozialarbeit und hatte in den Semesterferien die Gelegenheit Europa kennen zu lernen. Nach längerer Tätigkeit im sozialen Bereich absolvierte sie eine Ausbildung zur Reisebürokauffrau. Obwohl sie Europa und Teile Afrikas gesehen hatte, zogen sie die einzigartigen Landschaften und die kulturellen Besonderheiten Spaniens magisch an. Es entstand die Idee ein Reisebuch, das die Vorfreude auf die Schönheiten der Orangenblütenküste weckt, zu schreiben.

Reiseführer

Heidi Reich

Spaniens Orangenblütenküste,
eine Liebe auf den ersten Blick

Costa Azahar, Costa Daurada
und das Inland, von Tarragona über Teruel nach Valencia

Engelsdorfer Verlag
2007

Bibliografische Information durch
Die Deutsche Bibliothek:
Die Deutsche Bibliothek verzeichnet diese Publikation in der Deutschen
Nationalbibliografie; detaillierte bibliografische Daten sind im Internet
über http://dnb.ddb.de abrufbar.

ISBN 978-3-86703-152-3
ISBN 3-86703-152-5
Copyright (2007) Engelsdorfer Verlag

Alle Rechte beim Autor

Hergestellt in Leipzig, Germany (EU)
www.engelsdorfer-verlag.de

22,00 Euro (D)

Inhaltsverzeichnis

I. Vorwort und Einladung 9

II. **Allgemeines** 11
1. Hinweise zur Benutzung, Sprache, Notfalltelefonnummer 11
2. Geschichtlicher Überblick 12
3. Kunstgeschichte 15
4. Speisen und Getränke 18
5. Klima und Reisezeit 20
6. Reisewege 21
7. Unterkunftsformen 23
8. Reisen mit Kindern 24

III. **Provinzhauptstädte** 25
1. Castellón, geschäftige Provinzhauptstadt der Costa Azahar 25
2. Valencia, Landeshauptstadt und Stadt der Feste und des Lichts 31
3. Tarragona, römisches Imperium an der Costa Daurada 44
4. Teruel, im Baustil der Mauren, eine Provinzhauptstadt in Aragon ... 52

IV. **Orte an der Orangenblütenküste/ Costa Azahar** 61
1. Vinarós, die Stadt der Languste 62
2. Benicarló, die Stadt der Artischocke 66
3. Peñíscola, eine Festung mitten im Meer 68
4. Alcalá de Chivert und die Strandgemeinde Alcossebre 75
5. Torreblanca und die Strandgemeinde Torrenostra 78
6. Oropesa del Mar, schöner Strand und Hochhauskulisse 80
7. Benicàsim, das "Biarritz" des Mittelmeeres 81
8. Almazora an der Mündung des Mijaresflusses 87
9. Villareal de los Infantes, königliche Stadt der Thronfolger 87
10. Burriana, die Orange idealisiert als Kunstwerk 88
11. Nules, Vergangenheit voller Geschichte 91
12. Moncofar, das Tor zum Mittelmeer 94
13. Chilches, und 4 Kilometer Strandpromenade 96
14. Almenara, eine Reise in die Vergangenheit 98
15. Sagunt, Stadt der Römer und Araber 99

V. **Orte an der südlichen Costa Daurada und im Hinterland** 107
1. Álcanar und Les Cases d' Alcanar, ein malerisches Fischerdorf 108
2. Ulldecona und die Felszeichnungen aus der Jungsteinzeit 111
3. Sant Carles de la Ràpita, und die Pläne von Carlos III 112
4. L'Ampolla, das Tor zum Ebrodelta und El Perello, Honig und Öl .. 114

5.	L'Ametlla de Mar, genannt La Calla, die Bucht	116
6.	L'Hospitalet de Infant, Hospital des Prinzen	118
7.	Cambrils, vom Fischerdorf zum Touristenmagnet	119
8.	Mont- roig del Camp und der Maler Joan Miro	122
9.	Montbrió del Camp/Thermalbad Aquatonic/Schloss Escornalbou	123
10.	Salou, quirliges Touristenzentrum	125
11.	Reus, die Stadt des Jugendstils	126
12.	Montblanc, die Stadt der Mauern und Türme	132
13.	Die Route der Zisterzienserklöster	136
14.	Die Bezirke Baix Penedes und Conca de Barbera	142
15.	Die Berge von Prades und von Montsant	143
16.	Valls, die Hauptstadt des Alt Camp	145
17.	Das Tal des Riu Corb	147
18.	Das Ebrotal von Amposta bis Miravet	148
VI.	**Dörfer und Städte des Maestrazgo**	**163**
1.	Cervera del Maestre und die Holzschnitzer	166
2.	San Mateo, frühere Hauptstadt des Maestrazgo	166
3.	Tírig und das Museum der Felszeichnungen	168
4.	Catí, die gotische Stadt und ihre Heilquelle	170
5.	Morella, ein Gesamtkunstwerk	171
6.	Zorita de Maestrazgo, ein magischer Ort	177
7.	Albocácer mit sehenswertem Kirchenmuseum	179
8.	Benasal und sein Heilwasser	180
9.	Ares de Maestre, der Vogelhorst	181
10.	Villafranca del Cid, im Zeichen des Volkshelden	182
11.	La Iglesia del Cid und die Häuser im Baustil Aragons	184
12.	Cantaviejea, der Ort auf dem Fels	185
13.	Mirambel, prämiert für seine vorbildliche Restaurierung	186
14.	Forcall, Stadt an der Kreuzung vieler Flüsse	187
15.	Cabanes del Arc, überragt vom römischen Bogen	188
16.	Vilfamés ein idyllischer Ort der Künstler	189
17.	Alcora, im Herzen der Keramikkultur	191
18.	Lucena del Cid, das Tor zum Park des Penagolosa Berges	194
VII.	**Natursehenswürdigkeiten**	**195**
1.	Der Peñagolosa Naturpark, ein Gebirge zum Wandern in unberührter Natur	195
2.	Die Ports de Beseit, ein Gebirge von unvergleichlicher Schönheit	198
3.	Die Sierra de Benifasar, geheimnisvolle Heimat des Steinbocks	212
4.	Das Ebrodelta im Zeichen des Reisanbaus und des Naturschutzes	217
5.	Die Sierra de Espadan, der Garten Eden des Mittelmeeres	224

6.	Der Naturpark Desierto de las Palmas, die Wüste der Mönche	230
7.	Der Naturpark Prat de Cabanes Torreblanca	233
8.	Die Sierra de Irta, das letzte unverbaute Gebirge am Meer	235
9.	Der Rio Mijares, ein Fluss mit Heilquelle und Kurort	236
10.	Der Rio Palanica, ein Flusstal mit vielen Sehenswürdigkeiten	240
11.	Die Islas Columbretes ein Paradies für Taucher	248

VIII. Register 250

Häuser in Teruel

I. Vorwort und Einladung

Spanien ist ein Reiseland für Millionen Deutsche, Engländer, Franzosen und andere Europäer und liegt auf Platz zwei der weltweit bevorzugten Reiseziele. Im Jahr 2002 übernachteten 52 Millionen Gäste in Spanien, davon waren 20 % aus Deutschland. Dies sind Zahlen aus der Statistik, doch was verbindet der Reisende mit Spanien? Sonne, Strände, Paella, Feste, Stierkämpfe, Lebensfreude, aber auch zugebaute Küsten, Umweltsünden und „Nepp und Schlepp" an jeder Ecke. Doch wie ist Spanien tatsächlich? Diese Frage zieht sich wie ein roter Faden durch den Reiseführer über die südliche Costa Daurada, die Provinz Teruel, das Gebiet des Maestrazgo, die Costa Azahar und Valencia. Nachdem die Autorin Andalusien und die Costa Brava bereist hatte, durchstreifte sie das oben beschriebene Gebiet, sammelte Informationen und fotografierte. Vor allem das Inland ist touristisch weitgehend unbekannt und es gibt zu wenig Reiseführer die es beschreiben. Mit rund 24 Küstenorten, drei Großstädten am Meer und ländlichen Orten im Inland mit schönen Hotels in historischen Gebäuden, fällt die Auswahl des Urlaubsortes nicht leicht. Egal welche Unterkunft sie wählen, dieses Buch gibt die notwendigen Reisetipps. Beschreibungen der Orte an der Küste finden sie in den Kapiteln Costa Azahar und Costa Daurada. Viele Orte im Inland werden in den Kapiteln Maestrazgo und Natursehenswürdigkeiten vorgestellt. Einige Exkurse bieten vertiefende Einblicke in die Geologie und die Tier- und Pflanzenwelt. In einem ausführlichen Kapitel werden alle vier Provinzhauptstädte vorgestellt. Der Reiseführer enthält Tipps für Reisen mit Kindern, Strände werden beschrieben, die regionale Küche wird vorgestellt und in einem Sonderkapitel finden sie Wissenswertes zu Naturparks und Naturschutzgebieten. Interessante Informationen über die Geschichte und Lage des Ortes, über Restaurants und Hotels, über Sportmöglichkeiten, über Feste und Sehenswürdigkeiten werden vorgestellt. Wer das Inland und vor allem den Maestrazgo bereist staunt über die landschaftliche Schönheit, die unglaubliche Abgeschiedenheit und darüber, dass er nicht oft auf Touristen trifft. Jede Tagestour wird so zu einer Entdeckungstour. Abwechslungsreiche, teilweise spektakuläre Landschaften und eine eigentümliche kulturgeschichtliche Prägung sind im Begriff sich dem Tourismus zu öffnen. Nach wenigen Kilometern im Landesinneren erleben sie die Schönheit von grandiosen Bergketten, kristallklaren Flüssen, einer Fülle von Kulturdenkmälern und von mittelalterlichen Städten, die nicht wie Museen wirken. So umfassend dieses Buch auch geschrieben sein mag, es ist trotzdem nur eine Starthilfe und jeder Reisende wird seine eigenen Entdeckungen machen. Viel Spaß beim Lesen und dem gedanklichen Vorausreisen an die Orangenblütenküste!

Placa San Juan in Teruel

Stadt der Wissenschaften in Valencia

II. Allgemeines
1. Hinweise zur Benutzung, Sprache, Notfalltelefonnummern

Spanische Ausdrücke und Eigennamen im Kapitel Sehenswürdigkeiten erscheinen kursiv, in Anführungszeichen oder in Klammern. Die Straßen- und Ortsnamen werden in der normalen Schrift wiedergegeben. Wegen der großen Vielfalt der Akzentschreibung kann es vorkommen, dass nicht alle spanischen Wörter mit den Akzentzeichen geschrieben sind. Da die Daten im Kapitel Infrastruktur (Preise, Öffnungszeiten, Adressen, Internetadressen etc.) Änderungen unterliegen, übernimmt die Autorin für deren Richtigkeit keine Haftung. Unterkunfts-, Restaurant- Sport- und Einkaufstipps sind subjektiv und sollen gegenüber anderen Anbietern keine Vorurteile wecken. Für besonders schöne Orte und Landschaften wurden Sterne vergeben:
* = besonders sehenswert
** = besonders sehenswert, lohnt einen Umweg
*** = lohnt einen mehrtägigen Besuch.

Spanisch und Katalanisch

Als Besucher der spanischen Ostküste wird schnell klar, dass zwei Sprachen gebräuchlich sind. Neben der spanischen Sprache setzt sich die Katalanische Sprache durch. Katalanisch ist eine eigenständige Sprache, deren Ursprung im 5. Jahrhundert liegt. Sie entwickelte sich in den folgenden 400 Jahren, als Katalonien und Südfrankreich unter der gleichen Herrschaft standen, weiter. Im 19. Jahrhundert versank sie in der Bedeutungslosigkeit. Anfang des 20. Jahrhunderts wurde sie wiederbelebt, bis General Franco nach dem Bürgerkrieg dieser Entwicklung ein Ende setzte und die Katalanische Sprache (Catalá) verbot. Nach dem Tode Francos trat sie vor allem im Staats- und Bildungswesen Kataloniens einen Siegeszug an. In der Provinz Valencia wird das dem Katalanischen sprachverwandte Valenciano gesprochen. Katalanisch wird von 11 Millionen Menschen gesprochen. Im Schulunterricht hat die Katalanische Sprache Vorrang vor der spanischen Sprache, die den Rang einer ersten Fremdsprache einnimmt. In Katalonien sind Hinweise, Straßenschilder und Öffnungszeiten auf katalanisch angegeben. In der Provinz Valencia haben die Sprachen eine gleichrangige Bedeutung, deshalb sind die Straßenschilder zweisprachig.

Ortsnamen in der Provinz Castellón in Spanisch und Valenciano

Chodos/ Xodos, Oropesa del Mar/ Orpesa, Castellón de la Plana/ Castelló de la Plana, Alcalá de Chivert/ Alcalá de Xivert, Benicàsim/ Benicàssim, Alcossebre/ Alcoséber, Vilafamés/ Villafamés, Villareal de los Infantes/ Vila-real, Burriana/ Borriana, Almazora/ Almassora, Moncofar/ Moncofa, Vall de Uxó/ La Vall de Uixó, Chilches/ Xilxes, Sagunto/ Sagunt, San Mateo/ San Mateu, Vistabella de Maestrazgo/ Vistabella de Maestrat, Ares de Maestre/ Ares de Maestrat, Cervera de Maestre/ Cervera de Maestrat, Benasal/ Benassal, Albocácer/ Albocásser, Villafranca del Cid/ Vilafranca del Maestrat, Lucena del Cid/ Llucena del Cid, Puebla de Benifasar/ La Pobla de Benifassa, Vinarós / Vinaróz, Herbés / Herbers.

Adressangaben und ihre Abkürzungen, Telefonnummern für Notfälle

Pl. = *Plaza* oder katalanisch *Plaça* (Platz) **c/** = *Calle*, katalanisch *Carrer* (Straße). **Av., Avda.** = *Avenida* (Allee, Chaussee) katalanische Variante: **Avgda**=*Avinguda*. **Ctra.** =

Carretera (Fernstraße), **s/n** = *sin número* (ohne Hausnummer), wenn es sich um ein bekanntes Gebäude handelt. **Ärztliche Hilfe:** 144 000, **Feuerwehr:** 080, **Notfall allgemein:** 112, **Polizei:** 092 oder 091, **Pannendienst:** 091 441 2222, **Telefonauskunft:** Inland 1003, Europa 1005, außerhalb Europas 025. **Diplomatische Vertretungen:** Deutsches Konsulat in Tarragona 977 252 385, Deutsches Konsulat in Valencia 963 106 252, **Geldkarten-Sperrung:** EC- Karte (0049) 1805 021 021, Eurocard (0049) 697 933 1910, VISA- Karte 001 420 581 3836, American Express (0049) 699 797 1000.

2. Geschichtlicher Überblick
a. Die Vorgeschichte bis zu den Mauren (7.000 v. Chr.-711n. Chr.)
7000-2000 v. Chr. Im katalanisch-valencianischen Raum entstehen Höhlenmalereien.
2500 v. Chr. Dolmen und Grabsteine weisen auf eine Megalithkultur in Katalonien hin.
2000 v. Chr. Erste Besiedlung durch die Iberer, die die Straße von Gibraltar überwanden.
1100-500 v. Chr. Phönizier und Griechen gründen Handelszentren und Kolonien.
700 v. Chr. Die iberische Kultur reicht von Südspanien bis zu den Pyrenäen.
600 v. Chr. Die Kelten erreichen Zentralspanien.
400 v. Chr. Rom erobert Spanien.
237 v. Chr. Amilcar Bara besetzt mit Truppen aus Karthago den Süden des Landes.
226 v. Chr. Nichtangriffsvertrag zwischen Römern und Karthagern, der Ebro bildet die Trennlinie.
219 v. Chr. Der Karthager Hannibal bricht den Ebrovertrag, erobert Sagunt und provoziert damit den Zweiten Punischen Krieg.
218-197 v. Chr. Im Zweiten Punischen Krieg siegt Rom, Tarraco (Tarragona) wird Hauptstadt der neuen Provinz Hispania Citerior.
74 n. Chr. Roms Herrscher Vespasian erteilt Bürgerrechte an spanische Bewohner.
258 n. Chr. Gallier und Germanen fallen ein und verschwinden nach 10 Jahren wieder.
306 Das Konzil von Elvira war die erste Synode der spanischen Kirche.
409-426 Einfall von Alanen, Vandalen, Sueben und Westgoten.
475 Unter der Führung von Eurico besetzen die Westgoten das Land.
507-711 Die Westgoten beherrschen Spanien und erheben Toledo zur Hauptstadt.

b. Spanien unter den Mauren (711-1492) und Entstehung christlicher Staaten bis zur Vereinigung von Kastilien und Aragon (722-1516)
711 Da sich die Westgoten untereinander bekriegen erreichte Tariq vom Stamm der in Nordafrika lebenden Witzia Gibraltar. Spanien war bald unter arabischer Herrschaft.
714 Der Gouverneur von Nordafrika, Musa Ibn Nusair erobert Valencia.
722 Erster Sieg der Christen über die Araber bei Covadonga, in Nordspanien entstehen christliche Königreiche. Das Datum steht für den Beginn der Rückeroberung.
756-1009 Abd Al Rahmann I. bis III. regieren von Cordoba aus.
785 Karl der Große erobert Girona von den Arabern zurück.
801 Ludwig der Fromme, Sohn Karls des Großen, erobert Barcelona.
988 Graf Borell II. vereint Barcelona mit den restlichen katalanischen Grafschaften.
1000 Sancho III. wird König von Navarra und dominiert die christlichen Landesteile.
1031 Das Kalifat von Cordoba wird aufgelöst, das Land zerfällt in Kleinkönigreiche.
1229- 45 Jaume I., König von Aragon erobert das Königreich Valencia zurück.
Ab 1282 Pere II. erobert Sizilien und Neapel, sein Reich entwickelte sich zu einer Handelsmacht im Mittelmeerraum, Barcelona und Taragona blühen auf.

1289 Die katalanischen Stände gründen die Generalitat Catalunya, um ihre Privilegien gegenüber der Krone von Aragon-Katalonien zu verteidigen.
1307 Die Cortes (Ständevertretung der Geistlichkeit, des Adels und der Städte von Aragon, Katalonien und Valencia) versammeln sich nun gemeinsam.
1469 Die Heirat Isabellas von Kastilien und Leon und Ferdinands von Aragon schafft die Grundlage für den spanischen Nationalstaat. Die Krone von Aragon-Katalonien fällt an Kastilien.
1492 Mit dem Fall Granadas wird die fast 800 Jahre andauernde arabische Kultur in Spanien beendet. Isabella und Ferdinand weisen alle Juden und Araber, die nicht konvertieren, aus.
1493 Nach der Rückkehr von Columbus aus Amerika, wird dieser in Barcelona von der spanischen Krone empfangen. Der spanische Seehandel verlagert sich nach Cadiz. Katalonien wird für 300 Jahre vom Überseehandel ausgeschlossen und wirtschaftlich isoliert.

c. Spanien als Weltmacht und die französische Fremdherrschaft (1516-1813)
1516-56 Nach dem Tode Ferdinands regiert Carlos I, Herzog von Burgund und ab 1519 Kaiser Karl V. So kommen die Habsburger auf den spanischen Thron.
1520-21 Der Aufstand der kastilischen Stände wird niedergeschlagen, der Absolutismus durchgesetzt und die Cortes verlieren ihre Bedeutung.
1521-59 Karl V. führt wegen Italien und Burgund Krieg gegen Frankreich.
1556 Nachdem Karl V. abdankt und ins Kloster geht folgt ihm Philipp II. auf den Thron.
1561 Madrid löst Toledo als Hauptstadt ab.
1580 Spanien verbindet sich in Personalunion mit Portugal und erreicht zusammen mit dem portugiesischen Kolonialbesitz die größte Ausdehnung seines Territoriums.
1588 Die englische Flotte besiegt die spanische Armada, Spanien erlebt in der Folgezeit einen wirtschaftlichen und politischen Niedergang.
1609 Felipe III. verbannt alle konvertierten Araber, der Staatshaushalt ist bankrott.
1618-48 Spanien nimmt am Dreißigjährigen Krieg auf Seiten der Habsburger teil.
1640 Vergeblicher Aufstand der Katalanen gegen Kastilien, Portugal verlässt die Personalunion mit Spanien.
1659 Im Pyrenäenfrieden verliert Spanien das Roussillion an Frankreich.
1700 Carlos II., der letzte Habsburger auf dem Thron, stirbt kinderlos.
1700-14 Spanischer Erbfolgekrieg zwischen den österreichischen Habsburgern und den französischen Bourbonen. Im Friedensvertrag von Utrecht wird der Bourbone Felipe V. neuer Regent. Die Katalanen werden, weil sie auf der Seite der Habsburger standen, bestraft.
1741 Unter den Bourbonen blühen Wirtschaft und Handel in Spanien auf.
1778 Ein Erlass des Königs ermöglicht Katalonien den Zugang zum Amerikahandel.
1805 Vor Trafalgar zerstört die britische Flotte unter Lord Nelson die Spanisch-Französische.
1808 Napoleons Truppen besetzen Spanien, Napoleons Bruder wird König von Spanien.
1808-14 Im Unabhängigkeitskrieg erhebt sich Spanien gegen Napoleon und besiegt ihn mit Hilfe der Engländer.

d. Von der Restauration bis zum Beginn der zweiten Republik (1813-1931)
1814-33 Fernando VII. besteigt den Thron des befreiten Landes, es folgt die

Restauration der absoluten Monarchie.
1820 Revolution der Liberalen in Cadiz, der König erkennt daraufhin die Verfassung von 1812 an. Die Liberalen zerfallen in Gemäßigte und Radikale.
1823 Im Auftrag der Heiligen Allianz unterdrückt Frankreich die Revolution, der Absolutismus wird wieder hergestellt.
1834 Einführung einer gemäßigten liberalen Verfassung.
1834-40 Erster Carlistenkrieg, nachdem Fernando VII. seinen Bruder Carlos bei der Thronfolge übergeht und seine Tochter Isabella II. zur Thronfolgerin bestimmt. Nach Krieg beginnt eine Militärherrschaft mit wechselnden Regierungen.
1847-49 Beginn und Ende des zweiten Carlistenkrieges.
1871-76 Der dritte Carlistenkrieg unter dem Enkel von Carlos richtet sich gegen Amadeo I. und gegen die von den Cortes 1873 ausgerufene spanische Republik.
1874 Auflösung der Republik; Isabellas Sohn Alfonso XII. wird König.
1898 Die USA erklären Spanien den Krieg. Spanien verliert seine letzten Kolonien.
1914 Im Ersten Weltkrieg bleibt Spanien neutral.
1923-30 Militärdiktatur unter General Primo de Rivera.

e. Von der Zweiten Republik bis zur heutigen Zeit
1933 Die rechten Parteien gewinnen die Wahlen, Frauen haben nun das Wahlrecht.
1936-39 Wahlsieg der linken Volksfront Partei; General Franco leitet den Aufstand, der von 1936-1939 in den Bürgerkrieg führt, den die Nationalisten gewinnen.
1939-75 General Franco regiert per Diktatur, die katalonische Kultur wird unterdrückt.
1939-45 Im Zweiten Weltkrieg bleibt Spanien trotz seiner Bindung an Berlin neutral.
1947 Franco stimmt einem Referendum zu, das Spanien zur Monarchie erklärt. Erst 1969 ernennt der Diktator den Bourbonen Juan Carlos zum Thronfolger.
1953 Militärabkommen mit den USA.
1955 Spanien tritt der UNO bei.
1973 Ministerpräsident Blanco, der mit dem Einverständnis von Franco regiert, wird durch die ETA ermordet.
1975 Tod Francos, Phase des Übergangs zur Demokratie, Juan Carlos wird König.
1978 Inkrafttreten einer demokratischen Verfassung.
1979 Katalonien und das Baskenland erhalten einen Autonomiestatus.
1981 Ein Putsch rechter Militärs scheitert.
1982 Die Sozialisten gewinnen die Wahlen, Felipe Gonzales wird Ministerpräsident und Spanien tritt der NATO bei. Valencia und Murcia erhalten den Autonomiestatus.
1986 Spanien wird Mitglied der Europäischen Gemeinschaft.
1992 Weltausstellung in Sevilla (Expo 92), Olympische Spiele in Barcelona.
1993 Bei vorgezogenen Wahlen gewinnen die Sozialisten.
1996 Die konservative Volkspartei gewinnt die Wahlen. Jose Maria Aznar wird Ministerpräsident.
1998 Die ETA ruft einen einseitigen Waffenstillstand aus.
1999 Die ETA beendet ihren Waffenstillstand, der Terror geht weiter.
2002 Die Partei Batasuna, die als politischer Arm der ETA gilt, wird verboten.

3. Kunstgeschichte
a. Die Zeit vor der Besetzung durch die Mauren (20.000 v. Chr.-711n. Chr.)
Spanien ist ein altes Siedlungsgebiet, obwohl es durch die Pyrenäen vom übrigen Europa getrennt ist. Aus der Steinzeit sind in Nordspanien zahlreiche Höhlenmalereien erhalten. Es handelt sich um die Darstellung von Jagdszenen. Die Eindrucksvollsten wurden in der Höhle Altamira bei Santander gefunden. Entstanden sind sie zwischen 20.000 und 10.000 v. Chr. Es folgen die Felsmalereien im Maestrazgo von 7.000 bis 1.500 v. Chr. Grundmauern von Siedlungen, Schmuckstücke, Keramiken und Gebrauchsgegenstände wurden ausgegraben. Aus der Bronzezeit ab 2.000 v. Chr. sind Rundtürme, Steingewölbe und tischförmige Steinsetzungen in Katalonien und aus der römischen Zeit sind bedeutende Baureste in Tarragona erhalten. Während der Völkerwanderung setzten sich die Westgoten 415 n. Chr. in Spanien fest. Ein Beispiel ihrer Steinbauweise ist die Königshalle des gotischen Königs Ramiro I. bei Naranco.

b. Die maurische Zeit und die Zeit der Romanik (8. bis 13. Jahrhundert)
Die Regentschaft der Araber, die sich im Süden des Landes durch eine Hochblüte des geistigen Lebens und durch die Entfaltung der Architektur auszeichnete, beeinflusste die spanische Kunstentwicklung. *Azulejos*, bunte Majolikakacheln, und *Artesonados,* geschnitzte Kassettendecken, sind auf die arabische Kunst zurückzuführen. Das bedeutendste Denkmal orientalischer Architektur ist die Moschee in Cordoba. Das bedeutendste Profanbauwerk ist die Alhambra in Granada. Mit deren Bau wurde unter Jusuf I. um 1350 begonnen. Der Glockenturm der Kathedrale von Valencia, 1190 erbaut, war ursprünglich ein Minarett. Der ehemalige Moscheenhof (Patio de los Naranjos/Orangenhof) ist maurischen Ursprungs. Im Maestrazgo sind einige Wehrtürme mit quadratischem Grundriss, die Flachdächer der Häuser in den Dörfern und die Straßenzüge und Tordurchlässe aus dieser Zeit erhalten geblieben. Beim Mudejarstil handelt es sich um einen maurisch-christlichen Mischstil. Die *Mudejaren* (Mauren die zum Christentum konvertierten) und maurisch beeinflusste, christliche Meister entwickelten diesen Stil im 13. und 14. Jahrhundert. Beispiele des Baustils sind in Teruel zahlreich vorhanden. Die Zeit der Rückeroberung des Landes von den Mauren, fiel architekturgeschichtlich betrachtet, was die Levante, den Maestrazgo und Aragon betrifft, in die Übergangsphase zwischen Romanik und Gotik. Unter französischem Einfluss setzte sich die Romanik durch. Die 1060 bis 1096 erbaute Kathedrale von Santiago de Compostela stellt das bedeutendste Bauwerk Spaniens im romanischen Stil dar. In Katalonien, das früher als die Orangenblütenküste von der Herrschaft der Araber befreit wurde, wird durch die Klostergründung Santa Maria de Ripoll im Jahre 874 der romanische Einfluss in die Baukunst eingebracht. Die Bildhauerkunst erreicht in der Portalgestaltung am Kloster Ripoll einen ersten Höhepunkt. Katalonien gilt als führendes Zentrum romanischer Sakralmalerei in Spanien. Zu den schönsten Gemälden dieses Stils zählen die Fresken der 1123 geweihten Kirche Sant Climent in Taüll in den Pyrenäen. Wo die Rückeroberung im Maestrazgo früher stattfand, in den Puertos de Beceite, in Morella und in der Sierra de Benifasar, wurden christliche Kapellen und Kirchen im romanischen Stil errichtet. In später befriedeten Gebieten wird der Einfluss der Gotik in den Bauten sichtbar.

c. Die Gotik (13. bis 16. Jahrhundert)
In Spanien gelang es der Gotik nur langsam den romanischen Stil abzulösen. Lange Zeit entstehen reizvolle Bauwerke im romanisch-gotischen Mischstil. Im Maestrazgo sind im

Laufe des 14. Jahrhunderts Bauten entstanden, die im romanischen Stil begonnen und im gotischen Stil vollendet wurden. Als im Zuge des Wiederaufbaus eine wirtschaftliche Blütezeit einsetzte, begann sich die Gotik in der Dorfentwicklung durchzusetzen. Häuser des aufstrebenden Bürgertums, Brücken, Brunnen, Backöfen und die Anlage der regional-typischen Plätze mit Säulengängen wurden im gotischen Stil errichtet. In der Regel blieben beim Wiederaufbau die Grundrisse der alten, arabischen Siedlungen mit ihren Gassen und kleinen Plätzen erhalten. Dorfneugründungen trugen in ihrem Erscheinungsbild ebenfalls den gotischen Spitzbogen. Die schönsten Exemplare der Wegkreuze die, die Landschaft des Maestrazgo schmücken, sind gotischen Ursprungs. Im Bereich des Kunsthandwerks entstanden neue Werkstätten. Der Ort San Mateo, wo die Techniken des Metallgusses, des Damaszierens, des Treibens und Ziselierens wertvoller Metalle eine hohe Perfektion erreichten, wurde über die Landesgrenzen hinaus bekannt. Eine Malschule entstand, aus ihr gingen einige Werke hervor, die innerhalb der gotischen Kirchenmalerei einen besonderen Platz einnehmen. Im 14. und 15. Jahrhundert wurden die Kathedralen von Avila, Segovia, Pamplona und Barcelona erbaut. Wie die Baukunst steht auch die gotische Plastik Spaniens unter dem Einfluss Frankreichs. Die Bauplastik ist am Apostelor der Kathedralen von Valencia und Tarragona sehr schön vertreten. Bedeutende Künstler sind Meister Bartolome und Castayls. In Katalonien finden sich große, aus vielen einzelnen Reliefszenen zusammengesetzte Retablos, der Hochaltar der Kathedrale von Tarragona, von Johan de Valfogona um 1430 gestaltet, ist ein Beispiel hierfür. In der Malerei ist französischer, italienischer und im 15. Jahrhundert niederländischer Einfluss maßgebend. Eine große Anzahl italienischer Meister arbeiteten im Lande und die Malschule von Siena war besonders einflussreich, was man im Museum von Valencia sehen kann. Die Malschulen von Barcelona und Valencia, die sich im 15. Jahrhundert unter niederländischem Einfluss entwickelten, lassen eigenständige Merkmale eines Realismus erkennen.

d. Die Renaissance und der Barock (16. bis 18. Jahrhundert)
Mitte des 16. Jahrhunderts konnte der Renaissancestil, der von der Bewunderung für das klassische Altertum und von der Dominanz der Geraden gekennzeichnet war, den gotischen Stil ablösen. Das Erscheinungsbild der öffentlichen Gebäude veränderte sich. In der Region Valencia brachte der Renaissancestil die Variante des *Plateresken Stils*, hervor. Er erinnerte in seiner flächigen und dekorativen Ausdrucksform an die Treibarbeiten der Gold- und Silberschmiede und wurde deshalb *platersek* genannt. Im Maestrazgo findet man diesen Stil an den Kirchen von Calig und Canet lo Roig am Turm des Taubenhauses und dem *Palacio Villores* in San Mateo und am Kirchenportal von Vistabella del Maestrazgo. Auch die Feste Peníscola – eine vom Renaissancestil geprägte Militärarchitektur – hat im Portal *Fosch,* dem nördlichen Zugang zur Altstadt, ein Beispiel dieses Stils zu bieten. Auf dem Gebiet der Plastik kann die Renaissance die Gotik nur langsam verdrängen. Alonso Berruguete, Felipe Vigarru und Damian Forment sind Künstler dieses Stils. Eine große Anzahl von Malern in Spanien wie Juan de Juanes, Juan Fernandez Navarrete, Bartolome Gonzalez und Luis de Morales arbeiten nach dem Vorbild der großen Meister der Renaissance Leonardo da Vinci und Michelangelo. Als Gegengewicht zur Renaissance mit der Dominanz der Geraden, entstand der Barock mit seinen geschwungenen Linien und seiner dekorativen Gestaltung. In Ostspanien bildete sich im Laufe des 17. Jahrhunderts eine barocke Variante heraus, die dem Erscheinungsbild der Kirchen im Maestrazgo eine Eigenständigkeit verlieh und mit dem Begriff

Valencianer Barock bezeichnet wird. Die Priesterkirchen in Vinarós, Benicarló und viele anderen wurden so erbaut. Die barocke Plastik beschränkt sich auf religiöse Themen, die äußerst realistisch, dramatisch und auf Effekte hin ausgestaltet wurden. Vertreter dieser Stilrichtung sind Gregorio Hernandez und Martinez Montanez. Die Passionsfiguren, die bei den Prozessionen getragen werden, sind in diesem Stil entstanden. Die spanische Malerei der Barockzeit zählt zu den bedeutendsten Leistungen Europas. El Greco verleiht in seinen visionären Bildern dem religiösen Erleben große Intensität und einzigartigen Ausdruck. Die Malerei des Barock schließt an Ribalta und Ribera, den Lehrmeistern von Velazquez, Zurbaran und Murillo, an. Zurbaran ist vor allem bekannt durch seine Mönchsdarstellungen und seine schroffen Hell-Dunkel-Effekte. Diego Velazquez (1599-1660) gilt als der beste spanische Barockmaler. Als Hofmaler Philipps IV. malte er als Realist wenig schmeichelhafte Porträts der Hofgesellschaft. Außerdem stammen einige zauberhafte Kinderbildnisse aus seiner Hand.

e. Der Klassizismus, der Jugendstil und die Moderne (18. bis 20. Jahrhundert)
Unter den Bourbonen setzt in der zweiten Hälfte des 18. Jahrhunderts eine Gegenbewegung zum Barock ein, der Klassizismus. Der Palacio Real in Madrid ist ein frühes Meisterwerk dieser Richtung. Der berühmteste Wegbereiter des Klassizismus ist der Italiener Francisco Sabatini. Die Malerei des 18. Jahrhunderts bringt kaum bedeutende Maler hervor. Erst um die Wende vom 18. zum 19. Jahrhundert überwindet der einsam am Beginn einer neuen Entwicklung stehende Maler und Graphiker Francisco Goya (1746-1828) die Stagnation. Voll tiefer Menschlichkeit und mit dem Blick für die Grausamkeiten des Lebens gestaltet er erschütternde Bilder. Seine große Kunst als Porträtmaler findet am Hof von Karl IV. ein Betätigungsfeld. Seine Meisterwerke sind im Prado in Madrid ausgestellt. Der spanische Jugendstil ist gekennzeichnet durch die Mischung verschiedener historischer Stile. Ein schönes Beispiel ist die Almudena-Kathedrale von Madrid, nach dem Entwurf des Marques de Cuba, 1859 begonnen. Antonio Gaudi und Luis Domenech i Montaner gehen als Vertreter des neukatalanischen Stils eigene Wege. Die Sagrada Familia in Barcelona, 1882 von Gaudi begonnen, ist dem Jugendstil und der Art nouveau verpflichtet. Die Plastik des 19. Jahrhunderts ist mit dem Denken des Historismus verbunden. Die alte Bildhauertradition Kataloniens besteht weiter, z. B. durch Julio Antonio und Jose Llimona. Die Porträtkunst Goyas findet Nachfolger in Lopez, Madrazo und Alenza. In der bildenden Kunst erfolgt im 20. Jahrhundert eine Revolution, die parallel zu den politischen, wirtschaftlichen und sozialen Umschichtungen erfolgt. Die Kunst beginnt sich von der Wiedergabe der Realität zu entfernen. Die erste Hälfte des 20. Jahrhunderts bringt die Metallarbeiten von Julio Gonzales und Eduardo Chillida hervor. Pablo Picasso leitet auf dem Gebiet der Plastik den Bruch mit der Tradition ein. Die Plastik dieser Zeit ist von der kubistischen Malerei abhängig. Beim Montageverfahren werden Pappe, Sperrholz und Fundstücke aller Art gegenüber früheren Materialien bevorzugt. In der Malerei wird Pablo Picasso (1881-1973) zum führenden Vertreter der neuen Kunstentwicklung des Kubismus. Geometrische, geradlinig begrenzte Flächen vereinen sich zu Strukturen von räumlicher Wirkung. Sie geben kaum Anhaltspunkte für eine gegenständliche Deutung. Wie Picasso ist auch Juan Giris und Georges Braque dem Kubismus verpflichtet, während Joan Miro sich dem in Paris in den zwanziger Jahren entstehenden Surrealismus anschließt. Seine heiteren, verspielten und eleganten Bilder zählen zu den bedeutendsten Schöpfungen moderner Kunst. Salvador Dali, durch die Freudsche Psychoanalyse beeinflusst, gilt als berühmtester

Vertreter des Surrealismus mit einer starken Neigung zum Morbiden und zuweilen sogar Obszönen. Im Bürgerkrieg verarmte das künstlerische Leben, aber seit dem Ende des Franco-Regimes wird dies überwunden. Die neue Kunst der spanischen Avantgarde unter der Führung von Antonio Tapies entwickelt eine Malerei spanischer Prägung, die sich um die vom Material her kommenden Effekte bemüht und die individuellen Stile beibehält. Mit dem wirtschaftlichen Aufschwung der letzten Jahrzehnte erscheinen reine Zweckbauten in den Großstädten und den Touristengebieten. Dies führte zur Verstädterung ganzer Landstriche, die außerhalb der Saison zu Geisterstädten werden. Mit ihren nicht immer ästhetischen Baustilen greifen sie in die Landschaft ein, die Auswirkungen sind noch nicht abzusehen.

4. Speisen und Getränke

Das Frühstück besteht bei den Einheimischen oft nur aus Kaffee und einem Croissant. Es gibt drei Kaffeevariationen, *Cafe solo* ist ein kleiner Schwarzer, *Cafe cortado* nennt man eine kleine Tasse Kaffee mit wenig Milch und *Cafe con leche* besteht aus einer großen Tasse Kaffee mit Milch. Oft wird die Bar zwischen 11 und 12 Uhr zu einem zweiten Frühstück aufgesucht, bestehend aus einem *Bocadillo* (belegtes Brötchen), Gebäck oder Eierspeise und Kaffee. Das Mittagessen zwischen 14 und 15 Uhr eingenommen, oft werden günstige Menüs (Menu del dia) angeboten. Der Mittagsteller (Plato del dia) besteht aus einem Gang, dem Tagesgericht. Das Abendessen wird zwischen 21 und 23 Uhr serviert und besteht aus mehreren Gängen. In den Touristenzentren regiert ein anderer Rhythmus, die Mahlzeiten werden zu nordeuropäischen Zeiten serviert und das Frühstück fällt üppiger aus. Es gibt verschiedene Lokalitäten, dazu gehören die Bar, das Casino, die Cafeteria, das Restaurant, die Pasteleria, die Bodega, die Marisqueria und die Fonda. Die Bar ist eine Mischung aus Eckkneipe und Kaffee, man findet sie in jedem noch so kleinen Ort. Alle stehen an der Bar, um ein Gläschen zu trinken oder eine Kleinigkeit zu essen; die Einrichtung ist einfach und die Gäste gehen bald wieder. Die Casinos sind soziale, staatliche Kaffees, in denen sich meist Rentner treffen und zum günstigen Preis ihren Kaffee, oder ihr Glas Wein trinken und eine Kleinigkeit essen. Sie sind oft in historischen Gebäuden untergebracht. Die Cafeteria unterscheidet sich oft kaum von den Bars. Auch hier gibt es den Tresen, den dauernd laufenden Fernseher und das grelle Neonlicht. Die Restaurants haben meistens nur am Abend geöffnet. Die Pasteleria ist mit unserer Form der Konditorei vergleichbar. Die Bodega ist ein Weinlokal, nicht immer kann man eine Mahlzeit einnehmen. Die Marisqueria ist ein Fischrestaurant, zum Teil mit gehobenen Preisen. Die Fonda ist unseren Gasthäusern ähnlich. Diesen Lokaltyp gibt es häufiger im Inland, die Preise sind günstig, das Essen rustikal.

a. Spezialitäten der Valencianischen Küche
Da diese Region das Hauptanbaugebiet für Reis ist, stammt die variantenreiche *Paella* aus dieser Gegend. Daneben werden viele Fischgerichte angeboten. Es besteht ein großes Angebot an frisch gepresstem Orangensaft und Orangensorbet als Nachtisch.

Paellavarianten
Paella valenciana=Reispfanne mit Gemüse, Huhn oder Kaninchen,
Arroz negro= schwarzer Reis mit der Farbe des Tintenfisches,
Arroz a banda und caldero= Reispfanne mit kleinen Klippenbarschen,
Paella huertana= Paella mit Gemüse, *Arroz con costra*= Reis mit Schweinefleisch,

Arroz srrano= Reis mit Schnecken (Gericht aus den Bergen),
Fideua= Nudeln, die wie Paella serviert werden, *Arroz al fon*= Reis aus dem Ofen,
Arroz caldos=Reis in der Brühe, *Paella de Mariscos*=Paella mit Meerestieren.

b. Regionale Spezialitäten
In Vinarós sind die *Langustinos* bekannt, sie sind die Könige der hiesigen Küche. Mit einer großen Anzahl von Zubereitungsarten, von einfach bis kompliziert, füllen sie die Speisekarten der Restaurants. In Benicarló ist die Artischocke ein Produkt mit Qualitätsauszeichnung und bildet eines der Grundelemente der Küche des Ortes. Sie wird entweder mit Meeresfrüchten kombiniert oder als gefüllte Artischocke serviert. In Alcossebre wird *suquet de peix* mit Fisch, Tomaten, Zwiebeln, Knoblauch, Kartoffeln, Toastbrot und Mandeln serviert. Eine weitere Spezialität ist das *Andola* mit rohen Zutaten wie Fisch, Tomaten, Zwiebeln, Knoblauch, Petersilie, Lorbeer, Paprika und Öl. In Torreblanca sind die Gerichte *Torreblanguina* und *Empedronat de fesols* Spezialitäten des Ortes. In Alcora werden viele typische Gerichte mit Wildfleisch zubereitet, ein anderes Gericht des Ortes ist Kartoffeln auf Alcora-Art. In Onda wird eine weitere Form der Paella zubereitet, die *Paella am pilotes* und die *Pastizos de verdura.* Gemüsepasteten sind sehr gut im Geschmack, außerdem wird Thunfisch in vielen Variationen angeboten. In La Vall de Uxo sind Eintöpfe, wie der *Empedrao* mit Schweine- und Wildfleisch, Reis und Bohnen auf der Speisekarte, *Cocas* mit Tomaten und Gemüse und die *Barrets*. In Benasal wird ein *Tombet* seviert, ein Eintopf mit Schnecken. In der Sierra de Espadan gibt es köstliche Käsespezialitäten und im Mijares- und Palanciatal sind Kirschen und Eintöpfe regionale Spezialitäten. In Morella stehen Dörrfleisch, verschiedene Suppen, Kroketten, Ziegenfleisch, Pilze wie zum Beispiel der Reizker und der Trüffel, auf der Speisekarte. Außerdem ist der *Cuajada,* eine Quarkkomposition sehr bekannt. Der Käse von Ares, Benasal und Albocácer ist sehr schmackhaft. Der Weichkäse von Almazora hat einen ausgezeichneten Ruf. Die Käsefabrik *les Alqueries* in Plana Baixa stellt die Käsesorten *Bull* (Käsequark), *Coll* (Quark), *Quesos de tronchon* (Ziegen- und Schafskäse), *Servilleta* (gepresster Weichkäse aus Ziegen- und Schafsmilch) und die *Cassoleta* (frischer Ziegen- und Schafskäse) her.

Fisch und Meerestiere
Suquet de peix=Fischpfanne aus Barsch, Garnelen oder Hummer,
Olla barreja= Fischtöpfe, *Zarzuela de mariscos*=Gericht aus Schalentieren, *Gazpachode mero*=Fischsuppe, *Huevos de mujol*=gebackener Fisch und Meeräschenrogen, *Salzones*= gesalzene Fische, *Mojama*=gesalzener Thunfisch, *Bacalao*=Klippfisch, *Caixetes*= Meerestiere, *Espardenyes*=Meerestiere, *Datiles de mar*=Meerestiere.

Nachspeisen
Suspiros=Baisers, *Turron negro*=schwarzer Nougat,
Pastissets de Sant Antoni=Gebäck zum Sankt Antonstag,
Codonyat=Quitten, *Panets*=Feigen- oder Mandelgebäck,
Horchata=Getränk aus Milch, Erdmandeln und Zucker,
Granizada=Eissorbet aus Zitronen, Orangen, Kaffee,
Arrops=in Mostsirup eingelegte Obststücke, *Mongetes*=Sahnecreme,
Ous de Neu=Eischneespeise, *Neules*=Oblaten, *Flaons*=Butterkuchen,
Pinyonandes=Törtchen mit Pinienkernen, *Rollet* = Butterröllchen mit Weinbrand.

c. Spezialitäten des Maestrazgo und des Inlands
Die Qualität der Speisenzubereitung liegt in der Authentizität ihrer Zutaten und der frischen Zubereitung. Je weiter man im Landesinneren speist, desto freier ist die Küche von äußeren Einflüssen. Die Zubereitung findet ihre Wurzeln in der Welt der Bauernhöfe. Dort fehlt für aufwendige Verfeinerungen das Geld, die breite Auswahl der natürlichen Ressourcen wird in der Küche optimal genutzt. Die Küche kann somit als bodenständig bezeichnet werden. Auf dem Speisezettel steht die große Palette der Fleischsorten: Rind, Schaf, Ziege, Schwein, Huhn, Rebhuhn und Kaninchen. Zubereitet wird es gegrillt und im Backofen mit einem Sud aus Tomaten, Zwiebeln und Knoblauch. Als Würze gilt allenfalls das Lorbeerblatt oder die getrennt servierte *Alioli*. Dem Fleisch soll so sein Eigengeschmack nicht entzogen werden. Die Fleischpasteten werden mit Schinken, Trockenobst, Pinienkernen, Eiern, Oliven, Trüffeln und Cognac gefüllt. Gemüse hat eine eher untergeordnete Rolle in der Küche. Es ist nur dekorative Beilage zum Fleisch. Der Salat bildet den Vitaminspender; er darf bei keinem Essen fehlen genauso wie das Obst. Die Palette der Süßspeisen ist groß und die Bewohner haben eine Vorliebe für Süßes. Eine Spezialität des Landstriches ist der luftgetrocknete Schinken und der Hartkäse. Eine große Auswahl gibt es in Morella, Tronchon, La Iguelsia del Cid und im Terueler Bergland bei den Produzenten. Aus San Mateo und Cati kommt der Frischkäse.

Spezialitäten sind:
Migas= Brot mit Öl, Schmalz, Knoblauch und Pfeffer gebraten, *Trigo Pecchado*=zerstoßener Weizen, *Olla, Olleta, Giraboix*=Eintopfvariationen mit Pöckelfleisch als Grundlage, *Pericana*=gebackener Klippfisch mit Pfeffer, *Coques*= pizzaähnliche dünne Teigkrusten, *Rellenos*=süß-saure Pasteten mit Schweinefleisch oder Geflügel, *Caracoles* = Schnecken, *Ternasco*= Lammfleisch, *Alioli*= Mixtur aus Öl, Knoblauch und Ei, *Ollas* =Fleischeintopf mit Wursteinlage, *Natilla*=Vanillepudding, *Cuajada*=Stockmilch, *Pan de higo*=Feigenbrot mit Mandeln, *Magdaleans*=Kaffeegebäck, *Rossegons*= Mandelgebäck, *Pastissets*=Gebäcktaschen mit kandierter Kürbismasse, *Empanadas*= Gebäck mit Tomate, Ei, Thunfisch, Spinatfüllung.

5. Klima und Reisezeit
Für das Klima an der Costa Daurada und der Costa Azahar gelten die Gesetze des Mediterranen. Die Winter sind mild, an der Costa Daurada liegen die maximalen Werte im Dezember, Januar und Februar bei 12-14 Grad Celsius. Der Durchschnittswert beträgt 9 Grad. Selten fällt das Thermometer unter 6 Grad. An der Costa Azahar liegen die Temperaturen um zwei Grad höher. Das Wasser der Küstenregion hat eine Temperatur von 12-14 Grad. Zwischen März und Mai steigen die Temperaturen langsam an. An der Costa Daurada liegen sie zwischen 12 und 17 Grad. An der Costa Azahar zwischen 13 und 18,5 Grad. Das Meerwasser liegt im Mai bei durchschnittlich 16-17 Grad. Zwischen Juni und September liegen die Temperaturen an der Costa Daurada und Costa Azahar bei 25-30 Grad. Das Meerwasser erwärmt sich auf 25 Grad. Zwischen Oktober und November nehmen die Temperaturen ab und liegen wie die Meerwassertemperaturen zwischen 16 und 20 Grad. Niederschläge in Form von Regen fallen vor allem in den Monaten Oktober und Mai, die geringsten Niederschlagsmengen sind im Juli und August zu verzeichnen. Die Niederschlagsmenge nimmt von Norden nach Süden ab, Barcelona hat 593 mm Jahresniederschlag, Valencia 422 mm. Bei einer sommerlichen Schönwetterlage wird die Hitze des Tages durch einen kräftigen Seewind gemildert. Der

nördliche Teil der Küste wird im Winter vom kalten *Tramontana* beeinflusst. Im Inland gelten weitgehend kontinental-klimatische Kriterien. Im Gebirge liegt die Regenmenge in den Monaten Mai und Oktober bei 700 bis 900 mm während sie an der Küste in den gleichen Monaten bei 500 mm liegt. Berlin liegt mit 556 mm erheblich unter diesen Werten. Der Regen fällt unregelmäßig, jedoch überwiegend als plötzlicher Strackregen mit unangenehmen Folgen. Im Winter fallen die Nachttemperaturen häufig unter den Gefrierpunkt, der Schnee kann deshalb einige Zeit liegen bleiben. Im Sommer sinken die Nachttemperaturen stärker als an der Küste. In Verbindung mit der trockenen Luft schafft dies im Sommer ein angenehmeres Klima als an der Küste. Im Winter und im Frühjahr dauern manche Stürme mehrere Tage. Sie bringen vom spanischen Binnenland und seinen Hochebenen eisige Temperaturen mit und toben sich an den Osthängen des Berglandes am heftigsten aus, bevor sie erwärmt die Küste erreichen und ihr föhniges und klares Wetter bringen. Der Frühling ist eine der schönsten Reisezeiten. Bis in den April hinein kann es jedoch kühl und regnerisch sein und die Badesaison beginnt erst im Juni. Wer jedoch eine Rundreise plant und gern Ausflüge und Besichtigungen unternimmt, kann das in den Monaten März, April und Mai ohne Touristenschlangen genießen. In den Osterferien sind Millionen Spanier am Festwochenende unterwegs und die Straßen sind voll. An den Küsten sind die Monate Juni und September zu empfehlen. Die Temperaturen sind angenehm und es gibt genug Platz. Im Juli und August ist ein Drittel der 60 Millionen Touristen, die jährlich Spanien besuchen, an den Küsten zu finden. Hinzu kommt etwa die gleiche Anzahl an spanischen Urlaubern. Im Inland empfehlen sich vor allem die Monate Juni, Juli, August und September. Von November bis Februar hat der Reisende die gesamte Küste für sich alleine. Nur an der Costa Azahar wird er auf einige überwinternde Gäste treffen. Sicher sind die Temperaturen zwischen 12 und 16 Grad nicht auf Südseeniveau, aber Eis und Schnee sind an der Küste weitestgehend unbekannt.

6. Reisewege
a. Anreise mit Auto, Bahn und Autoreisezug
Da die meisten Urlauber nur zwei bis drei Wochen Zeit haben wird die Anfahrt über die gebührenpflichtige, französische Autobahn führen. Aus Süddeutschland kommend geht es über Karlsruhe nach Freiburg und über die Grenze bei Mühlhausen. Bis zur Grenze nach Le Perthus sind ab Mühlhausen ungefähr 60 Euro zu bezahlen. Die Autobahn A 36 verläuft über Belfort, Besancon und Beaune, wo sie nach 240 Kilometern die nach Süden verlaufende A 6/ E-15 erreicht. Nach 150 Kilometern ist Lyon erreicht. Nun gibt es zwei Wege: die Umfahrung und die Stadtautobahn von Lyon. Die Stadtautobahn verläuft geradeaus durch Lyon hindurch, der Beschilderung in Richtung Marseille folgend. Auf dem Rückweg folgt man der Beschilderung nach Paris. Die Umfahrung von Lyon ist kilometermäßig weiter und erfordert eine hohe Konzentration, da es viele Gabelungen gibt. Sie beginnt bereits in Villefranche-sur-Saone und führt als A 46 in weitem Bogen östlich um Lyon herum in Richtung Grenoble. Die Autobahn geht über in die N 346 und schließlich folgt die Abzweigung nach Marseille, nun geht es wieder in Richtung Süden zurück auf die A 6/E-15. Ab Lyon folgt die Autobahn entlang der Rhone über Valence, Montelimar und Orange der Autostraße des Südens (Autoroute du sud). Die Natur beginnt sich zu verändern, zuerst sind die Zypressen da, dann Olivenbäume und schließlich einzelne Palmen. Bei Orange, 190 Kilometer von Lyon entfernt, gabelt sich der Weg erneut. Die A 6/ E-15 biegt ab in Richtung Marseille, während die A 9 über

Avignon, Nimes, Montpellier, Narbonne und Perpignan, dem Küstenverlauf des Mittelmeeres folgt. Das Meer ist wegen der *Etangs* an der Küste des Languedoc-Roussillion nicht oft zu sehen. Es handelt sich um kleine Binnenmeere, die von der Autobahn in weitem Bogen umfahren werden. Nach 240 Kilometern ist die französisch-spanische Grenze zwischen Le Perthus und La Junquera erreicht. Ein Zwischenstopp in Avignon, der früheren Papststadt und in Nimes, wo viele römische Denkmäler erhalten sind, ist lohnenswert. Bei Narbonne, mit seiner riesigen Kathedrale und den vielen malerischen Kanälen, stößt die A 61 von Toulouse kommend auf die A 9 und der Autoreisezug aus Deutschland endet hier. Bei Perpignan erreichen wir die frühere Grenze Kataloniens und die Raststätte *Village Catalan* mit einem Hotel, Restaurants und Einkaufsläden. Eine Alternative für den Nord- und den Westdeutschen ist die Fahrt über Trier und Luxemburg nach Frankreich. Die A 31 nach Metz und Nancy erreicht bei Dijon die Autobahn, die über Beaune und Lyon nach Spanien führt. Eine Alternative für die Reisenden aus Süddeutschland ist die Fahrt über die Schweiz. Sie führt über Basel nach Bern, Lausanne, Genf und erreicht bei Valence die bereits beschriebene Strecke. 27 Euro für die Vignette und 41 Euro für die französischen Autobahngebühren sind zu zahlen. In Frankreich fallen die Raststätten großzügig aus, bei Beaune, Macon, Montpellier und Narbonne gibt es Motels. Von den Großstädten Deutschlands bestehen Bahnverbindungen nach Barcelona. Die Reisezeit dauert bis zu 24 Stunden. Die Spurbreite der spanischen Züge ist größer als die der französischen, weshalb am Grenzübergang ein Umsteigen erfolgt. Es bietet sich an von den Liege- oder Schlafwagen Gebrauch zu machen. Wegen der ständigen Änderungen des Preisgefüges und der Fahrpläne holt man sich am besten Auskunft bei den Auslandsreiseschaltern der Bahn. Der Hauptbahnhof Barcelonas wird *Sants* genannt, von hier aus gibt es Anschlüsse nach Valencia und Tarragona. Internet: www.renfe.es. Ganzjährig gibt es die Möglichkeit mit dem Autoreisezug bis Narbonne zu fahren. Von Berlin, Düsseldorf, Hamburg, Köln, Hildesheim, Frankfurt, München und Stuttgart gibt es Zusteigemöglichkeiten. Narbonne wird nach 12 bis 20 Stunden fahrt um 10 Uhr morgens erreicht. Der Preis richtet sich nach den Saisonzeiten. Internet: www.dbautozug.de

b. Anreise mit dem Bus und mit dem Flugzeug
Die Deutsche Touring GmbH bietet einen Linienbusservice von 23 deutschen Städten nach Spanien an. In Spanien hält der Bus in allen touristisch relevanten Orten. In Barcelona ist die Estacio del Nord ein wichtiges Terminal für den Busverkehr. Internet: www.deutsche-touring.com. Bei einer Unterkunft an der Costa Daurada sind die Flughäfen Barcelona und Reus/Tarragona zu bevorzugen. Germanwings fliegt von Stuttgart und Köln/Bonn nach Barcelona. Ryanair von Karlsruhe/Baden nach Reus/Tarragona. Bei einer Unterkunft an der Costa Azahar empfiehlt sich der Flughafen von Valencia, der von Ryanair ab Frankfurt/Hahn bedient wird. Der Flughafen in Barcelona liegt relativ stadtnah. Der Bus fährt viertelstündlich zur Placa Catalunya. Die Bahn verkehrt halbstündlich bis zum Hauptbahnhof Sants. Vom Flughafen Tarragona dauert der Fußmarsch bis zur nächsten Bushaltestelle 30 Minuten, besser ist es, ein Taxi bis Tarragona zu nehmen. Vom Flughafen Valencia fahren Busse im Abstand von 10 Minuten, am Wochenende 25 Minuten, zum Busterminal in Valencia. Die Busse sind gelb und tragen die Aufschrift Manises aeropuerto.

7. Unterkunftsformen

a. Hotels (H)/ Hostals (HS)/ Pensiones (P)

Hotels werden von *Turespania*, der spanischen Tourismusbehörde, in fünf Kategorien eingeteilt. Ein Stern bedeutet einfaches Hotel, fünf Sterne bedeutet Luxushotel. Ausschlaggebend für die Beurteilung sind die Lage und die Einrichtung des Hotels. Stilvolle Unterkünfte mit landestypischem Flair sind häufiger in historischen Städten und stillen Provinzdörfern zu finden. Die Preise sind großen Schwankungen unterworfen. Im Juli und August und zu Ostern ist davon auszugehen, dass die Preise generell sehr hoch sind, es ist daher ratsam in dieser Zeit in Deutschland das Zimmer im Voraus zu buchen. Im Winter sind die Zimmerpreise dagegen eher niedriger als in Deutschland. Die jeweilige Kategorie des Hauses muss auf einem Schild im Eingangsbereich ersichtlich sein. Alle Hotels müssen an der Rezeption und in den Zimmern eine Preisliste aushängen und ein Beschwerdebuch führen. Beschwerden sind innerhalb von 48 Stunden an die zuständige Behörde weiterzuleiten. Jedes Fremdenverkehrsbüro hat eine Hotelliste für die jeweilige Provinz. Hostals und Pensiones werden von 0 bis 3 Sternen klassifiziert. Sie sind nicht einfacher ausgestattet als ein Mittelklassehotel, aber oft kleiner und familiärer. Je nach Kategorie liegen die Preise zwischen 30 und 100 Euro pro Übernachtung im Doppelzimmer und das Angebot an Mahlzeiten ist sehr unterschiedlich.

b. Residencias (RA)/ Fondas (F) / Casa de Huespedes (CH)/ Paradors

Die Bezeichnung Residencias ist mit unseren Garniunterkünften verwandt. In der jeweiligen Unterkunft gibt es ein spanisches Frühstück. Zu den preisgünstigen Unterkünften zählen die Fondas. Das Frühstück wird als spanisches Frühstück mit Kaffee und Gebäck serviert. Viele Fondas sind im Landesinneren zu finden, ihr Standard ist tendenziell höher als der in den Städten. Es kann sich dabei um eine einfache Pension oder um Zimmer handeln, die privat vermietet werden. Auch bei den Casa de Huespedes ist nicht mehr als eine einfache Unterkunft zu einem günstigen Preis zu erwarten. Paradors sind staatlich geführte Hotels, die in einer reizvollen Umgebung liegen und/oder in historischen Gebäuden wie Schlössern, Klöstern, Adelshäusern und Burgen untergebracht sind. An der Costa Daurada wurde der Parador von Tortosa in der Burg, oberhalb der Stadt eingerichtet. An der Costa Azahar liegt er in Benicarló am Strand. Die meisten Häuser haben drei bis vier Sterne, ein hohes Preisniveau und viel Komfort.

c. Apartmenthotel/ Hotelapartments (HA)/ Ferienhaus/ Ferienwohnung

In Hotels die Apartments vermieten, sollte die Halbpension im hauseigenen Restaurant eingenommen werden, sie ist oft im Preis enthalten. Sieben Tage Aufenthalt sind vor allem in der Hochsaison das Minimum. Einige Orte an der spanischen Küste bestehen ausschließlich aus Ferienhäusern und Ferienwohnungen. Sie werden Urbanizacion genannt. Häuser und Ferienwohnungen werden privat, oder über eine Agentur vermietet. Den Schlüssel erhält man bei der Anreise über die Agentur, die für die Betreuung und die Abrechnung der Nebenkosten zuständig ist. Die Preise variieren sehr stark, je nach Größe, Lage, Saison und Anbieter. Nebenkosten wie Heizung, Strom, Gas, Bettwäsche sind oft im Grundpreis nicht enthalten.

d. Jugendherbergen, Camping und ländlicher Tourismus

Viele Jugendherbergen sind nur in den Monaten Juli, August und September geöffnet. Häufig werden entweder Mädchen oder Jungen aufgenommen. Der Gast sollte zwischen

14 und 25 Jahren alt sein. Eine Übernachtung mit Frühstück im Mehrbettzimmer kostet zwischen 5 und 15 Euro. Ein Jugendherbergsausweis ist für die Übernachtung erforderlich. Der Aufenthalt ist meistens auf drei Nächte pro Jugendherberge begrenzt. Auskünfte erteilt die *Red Espanola de Albergues Juveniles, Calle Jose Ortega y Gasset 71, Madrid*. Entlang der Küste liegen zahlreiche Campingplätze und die Qualität ist häufig gut. Sie werden in vier Kategorien eingeteilt, die dritte Kategorie ist am einfachsten ausgestattet. Die Spitzenplätze rangieren in der Luxuskategorie, hier sollte die Parzelle 90 Quadratmeter haben, Duschen mit einer Größe von 1,50 Quadratmeter sollten für jeweils 10 Parzellen vorhanden sein. An der Costa Daurada ist der Campingplatz Cambrils Park in der Luxuskategorie angesiedelt. Ferien auf dem Lande (agroturismo, turismo verde, turismo rural) liegen voll im Trend. Sehr umfangreiche Angebote von der Finca mit eigenem Schwimmbad bis zum einfachen Apartment bieten Aragon und das Maestrazgo Gebiet an. Familien mit Kindern sind hier gut untergebracht, da die Übernachtungskosten in der Regel günstiger sind als in einem Hotel. Die Häuser sind oft landschaftlich sehr schön gelegen und die Umgebung erlaubt es den Kindern, ungehindert zu spielen. Broschüren und Kontaktadressen sind im Tourismusbüro erhältlich.

8. Reisen mit Kindern

Hier einige Tipps die für Abwechslung im Urlaub sorgen und für Kinder, die Besichtigungstouren ablehnen, nicht langweilig sind. Innerhalb des Buches werden die Tipps in den Kapiteln mit **(K)** gekennzeichnet und ausführlich beschrieben.

In Teruel bietet sich Dinopolis mit seinen verschiedenen Sauriern an. Eine Besichtigung des Dinomuseums in Morella ist auch für jüngere Kinder ein Erlebnis. In Castellón empfiehlt sich ein Besuch der Sternenwarte, die in der Nähe des Strandes liegt. In Valencia gibt es den Gulliverpark in den Gärten des Rio Turia, den Wochenmarkt in der Markthalle, das Fallamuseum, das Museum der Künste und Wissenschaften und den Zoo. In Tarragona und in Sagunt sind die römischen Theater zu besichtigen. Im Ebrodelta ist das Ecomuseum, in Deltebre die Casa de Fusta und eine Bootstour auf dem Fluss für ältere Kinder eine schöne Abwechslung. In Sant Carles de la Rapita und Peniscola fährt im Sommer eine Bummelbahn am Strand entlang. In Benicassim bietet das Aquarama mit seinen Wasserspielen eine Abwechslung. Der Erlebnispark Port Aventura in Salou ist eine besondere Attraktion für Kinder und Jugendliche. Bootsfahrten entlang der Küste von Salou nach Cambrils und Tarragona begeistern ältere Kinder. In Benicarló und in Peñíscola gibt es einen Vogelpark und eine Greifvogelschau. Baden lässt es sich auch einmal gut an einem Fluss, dem Rio Mijares. Burgbesichtigungen in Miravet, Peñíscola, Morella, Sagunt, Onda, Valderrobres und Tortosa sind für Kinder ein Erlebnis. Höhlenbesichtigungen bieten eine Abwechslung in Vall de Uxo und in Benifallet. Eine Bootsfahrt zu den Columbretesinseln, eine Wanderung in der Matarranaschlucht und eine Mountainbikefahrt durch die Sierra de Irta ist für ältere Kinder interessant. In der Nähe von Cambrils liegt der Sama Park, der mit seinen Vögeln und Pflanzen vor allem für ältere Kinder interessant ist.

III. Provinzhauptstädte
1. Castellón, die geschäftige Provinzhauptstadt an der Costa Azahar
a. Geschichte
Castellon hat seine Wurzeln in der maurischen Zeit. Im Jahre 1233 eroberten die Christen die Stadt, 1239 erhielt sie eine Bevölkerungsurkunde und 1251 die Erlaubnis, die eroberten Gebiete zu besiedeln. An der Einsiedelei *Santa Magdalena* befand sich, gemäß den Eintragungen in den Geschichtsbüchern, die damalige Siedlung. Die katalanische Sprache und der Feudalismus wurden durch die angesiedelten Katalanen nach Castellón gebracht. Daneben wohnte eine kleine jüdische Bevölkerungsgruppe in der heutigen Carrer A. Maura Straße und eine Mudejar-Gruppe in der Carrer d`Amunt Straße. Die Bürger von Castellón revoltierten 1347 gegen König Pedro IV. und im Juli 1350 wohnten bereits mehr als tausend Familien in der Stadt. Ihr Gewerbe war der Wein-, Reis, Getreide-, Zuckerrohranbau und der Fischfang. Infolge von kriegerischen Ereignissen und der Pest reduzierte sich die Bevölkerungszahl bis ins Jahr 1458 auf 569 Familien. Die Stadt war im Mittelalter mit Gräben, Türmen und Stadtmauern stark befestigt. 1519 bis 1522 beteiligte sie sich an den Revolten gegen die Feudalherrschaft. Im Erbfolgekrieg unterstützte Castellón den Erzherzog Karl von Österreich, um schließlich 1711 wie das Königreich Valencia von den Truppen Phillips V. unterworfen zu werden. 1794 lebten in der Stadt 3.400 Familien. Das Ende des 18. Jahrhunderts ist von Überschwemmungen, Trockenperioden, Epidemien und Aufständen gekennzeichnet. Die Befestigungsanlagen waren zum Teil schon beseitigt, als Castellon sich dem Unabhängigkeitskampf gegen die Franzosen (1809-1814) anschloss. 1833 bis 1876 war die Stadt zeitweise in die Carlistenkriege verwickelt. 1833 wurde sie die Hauptstadt der gleichnamigen Provinz. Bereits in jener Zeit begann der Apfelsinenanbau zum wichtigsten Wirtschaftsfaktor zu werden. 1888 fuhr zwischen dem Stadtzentrum und dem Hafen die erste mit Dampf betriebene Straßenbahn. In dieser Zeit wurden zahlreiche private und öffentliche Gebäude im Stil der Jahrhundertwende errichtet. 1930 wohnten 37.000 Einwohner in der Stadt. Am 14. Juni 1938 marschierten die Truppen Francos ein. Nach dem Bürgerkrieg wuchs die Stadt schnell und viele Industriebetriebe breiteten sich aus. In neuerer Zeit entwickelt sich die Keramikindustrie zu einem wichtigen Wirtschaftszweig.

b. Lage
Castellon ist die Hauptstadt der gleichnamigen Provinz, sie hat 165.000 Einwohner und liegt im Landstrich Plana Alta. Die Stadt verfügt, 4 Kilometer vom Stadtzentrum entfernt, über einen modernen Fischerei- und Handelshafen. 12.000 Menschen leben im Hafengebiet von El Grau, das die größten Sportanlagen der Provinz anbieten kann. Castellon liegt in einer breiten und fruchtbaren Ebene und ist der Mittelpunkt des Handels mit Orangen. Nach Valencia

beträgt die Entfernung 74 Kilometer. Die Sehenswürdigkeiten sind zu Fuß gut erreichbar, da die Innenstadt eine kleine Fläche einnimmt.

c. Infrastruktur
Das Touristenbüro ist in einem Haus am Plaza Maria Agustina 5, untergebracht.
<u>Unterkünfte</u>
Mit vier Sternen: Castellon Center, Ronda Mijares 86, modernes Haus, Doppelzimmer 50 bis 110 Euro. Hotel Mindoro, Moyano 4, hinter dem Theater Principal, Doppelzimmer ab 90 Euro. Hotel Turcosa, in El Grao gelegen, Treballadors de la Mar 1, ab 116 Euro. Mit drei Sternen: Hotel Jaume I, Ronda Mijares 67, Zweckbau 89 Zimmer, Restaurant und Parkplatz. Hotel del Golf in El Grao gelegen, Playa del Pinar del Grao. Mit zwei Sternen: Hostal La Ola, Paseo Maritimo in El Grao gelegenes, kleines Hostal in der Nähe des Planetariums. Hostal Herreros, Avda. del Puerto 28, in der Nähe des Hafens, 40 Zimmer.
<u>Restaurants</u>
Im Hafenviertel an der Plaza del Mar kann man gut Fisch essen. In der Kneipenmeile fällt besonders das El Galeon mit seinen großen Fenstern auf. Die Portionen sind riesig und die Preise moderat. In der Avda. del Puerto 13, liegt das Tasca del Puerto, es zählt zu den besten Häusern Spaniens und hat eine große Auswahl an Gerichten. Die Qualität des Essens ist gut, der Preis im gehobenen Bereich. Sonntags ist Ruhetag. In der Innenstadt reiht sich in der Calle Mayor und der Calle Isaac Peral ein Tresen an den anderen.
<u>Einkaufen</u>
Einkaufen in den Modegeschäften in der Calle Zaragossa, in der Weinhandlung Casa Vinate, Ronda de Mijares 6, und Montags auf dem Wochenmarkt in der Avda. del Mar.
<u>Sport **(K)**</u>
Tennis wird im Club Tenis in der Camino la Donacion gespielt. Tauchen bietet der Club Escorpa in der Calle Cargagente an und eine Squashhalle gibt es in der Avda. de los Hermanos Bou. Vom Sportflughafen Aeroclub de Castellón in Richtung Benicásim kann man Rundflüge buchen oder mit Flugschein selber fliegen. Segeln kann man über den Club Nautico. Reiten ist bei der Sociedad Hipica de Castellón in der Partida La Reina, Richtung Benicásim möglich. Der Golfclub Costa des Azahar, in der Nähe des Hafens in Richtung Benicásim liegend, bietet 9 Löcher. Der Club de Campo del Mediterraneo im 9 km entfernten Borriol bietet mehrere Sportarten an. Vom Hafen aus werden Bootsfahrten zu den Columbretes Inseln angeboten. Abfahrt ist um 8.30 Uhr. Die Entfernung beträgt 60 Kilometer, Fahrtdauer cirka 2,5 Stunden auf dem Schiff Caval I. Fahrten entlang der Küste von Benicasim nach Oropesa del Mar werden ebenfalls angeboten.
<u>Feste</u>
Am dritten Sonntag der Fastenzeit werden die Fiestas de Magdalena begangen. Das Fest dauert 9 Tage und erinnert an den Umzug der ersten Siedler von den Bergen hinunter in die Ebene von Castellón. Die Festlichkeiten beginnen mit einem Reiterzug, wobei der Bewässerungsgrabenaufseher die Anwesenden dazu auffordert, an der Wallfahrt zur Kapelle Magdalena teilzunehmen. Am Sonntag pilgern die Castellóneser, ausgestattet mit einem langen, von einem grünen Band gekrönten Stock, weshalb die Wanderung die Stabwallfahrt (la romeria de les Caneyes) genannt wird, von der Kathedrale aus zur Kapelle der heiligen Magdalena. Am Abend findet dann der Umzug der Festwagen statt, die alle wie kleine Tempel herausgeputzt sind und hell erleuchtet durch die Straßen zie-

hen. Dies soll an die Laternen erinnern die, die Siedler trugen als sie vom Berg herabstiegen. Jeder Stadtteil gestaltet seinen eigenen Wagen. Ende Juni beginnen die Feiern zu Ehren San Pedros im Hafenviertel. Straßentänze, Musik und Stiertreiben stehen dann auf dem Programm. An Probierständen kann man Sardinen kosten. 9 km entfernt in Borriol wird im Januar La Mataxa gefeiert, ein Fest das, das Feuer verehren soll. Pferde und Maultiere nehmen an den Festumzügen teil. Zusammen mit den überall auflodernden Feuern ist dies ein faszinierendes Schauspiel.

Kunsthandwerk
Erzeugnisse aus Wachs, vor allem Altarkerzen, Karton und Pappmaché für Schreibwarenartikel und zur Herstellung der Falla-Figuren werden in Castellón hergestellt. Schmiedeeiserne Gitter für Fenster und offene Kamine sind eine weitere handwerkliche Spezialität. In Borriol wird Alabaster zu Kunstgegenständen verarbeitet.

d. Sehenswürdigkeiten
Museen **(K)**
Das Museum der schönen Künste in einem Gebäude aus dem 18. Jahrhundert, in der Calle Caballeros gelegen, beinhaltet auf 4 Etagen Gemälde von Ribera, Ribalta, Teniers, Torres und Sorolla. Archäologische Fundstücke aus der Umgebung, die ein zeitliches Spektrum von der Steinzeit bis zum Mittelalter abdecken, werden ausgestellt. Eine große Sammlung von Keramikstücken aus dem 16. bis 19. Jahrhundert stammen aus der Hinterlassenschaft Frencesc Esteves. Sie ist eine der bedeutendsten Sammlungen dieser Art in Spanien. Unter den Bildhauern sind Namen wie Assuara, Viciano und Beniliure hervorzuheben. Öffnungszeiten: Di bis Sa 10-20 Uhr, So 10-14 Uhr. Eintritt werktags: 2,10 Euro, sonntags frei. Das Völkerkundemuseum in der Wallfahrtskapelle *Sant Jaume de Fadrell* am südlichen Stadtrand gelegen und das Kreismuseum für Völkerkunde in der Calle Mayor besitzen vielfältige Sammlungen aus dem traditionellen Leben der Stadt. Über Tagesabläufe, Kleidung, Berufe und Arbeitsverfahren kann man sich informieren. Neben dem Plaza Borull in der Primstraße liegt das Museum für Zeitgenössische Kunst. In seinen Räumen sind Ausstellungen avantgardistischer Kunst zu sehen. Das Planetarium mit den Themen Meer, Umwelt und Wissenschaft, liegt in der Nähe der Uferstraße Richtung Benicásim.

Plätze und Parkanlagen
Vom Plaza Mayor über die Zaragoza Colon Straße bis zum Plaza de la Independencia geht es zum *Ribalta Park*, der nahe dem Bahnhof liegt. Er ist einer der beliebtesten Treffpunkte der Stadt und eines der besten Beispiele städtischer Gärten in dieser Gegend. Er wurde Ende des 19. Jahrhunderts angelegt und steht unter dem Einfluss der Romantik. Ein kleiner Tempel, eine Pergola, ein Teich, barock anmutende Keramikbänke, Statuen berühmter Musiker und eine reiche botanische Vielfalt sind die Kennzeichen des Parks. Der *Plaza Tetuan* mit seinen schmalen Häusern gehört zu den kleinsten Plätzen von

Castellon. In seinem Zentrum steht eine modern gestaltete Minervastatue. Am *Plaza Santa Clara* steht im Zentrum ein Monolith des Bildhauers Llorenc Poy. Er erzählt die Geschichte der Stadt. Unter dem Laubendach des Platzes finden viele Feste statt. Der *Plaza Real* ist ein stiller Platz, in seiner Mitte steht ein schöner Kiosk aus Glas, Eisen und einem Dach aus Keramiksplittern. An der *Plaza de la Independencia* steht eine Straßenlaterne mit fünf einzelnen Lampen. Es handelt sich um ein Werk des Architekten Maristany aus dem Jahre 1929. Der *Plaza Mayor* wird von Statuen geschmückt, Bänke und Kaffees laden zum Bleiben ein. Hübsch ist auch die Blumenmarkthalle mit ihren Blumenständen.

Sakral- und Zivilbauten

Die Kathedrale *Santa Maria,* die im 13. Jahrhundert erbaut wurde, im 14. Jahrhundert nach einem Brand erneuert wurde, 1936 dem Bürgerkrieg zum Opfer fiel und in der Nachkriegszeit abgerissen wurde, kann am Plaza Mayor besichtigt werden. Von dem ursprünglichen Bauwerk sind nur die Seitenportale erhalten. 1945 begann der Wiederaufbau unter dem Architekten Vincent Traver. Das gotische Vorgängermodell diente dabei als Vorbild. Einige der Schätze konnten in Sicherheit gebracht werden und befinden sich im Inneren der Kirche. Die Muttergottes von Esteve Bonet sowie Gemälde von Ribalta und Oliet sind dabei besonders zu erwähnen. Kostbar sind valencianische Goldschmiedearbeiten, insbesondere Prozessionskreuze aus dem 18. Jahrhundert. Das Wahrzeichen der Stadt ist der Glockenturm *El Fadri* (der Junggeselle), der getrennt von der Kathedrale mit einem Giebelabschluss aus blauen Ziegeln errichtet wurde. Die Trennung ist darauf zurück zu führen, dass der Turm mit dem Geld der Stadtregierung im 16. und 17. Jahrhundert erbaut wurde. Die Pläne stammen von Damia Mendez. Der achteckige Turm ist 58 Meter hoch, er besteht aus mehreren Stockwerken und diente früher als Gefängnis und als Wohnung für den Glöckner. Heute sind, nach Restaurierungsarbeiten, 12 Glocken und die Uhr im Inneren des Turmes zu sehen. Die restaurierte *Casa Abiada* wurde im 16. Jahrhundert an den Glockenturm angebaut. Heute beherbergt sie Lesesäle, Ausstellungsräume und den Verein *Societat Castellónenca,* interessant für Bücherfreunde. Hinter der *Casa Abiada* befindet sich die *Lonja.* Die Warenbörse wurde Mitte des 17. Jahrhunderts, als der Hanfhandel eine große Bedeutung besaß, erbaut. Das Rathaus steht neben den bereits erwähnten Gebäuden auf der Plaza Mayor. Es wurde zu Beginn des 18. Jahrhunderts von Gil Torralba und Melchor Serrano im schlichten, toskanischen Stil erbaut. Zwischen seinen Rundbögen steht der heilige Christopherus, Schutzpatron der Stadt. An der Fassade ist ein Relief von Vincent Traver angebracht, das die mythische Geschichte der Stadt erzählt. Auf der Plaza Mayor wird jeden Sonntag eine Briefmarkenbörse veranstaltet. Im Rathaus sind Gemälde von Puig Roda und Domenech Agrassot, Wandmalereien von Joan B. Porcar und Skulpturen von Viciano und Beniliure ausgestellt. Die attraktive Markthalle steht ebenfalls am Plaza Mayor. Das

Teatro Principal liegt an der Plaza la Paz. Nach seiner Restaurierung stellt es ein bedeutendes Kulturzentrum der Stadt dar. Es wurde im 19. Jahrhundert nach dem Geschmack der Bürgerschaft im neoklas-sizistischen Stil erbaut. Im Inneren enthält es Gemälde von Pedro Ferrer und Francisco Peres Olmos. Auf dem Plaza la Paz steht ein Jugendstilpavillon, der mit Buntglasscheiben versehen ist. Auch die *Casa del Sord* und die *Casa dels Davalos* sind an diesem Platz sehenswert. An der Puerto del Sol kann das 1922 erbaute *Casino* besichtigt werden. Das Gebäude besitzt das Flair eines städtischen Palais und hat einen schönen Garten.

In der Avde. del Rey Don Jaime, einer breiten Allee mit Grünstreifen, liegt das Postamt. Es wurde zwischen 1917 und 1923 im Neomudejarstil errichtet und ist ein Werk des Architekten Demetri Ribes aus Valencia. Unter der Verwendung von Steinen, Eisen, Ziegeln, Kristall und Keramik wurde es zum Kunstobjekt. Im Zentrum der Allee erhebt sich die Bronzefigur König Jaume I, des Eroberers. Hinter dem Rathaus, in der Kirche *Sant Miquel*, deren barocke Ausstattung aus dem 18. Jahrhundert sehenswert ist, sind Ausstellungen zu sehen, die durch die Bancaixa-Stiftung finanziert werden. Die Klosterkirche *Sant Augustin* in der Calle Mayor enthält in ihrer Kuppel Gemälde von Vergara und in den Kapellen Werke von Oliet. Hinter dem Plaza Agustina befindet sich der Kapuzinerkonvent. Wegen seiner kostbaren Gemäldesammlung, die in jüngster Zeit restauriert wurde, lohnt sich ein Besuch. Außerdem sind Skulpturen aus dem 17. und 18. Jahrhundert zu sehen. Der Bischofspalast (Palacio del Obispo) in der Calle Gobernador Bermudez de Castro wurde auf Befehl des Bischofs Fray Antonio Jose Salinas y Moreno gebaut. In seinem Inneren befinden sich schöne Keramikfliesen.

Die größte sakrale Sehenswürdigkeit ist die *Basilica de la Mare de Deu de Lledo*. Vom Plaza Agustina, an dem sich das Tourismusbüro befindet, geht man auf der Avda. del Lidon bis in den Randbezirk der Stadt. Bereits im 14. Jahrhundert stand hier eine Vorgängerkapelle, die im Laufe der Jahrhunderte erweitert wurde. Sie wurde zu Ehren des von dem Bauern Perot de Granyana gefundenen Bildnisses errichtet. Seit 1922 ist die Muttergottes von Lledo die Schutzpatronin der Stadt. Die gegenwärtige Fassade stammt aus dem 16. Jahrhundert. Im Inneren der Kirche sind an den Wänden Fliesen, die alle Einsiedeleien des Gemeindebezirkes abbilden, Gemälde, Umhänge, Figuren aus dem 17. und 18. Jahrhundert und Goldschmiedearbeiten zu sehen. Auf dem Platz vor der Basilika stehen einige Exemplare des Elsbeerbaumes, die in den Mythen über die Gründung der Stadt vorkommen.

Die Kirche und der Konvent in Castellon

Basilica de la Mare de Deu de Lledo

Hafen (El Grau) und Wallfahrtskapellen rund um Castellón
Die Plaza del Mar markiert den Beginn der Vergnügungszone an der zum Hafen hin gewandten Seite der Stadt. Hier gibt es einige Bauwerke im neo-maurischen Stil, eine Reihe von Restaurants und Kaffees und einen großen Springbrunnen. Der große Fischereihafen mit der Fischversteigerungshalle, der Nautikclub und die Flaniermeile bestechen durch ihren mediterranen Charme. Die Kapelle von *Sant Jaume de Fadrell* wurde schon 1178 erwähnt. Sie liegt 3 km vom Stadtzentrum entfernt. *Sant Iasidre de Censal* am alten Weg am Meer gelegen, wurde aufgrund einer Schenkung der Ursula Mas im Jahr 1633 erbaut. *Sant Roc de Canet* entstand auf der Grundlage eines alten Landhauses im Jahr 1652. *Sant Francesc de la Font,* die nur wenige Meter vom großen Bewässerungskanal entfernt liegt, wurde 1748 gebaut. Die Ritter der Eroberung hatten hier ihren zeremoniellen Ort. Die bedeutendste Kapelle ist *Santa Maria Magdalena*, die auf einer Anhöhe 5 km außerhalb der Stadt liegt und in einem guten Zustand ist. Sie erhebt sich über den Ruinen des alten Castellón, wurde 1375 zum ersten Mal schriftlich erwähnt und mehrmals umgebaut. Ihr Besuch ist wegen des weiten Blickes über das Gebiet La Plana zu empfehlen.

2. Valencia***, Landeshauptstadt und Stadt der Feste und des Lichts
a. Geschichte
Im Jahre 138 v. Chr. gründeten die Römer Valentia, die Starke. Bereits im Jahre 60 v. Chr. erhielt sie den Status einer römischen Kolonie unter Kaiser Augustus. Es wurden Legionsveteranen angesiedelt, die gegen die Rebellen des Freiheitshelden Viriatus gekämpft hatten, und Gärten wurden angelegt. Die Römer konnten bereits größere Flächen bewässern. Im Jahre 413 n. Chr. kam die Stadt unter die Herrschaft der Westgoten. Im Jahre 714 eroberten sie die Araber, die sie *Medine-bu-tarab*, Stadt der Freude nannten. Auf die Araber geht das *Tribunal de aguas* zurück, ein noch heute existierendes Gericht, das Streitigkeiten um die Wasserversorgung schlichtet. Im 11. Jahrhundert wurden die ersten Befestigungsanlagen gebaut. Nach dem Verfall des Kalifats von Cordoba, wurde Valencia im Jahre 1021 ein selbstständiges Königreich. Im Jahre 1092 wurde Valencia von den Almoraviden regiert. Unter Rodrigo Diaz de Vivar, genannt El Cid, eroberten die Christen die Stadt im Jahre 1094. Im Jahre 1102 eroberten sie die Araber zurück und sie wurde unter Muhammed Ibn Said Hauptstadt eines arabischen Reiches. 1238 eroberte König Jaime I. Valencia, das nun ein autonomes Königreich in der Union Aragon und Katalonien wurde und das Christentum setzte sich endgültig durch. Der König gewährte der Stadt Sonderrechte, darunter eine eigene Rechtssprechung, Münzen und Steuern. Das führte zu einem ersten ökonomischen Aufschwung im 14. Jahrhundert. 1348 wütete die Pest in der Stadt und im 15. Jahrhundert, als der Handel mit Seide, Textilien und Keramik eine Blütezeit, und die Seidenbörse ein wichtiger Treffpunkt der Händler aus dem Mittelmeerraum wurde, kehrte sie zurück. 1609

wurden aus Valencia die konvertierten Mauren vertrieben, die Stadt verlor 30 % ihrer Bevölkerung. Nun beherrschten Räuberbanden und Hunger das Gebiet. König Felipe V gewann den Erbfolgekrieg, entzog Valencia die Sonderrechte und löste das Königreich auf. Die Gesetze Kastiliens traten nun auch für Valencia in Kraft. Der Handel mit den amerikanischen Kolonien und die Seidenherstellung führte in den folgenden Jahrzehnten zu einem wirtschaftlichen Aufschwung. 1808 erhob sich die Stadt gegen die Franzosen, die bis 1813 mit der Unterstützung der valencianischen Aristokratie, regierten. 1812 führte Ferdinand VII. die absolute Monarchie ein. 1865 wurden die Stadtmauern abgerissen. 1875 war die Stadt der Schauplatz der Königskrönung von Alfonso XII. Durch die industrielle Revolution erlebte Valencia einen erneuten Aufschwung, der nur durch den Bürgerkrieg eine Unterbrechung erfuhr. 1936 bis 1937 war Valencia Sitz der Regierung der Republik und als letzte Bastion fiel Valencia am 30. März 1939 an General Franco. In den sechziger Jahren wurden viele Arbeitsplätze geschaffen was, zum Zuzug von Arbeitskräften und zum Bau von Wohnsilos am Rande der Stadt führte. Zur gleichen Zeit wurde das Flussbett des Riu Turia trocken gelegt.

b. Lage
Die Stadt ist die drittgrößte Spaniens und hat 790.000 Einwohner. Valencia liegt 4 Kilometer landeinwärts vom Golf von Valencia entfernt und besitzt einen großen Hafen. Von Norden über die A 7 oder E 15 kommend, erreicht man durch mehrere Vororte die Avenida Cataluna und die Avenida Aragon und stößt auf das trockene Flussbett des Riu Turia und auf seine Parkanlagen. Mit ihren belebten Straßen und von Azulejoskuppeln gekrönten Kirchen bietet die Stadt ein typisches Bild des südlichen Lebens. Als ein „auf die Erde gefallenes Stück des Himmels" oder als „Land der Blumen, des Lichts und der Liebe" wird Valencia bezeichnet. Tatsächlich herrscht hier ein mildes Klima und die vielen von Palmen gesäumten Prachtstraßen und Plätze bestätigen das. Der Verkehr scheint weniger heftig als in Madrid und Barcelona und in den Gassen der Altstadt findet man mancherorts ein unverfälschtes Stück Spanien. Bei den historischen Gebäuden dominiert die spanische Variante des Jugendstils, der Modernismus. In der Innenstadt gibt es deshalb viele wunderschöne „Hochhäuser", deren Fassaden reich verziert sind. Während einer Besichtigung fällt einem der Wohlstand der Stadt sofort ins Auge. Bis auf wenige Häuser in der Altstadt wurde viel renoviert und die vielen gepflegten Grünanlagen erhöhen den positiven Eindruck. Die Metro hat bisher drei Linien, eine vierte soll folgen. Mit der Stadt der Künste und Wissenschaften (Ciudad de las Artes y las Ciencias) bietet Valencia ein einmaliges Projekt der Superlative.

c. Infrastruktur

Touristeninformation: Plaza de Ayuntamiento 1, und im Bahnhof beim Gleis 1. Internetadresse: www.comunitat-valenciana.com.

Unterkünfte
Im Fünf-Sterne-Bereich am Strand: Hotel Valencia Palace, Passeo Almeda 32, Parkplatz, Nichtraucherzimmer, Familienzimmer, Kinderbetreuung, Restaurant, Gesundheitszentrum, eigener Strandabschnitt, Schwimmbad, Sauna, und Joggingpfad. Internet: www.solmelia.es, Hotel Sidi Saler, Playa Saler, Internetadresse: www.hotelssidi.es. Im Vier-Sterne-Bereich: Astoria Palace, Internet: www.hotelbook.com, Plaza Rodrigo Botet 5. Hotel Excelsior, Barcelonina 5, in der Nähe des Rathauses gelegen, 81 Zimmer mit dem Charme vergangener Jahre und einer modernen Funktionalität ausgestattet. Im Drei-Sterne-Bereich: Hotel Ad Hoc, Boix 1, Haus im historischen Viertel aus dem 19. Jahrhundert mit 28 Zimmern, Internet: www.sercotel.es. Das Hotel Melia Confort Ingles, Marques de dos Aquas 6, liegt gegenüber dem Keramikmuseum. Im Zwei-Sterne-Bereich: Hotel Alicante, Ribera 8, in einer Verbindungsstraße zwischen Stierkampfarena und Rathausplatz gelegen.

Restaurants
Insbesondere Reis und Fisch: Casa Clemencia, Zona Universidades, Av. Primado Reig 179, Menü ab 15 Euro, Sonntag geschlossen, Spezialität: Paella. Casa Ripoll, Zona Playa Mavarrosa, Paseo Maritimo, modulo 7, Menüs ab 20 Euro, Dienstag und Mittwoch geschlossen, Spezialitäten: Zarzuela, Schellfisch. El Forcat, Zone Barrio del Carmen, Roteros 12, Menüs ab 18 Euro, Montag geschlossen, Spezialitäten: Honigreis auf Languste, Paella. La Riua, Zona Catedral, Mar 27, Sonntag und Montag geschlossen, Menü ab 24 Euro, Spezialitäten: Reisgerichte. Insbesondere Fleisch auf dem Grill: La Barbacoa del Carme, Zona Barrion del Carmen, Plaza del Carme 6, Menü ab 12 Euro, Spezialität: gegrilltes Fleisch. Die Cafeteria Jamaica Coffee Shop ist im Zentrum gleich mehrfach vertreten: in der C/Colon 8, in der C/Jatvia 17, in der C/Ruzafa 6, in der C/San Vincente 85, und in der Marques del Turia 56. Verschiedene Kaffee- und Teesorten und Kuchen sind im Angebot.

Einkaufen
Buchladen: Liberia Paris-Valencia, in der C/ Pelayo 7. Modegeschäfte verkaufen die neusten Trends in der Nähe des Rathausplatzes. Sonntags findet ein Flohmarkt auf der Plaza Napoles y Sicilia statt. Frischwaren werden im Hauptmarkt und in drei weiteren Markthallen angeboten. Ausgefallene Geschenke sind bei Biscuter in der C/ Conte Salvatierra 6, und im Caracol Sac in der Isabel la Catolica 4, zu finden. Sportartikel gibt es in der Fun Box, Ramon Asensio 13, und im Part a Part, Sueca 41.

Sport
Die Golfplätze Club de Golf el Saler, Club de Golf el Bosque, Golf Manises, Club de Golf el Scorpion und Club de Golf Olivia Nova liegen i der Nähe der Stadt. Im Club Nautico de Valencia (königlicher Jachtclub) sind Boote und die Besatzung zu mieten.

Kunsthandwerk
In den Straßen in der Umgebung der Kathedrale und des Rathauses wird Tafelgeschirr, Fächer, Häkelarbeiten, Körbe, Erzeugnisse aus Rohrgeflecht, Faschingskleidung Folklorekleidung, antiquarische Bücher, Antiquitäten, Möbel, Dekorationsgegenstände Keramikartikel aus Manises, Porzellan und Töpfereiprodukte aus der Region verkauft.

Feste
Die Fallas in der Woche vor dem 19. März, deren Ursprung auf das 15. Jahrhundert zurück geht, als die Zimmerleute der Stadt am Vorabend der Feier zu Ehren ihres Schutzpatrons Sankt Joseph vor ihren Werkstätten, auf Straßen und öffentlichen Plätzen Gerümpel, zusammen mit Geräten, mit denen sie im Winter ihre Öllampen anzündeten um den Arbeitsplatz zu erhellen, anzündeten. Heute werden in der Nacht vom 19. auf den 20. März 350 Fallas verbrannt. Die eindrucksvollen Monumente aus Pappmaché, die schon seit dem 15. März die Straßen einnehmen und unter Blasmusikklängen bewundert werden können, stecken voller witziger Einfälle. Besonders die Politik wird aufs Korn genommen. Es gibt einen Wettstreit darum, welches die schönste Figur ist, denn nur diese wird nicht verbrannt. Die Struktur der großen Figuren ist pyramidenförmig, das garantiert ein perfektes Abbrennen und Zusammenfallen. Zum Fest werden heiße Schokolade und einheimische Schmalzkringel verkauft. Täglich um 14 Uhr bebt die Stadt unter dem Donner der Mörser auf dem Rathausplatz. Es bietet sich an, einen Stierkampf zu besuchen und am 17. und 18. März der Blumengabe an die Jungfrau der Schutzlosen beizuwohnen. Die Feuerwerke erreichen in der Nacht des 18. März ihren Höhepunkt. Die Karwoche der Seeleute findet an der Küste statt. Festakte, Messen und Prozessionen finden von Aschermittwoch bis Ostern statt. Die Schweigeprozession am Gründonnerstag um 24 Uhr und die des heiligen Begräbnisses am Karfreitag um 18.30 Uhr ziehen die meisten Menschen an. Bildnisse von 27 Laienbruderschaften werden durch die Straßen getragen. Den Zug begleiten 5.000 Büßer und viele Musikkapellen. Das Fest zu Ehren von Sant Vincente Ferrer findet am Sonntag und Montag nach Ostern statt. Die Wunder des Heiligen werden von Kindern in der Nähe seines Geburtshauses in der Calle de Mar dargestellt. Bewohner anderer Stadtviertel führen Wunderdarstellungen auf der Plaza de la Virgen und in der Calle Ruzfa auf Altären vor. Die Überführung der Jungfrau der Schutzlosen am zweiten Sonntag im Mai von der Basilika zur Kathedrale verwandelt die Plaza de la Virgen in ein Menschenmeer. 200 Meter werden in einer Stunde zurückgelegt. Am Nachmittag wird das Marienbildnis in einer zweiten Prozession in die Basilika zurück gebracht. Der Zug zieht unter einem Reigen von Rosen und Blütenblättern durch verschiedene Straßen und endet an der Plaza de la Virgen. Fronleichnam wird mit einer Festwagenprozession, angeführt von Stadtpolizisten in Galauniformen, gefeiert. Zur volkstümlichen Musik bewegen sich kleine Trupps von Riesen und Großköpfen nebst den Festwagen, die biblische Wunder repräsentieren, zur Plaza de la Virgen. Die weißgewandete „Morna" symbolisiert die Tugend, die sich gegen die Todsünden stellt. Die „Cirialots" tragen große Altarkerzen und stellen die 24 Greise dar, die das Lamm verehren. Während des Monats Juli werden am Paseo de la Alameda und in den Jardins de Viveros Aufführungen und Konzerte angeboten. Es finden bedeutende Stierkämpfe statt und der Höhepunkt der Festwoche ist die Blumenschlacht in der Alameda am ehemaligen Flussbett. Fahnenprozessionen finden am 9. Oktober, dem Tag des heiligen Dionysos, statt. In verschiedenen Festakten gedenkt man der Eroberung durch Jakob I. Er ist die Hauptfigur des Festzuges, der von Fahnenträgern angeführt vom Rathaus durch die Straßen zieht.

d. Sehenswürdigkeiten

Wegen der Vielzahl der Sehenswürdigkeiten wird hier nur eine persönliche Auswahl vorgestellt. Valencia braucht sich aber keinesfalls hinter Barcelona,

Sevilla oder Madrid zu verstecken. Die Altstadt ist von breiten, ringförmigen Straßen umschlossen, die entlang der früheren Stadtmauer führen. Der Durchmesser des Rings beträgt 1,5 km, deshalb sind die meisten Sehenswürdigkeiten zu Fuß zu erreichen. In den Ringstraßen Calle Colon und Calle Guillem de Castro kann das Auto im Parkhaus abgestellt werden.

Bahnhof **, Stierkampfarena und Museum *(K)
Eine der schönsten Möglichkeiten in Valencia anzukommen ist der Bahnhof *Estacion del Norte*. Er wurde im Jugendstil 1906 bis 1917 erbaut, gilt als einer der schönsten in Spanien und liegt mitten in der Stadt. Die Fassade ist mit Pflanzenmotiven geschmückt und wird von einem Uhrturm, auf dem ein Adler steht, gekrönt. Innen ist die Bahnhofshalle mit einer Keramikoberfläche versehen und mit Mosaiken geschmückt. Auch wenn keine Dampflokomotiven mehr fahren, strahlt der Bahnhof den Glanz der alten Eisenbahnerzeit aus. Neben dem Bahnhof befindet sich die von 1850 bis 1860 im neoklassizistischen Stil erbaute Stierkampfarena an der Placa de Toros. Mit 17.000 Plätzen ist sie eine der größten Spaniens und erinnert an das *Flavio-Marcelo-Kolosseum* in Rom. Vier von 384 symmetrischen Bögen eingefasste Galerien sind von außen sichtbar. Die wichtigsten Kämpfe werden während der *Fallas* und in der Festwoche im Juli ausgetragen. Unweit östlich der Stierkampfarena in der Pasaje Dr. Serra 16, befindet sich das Stierkampfmuseum. Das *Museu Taurio* enthält Anzüge, Gemälde, Plakate, Trophäen und Fotografien aus den letzten drei Jahrhunderten. Öffnungszeiten: Di bis Sa 10-14.30 Uhr, 16-19 Uhr und So 10-20 Uhr.

Rathausplatz ** und Rathaus (Ayuntamiento)*
Der Weg ins Zentrum überquert die Ringstraße und führt durch die Fußgängerzone Avenida Marques de Sotelo zum Rathausplatz Plaza Ayuntamiento. Täglich findet hier ein Blumenmarkt bis in die Abendstunden statt. Der Platz ist Mittelpunkt des öffentlichen Lebens. Hier treffen sich die Menschen zum Feiern und Flanieren. Er ist von eindrucksvollen Gebäuden mit großen Türen, hohen Fenstern und reich verzierten Fassaden umgeben. Hier sieht man einen Teil der bereits oben erwähnten „schönen Hochhäuser". In ihnen befinden sich Banken, die Hauptpost im klassizistischen Stil aus dem Jahre 1920, das Casino, Kaffees, Hotels und andere Geschäftshäuser. Einige Sitzbänke an der schönen Brunnenanlage laden zum Verweilen ein. Die gesamte Westseite des Platzes nimmt das Rathaus, das im 18. Jahrhundert erbaut wurde, ein. Vier Skulpturen an der Fassade symbolisieren die Klugheit, Kraft, Gerechtigkeit und Mäßigung. Das Stadtwappen wird von zwei nackten Frauen, geschaffen von dem Bildhauer Mariano Beniliure, beherrscht. Vom filigranen Uhrturm erklingt zur vollen Stunde die Hymne von Valencia. Das Rathaus nimmt einen ganzen Häuserblock von 6.000 Quadratmeter ein. Die Hauptfassade, der Festsaal, die Haupttreppe, der Saal des

Stadtrates und der Glassalon des Rathauses wurde zwischen 1915 und 1942 erbaut. Das Touristenbüro, die Stadtbibliothek und das historische Museum ist im Rathaus untergebracht.

Historisches Museum (Museo Historico Muncipal)
Das Museum stellt Gegenstände und Schriftstücke aus, die bis ins 13. Jahrhundert zurückreichen, zum Beispiel das Gesetzbuch über den Handel und die Schifffahrt aus dem Jahre 1238 und das in der Sprache Valencias verfasste Buch über die Stadt und die Königsrechte. In den Vitrinen sind unter anderem das Schwert Jakob des Ersten, die Fahne von Valencia, die Standarte der Rückeroberungstruppen und eine flämische Holztafel mit der Darstellung des Jüngsten Gerichtes aus dem 15. Jahrhundert zu sehen. An den Wänden hängen Gemälde bekannter Künstler. Öffnungszeiten: Mo bis Fr 9-14 Uhr, der Eintritt ist frei.

Seidenbörse (Lonja de Seda**)
Am Ende des Rathausplatzes teilt sich die Straße und man biegt nach links ab in die Mercado Straße. Die Handelsbörse wurde 1996 von der UNESCO zum Weltkulturerbe erklärt und ist das bedeutendste gotische Bauwerk Spaniens. Der größte Teil wurde zwischen 1482 und 1492 unter der Leitung des Steinmetz-Meisters Pere Compte erbaut. Die Vollendung des Werkes im Jahre 1498 durch einen Schüler von ihm erklärt das Vorhandensein von Renaissanceelementen. Im 16. Jahrhundert war hier der Schauplatz königlicher Hochzeiten. Die *Lonja* besteht aus der 17 Meter hohen, 21 Meter breiten und 35 Meter langen eindrucksvollen Säulenhalle mit Kreuzgewölben, in der die Geschäfte zum Abschluss kamen, einem Turm mit einer kleinen Kapelle im Erdgeschoss und einer Wendeltreppe mit 144 Stufen. Früher befanden sich die Gefängniszellen für zahlungsunfähige Kaufleute in dem Turm. Der Versammlungssaal des Meereskonsulats im Renaissancestil, in dem das Handelsgericht tagte und die erste Handelskammer Valencias ihren Sitz hatte, und der als Orangenhof bekannte Garten zählen zur *Lonja*. Öffnungszeiten: Di bis Sa 9-14 Uhr und 17-21 Uhr. So 9-13 Uhr, der Eintritt ist frei.

Markthalle (Mercado Central**) (K) und Umgebung / Kirche Santo Juanes
Die von 1910 bis 1928 im Jugendstil fertig gestellte Markthalle bedeckt eine Fläche von über 8.000 Quadratmeter, auf der sich über 1.000 Marktstände mit frischen Lebensmitteln verteilen. Mehrere Kuppeln schmücken die Halle, die größte trägt die Wetterfahne, das Wahrzeichen des Marktes. Glasfenster, in denen das Wappen von Valencia eingelassen ist, Keramikkacheln und Mosaikarbeiten an der Fassade bilden künstlerische Eckpunkte des Bauwerkes. Vormittags ist eine große Anzahl verschiedener Lebensmittel im Angebot. Neben der Markthalle steht eine der ältesten Kirchen Valencias, die *Kirche Santo*

Juanes. Sie stammt aus dem Jahre 1368 und erhielt im 17. Jahrhundert eine reich verzierte Barockfassade. Während der Inquisition war sie Schauplatz von Hinrichtungen und in ihrem Halbkellergeschoss sind die Gefängniszellen erhalten. Im Inneren beeindrucken barocke Skulpturen und ein Deckengemälde von Antonio Palomino.

Kathedrale und Umgebung **
Biegt man an der Lonja nach rechts ab, gelangt man über die Plaza Dr. Collada und die Plaza Lope de Vega zur gotischen Kirche *Santa Catalina* mit einem schlanken, reich verzierten, sechseckigen, barocken Glockenturm, an dem vor allem die gewundenen Säulen auffallen. Nach rechts biegt man ab zur sehenswerten *Plaza Redonda,* die teilweise überdacht ist und im Jahre 1831 erbaut wurde. Marktstände, die Keramikwaren und Textilien anbieten, haben hier ihren Platz. Freitagvormittags treffen sich Frauen zum Klöppelhandwerk auf dem Platz. Eine gute Gelegenheit für Besucher, die dieses alte Handwerk beobachten möchten. In der Calle San Martir, ist die Kirche *San Martin* zu besichtigen, die im gotischen Stil im 14. Jahrhundert über den Resten einer Moschee errichtet und später im barocken Stil umgebaut wurde. Das Barockportal ziert eine Bronzestatue des heiligen Martins, ein niederländisches Werk aus dem 15. Jahrhundert. Am Ende der Calle Sant Martir gelangt man zum Plaza de la Reina und zur Kathedrale. Öffnungszeiten der Kathedrale: täglich 8-13 Uhr und 17-19 Uhr. Sie erhebt sich auf dem selben Platz, an dem in römischer Zeit bereits ein Tempel und später eine maurische Moschee errichtet wurde. Die Bauzeit betrug mehr als 150 Jahre (1262-1426), dies führte zusammen mit späteren Umbauten zu einer interessanten Überschneidung mehrerer Baustile über dem ältesten frühgotischen Stil. Drei Portale aus verschiedenen Stilrichtungen führen ins Kircheninnere. Das barocke Hauptportal – wegen des Gitters Eisenportal genannt – geht auf die Plaza de la Reina hinaus. Es wurde von dem Deutschen Konrad Rudolf bearbeitet, der im Spanischen Erbfolgekrieg flüchten musste, vollendet wurde das Werk von Ignacio Vergara. Am östlichen Querschiff öffnet sich das Palastportal (Portal del Palacio) zur Plaza Almoyna hin. Es wurde im romanischen Stil mit Mudejare-Elementen errichtet und ist das älteste Portal. Neben ihm erhebt sich der Bogen welcher die Kathedrale mit dem erzbischöflichen Palast verbindet. Das gotische Apostelportal führt auf den Plaza de la Virgen hinaus und hat durch das Wassergericht (Tribunal de las Aguas) Bekanntheit erlangt. Seit über 1.000 Jahren sprechen acht schwarz gekleidete Herren und ein Gerichtsdiener jeden Donnerstag um 12 Uhr Recht über Streitfragen bezüglich der Wasserzuteilung aus den Bewässerungskanälen Valencias. Das Urteil, entweder Geldstrafe oder Wasserentzug, ist ohne schriftliche Formalitäten rechtskräftig. Das Innere der Kathedrale, das 98 Meter lang ist und von einem Kuppelgewölbe, das über 16 Fenster das Innere der Kirche erhellt, getragen wird, wurde im 18. Jahrhundert restauriert. Zahlreiche kostbare Ge-

mälde von Schülern Leonardo da Vincis am Hochaltar, der heilige Kelch des letzten Abendmahls in der gleichnamigen Kapelle, Werke von Goya in der *San Francisco de Borja Kapelle*, das Gestühl des Chores und der Hochaltar verdienen eine besondere Erwähnung. Sehenswert ist die Kapelle der Auferstehung (Capilla de Resurreccion) mit der mumifizierten Hand des Heiligen San Vincent Martir, der im Jahr 304 gestorben ist. Der Bischof von Valencia brachte sie 1104 aus dem Heiligen Land nach Valencia zurück. Die Kapelle des Kapitelsaales (Capilla del Santo Caliz), 1369 erbaut, birgt den heiligen Kelch aus smaragdgrünem Achat mit Rubinen besetzt. Er gilt als der Kelch des letzten Abendmahls und wird von vielen als der heilige Gral angesehen, mit dem das Blut Christi aufgefangen wurde. Das Museum der Kathedrale stellt Gemälde von Goya, Skulpturen, Kirchendokumente, Kunstschmiedearbeiten und Altarbilder aus. Öffnungszeiten: Mo bis Sa 10-13 Uhr und 16.30-18.30 Uhr. So und Feiertag 10-13 Uhr. Eintritt: 1,20 Euro. Der Glockenturm der Kathedrale ist das Wahrzeichen der Stadt. Seine Höhe von 68 Metern stimmt mit seinem Volumen überein. Die 12 Glocken des Turmes wurden am 29.09.1418, dem Sankt Michaelstag, eingeweiht. Die heutigen Glocken stammen aus dem Jahr 1532. 207 Stufen führen den Besucher auf die Spitze des Turmes mit herrlicher Aussicht auf Valencia. Öffnungszeiten: täglich 10-13 Uhr und 17-19 Uhr, Eintritt 1,20 Euro.

Real Basilica de Nuestra Senora de los Desamparados**
Verlässt man die Kathedrale durch das Aposteltor sieht man die Basilika der Stadtpatronin. Sie ist gleichzeitig die Beschützerin der Benachteiligten und Obdachlosen. Ein Renaissancebogen verbindet beide Kirchen miteinander. Er darf nur von der erzbischöflichen Kurie benutzt werden. 1667 wurde die Basilika im Barockstil auf den Resten einer romanischen Kirche errichtet. Sie ist die bedeutendste Kultstätte Valencias. Während der Bauarbeiten fand man fünf römische Schrifttafeln, die in die Hauptfassade eingefügt wurden. Auffallend ist die monumentale Kuppel mit einem ovalen Grundriss und gebrannten, farbigen Ziegeln. Sie ist im Inneren mit Fresken von Antonio Palomino bemalt. Das geschnitzte Marienbild von 1416 am Hauptaltar ist Gegenstand großer Verehrung. Öffnungszeiten: 7-14 Uhr und 16-21 Uhr.

Plaza de la Reina , Plaza de la Virgen* und Stadtpaläste
An der Plaza de la Reina findet jeden Tag ein Töpfermarkt statt. Sie bildet mit ihren Palmen den Mittelpunkt der Altstadt. Der gesamte Nordteil des Platzes wird von der Kathedrale eingenommen. Unterhalb des Platzes befindet sich ein Parkhaus. Oberhalb sind einige typische, reich verzierte „Valenciahochhäuser" zu sehen. Hinter der Kathedrale öffnet sich der malerische Plaza de la Virgen, ein beliebter Treffpunkt der Studenten. Hier gibt es Kaffees, in denen man Mandelmilch (Horchata) probieren sollte. Der Platz steht im Zeichen der

Kathedrale und der Basilika. Im Vordergrund plätschert ein Brunnen und im Hintergrund erhebt sich der Palast der Abgeordnetenkammer (Palacio de la Generalidad) in dem die Regierung von Valencia tagt. Das gotische Bauwerk aus dem 15. Jahrhundert beherbergte einst die Ständeversammlung des Königreiches Valencia. Der 1618 hinzugefügte Turm enthält Elemente der Spätgotik und der Renaissance. Im Inneren ist der Sitzungssaal mit einer hölzernen Kassettendecke und einem gekachelten Fries und der goldene Salon mit einer prächtigen Deckenholztäfelung hervorzuheben. Der Innenhof kann an Werktagen von 9-20 Uhr, nach Voranmeldung, besichtigt werden. An der Plaza Manises stehen die Paläste *Baila, Scala* und *Manises,* die im Barockstil und im Renaissancestil erbaut wurden und schöne, mit farbigen Kacheln gestaltete Innenhöfe, Decken mit Holztäfelungen und interessante Fensterformen aufweisen. Heute beherbergen sie die Büros der Provinzregierung.

Der Admiralspalast (Palacio del Admirante) in dem heute das Finanzministerium untergebracht ist liegt in der Nähe der Calle Palau, östlich der Kathedrale. Er wurde im gotischen Stil im 15. Jahrhundert errichtet und besitzt einen schönen Innenhof. Der *Palacio del Temple* liegt östlich der Kathedrale in der Nähe des Rio Turia. Der Name erinnert an die ehemalige klösterliche Residenz, die von den Templern einst an diesem Ort errichtet wurde. Nach ihrem Verschwinden nahm der Montesa-Orden das Kloster ein. Das heutige Gebäude stammt aus dem Jahr 1760 und besteht aus einer Kirche mit Gemälden von Verga, dem Kloster mit Kreuzgang, dem Sitz der Regierungsbehörde und dem Novizengebäude. Der Justizpalast (Palacio de Justicia) liegt am Plaza Alfonso, auf den man von der Kathedrale aus, über den Plaza la Reina nach links abbiegend kommt. Das Gebäude ist im neoklassizistischen Stil erbaut und war einst das königliche Zollamt und später eine Tabakwarenfabrik. An seiner Hauptfassade befindet sich eine kleine Statue von Karl III., ein Werk Vergaras. Der *Palacio Benicarló,* an der Plaza San Lorenzo liegend und aus dem 15. Jahrhundert stammend, war einst die Residenz der Herzöge von Gandia. Im 19. Jahrhundert war eine Spinnerei in den Räumen untergebracht und heute tagt das valencianische Parlament in der Residenz.

<u>Kornspeicher (Almudin) und Stadttore*</u> **(K)**
Auf der anderen Seite der Basilika liegt der Plaza Almoina, in seiner Nähe finden Ausgrabungen statt. Dahinter erhebt sich der städtische Kornspeicher, der unter der maurischen Bezeichnung „Almudin" bekannt ist. Er wurde im 13. Jahrhundert erbaut und im 16. Jahrhundert umgebaut. In dem Gebäude, das als Festung mit Schießscharten und Erkern versehen ist, lagerte Getreide, das vor Insekten und Feuchtigkeit geschützt wurde. Später wurde der große Raum, der im Inneren mit Arkaden versehen ist, von Künstlern bemalt. Die Bemalung erinnert an römische Basiliken. Heute wird der Raum zu Ausstellungszwecken

genutzt. Öffnungszeiten: Di bis Sa 9-14 Uhr und 17-20 Uhr. So 9.30-14 Uhr. Der Eintritt ist frei. Im Altstadtviertel Barrio del Carmen sind Reste der Stadtmauer und zwei Stadttore zu sehen. Der *Torres de Serranos* liegt am trockengelegten Turiafluss. Der eindrucksvolle Doppelturm wurde 1398 als Teil der Verteidigungsanlagen auf römischen Grundmauern erbaut und 1930 nach alten Plänen aufgebaut. Über dem Eingang hängt eine gotische Reliefarbeit von Enric Alemany, die den Helm von König Jaume I. nachbilden soll. Öffnungszeiten: Di bis Sa 9-14 Uhr und 17-20 Uhr. Der Eintritt ist frei und von oben hat man einen schönen Blick über die Stadt. Läuft man nun entlang der Ringstraße Balnquerias und Guillem de Castro gelangt man zum *Torre de Quart*, der von 1356 bis 1460 errichtet wurde und aus zwei mächtigen Festungstürmen besteht. Einige Kanoneneinschläge erinnern an die Verteidigung der Stadt gegen Marschall Moncey im Jahre 1808.

Botanischer Garten*, weitere Gärten und der Zoo der Stadt **(K)**
Durch das Torre de Quart hindurch geht es über die Calle Quart zum Botanischen Garten. Unter der Leitung von Antonio Jose Cavanilles wurde der Park 1802 eingeweiht, er ist einer der reichhaltigsten Gärten Europas. Er war der erste seiner Art in Spanien und wurde von König Karl III. finanziell unterstützt. Sträucher, Palmen und Bäume aus der ganzen Welt gedeihen hier. Ein Aquarium mit Seeschnecken und ein Gehege mit Vögeln vervollständigen den Park. Öffnungszeiten: Di bis So 10-19 Uhr.

Die *Jardins del Rio Turia* sind im trocken gelegten Flussbett des gleichnamigen Flusses angelegt worden. Hier finden die Bewohner den geeigneten Ort für Sport und Freizeit, zum Laufen und Radfahren. Der Palast der Musik liegt am Rande der Gärten und ein Besuch des Guliver Parks mit seinen lustigen Figuren aus dem Buch Gulivers Reisen ist für Kinder ein Erlebnis.

Die *Jardins del Real* liegen auf der anderen Seite des Rio Turia, an dem Platz der früher vom königlichen Palast eingenommen wurde. Im Laufe der Jahrhunderte hat man die Gärten neu bepflanzt. Im Zentrum wird der große Platz in der Mitte im Sommer zur Konzertbühne und im Frühling beleben die Stände der Buchmesse die Parkwege. Der Zoo von Valencia liegt im Inneren der Gärten. Er beherbergt Affen, Großkatzen, Giraffen und farbenprächtige Vögel.

Die *Jardins de Monforte*: geht man von den Jardins Real über den Llano del Real-Plaza kommt man zu diesen schönen Gärten. Sie liegen auf einem dicht bewaldeten Hügel und in ihnen gedeihen viele Pflanzen, die mit ihren Blüten über Gittern liegend die Wege beschatten. Den Eingang bewachen zwei Löwen aus Marmor. Die italienischen Skulpturen, Teiche, Springbrunnen und der Lustpavillon zieren die Gärten zusätzlich.

Die Fassade der Lonja/Handelsbörse

Die Placa de la Virgen mit dem Palacio de la Generalidad

Eine Auswahl an weiteren Museen und Sakralbauten
Das Keramikmuseum (Museo Nacional de Ceramica**) ist im *Marques de los Aquas* Palast untergebracht. Von der Plaza de la Reina führt die Calle la Paz nach Osten. Reiche Bürger ließen hier im 19. Jahrhundert ihre Stadtpaläste erbauen. Nach rechts gelangt man in die Poeta Querol und zum Museum, das man sofort an seiner außergewöhnlichen Rokokofassade erkennt. Im 15. Jahrhundert wurde es erbaut und im 18. Jahrhundert umgestaltet. Das Alabasterportal stammt von Ignacio Vergara. Heute sind 12.000 Einzelteile in dem Palast ausgestellt, darunter sehr wertvolle Keramiken und Porzellan. Im unteren Teil kann man die Palasträume mit ihrem Inventar bewundern. Besonders eindrucksvoll ist die Küche, die komplett mit Fliesen dekoriert ist. Öffnungszeiten: Di bis Sa 10-14 Uhr und 16-20 Uhr. So ist nur am Vormittag geöffnet. Eintritt: 2,40 Euro. Die *Iglesia de San Juan de la Cruz* erhebt sich hinter dem Keramikmuseum. Sie wurde 1686 anstelle einer Moschee erbaut und besitzt ein Portal und einen Glockenturm im Barockstil. In den Seitenschiffen sind Gemälde valencianischer Meister und schöne handbemalte Fliesen zu sehen.

Das *Museo del Patriarca* befindet sich in der Calle de la Nave, östlich der Kathedrale in der Nähe des Universitätsplatzes und der alten Universität. Das Museum besitzt eine der umfangreichsten Sammlungen sakraler Kunst. In fünf Räumen werden Gemälde und Skulpturen aus dem 16. und 17. Jahrhundert ausgestellt u. a. Werke von Greco, Hugo van der Goes, Juan de Juanes, Fernando Yanes und Roger van der Weyden. Ursprünglich war hier ein Klosterseminar untergebracht und ein Kreuzgang mit 26 gleichförmigen Bögen. Öffnungszeiten: täglich 11-13 Uhr. Eintritt: 1,20 Euro. Hinter dem Museum befindet sich die zum *Colegio del Patriarca* gehörende Kirche *Corpus Cristi* von 1586, an deren Hochaltar ein schönes Abendmahlgemälde von Ribalta aus dem Jahre 1606 angebracht ist.

Das Museum der schönen Künste (Museo de Bellas Artes) liegt nördlich des Stadttores Serranos am anderen Ufer des Rio Turia in der Nähe der Jardins del Real. Im Erdgeschoss werden archäologische Funde aus der römischen und maurischen Zeit ausgestellt. Im ersten Stockwerk sind Werke von Osona, Falco und Jacomart, die der früheren Schule von Valencia zuzuordnen sind, ausgestellt. Hinzu kommt eine Gemäldeausstellung, die Goya, Juan de Juanes, Ribera und Ribalta und ein Passionsbild von Hieronymus Bosch zeigt. Im zweiten Stock sind weitere Gemälde ausgestellt und der dritte Stock widmet sich der Historienmalerei. Öffnungszeiten: Di bis Sa 10-14 Uhr und 16-19.30 Uhr. So 10-19.30 Uhr, der Eintritt ist frei. Das *Museu Beniliure* liegt in der Ringstraße Blanquerias am Rio Turia, nicht weit vom Stadttor Serranos entfernt. Das Museum wurde dem valencianischen Maler Jose Beniliure und seinen Brüdern gewidmet. Sie lebten von 1862 bis 1947 und begannen aus Geldnot schon mit 10 Jahren zu malen. Öffnungszeiten: Di bis Sa 9.30-14 Uhr und 17.30- 21 Uhr. So 9.30-14 Uhr. Das Museum für moderne Kunst, (Instituto Valenciano de Arte Moderno/IVAM) zwischen dem botanischen Garten und dem Stadttor Serranos am Rio Turia, ist nicht weit vom zuvor genannten Museum entfernt. Hier sind Werke des 20. Jahrhunderts und der Gegenwart ausgestellt. Öffnungszeiten: Di bis Sa 10-20 Uhr, der Eintritt ist frei. Das Stadtmuseum (Museo de la Ciudad) befindet sich in der Krypta des einstigen Gefängnisses *San Vincente Martir*. Auf drei Stockwerken sind Gemälde zu sehen. Öffnungszeiten: Di bis Sa 9.30-14 Uhr und 17-20 Uhr. So. 9.30 -14 Uhr.

Die Stadt der Künste und der Wissenschaften** (K) (Ciudad de las Artes y las Ciencias) ist ein Symbol der Stadt. Folgt man dem Flussbett des Rio Turias nach Süden gelangt man nach einem längeren Spaziergang oder mit den Bus-linien 13 bis 15 zu diesem Museumskomplex. Der berühmte Stararchitekt Santiago Calatrava hat dieses kühne Bauprojekt entworfen. Auf einem 350.000 Quadratmeter großen Gelände entstand ein gigantischer Gebäudekomplex, dessen vier Elemente inmitten einer Wasserlandschaft stehen. Vorbild, der mit Glas im futuristischen Design gestalteten Gebäude, war die menschliche Anatomie. 1998 weihte man *L`Heminisferic* ein, es gleicht einem riesigen menschlichen Auge. Das IMAX-Kino, in dem eine Lasershow gezeigt wird, und ein Planetarium ist in dem Gebäude untergebracht. Das Wissenschaftsmuseum *Museo les Ciencies Principe Felipe*, der zweite Teil des Komplexes, ist 250 Meter lang und hat drei Etagen. Viele Experimente fordern zur aktiven Teilnahme auf. In der zweiten Etage werden berühmte Wissenschaftler porträtiert. Auf der dritten Etage befindet sich eine Ausstellung zum Thema Weltraum. Der dritte Teil ist das *L`Oceanografic*, der größte Aquarien-Komplex Europas. Auf 110.000 Quadratmeter Fläche sind 30 Aquarien mit 42 Millionen Liter Wasser, in denen 45.000 Tiere leben, zu sehen. Das Delphinarium fasst 26 Millionen Liter und hat Platz für 2.600 Zuschauer. Auf dem vierten Abschnitt ist der *Palau de les Arts,* der 2006 fertiggestellt wurde, zu sehen. Öffnungszeiten: Mo bis Do 10-20 Uhr und Fr, Sa und So 10-21 Uhr, im Winter 10-18 Uhr. Eintritt: alle drei zusammen 25,85 Euro, ermäßigt 18,18 Euro. L`Hemisferic 6,61 Euro, Wissenschaftsmuseum 6,01 Euro und das Aquarium 19,80 Euro.

Das *Museo Fallero* * (K) befindet sich unweit nördlich der Stadt der Wissenschaften und Künste an der Plaza de Monteolivete 4. Hier werden die *Fallas* ausgestellt, die als einzige in der Nacht des 19. März wegen ihres künstlerischen Wertes nicht verbrannt werden. Man nennt sie *Nintos* und ihre Originalität und Perfektion ist sehens-wert. Öffnungszeiten: Di bis Sa 9-14 Uhr und 16.30-20 Uhr, So 9-14 Uhr.

Die *Iglesia de San Esteban* liegt an der Plaza Napoles y Sicilia in der Nähe des Kornspeichers. Auf der Plaza findet gelegentlich ein Flohmarkt statt. Sie wurde im 11. Jahrhundert auf den Resten einer Moschee errichtet und 1689 umgestaltet. In der Barockkirche wurde der Stadtpatron Vincent Ferrer getauft. Zum *Convent Santo Domingo* geht es vorbei am Park Glorieta zum Plaza Tetuan. 1239 überließ Jakob I. diesen Platz den Dominikanern. Sie errichteten darauf ein Kloster. Im Laufe der Jahrhunderte wurde das Gebäude oft umgebaut und von der alten Bausubstanz blieb nicht viel übrig. Der Heilige Vincent Ferrer, der im Jahre 304 getötet wurde, soll hier in der Nähe geboren sein. Sein mumifizierter Arm liegt in der Kathedrale. Auf verschiedenen Fliesenflächen werden Szenen aus seinem Leben dargestellt. Er war Diakon von Zaragoza. Ein Besuch des großen Kreuzganges aus dem 14. Jahrhundert, der Kapelle der Könige im gotischen Stil, des Renaissancemausoleums des Marqueses de Cenete und des Kapitel- oder Palmensaales ist unbedingt zu empfehlen.

3. Tarragona, römisches Imperium an der Costa Daurada
a. Geschichte
Im Jahre 218 v. Chr. kam es zur Gründung einer römischen Siedlung namens Tarraco. Die Stadt wurde schnell ausgebaut und als Basis für Eroberungszüge gegen die Iberer genutzt. Im 2. Jahrhundert v. Chr. erbauten die Römer die vier Kilometer lange Verteidigungsmauer, die den gesamten Ort umgab, etwa 1 Kilometer ist erhalten. Auch der Hafen wurde früh angelegt und brachte den Handel mit Rom und den Wohlstand in die Stadt. Damals war Tarragona neben *Cartago*, das heutige Cartagenia, die wichtigste Stadt auf dem spanischen Festland und gleichzeitig die wichtigste römische Bastion in *Hispania Citerior*, einem römischen Gebiet entlang der Küste. Als Julius Cäsar um 45 v. Chr. die Stadt zur römischen Kolonie erhob, und sie sich ab 27 v. Chr. alleinige Hauptstadt von *Hispania Citerior* nennen durfte, begann eine lange Zeit des Wohlstandes. Durch Überlandstraßen war die Stadt mit Rom verbunden. Die *Via Augusta* führte über *Barcino*/ Barcelona, das damals keine Bedeutung hatte. In diesen Jahrhunderten entstanden die Bauten, die heute als Sehenswürdigkeiten besichtigt werden können. Die Stadt erstreckte sich über mehrere Terrassen, die unterschiedlichen Funktionen dienten. Fast den gesamten Bereich der heutigen Altstadt nahm das Provinzialforum ein. Im Hafengebiet lebten 30.000 Einwohner. Die Metropole beherbergte oft hohe Beamte und nicht selten den Kaiser. Als Kulturzentrum gingen von ihr entscheidende Impulse zur Romanisierung Spaniens aus. Auch für das frühe Christentum hatte die Stadt ihre Bedeutung. Der Apostel Paulus soll hier um das Jahr 250 n. Chr. gepredigt haben. Dann begann der Niedergang Roms, es machten sich gotische Stämme in Tarraco breit und im Jahre 476 wurde die Stadt von Eurico für die Westgoten eingenommen. Die Bevölkerungszahl verringerte sich und *Barcino* (Barcelona) wurde zum Hauptsitz der Westgoten. 716 plünderten die Araber die Stadt aus,

die letzten Bewohner verschwanden und Tarragona war 400 Jahre unbewohnt. Im Jahre 1117, als die Rückeroberung durch die Christen längst begonnen hatte, wurden unter der Leitung des Bischofs und der Grafen von Barcelona erste Aufbau- und Wiederbevölkerungsmaßnahmen getroffen. Zuerst sollte eine neue Kathedrale den Sieg des Christentums bezeugen. Sie wurde bezeichnenderweise an der höchsten Stelle am früheren Provinzialforum, wo der Kaiserpalast stand, gebaut. 1231 bekam der Ort die Rechte und Pflichten einer freien Stadt. Die Bewohner zahlten keine Abgaben an den Feudalherren mehr. Trotzdem war die politische Vormachtstellung an Barcelona verloren gegangen, der Stadt blieb die Bedeutung als religiöses Zentrum mit dem Sitz des Erzbischofs. 1348 wütete die Pest in der Stadt und 1462 eroberte der König von Aragon mit einer Streitmacht Tarragona. Er gliederte es in sein Königreich ein und verlangte Steuern. Daraufhin verließ die Hälfte der Einwohner die Stadt. Die Entdeckung Amerikas brachte keinen Aufschwung, weil Tarragona vom Handel ausgeschlossen wurde. 1592 wütete die Pest und forderte mehr Opfer als jemals zuvor. 1640 standen Katalonien und Tarragona im Erbfolgekrieg auf der falschen Seite. Felipe V., der den Sieg davontrug, schaffte alle Privilegien Kataloniens ab. Die Stadt zählte 1790, beim Neubau des Hafens, 9.000 Einwohner. 1811 belagerten die Franzosen die Stadt und zerstörten mit ihren Kanonen viele Gebäude. Im 19. Jahrhundert ging es im Zuge der Industrialisierung bergauf. Die Dampfschifffahrt und die Aufhebung des Verbots mit Amerika Handel zu treiben führten dazu, dass Tarragona eine wichtige Bedeutung im Weinhandel gewann. Die Stadt wuchs auf 27.000 Einwohner im Jahr 1877 an. Ein Teil der Stadtmauer wurde abgerissen, um mehr Platz zu gewinnen. Der Hafen war nun besser mit der Stadt verbunden und der Bau der Neustadt begann. An der Nahtstelle zwischen der neuen und der alten Stadt wurden die Flanierstraßen Rambla Nova und Rambla Vella angelegt. Anfang des 20. Jahrhunderts entstand im Hafen ein Zentrum der Ölindustrie. 1936, als der Spanische Bürgerkrieg begann, hatte Tarragona so viele Einwohner wie in römischen Zeiten. Nach dem zweiten Weltkrieg erlebte die Stadt einen industriellen Aufstieg und danach folgte ein touristischer Boom.

b. Lage
Tarragona hat heute 117.000 Einwohner und den zweitgrößten Hafen Kataloniens. Dadurch ist der Ort vor allem ein Industrieort. Die Altstadt liegt malerisch auf einem Hügel, der bis auf 100 Meter oberhalb der Küste ansteigt. Auf seinem höchsten Punkt steht die Kathedrale. Die Rambla Vela markiert den unteren Rand der Altstadt. Die Oberstadt bildet das eigentliche Stadtzentrum. Ihr Mittelpunkt wird vom breiten Boulevard der Rambla Nova gebildet, der am Abend zum Treffpunkt für Alt und Jung wird. Die Unterstadt zieht sich am Hafen entlang. Tarragona liegt 100 Kilometer südlich von Barcelona. Obwohl

der Verfall an manchen Stellen nicht zu übersehen ist, hat sich die Altstadt ihre Identität weitgehend bewahrt.

c. Infrastruktur
In der Carrer Major 39, ist das Touristenbüro während der üblichen Öffnungszeiten erreichbar. Internet: tcb.tgna@altanet.org
<u>Unterkünfte</u>
Das Hotel Husa Imperial Tarraco in der Rambla Vela 2, mit vier Sternen und 170 Zimmern liegt oberhalb des Amphitheaters. Der Blick über die Küste und der Komfort führt zu den entsprechenden Preisen. Das Hotel Lauria, drei Sterne, Rambla Nova 20, liegt zentral und wurde im modernistischen Stil erbaut. Es besitzt 72 Zimmer, die ab 60 Euro zu haben sind. Das Hotel Urbis, drei Sterne, Carrer Reding 20, liegt in der Neustadt, es hat eine familiäre Atmosphäre und funktionelle Zimmer. Das Hotel Nuria, zwei Sterne, in der Via Augusta 217, hat ein gutes Preis-Leistungs-Verhältnis; es ist ganzjährig geöffnet. Am schönsten sind die fünf Zimmer, die einen Blick auf den Platz haben. Das Doppelzimmer bekommt man ab 40 Euro aufwärts.
<u>Campingplätze</u>
Camping Tarraco, an der N 340 gelegen, 2. Kategorie und der Stadt am nächsten gelegen, wegen der Bahnlinie etwas laut. Torre de la Mora, 1. Kategorie, 9 Kilometer vom Zentrum entfernt, in schöner Lage auf einem Hügel. Zufahrt von der N 340 nördlich von Tarragona am Kilometer 258.
<u>Restaurants</u>
Restaurant Merlot, Calle Cavalleres 6, in der Altstadt in einem Haus aus dem 16. Jahrhundert gelegen, bietet es klassische Gerichte an. Restaurant Les Coques, Baixada del patriarca 2, nahe der Kathedrale gelegen, mit vielseitiger Speisekarte. Restaurant El Tiberi, in der Carrer d'en Marti D'Ardenya 5, bietet ein katalanisches Büffet für 10 Euro an. L'Araca-Cata, C/ La Nau 11, bietet vor allem Tapas in allen Variationen an.
<u>Einkaufen</u>
Auf dem Markt an der Placa Corsini kann man Lebensmittel einkaufen, dienstags und donnerstags Kleidung und Geschirr. An der Carrer Mayor liegen viele schöne und urige Geschäfte. In der Pasteleria Leman, Rambla Nova 27, gibt es guten Kuchen.
<u>Sport</u>
Golfclub Costa Corada, an der N 340 wenige Kilometer nordöstlich der Stadt gelegen, und der Club Nautico im Hafen von Tarragona. Baden kann man am Miracelstrand beim römischen Amphitheater und an der Playa Larga nördlich der Stadt.
<u>Feste</u>
Die Feierlichkeiten zu Ostern sind über die Stadtgrenzen hinaus bekannt. Anfang Juli beginnt ein internationaler Wettkampf der Feuerwerker und am 19. August findet das Patronatsfest „San Magi" seinen Höhepunkt mit einer Prozession, Theater, Musik und Tanz. Während eines feierlichen Aktes wird magisches Wasser zu Pferde zur Kapelle des Heiligen gebracht. Das Stadtfest findet am 23. September statt und ist der Heiligen Stadtpatronin „Santa Tecla" gewidmet. Farbenprächtige Umzüge, Menschentürme, Trachten und Tänze stehen im Vordergrund.

Römisches Theater

Monument der Castellers an der Rambla

d. Sehenswürdigkeiten

<u>Archäologischer Spaziergang, Placa del Forum und Amphitheater</u>* **(K)**
Der *Passeig Arqueologic* beginnt im Norden an der Placa del Pallot. Öffnungszeiten: Juni bis September 9-20 Uhr, Oktober bis Mai 10-13 Uhr und 15-18.30 Uhr. Eintritt: 1,80 Euro. Vom römischen Portal *Roser*, verläuft der Spazierweg etwa 1 Kilometer auf den römischen Mauern und um einen Teil der Altstadt herum. Am Eingang steht eine Statue des Kaisers Augustus. Die innere Mauer wurde in der frühen, römischen Zeit errichtet und ist die älteste. Aus dieser Zeit ist der *Torre de la Minerva*, der Turm des Erzbischofs, mit 47 Metern der höchste. Ihre Basis bilden große Megalithblöcke, darüber lagern weitere Mauerflächen aus den Jahren 150 bis 125 v. Chr. Aus dieser Phase ist das Zugangstor und sieben kleinere Tore erhalten geblieben. Die äußere Mauer mit ihren drei Türmen entstand 1707 unter den Habsburgern. Die Stadtmauern wurden durch die Bastionen *Forti Negre* und *Santa Barbara* verstärkt. Blumen und Baumgruppen säumen den Weg und schöne Ausblicke auf die Stadt tun sich auf. Der Weg endet am *Portal de Sant Antoni*. Vom Kathedralenvorplatz ist es nicht weit zur *Placa del Forum*. Reste des Forums wurden hier ausgegraben. Es soll 300 mal 200 Meter eingenommen haben und um die Zeitenwende am Rande der damals ummauerten Oberstadt, in der alle wichtigen römischen Einrichtungen lagen, entstanden sein. Vor der Kulisse des Meeres erhebt sich das 130 mal 102 Meter große Theater in dem 12.000 Zuschauer grausame Spiele, Gladiatorenkämpfe und die Christenverfolgung sahen. Die *Iglesia de Santa Maria del Milagro* wurde zum Gedenken an den Bischof Fructuoaso, der 259 den Feuertod erlitt, im 12. Jahrhundert im Theater errichtet. Öffnungszeiten: Juni bis September 9-20 Uhr, Oktober bis Mai, Di bis Sa 10-13.30 Uhr und 15.30-18.30 Uhr. Eintritt: 1,80 Euro.

<u>Römischer Turm, Stadtmuseum und Archäologisches Museum</u>*
Im Westen an der Placa del Rei liegt die Königsburg, auch Augustuspalast genannt. Tatsächlich handelt es sich um einen römischen Turm aus dem 1. Jahrhundert v. Chr. der das Forum der Provinz flankierte. Er ist mit dem römischen Zirkus verbunden und kann mit dessen Eintrittsbillet besucht werden. Von der Terrasse ist der Blick über die Stadt sehr schön. Er war im Mittelalter der Palast des Königs und wurde deshalb umgebaut. Heute beherbergt er das Stadtmuseum/ *Museu d'Historia de la Ciutat*. Öffnungszeiten: Di bis Sa 10-13.30 Uhr und 16-19 Uhr, So 10-14 Uhr. Ein Sarkophag aus Marmor, in dem Hippolyt liegen soll, zählt zu den Schmuckstücken der Ausstellung. Modelle der Stadt und römische Fundstücke sind ausgestellt. Im angegliederten Gebäude befindet sich das *Museu Nacional Arqueologic*. Auf 4 Etagen und in 10 Räumen werden überwiegend römische Fundstücke gezeigt. Wertvolle Mosaike und Skulpturen sind darunter. Öffnungszeiten: im Sommer 10-20 Uhr und im Winter Di bis Sa 10-13.30 Uhr und 16-19 Uhr, So 10-14 Uhr. Eintrittsgebühr 2,40 Euro.

Römischer Zirkus „Circus Romanum"
An den nordwestlich gelegenen *Circus,* der im 1. Jahrhundert v. Chr. erbaut wurde, erinnern nur wenige Überreste, da er im 19. Jahrhundert teilweise durch den *Placa de la Font* überbaut wurde. Seine Außenmaße, 347 mal 110 Meter, waren beachtlich. Der Innenraum maß 265 mal 150 Meter, 23.000 Zuschauer konnten die beliebten Wagenrennen verfolgen. Zu erkennen sind ein Stück der Arena, Treppenaufgänge zu den Galerien, die Stufensitze für die Zuschauer und unterirdische Gänge, an deren Ende ein Modell des römischen Zirkus steht. Der Platz, unter dem ein Parkhaus liegt, wird vom klassizistischen Rathaus dominiert und ist ein Treffpunkt mit vielen Bars und Restaurants. Öffnungszeiten: im Winter Di bis Sa 10-13.30 Uhr, 16-18.30 Uhr und So 10-14 Uhr, im Sommer Di bis Sa 9-21 Uhr, Eintrittsgebühr, 2 Euro.

Die Kathedrale Santa Tecla und das Diözesanmuseum in der Altstadt*
In römischer Zeit lag auf dem höchsten Punkt der Stadt der Jupitertempel. Die Westgoten errichteten an der gleichen Stelle eine Basilika. Bereits im 5. Jahrhundert gab es eine kleine christliche Gemeinde. Sie verehrten die Heilige Tecla, die eine Schülerin des Apostels Paulus war. Die maurischen Eroberer bauten die Basilika in eine Moschee um. Nach der Vertreibung der Mauren wurde 1171 mit dem Bau der Kathedrale begonnen. 1331 fand ihre Einweihung statt. Durch die lange Bauzeit sind einige Teile der Basilika im romanischen und später im gotischen Stil entstanden. Die Hauptfassade bietet Platz für 22 Skulpturen (Apostel und Propheten), die Meister Baromeu im späten 13. Jahrhundert anfertigte. Der Innenraum ist 100 Meter lang und 54 Meter breit. Damit ist sie so groß wie die Kathedrale in Valencia. Flämische Wandteppiche aus dem 16. Jahrhundert schmücken die Wände. Den Hauptaltar aus Alabaster schuf Pere Joan im 15. Jahrhundert. Rechts vom Hochaltar befindet sich das Grabmal Juans von Aragon, der als Erzbischof die Kathedrale nach ihrer Fertigstellung weihte. In der Hauptkapelle steht ein Retabel der heiligen Tecla. Außerdem ist sie mit Marmorreliefs und Figuren, die Tugenden wie Klugheit, Gerechtigkeit, Tapferkeit und Mäßigkeit ausdrücken, geschmückt. Der Besuch der Kathedrale kostet 2,40 Euro und schließt die Besichtigung des Diözesanmuseums mit ein. Öffnungszeiten: Sommer 10-19 Uhr, sonst 10-13 Uhr und 16-19 Uhr. Von Norden wird die Kathedrale durch den Kreuzgang, der Ende des 12. Jahrhunderts erbaut wurde, betreten. Seine Säulengänge umgeben einen Innenhof, der in einen Garten verwandelt wurde. Die romanische Kapelle des Kreuzganges, aus weißem Marmor, bildet viele Figuren ab. Eine Gebetsnische, die Richtung Mekka zeigt, ist ein Überbleibsel aus der maurischen Epoche. Die Seitenräume des Kreuzganges beherbergen das *Museo Diocesano*. Es verfügt über eine gute Kunstsammlung, deren Schwerpunkt die christliche Kunst des Mittelalters ist.

Die Kathedrale von Tarragona

El Call, Casa Museu Castelleraun und die Neustadt
Das frühere Judenviertel *El Call* liegt in den Straßenzügen Carrer Santa Anna, Carrer Talavera und Carrer Portella. Hebräische Inschriften erinnern an die früheren Besitzer der Häuser die hier bis 1492, als die spanischen Könige

Isabella und Ferdinand sie des Landes verwiesen, lebten. Der Palast der Familie *Castelleraun* steht in der Carrer Cavallers 14. Er stammt aus dem 14. und 15. Jahrhundert und ist heute ein Museum. Öffnungszeiten: Di bis Sa 10-13.30 Uhr und 16-19 Uhr, So 10-14 Uhr. Eintritt: 1,50 Euro. Der Mittelpunkt der Neustadt wird von der im 19. Jahrhundert angelegten Rambla Nova, unter der ein Parkhaus liegt, bestimmt. Der Flanierboulevard ist 700 Meter lang und führt vom Placa Imperial Tarraco in dessen Nähe das *Monumento de les Castellers* steht, eine detailgetreue Darstellung eines Menschenturmes, ans Meer. Der Boulevard reicht bis zum Denkmal des Admirals Roger de Lluria und bis zum Balkon des Mittelmeeres (Balco del Mediterrane), von dem die Aussicht aufs Meer einmalig ist. Die Straße wird von vielen schönen Häusern aus dem 19. Jahrhundert gesäumt.

<u>Museu i Necropolis Paleocristians*, Barri Maritim del Serrallo, Ausflüge</u>
Im Westen der Stadt wurde am Passeig de la Independencia, beim Bau einer Fabrik im Jahre 1923, eine frühchristliche Nekropole mit mehr als 2.000 Gräbern, aus dem 3. bis 6. Jahrhundert entdeckt. Die Grabfunde sind im angeschlossenen Museum zu sehen. Schöne Sarkophage, Mosaiken und Grabbeigaben werden ausgestellt. Öffnungszeiten: Di bis Sa 10-13 Uhr und 16.30-19 Uhr, So 10-14 Uhr. Eintritt: 2 Euro. Am Hafen haben sich im Viertel der Fischer (Bari Maritim de Serrallo*)* viele Fischrestaurants etabliert. Der erste Ausflug führt am Friedhof vorbei und 1,5 Kilometer nordöstlich der Puerta del Rosario erhebt sich das zerstörte Fort *Alto del Olivio*. Von hier aus hat man eine schöne Aussicht über Tarragona. 6 Kilometer nordwestlich vom Stadtzentrum in Richtung Constanti steht das frühchristliche *Mausoleu de Centelles*. Ursprünglich für den Sohn des Kaisers Konstantin konzipiert, stammt es aus dem 4. Jahrhundert. Die Mosaiken im Inneren der Kuppel zeigen Jagdszenen und biblische Motive. Öffnungszeiten: Di bis Sa 10-13 Uhr und 16.30-19 Uhr. So 10-14 Uhr. Eintritt: 1,50 Euro. In östlicher Richtung 6 Kilometer entlang der Küstenzone, liegt das *Grabmal der Scipionen.* Es handelt sich um einen 8 Meter hohen, viereckigen Bau aus dem 1. Jahrhundert. Von der Autobahntankstelle El Medol führt ein Schotterweg zum römischen Steinbruch *El Medol*. 5 Kilometer nördlich von Tarragona in Richtung Lleida beginnt der Fußweg zur römischen Wasserleitung *Puente de Diable*. Der Zugangsweg befindet sich in der Nähe eines Restaurants. Von einem Parkplatz der Autobahn aus, ist die römische Wasserleitung ebenfalls zu erreichen. Sie erhebt sich auf 25 Meter Höhe und hat eine Länge von 217 Metern. Im 2. Jahrhundert erbaut, wurde auf der Wasserleitung Wasser vom Francolifluss nach Tarragona transportiert.

4. Teruel im Baustil der Mauren, eine Provinzhauptstadt in Aragon
a. Geschichte

Die Stadt wurde 218 v. Chr. von den Römern auf einer Anhöhe über dem Rio Turia an der Stelle gegründet, an der sich die iberische Siedlung *Turba* befunden hatte, die sie wegen ihrer Parteinahme für Hannibal im Kampf um Sagunt im Jahre 214 v. Chr. dem Erdboden gleich gemacht hatten. Die Araber eroberten die Stadt 800 n. Chr. und gaben ihr den Namen Teruel, nach dem arabischen Wort für Stier, weil sie einen prähistorischen Stier gefunden hatten, der für die Frühzeit von Iberien typisch ist. Mit diesem Namen erschien Teruel in den arabischen Chroniken des 10. Jahrhunderts. Im 11. Jahrhundert kämpfte El Cid gegen den Araberkönig von Albarracin und erlitt dabei eine schwere Verwundung. Alfons II. eroberte im Jahre 1171 Teruel für die Christen zurück und ließ die Stadt neu aufbauen, um die Grenzen des Königreiches, angesichts der Eroberung Valencias durch die Araber, besser verteidigen zu können. Dies führte zu einem bedeutenden Aufschwung in der Stadt. Hinzu kam, dass maurische *Mudejaren*, von *Mudayyun* - der Geduldete, Töpfer, Keramikkünstler und Juden unter dem Schutz von Sonderrechten unbehelligt in Teruel leben durften und ihrer Arbeit nachgingen. Diese Toleranz führte dazu, dass Teruel die letzte Provinzhauptstadt war in der es ein bedeutendes jüdisches Viertel gab und Jahrzehnte nach der Rückeroberung Granadas wurde die Moschee weiter benutzt. Das friedliche Zusammenleben dauerte bis zum Ende des 15. Jahrhunderts, als im Namen der Inquisition Pogrome und Vertreibungen um sich griffen. 1486 flohen die Juden aus Teruel und 1502 schloss die letzte Moschee ihre Pforten. Trotzdem blieb die Stadt liberal, denn es kam einmal zur Vertreibung der Inquisitionsinstanzen, die ein neues Tribunal in Cella errichteten und über Teruel das Interdikt aussprachen.

Im 17. und 18. Jahrhundert gab es in Teruel bedeutende urbanistische Bautätigkeiten und Umgestaltungen an allen religiösen Gebäuden. Der Palast in dem das Diözesan- und das Provinzialmuseum untergebracht ist, wurde im Stil der Renaissance erbaut. Die Kirchen Salvador, San Martin, San Andres und San Miguel wurden neu gestaltet. Im ersten Drittel des 20. Jahrhunderts kam es zu einem Entwicklungsschub der modernen Architektur. Eine große Palette von Jugendstilgebäuden entstand in der Nähe des Plaza del Torico. Während des spanischen Bürgerkrieges in den Jahren 1937/38 verlief durch Teruel eine hart umkämpfte Front. Die Republikaner verteidigten die Stadt bis auf den letzten Mann. Als die Truppen Francos die Stadt schließlich eroberten, töteten sie alle, die sie für Sympathisanten der Republikaner hielten. So verloren die Republikaner, die „Rojos" genannt wurden, in Teruel 20.000 Mann. Der Fall der Stadt sollte den Krieg entscheiden, da die republikanischen Verbindungslinien zwischen Barcelona und Valencia zerschnitten waren. Die Niederlage der Republikaner am Ebro und die Einnahme von Madrid durch die Truppen

General Francos wurde besiegelt. Nach Beendigung des Bürgerkrieges ist das schwer zerstörte Teruel mit Fingerspitzengefühl aufgebaut worden, wobei die Arkadengänge und der Mudejarstil zu neuem Glanz erstrahlten. Teruel ist der Geburtsort berühmter Persönlichkeiten. Der Filmproduzent Luis Bunuel, der Bildhauer Pablo Serrano, der Musiker Anton Garcia Abril und der Modedesigner Pretegaz sind hier geboren. Saurierspuren, Höhlenmalereien, iberische und römische Fundstätten in der Umgebung von Teruel, sind die Zeugen einer langen Vergangenheit.

b. Lage
Die autonome Region Aragonien liegt im nordwestlichen Viertel der iberischen Halbinsel und zählt 1,2 Millionen Einwohner auf einer Fläche von 47.000 Quadratkilometern. Von Norden nach Süden setzt sich die Region aus den Provinzen Huesca, Zaragoza und Teruel zusammen. Die Provinz Teruel bietet reiche Kontraste zwischen der Ebene, in der sich Teruel ausbreitet, und dem Bergland bei Gudar, Albarracin und Javalambre. Die Provinz grenzt an Zaragoza, Castilla-La-Mancha, Valencia und an Katalonien. Sie ist im Durchschnitt hoch gelegen, was zu einem klimatischen Kontrast zwischen Sommer und Winter führt. Viehzucht und Forstwirtschaft stehen im Vordergrund und touristische Initiativen im Bereich des ländlichen Tourismus, die sich auf Ruhe und den Respekt vor der Umwelt stützen, sind im Kommen. Teruel hat heute 30.000 Einwohner, liegt auf 920 Meter Höhe und ist der Sitz eines Bischofs. Die Altstadt liegt malerisch auf einem Hügel, der vom Rio Turia und von Gartenanlagen begrenzt wird. Mehrere Brücken für Autos und Fußgänger führen in die Innenstadt, die zum Teil von ihrer Stadtmauer umgeben ist und noch fünf Eingangstore besitzt. Die Schnellstraße N 234 führt von Sagunt über Segorbe und den 1.242 Meter hohen Pass Puerto de Escandon hinunter nach Teruel, das 200 Kilometer von Peñiscóla entfernt ist. Die Landschaft verändert sich stetig und auf den Hochebenen ist vom Massentourismus nichts mehr zu spüren. Trotz der Fremdenverkehrswerbung und einem schönen Parador, der am Rande der Stadt in einer Parkanlage liegt, finden nur ausgesprochene Kunstliebhaber hierher. Obwohl sie abseits der Touristenrouten liegt und das Klima im Winter eines der kältesten Spaniens ist, überrascht die Stadt den Besucher durch die Vielfalt und den Reichtum ihres historischen und monumentalen Erbes. Außer dem reichhaltigen Vermächtnis an Monumenten sind die Spuren der mittelalterlichen Vergangenheit in ihrer Mitte zu spüren. Ihr historisches Zentrum macht die Stadt zu einem guten Zeugnis des aragonischen Städtebaus im Mittelalter. Die UNESCO erklärte den Mudejarstil von Teruel 1986 zum Erbe der Menschheit.

c. Infrastruktur
In einer renovierten Festung neben der Escalinata Treppe, öffnet das Touristenbüro seine Türen. Teruel ist im Internet unter www.turismoaragon.com zu erreichen.

Unterkünfte
Der Parador von Teruel, mit drei Sternen wunderschön in der Ctra. Zaragoza an der Ortsausfahrt Richtung Zaragoza gelegen, befindet sich in einem modernen Haus etwas außerhalb von Teruel. Internet: teruel@parador.es Das Hotel Plaza, Plaza de Tremedal 3, drei Sterne, ist zentral in der Altstadt gelegen neben dem Plaza Juan, um den die Regierungsgebäude gruppiert sind. Hotel Reina Cristina, drei Sterne, Paseo del Ovalo 1, in einem ehrwürdigen, alten Haus gelegen und ebenfalls in der Altstadt, der Service ist freundlich und die Zimmer sind komfortabel.

Restaurants
In der Joaquin Costa Straße liegt eine Fonda, in der sich sehr gut essen lässt. Das Restaurant los Caprichos, Caracol 1, und das Restaurant des Hotels Reina Cristina bieten ebenfalls leckere Gerichte der Region. Das Restaurant Ambeles, Ronda Ambeles 6, bietet deftige Küche an. Das Meson Ovalo, in der Ovalo 8, ist eine beliebte Bierkneipe.

Essen
Teruel ist berühmt für seine Schinken vom Rind, Schaf und vom Schwein die immer eine Herkunftsbezeichnung tragen. Sie werden im kalten Wind des Gebirges getrocknet. Alle Schweinefleischprodukte aus Teruel haben eine besonders gute Qualität. Der Schinken wird in den Bars in dicken Scheiben zwischen Weißbrot serviert. Die Einheimischen bestellen dazu ein Bier oder ein Glas Wein. Der Wein von Carinena ist stark, aber von ausgezeichnetem Geschmack. Die Küche von ganz Niederaragonien ist sehr deftig. Hervorzuheben sind die unterschiedlichen Zubereitungsarten der Forellen und die Konditorwaren. Das Olivenöl zählt zu den besten der Welt. Es gibt sehr schmackhafte Käsesorten, den Tronchon und den Samper de Calanda. Auch die Pfirsiche von Calanda haben einen außergewöhnlich guten Geschmack. Die Qualität der Lebensmittel wird durch das Qualitätssiegel „C" geregelt, das die Regierung von Aragon verleiht.

Kunsthandwerk
Die Handwerker von Teruel verarbeiten Ton und Eisen. Berühmt ist die Keramik aus Teruel. Die Farbe der Grundmuster ist ein kaum beschreibbares Grün verbunden mit einem hellen Schwarz. Die Keramikarbeiten sehen edel aus und haben mit den billigen, aber farbenfrohen Angeboten an der Küste nichts gemeinsam. Wenn man Glück hat wird einem ein älteres Stück angeboten, das natürlich seinen Preis hat. Die schmiedeeisernen Waren haben hier eine gute Qualität und ihre Bekanntheit ist in Spanien sehr groß.

Einkaufen
Schinken und Wurstwaren kann man bei Jamones Emilio an der Plaza Domingo Gascon 2, bei Jamones Lapuente am Plaza de Torico und bei Jamones Rokelin in der Joaquin Costa 33, einkaufen. An der Plaza Catedral befindet sich das Geschäft Artesania Punder mit Keramikwaren. Artesania El Tozal in der Joaquin Costa 7, hat ebenfalls eine große Keramikauswahl. Am Plaza Torico kann man gut Mandelerzeugnisse einkaufen. Das Secondhand Geschäft für Textilien befindet sich in der Hatzenbuschstraße, Ecke Munoz Degrain Straße. Ein kleines Kaffee ist dem Laden angegliedert. Ein Musikgeschäft mit spanischen Flamencogitarren befindet sich in der Tomas Nogues Straße.

Feste
Am 14. Februar wird anlässlich der Legende der Liebenden ein Volksfest gefeiert, das Recreacion popular de la leyenda de los Amantes. Die Hochzeit der Liebenden Isabel de Segura und Diego de Marcilla wird in einer volkstümlichen Form dargestellt an der mehr als 15.000 mittelalterlich gekleidete Personen teilnehmen. In der Osterwoche werden Umzüge mit Trommlern und Paukenspielern im Norden der Provinz Teruel

aufgeführt. An Fronleichnam finden Umzüge mit Giganten, den großen Figuren aus Pappe, und Stierkämpfe statt. Am zweiten Sonntag im Juli wird das Fest der Engel gefeiert, Fiestas del Angel und im September das Fest des Schinkens, Fiesta del Jamon.

d. Sehenswürdigkeiten
<u>Dinopolis* (K), Plaza San Juan*, Iglesia de San Andres und Casa Bayo</u>
An der Av. Sagunt am Rande der Stadt, ist Dinopolis in einem großen, modernen Gebäude untergebracht. Der Freizeitpark ist vor allem für Kinder interessant und zeigt auf mehr als 9.000 qm das Leben der Dinos. Der Park hat erzieherischen und bildenden Charakter und ist der größte paläontologische Park Europas. Öffnungszeiten: Sommer 10-20 Uhr, Winter 10-13 Uhr und 17-19 Uhr. Der Eingang des Parkhauses unterhalb des Plaza San Juan liegt in der Joaquin Arnau Straße. Die Sehenswürdigkeiten sind vom Parkhaus gut zu Fuß zu erreichen und werden bei einem Spaziergang durch die Stadt beschrieben. Der Plaza San Juan wurde einheitlich im klassizistischen Stil gebaut, eine rotbraune bis rote Backsteinfarbe, je nach Sonneneinstrahlung, ist vorherrschend. Um ihn herum gruppieren sich die Regierungsgebäude, das Justizgebäude und das *Casino Turolense*. Am Rande des Platzes steht eine große Springbrunnenanlage. Geht man vom Platz aus nach rechts und dann nach links die San Andres Straße kommt man zur Kirche *San Andres*. Neben dem Gebäude befindet sich der *Convent de San Jose* und *Santa Teresa*. Am nun folgenden Plaza Breton ist das Haus *Casa Bayo* wegen seiner modernistischen Fassade besonders auffällig.

<u>Mausoleo de los Amantes*, Iglesia San Pedro** und Plaza del Torico*</u>
Nach rechts, in der Matias Abad Straße befindet sich das Mausoleum der Liebenden in einer seitlichen Kapelle der *Iglesia San Pedro*. Hier wird das bekannteste Liebespaar Spaniens geehrt. Eintritt: 2 Euro. Öffnungszeiten: Di bis Sa 10-14 Uhr und 17-19.30 Uhr, So 10-14 Uhr und 17-19 Uhr. Das Alabastergrabmal aus dem 20. Jahrhundert, entworfen von dem Bildhauer Juan de Avalos, soll die sterblichen Überreste von Isabela de Segura und Diego de Marcilla beinhalten. Durch die gläsernen Seitenwände des Sarges sind zwei Skelette, die sich an den Händen halten, sichtbar. Eine Theorie besagt, dass eine Novelle Boccaccios hierher übertragen wurde. Der Historiker Jaime Carnanda Gomez de Barreda, versucht die Existenz der Helden der Liebesgeschichte zu beweisen. Nach dem Chronisten der Stadt verweigerte Don Pedro de Segura, der zu Beginn des 13. Jahrhunderts durch undurchsichtige Geschäfte zum reichsten Mann Teruels wurde, aus wirtschaftlichen Gründen die Zustimmung zur Heirat seiner Tochter Isabel mit Don Diego, der aus einer angesehenen, aber verarmten Familie stammte. Das Haus Don Pedros stand auf dem heutigen Plaza del General Mola, an der Ecke der Straße, die nach den Liebenden benannt wurde. Diego, der nach fünf Jahren als reicher Mann aus der Fremde zurück kam, kam

einen Tag zu spät. Die Angebetete war frisch vermählt. Nur der Tod konnte die beiden Liebenden vereinen.

Die *Iglesia San Pedro* (1319-1392) ist der Kathedrale, nachempfunden und ein wunderbares Beispiel für den Mudejarstil. Der Glockenturm, gleich neben der Kirche, steht auf Spitzbögen und weist ein aus dem Maghreb bekanntes, textilartiges Muster auf. Der Ornamentteppich besteht aus Rauten, Dreiecken und Fayence-Abbildungen und wirkt sehr raffiniert. Die Apsis der Kirche ist ebenso sehenswert wie ihr Kreuzgang und der Altar in der *Capilla de los Medicos,* der im Jahre 1537 von Gabriel Joli gestaltet wurde. Im Inneren setzt sich der Mudejarstil mit seinen Ornamenten fort. Im Jahre 2003 wurde die Kirche restauriert. Geht man nun nach links über die Plaza de los Amantes gelangt man zum rechteckigen Plaza del Torico, dem Platz des kleinen Stiers, der das Zentrum der Stadt bildet. In seiner Mitte steht ein Brunnen, auf dem ein geheimnisvoller, kleiner Stier steht, der in einer iberischen Grabstätte gefunden wurde. Nach ergebnislosen Spekulationen über seinen Ursprung wurde er zum Wahrzeichen der Stadt. Auf der rechten Seite des Platzes steht die *Casa de Tejidos el Torico*, einige Häuser weiter die *Casa de la Madrilena* im modernistischen Stil. Auf dem Platz und in den angrenzenden Straßen gibt es Banken, Lebensmittelgeschäfte, Kaffees und Buchhandlungen.

<u>Catedral de Sta. Maria de Mediavilla*** und Diözesanmuseum*</u>
Geht man nach links durch die Mariano Munoz Straße gelangt man zum Plaza Catedral, der von der Kathedrale und dem Rathaus beherrscht wird. Die Kathedrale wurde zwischen dem 12. und 13. Jahrhundert erbaut und im 16. Jahrhundert zur Kathedrale erklärt. Ihr grandioser Glockenturm, der neben der Kathedrale steht, mit seinem farbigen Kachelschmuck stammt aus dem Jahre 1257. Der Turm lastet auf Spitzbögen, durch die ein Weg führt. Die Kirche selbst geht auf einen romanischen Bau zurück, in den Ende des 13. Jahrhunderts ein Dachstuhl aus Holzgebälk eingezogen wurde, der mit kunstvollen, figürlichen Schnitzereien dekoriert ist. Der Hochaltar, von dem Franzosen Gabriel Joli 1538 entworfen, zeigt Szenen aus dem Leben Marias im Stil der italienischen Renaissance. Vor dem Chor ist ein schmiedeeisernes Gitter aus dem späten 15. Jahrhundert angebracht. Öffnungszeiten: täglich 11-14 Uhr und 16-20 Uhr. Eintritt: 2 Euro. Das Gebäude des Diözesanmuseums war früher der *Palacio Episcopal*, der im 16. Jahrhundert erbaut wurde. Nach dem Eingang ist der große, überdachte Innenhof mit seinem polierten Holzboden, sehenswert. Eine Kollektion gotischer Sakralkunst wird in den Räumen des Museums ausgestellt. Öffnungszeiten: Di bis Sa 10-14 Uhr. Eintritt: 2 Euro.

La Escalinata

Fußgängerviadukt Viejo

Museu Provincial**, Stadttore und Acueducto los Arcos*
Geht man nun weiter durch die Tribuna Straße und dann nach rechts, so gelangt man zum Plaza Fray Anselmo Polanco. Hier befindet sich das Stadtmuseum, untergebracht in einem alten Stadtpalast, dem *Casa de la Communidad* aus dem 16. Jahrhundert. Es ist das schönste profane Gebäude der Stadt und hat eine Loggia mit acht Arkadenbögen, eine Eigenheit der spanischen Renaissance. Öffnungszeiten: Di bis So 10-14 Uhr und Di bis Fr 16-19 Uhr, der Eintritt ist frei. Ethnographische Einheit: im unteren Teil, dem früheren Stall, wird im ersten Raum das Leben der Menschen in früheren Zeiten dargestellt. In den Räumen 2 bis 5 werden ökonomische und bäuerliche Lebensweisen, unter den Aspekten Jagen, Fischen, Käse-, Honig- und Brotherstellung, Textilien und Geräte für die Landwirtschaft, ausgestellt. Im Raum sieben ist eine Schmiedewerkstatt zu sehen. Im Erdgeschoss befindet sich eine Ausstellung mit Werkzeugen. Im ersten Stockwerk sind die Räume 1 bis 4 der Keramik- und Töpferkunst gewidmet. Verschiedene Techniken der traditionsreichen Azulejosproduktion werden in den Räumen beschrieben. Bis in die heutige Zeit ist die Herstellung von Keramikwaren für Teruel ein bedeutender Wirtschaftsfaktor. Im Raum fünf ist eine Apotheke aus dem 18. Jahrhundert und im Raum sechs sind religiöse Kunstwerke zu sehen. Prähistorische und archäologische Abteilung: im zweiten Stockwerk werden in den Räumen 1 bis 4 archäologische Fundstücke aus der frühgeschichtlichen Zeit ausgestellt. Das dritte Stockwerk, das aus vier Räumen besteht, ist der iberischen Periode gewidmet. Das fünfte Stockwerk erstreckt sich über das hölzerne Dachgeschoss des Gebäudes, in dem Ausstellungsstücke der römischen Kultur zu sehen sind. Nach links geht es weiter in die San Miguel Straße und über den San Miguel Platz zu den Resten der Stadtmauer und zum Stadttor *Portal de San Miguel*. Am Torausgang ist die Hauptstraße zu überqueren und das Bogenaquädukt *Arcos* aus dem 16. Jahrhundert ist erreicht. Einst hatte es eine Doppelfunktion inne, es war gleichzeitig Brücke und Wasserleitung. Ein Spazierweg führt auf dem Bogenaquädukt hinüber in einen anderen Stadtteil. Unter dem Aquädukt erhebt sich der Turm der *Kirche Merced*. Zurück am Stadttor und die Ronda Damaso Toran nach rechts weiter, vorbei am Stadttor *Lombardera* und am historischen Archiv, das im modernistischen Stil erbaut wurde, erreicht man die Stadttore *Rincon, Ambles* und *San Esteban*.

Plaza la Glorieta, Fußgängerviadukt Viejo*, Paseo Ovalo und La Escalinata**
Geht man an den Stadttoren vorbei, so erreicht man den auf der rechten Seite gelegenen *Glorietaplatz* mit seiner Aussicht über die Stadt. Auf dem Fußgängerviadukt *Viejo,* das hinüber in den Stadtteil Ensanche führt, ist die Aussicht auf die Stadt noch besser. Vom Glorietaplatz führen Stufen hinunter zum *Paseo del Ovalo*, der Flaniermeile der Stadt, die auf einer Terrasse angelegt ist und am Abend zum beliebten Treffpunkt der Bevölkerung wird. Auf der linken Seite

des Platzes befindet sich die *Escalinta Treppe*, die 1920 im Neomudejarstil erbaut wurde und die Verbindung zum Bahnhof darstellt. Sie ist reich verziert mit Türmchen und Kacheln. In der Mitte der vielen Stufen wurde ein Brunnen und ein riesiges Wappen eingefügt und darunter befindet sich die Grablegung Christi auf einer Marmorplatte. Am Ende der Treppe verläuft der Weg zum Bahnhof durch einen kleinen Garten mit Bäumen.

Convento de las Claras, Seminario Conciliar und Casa de la Cultura
Auf dem Plaza Cristo Rey steht links das *Claras Kloster* der Karmeliter. Zu ihm gehört die Kirche *Santa Catalina*. Auf der rechten Seite steht das Gebäude der Post im Baustil Aragons. Der nächste Platz ist der Plaza Perez Pradom. Auf seiner linken Seite nimmt das Seminargebäude (Seminario Conciliar) den gesamten Raum ein. An seiner Stirnseite steht das Haus der Kultur (Casa de la Cultura) in der die städtische Bibliothek Bücher verleiht.

Torre del Salvador*** und Calle Nueva*
Geht man vom Paseo del Ovalo nach rechts in die El Salvador Straße steht man vor dem *Torre El Salvador*, einem Wahrzeichen der Stadt, im schönsten Mudejarstil. Er wurde 1316 errichtet und steht auf Stützpfeilern, so dass unter ihm der Weg hindurch führt. Der Kachelschmuck dieses Turms wirkt noch eine Spur raffinierter und kostbarer als der seiner Nachbarn. Schachbrettmuster, Sterne, Säulen, Arabesken und Zickzackmuster bedecken den gesamten Turm. Blaue, grüne und weiße Kacheln bilden ein schönes Muster. Die Verzierungen wirken sehr verspielt und detailverliebt. Öffnungszeiten: Di bis So 11-14 Uhr und 16.30-19.30 Uhr. In der Parallelstraße zur El Salvador Straße, der Calle Nueva, befinden sich einige Häuser im modernistischen Stil. Sie wirken auch sehr detailverliebt, sind aber 600 Jahre jünger als der *Torre del Salvador*.

Torre de San Martin***, Portal de Daroca und Iglesia de San Francisco
Schon auf dem Platz Perez Pradom fällt einem der nächste Turm im Mudejarstil ins Auge. Man kann auch durch diesen Turm dank seiner Konstruktionsweise hindurch laufen. Der mit weißen und grünen Kacheln und mit Ornamenten verzierte *San Martin Turm,* wurde 1316 erbaut und im 16. Jahrhundert renoviert. Er besteht, wie sein Zwillingsturm *Salvador*, aus einem unsichtbaren Kern und aus der äußeren Hülle im almohadischen Stil. Öffnungszeiten: täglich 11-14 Uhr und 17-20 Uhr. Hinter dem *San Martin Turm* steht das Stadttor, (Portal de Daroca) durch das man in Richtung Zaragoza die Stufen der *Cuesta de la Andaquilla Treppe* hinunter geht. Am Ende der Treppe verläuft nach links die Bajolos Arcos Straße und kurz danach, nach rechts, die los Molinos Straße, in der auf der rechten Seite die Franziskanerkirche *Iglesia de San Francesc*, eine gotische Kirche aus dem Jahre 1392, steht.

Ausflug zum Skifahren in die Sierra de Javalambre und in die Sierra de Gudar**
Südlich von Teruel verläuft die Straße auf einer Länge von 31 Kilometern über Villapea und Cubla nach Camerena de la Sierra. Die Landschaft ist hier äußerst abwechslungsreich. Zuerst wird die Hochebene von Teruel mit ihren Tafelbergen und steilen Abbrüchen erreicht. Die Erde erscheint hier in roten, braunen und weißen Farben. Vor Camerena de la Sierra verändert sich die Landschaft. Es geht nun durch ein bewaldetes Tal bergauf und bald wird der Kurort Camerena de la Sierra mit einer kleinen Thermalquelle, aber ohne touristische Infrastruktur erreicht. Besonders sehenswert sind die beiden Kirchen *San Cristobal* und *San Roque*. 5 Kilometer hinter dem Ort biegt eine Straße nach links ab, die weitere 28 Kilometer bergauf verläuft. Zunächst ist die Region bewaldet, aber mit zunehmender Höhe verschwindet der Wald und macht den Wiesen Platz. Auf 2.000 Meter Höhe sind Parkplätze, Skilifte, Schneekanonen und Abfahrten vorhanden. Im Winter ist die Landschaft oft verschneit, aber Hotels sucht man in der Nähe der Skihänge vergeblich. Es empfiehlt sich deshalb in Teruel sein Quartier aufzuschlagen. Nun wird der Weg zur Schotterstraße und an den Sendemasten vorbei geht es zum Gipfelkreuz des 2020 Meter hohen Javalambre.

Die modernistische Kirche von Cubla

Das Skigebiet oberhalb des Luftkurortes Valdelinares auf 1.700 bis 2.000 Metern Höhe in der Sierra de Gudar, 80 Kilometer östlich von Teruel gelegen, zeichnet sich durch leichte bis mittelschwere Abfahrten aus. Der Penaroyaberg ist 2.019 Meter hoch und der Hornillo 2.000 Meter. Sie bilden die höchsten Gipfel der Sierra de Gudar. Mittelalterlich wirkende Orte, wie Alcala la Selva*, Linares de Mora*, Mora de Rubielos* und Rubielos de Mora** am Rande der Sierra de Gudar sind außerordentlich sehenswert. Burgen, Stadtmauern, enge Gassen, Kirchen und Dächer im Stile Aragons bilden eine architektonische Geschlossenheit. In der Sierra Javalambre und der Sierra de Gudar ist der Wanderer ein gern gesehener Gast. Angler können hier ebenfalls ihrem Hobby nachgehen. In den klaren Gebirgsbächen tummeln sich Forellen.

IV. Orte an der Orangenblütenküste/Costa Azahar

Der Name Costa del Azahar bedeutet übersetzt Küste der Orangenblüte und bezeichnet den 112 Kilometer langen Küstenabschnitt der Provinz Castellón. Die Küste erstreckt sich von Vinarós an der katalanischen Grenze im Norden bis Almenara im Süden, an der Grenze zur Provinz Valencia. Sagunt wird der Einfachheit halber beschrieben, obwohl es an der Costa de Valencia liegt. Entlang der Küstenlinie werden lange, feinsandige Strände von kleinen, vereinzelten Felsbuchten abgelöst, die dort entstanden sind wo die Ausläufer des iberischen Kettengebirges das Mittelmeer berühren. Das Land ist fruchtbar und entlang der Küste beherrschen die Monokulturen der Apfelsinen- und Manderinenplantagen die Landwirtschaft. Auf die Blüte dieser Bäume geht die touristische Bezeichnung dieses Küstenabschnittes zurück. Die intensive Landwirtschaft wird durch kleinbäuerliche Strukturen geprägt und die Böden werden auf großen Flächen bewässert. Dies ermöglicht bis zu drei Ernten im Jahr. Gemüse, Ölbäume, Pfirsiche, Aprikosen, Mandeln und Johannisbeeren werden kultiviert. Nur wenige Kilometer im Hinterland erheben sich schroffe Felsen mit Höhenzügen von 1.000 Metern und mehr. Sie bestehen aus Kreide- und Jurakalk und im Süden der Provinz aus einzelnen Buntsandsteingebirgen. Im Inland prägen 1.000 bis 1.500 Meter hohe, weite Hochebenen und Tafelberge das Landschaftsbild des Maestrazgo.

Die Küstenebenen und küstennahen Bergländer zählen zu den ältesten Kulturlandschaften Europas. Zahlreiche prähistorische Siedlungsspuren und Kultstätten mit Felsmalereien zeugen von mehr als 7.000 Jahre zurückreichenden Kulturen. Griechen, Karthager und Römer besiedelten das Küstenland, entwaldeten es und nutzen es für die Landwirtschaft. Die Araber, mit ihren ausgefeilten Bewässerungsmethoden, brachten neue Kulturpflanzen mit. Auf sie gehen viele Grundzüge der heutigen Flurauftеilung und viele Ortgründungen zurück. Nach dem EG-Beitritt Spaniens beginnen tief greifende Veränderungen. Die Vielfalt der bäuerlichen Erzeugnisse wurde spezialisiert. Große Plantagen wurden angelegt und ein fast geschlossenes Siedlungsband hat sich an der Küste entwickelt während das Hinterland entvölkert wird. Der touristische Boom setzte hier später ein, als an der katalanischen Küste. Erst in den achtziger Jahren begann das Bauen von Massenquartieren. Trotz der außergewöhnlichen landschaftlichen Schönheit des Hinterlandes, bleiben die meisten Touristen an der Küste. Wer heute hier als Reisender unterwegs ist, kann sich als Entdecker bezeichnen. Das Straßennetz befindet sich in der Entwicklung, genau wie die minimale touristische Infrastruktur. An der Küste bietet Peñíscola neben einer attraktiven Altstadt einen langen Strand, der komplett verbaut ist. Ähnlich sieht es in Oropesa und Benicàsim aus. Alcossebre ist auf dem Sprung zur Touristenhochburg, aber es geht auch anders. Vinarós und Benicarló sind Beispiele für Orte, die sich noch nicht ganz der Urlaubsindustrie ergeben haben. Südlich von Castellón gibt es kaum Tourismus, aber an der Bautätigkeit ist zu erkennen, dass auch hier einige touristische Anlagen entstehen. Das Klima ist an der Küste angenehm mild, im Winter fällt die Temperatur selten unter 8 Grad, was dazu führte, dass viele Mitteleuropäer ihr Winterquartier hier haben. Die Schreibweise der Städtenamen orientiert sich an der Zweisprachigkeit. Vielfach hat sich die valencianische Variante durchgesetzt etwa Orpesa, anstatt dem spanischen Oropesa del Mar. Es gibt aber auch Gegenbeispiele, Peñyscóla wäre die valencianische Schreibweise, aber Peñíscola ist viel häufiger.

1. Vinarós, die Stadt der Languste*
a. Geschichte und Lage
Die Anfänge der Stadt gehen auf einen arabischen Ort mit dem Namen *Beni Arrus* zurück. Er wurde nach der Eroberung durch die christlichen Könige dem Bezirk Peñíscola zugeordnet. Im Jahre 1241 schenkte Jaime I. die Stadt Grinyo Ballester und weiteren 50 Siedlern. 1294 übergab der König von Aragon, Jaume II. die Stadt dem Templerorden, der sie mit einer Stadtmauer befestigte. Im 14. Jahrhundert, unter der Herrschaft des Montesa-Ordens, gab es in Vinarós eine wirtschaftliche- und kulturelle Blütezeit. Der Handel nach Übersee, besonders der Weinexport, spielte eine wichtige Rolle. 1540 wurde die Stadt mit dem Titel „Villa" ausgezeichnet, für die Treue zur spanischen Krone. Miguel de Cervantes soll 1571 den Hafen von Vinarós besucht haben. Während des 18. Jahrhunderts wuchs die Stadt über die Stadtmauern hinaus. Eine zweite Stadtmauer, die das Hafenviertel mit einschloss, wurde als Erweiterung gebaut. 1862 erhielt Vinaros wegen seiner Treue in den Carlistenkriegen durch Königin Isabel II. den Titel einer edlen und treuen Stadt und 1881 die Stadtrechte durch Alfonso XII. Heute hat Vinaros 23.000 Einwohner und ist die nördlichste Stadt der Provinz Castellón. Vinaros bedeutet übersetzt Wein und Reis. Die Stadt ist im Süden mit Benicarlo zusammengewachsen und liegt in einer Ebene, die zum Meer hin geöffnet ist. Ein großer Fischereihafen und eine Schiffswerft verbinden das Land mit dem Meer. Die Möbelindustrie und der Anbau von Zitrusfrüchten spielen eine große Rolle. Berühmt sind die Langustinos von Vinarós, die in den Restaurants und Märkten geschätzt werden. Vinarós ist keine Touristenstadt, leider ist trotzdem eine zunehmende Verbauung am Meer sichtbar.

b. Infrastruktur

In der Mitte des Paseo de Colon, der Palmenpromenade entlang des Sandstrandes, wurde das Touristenbüro in einem kleinen Häuschen untergebracht. Internetadresse: www.vinaros.org

Unterkünfte
Hotel Majestic Playa, vier Sterne, Hochhaus in der Av. Castellón. Hostal Miramar, zwei Sterne, Passeig Blasco Ibanez 12, direkt am Meer, nur durch die Palmenpromenade gelangt man direkt zum Sandstrand. Kleines, heimeliges Hostal mit gutem Restaurant, 17 Zimmer mit Meerblick, aber ohne Balkon. Hotel Crystal Park, 3 Sterne, Hotel la Bolera 2 Sterne. Der Campingplatz Cala Puntal hat 2 Sterne. Die Apartments Cala Gonzales sind nur durch die Uferstraße vom Strand getrennt und 1,3 km vom Zentrum entfernt. Daneben befindet sich die Apartmentanlage Azor Playa.

Restaurants
Entlang der Palmenpromenade gibt es mehrere preisgünstige und gute italienische Restaurants. Zum Beispiel das Italia, Paeso de Blasco Ibanez, in der Nähe des Hafens. Das El Langostino de Oro, Calle San Francisco 51, gehobene Küche, die Preise entsprechen dem hohen Niveau. Meson los Arcos, Passeig Maritim 9, Hausmannskost, preiswert. Restaurant Bergantin, Fischlokal direkt am Hafen.

Sport
Club Nautico, Tauchzentrum Aqua Sub, Dr. Fleming Straße, Tennisclub, Hallenbad.

Einkaufen
In der verwinkelten Altstadt lädt eine Fußgängerzone zum Einkaufsbummel ein. Kleine Bekleidungsgeschäfte und andere Läden warten auf Kunden. In der Markthalle kann man Lebensmittel einkaufen. Donnerstags wird von 8-14 Uhr ein Markt am Paseo Maritim abgehalten.

Strände
Von Süden kommend stoßen wir zuerst auf die wunderschöne kleine Bucht Aigua Oliva. Eingebettet zwischen den Buchten von Pinets, Noria, Roques und Puntal befindet sich der 380 Meter lange Salines Sandstrand. Es folgt die Bucht von El Clot, direkt neben der Stierkampfarena. Die Betonmole des Hafens behindert den Blick aufs Meer. Für denjenigen, der ein aktiveres Strandleben bevorzugt, sind die Stadtstrände El Forti und Fora Forat zu empfehlen. El Forti ist seit 1994 mit der blauen Flagge ausgezeichnet. Beide haben eine durchschnittliche Breite von 40 m. Hinter den Stränden liegt die Promenade, die Straße und eine dichte Bebauung, das gleiche gilt für den nächsten Strand, den Strand von Cossis, direkt an der Mündung des Flusses Cervol gelegen, mit einer Länge von 350 m und einer Breite von 30 m. Danach folgt der Strand von Saldonar mit einer Länge von 270 Metern und einer Breite von 25 Metern. Las Cales besteht aus insgesamt 750 Meter langen, kleinen Buchten, in denen die Angelliebhaber ihrem Hobby nachgehen. Weiter im Norden liegen die muschelförmige Forada Bucht und die Buchten Canyes, Llanetes, Timbes und Deveses.

Feste
Am 20. Januar wird das Fest des Stadtpatrons San Sebastian gefeiert. Im Februar findet der Karneval statt. Über 3.000 Personen in 33 Tanzgruppen wirken an Straßenumzügen mit. Die Osterwoche mit Prozessionen wird am Gründonnerstag/Karfreitag begangen. Am 16. Juli ehren die Fischer ihre Patronin Virgen del Carmen mit einer Seemesse und einer Seeprozession. Am 23. und 29. Juli findet die Fira i Festes de Sant Joan i Sant Pere statt. Das Privileg, an diesen Tagen zu feiern, wurde schon im Jahre 1686 von Carlos II.

vergeben. Ein Stiertreiben, Feuerwerk und eine Agrar- und Industriemaschinenausstellung stehen auf dem Programm. Im August wird das Fest der Languste mit verschiedenen Veranstaltungen und einer Verköstigung der lokalen Spezialitäten gefeiert.

c. Sehenswürdigkeiten
Stadtrundgang
Im Süden von Vinaros steht, nur durch die Uferstraße vom Meer getrennt, die Stierkampfarena. Sie wurde 1863 erbaut und ist mit einem Durchmesser von 44,50 Metern sehr groß. Außerdem liegt sie von allen spanischen Stierkampfarenen dem Meer am nächsten. Auf der rechten Seite beginnt das Hafenviertel, hier sind genügend Parkmöglichkeiten vorhanden. Zu Fuß geht es nun den Paseo de Blasco Ibanez und den Paseo de Colon entlang. Die Palmen bestandenen Promenaden werden von der *Playa del Forti* und von Restaurants gesäumt. Vom Touristenbüro geht es weiter nach rechts und zur Plaza Sant Agustin. Hier stehen die Markthalle mit einer modernistischen Fassade aus dem Jahre 1928 und Teile des ehemaligen Augustinerklosters. Die Kapelle *Santa Victoria* beherbergt das städtische Museum und die Kirche das städtische Auditorium. Über die Calle Mayor geht es weiter zum Plaza Parroquial. Auf der linken Seite des Platzes steht das Rathaus aus dem 17. Jahrhundert mit einem großen Portal und zwei wuchtigen Seitentüren. Auf der rechten Seite des Platzes ist die Hauptsehenswürdigkeit von Vinarós zu sehen: die Kirche *Nuestra Senora la Asuncion*. Von außen kann man erkennen, dass sie eine Wehrkirche war. Sie steht auf den Grundmauern einer älteren Kirche und wurde im 16. Jahrhundert im Stil der Gotik und der Renaissance erbaut. Besonders hervorzuheben ist ihre valencianische Barockfassade. Im Jahre 1978 wurde sie zum historisch-künstlerischen Denkmal erklärt und besteht aus einem länglichen Kirchenschiff, der Seitenkapelle und einem Presbyterium. In der Kapelle ruht auf groben Bogenstreben eine spitzförmige Kuppel. Die vieleckige Apsis wird von einer Kuppel mit sechs Spitzbögen bedeckt. Die Kommunionskapelle im Kircheninnern besteht aus einem zweistöckigen griechischen Kreuz, dessen schmale Seiten mit kleinen Altären versehen sind. Vor dem Kirchplatz biegt die Fußgängerzone Calle Mayor ab. Sie führt in Richtung Meer und bildet eine zentrale Achse. Eine angenehme Mischung aus kleinen Geschäften, Bars und netten Häusern bietet sich dem Betrachter und setzt sich in den Seitenstraßen fort. Beim Bummel durch die engen Gassen der Altstadt fallen schöne Sitzgelegenheiten aus Mosaiksteinen auf. Es gibt einige schöne Plätze: der Plaza S. Valente, der Plaza Jovellar mit Springbrunnen und der Plaza S. Antonio.

Hafengebiet und Ausflug
Bereits im 14. Jahrhundert war der Hafen ein wichtiges Wirtschaftszentrum und wurde zum Hafen von Aragon erklärt. Eine königliche Verordnung von 1709 stellte ihn mit den Häfen von Valencia, Denia, Alicante und Peñiscóla gleich

und erlaubte den Handel außerhalb des Königreiches. Der heutige Hafen wurde von 1866 bis 1875 erbaut. Die wichtigste Aktivität im Hafen basiert auf dem Fischfang. In der Fischhalle wird der tägliche Fang versteigert. Der daneben liegende Club Nautico verfügt über 200 Anlegestellen, er bietet einen Reparatur- und Streichservice und die Möglichkeit, Segel- und Kanukurse zu belegen. Ein Spaziergang auf der Hafenmole bildet den Abschluss der Hafenbesichtigung. 6 Kilometer außerhalb der Stadt, auf der N 340 Richtung Morella, steht auf dem Berg Puig die Kapelle *Ntra. Senora de la Misercordia y San Sebastian*. Sie ist der Stadtpatronin gewidmet und liegt in einer wunderbaren Landschaft mit herrlichen Ausblicken über die Ebene von Vinarós und Benicarló bis nach Peñiscóla. Im 16. Jahrhundert wurden die Stallungen für die Pilger errichtet, danach die Kirche und die Herberge. Ende des 16. Jahrhunderts wurden die Gebäude erweitert und mit Mauern umgeben. Seit dem 18. Jahrhundert besitzt sie ihr heutiges Aussehen. Im Inneren wird eine wertvolle Holzarbeit der Mutter Gottes aus dem 10. Jahrhundert aufbewahrt. Eine Schule, die Handwerker ausbildet, gehört zu dem Komplex. Die Reste einer iberischen Siedlung aus dem 7. bis 2. Jahrhundert v. Chr. liegen unterhalb des Kapellengeländes. Neben dem Parkplatz ist eine Grillstelle mit Bänken und Tischen eingerichtet worden. Innerhalb der Kapellenmauern kann man preisgünstig in der angegliederten Herberge essen.

Kapelle Ntra. Senora de la Misercordia y San Sebastian

2. Benicarló, die Stadt der Artischocke
a. Geschichte und Lage

Eine erste Besiedlung erfolgte durch die Iberer. Das bezeugen Ausgrabungen in den gut befestigten iberischen Siedlungen Puig und Tossa. Auf ein kleines arabisches Landgut mit dem Namen *Beni Gazlo* geht der Ursprung des heutigen Ortes zurück. In der *Carta Puebla,* in der die Siedlungsrechte festgelegt wurden, erscheint der Ort im Jahre 1236 unter dem Namen *Benistlo*. 1294 ging der ganze Bezirk an den Templerorden über und später an den Montesa-Orden. Beide Male gehörte Benicarló zum Schlossbezirk von Peñíscola. Im Jahre 1523 wurde Benicarló der Rang einer Kleinstadt verliehen, wegen ihrer Treue gegenüber König Carlos I. Während der Bruderschaftsbewegungen im 16. Jahrhundert wurde die Stadt durch die Brüdergemeinden belagert. Sie wollten den Machtmissbrauch der Adeligen einschränken. Die Stadt widerstand genauso wie 1810 im Unabhängigkeitskrieg. 1837 erstürmten die Carlisten die Stadt und verwüsteten sie. Im 19. Jahrhundert gewinnt die Fassindustrie und der Weinexport nach Südamerika an Bedeutung. Im Jahre 1926 erteilte König Alfonso XIII. per Dekret der *Villa de Benicarló* den Titel einer Stadt. Benicarló schließt sich nördlich an Peñíscola an. Der Ort hat 20.000 Einwohner, er hat seine Tradition als Ort der Fischer bewahrt und ist trotzdem zu einer modernen Stadt geworden. Das Gelände ist eben mit wenigen Erhebungen. Die Stadt ist zum Meer hin mit einem großen Fischereihafen und feinen Sandstränden geöffnet. Benicarló ist eine Industriestadt. Eine wichtige Rolle spielt die Möbelproduktion, das Baugewerbe, der Schiffsbau und das Textilgewerbe. 30 Fischerboote fangen jährlich 1,5 Millionen Kilo Fisch, der in der Lonja versteigert wird. Orangen und 9 Millionen Kilo Artischocken werden pro Jahr geerntet und mit einer Qualitätsauszeichnung vermarktet.

b. Infrastruktur
Das Touristenbüro im Internet unter www.ajuntamentdebenicarlo.org zu erreichen und liegt an der Plaza Constitution s/n.
Unterkünfte
Der Parador Nacional de Turismo Costa del Azahar, liegt an der Küste in Richtung Peñíscola, Avda. Papa Luna 5, 3 Sterne, 108 Zimmer. Das Hotel Marynton, Paeso Maritimo 5, 26 Zimmer und 2 Sterne, ist an einer Hauptzufahrtsstraße gelegen. Das Hotel Rosi mit 24 Zimmern und drei Sternen, ist in der Dr. Fleming Straße 50, in der Nähe des Paradors gelegen. Die Campingplätze Alegria de Mar und El Olivio gehören zur 2 Kategorie.
Restaurants
Das Menü im Parador ist relativ teuer, aber gut. Das Cafe Brasil, Plaza de San Bartolome 18, ist das älteste Lokal und Kaffeehaus von Benicarló mit schönen Verkleidungen aus Fliesen im Inneren. Restaurant Hogar del Pescador, in der Avda. Marques de Benicarlo 29, kleines Haus am Hafen gelegen, guter Fisch und Meerestiere.

Sport
Baden, Surfen, Tauchen bei den Islas Columbretes, Segelschule, Hallenbad, Golfplatz Campo Panoramica de Sant Jordi in 20 km Entfernung, Marina Benicarló mit 290 Schiffsanlegeplätzen.
Einkaufen
Gegenüber dem Parador National befinden sich zwei große Supermärkte. Markttag ist Mittwochs, direkt neben dem Zentralmarkt.
Strände
Von Norden nach Süden: Playa Mar Xica, 1 km Kieselstrand. Playa Morrongoc, feiner 300 Meter langer Sandstrand mit Serviceangebot, unmittelbar hinter der Hafenmole gelegen, dichte Bebauung. Playa Gurugu, 500 m lang und Kieselsteinstrand und Playa Caracola, Sandstrand.
Feste
Am 17. Januar beginnt das Fest des heiligen Antonios mit Feuern in den Straßen, der Verbrennung des Teufels und Straßenumzügen. Das Fest der Artischocke mit verschiedenen Veranstaltungen wird ebenfalls im Januar gefeiert. Am 19. März zu San Jose zelebriert man die Fallas. Am 9. Mai, dem Tag des heiligen Gregorius, gibt es einen Pilgerzug zur Wallfahrtskappelle mit anschließendem Picknick. Am 15. Mai ehrt man San Isidor, ein Fest der Landarbeiter. Am 24. Juni, zu San Juan, entzündet man Feuer und begeht den Tag des Sports, in der zweiten Augusthälfte das Patronatsfest zu Ehren des heiligen Bartholomeus.

c. Sehenswürdigkeiten
Rundgang durch die Innenstadt/ Museum/ Hafen und Vogelpark **(K)**
Obwohl die Stadtmauer im Jahre 1707 zerstört wurde, ist ihr Verlauf heute noch registrierbar. Zentrale Achse der Altstadt ist die Carrer Mayor mit Bars, Geschäften und historischen Gebäuden. Die *Casa de la Baronesa* beherbergt das Rathaus und ist ein Renaissancegebäude. In der *Casa Bosch*, deren Fassade im Stil des Modernismus gestaltet wurde, öffnet heute eine Bank ihre Schalter. In privater Hand befindet sich die *Casa del Marques de Benicarló,* Haus und Wappen des Herzogs von Benicarló. Die Pfarrkirche *San Bartolome* auf dem gleichnamigen Platz ist im 19. Jahrhundert erbaut worden und hat eine sehenswerte Barockfassade. Sie beherbergt wertvolle Goldschmiedearbeiten aus dem 16. Jahrhundert und wertvolle Gemälde aus dem 15. Jahrhundert. An der Kapelle *Crist de la Mar* in der Nähe des Hafens endet der Spaziergang. Das städtische Archäologiemuseum wurde in der Calle Mayor, im ehemaligen Gefängnisgebäude, das 1998 renoviert wurde, eröffnet. Fundstücke aus den iberischen Siedlungen, vor allem vom Dorf El Puig, werden dort ausgestellt. Öffnungszeiten: Mo bis Do 11-13 Uhr und Fr bis So 13-20 Uhr. Der Eintritt ist frei. Das Stadtmuseum im ehemaligen Kloster *San Francisco*, 1278 erbaut und 1578 renoviert, hat einen weiteren Ausstellungsraum in der *Caja Rural* eingerichtet. Der Fischerhafen wurde zwischen 1932 und 1942 von Juan Perez Sanmillan y Miguel, Herzog von Benicarló erbaut. Der Sporthafen entstand neben dem Fischereihafen. Auch hier wird in der Lonja die Fischversteigerung

abgehalten. Ein Spaziergang auf der Promenade des Hafengebietes ist lohnenswert. Die Wallfahrtskapelle *San Gregorio* liegt 2 Kilometer außerhalb der Stadt. Der *Jardin del Papagayo*, ein Freizeitpark mit Vögeln, ist besonders für Kinder sehenswert. Öffnungszeiten: im Sommer 10-20 Uhr.

3. Peñíscola, eine Festung mitten im Meer**
a. Geschichte
In der Epoche der Phönizier wurde Peñíscola bereits unter dem Namen *Tyrice* erwähnt. Es folgten die Griechen, Karthager, Römer und Byzantiner. Die Araber erreichten die Stadt im Jahre 718, sie kamen vom Ebro und eroberten die Feste Peñíscola, die letzte christliche Bastion zwischen Tortosa und Denia. Den anstürmenden Eroberern waren die Verteidiger unterlegen und so dauerte es nur sieben Jahre bis Spanien bis auf den Norden und die Pyrenäen erobert wurde. Die Eroberer duldeten die Ausübung des christlichen Glaubens. Viele heirateten christliche Frauen und die Zahl der christlichen Konvertiten, *muladis* genannt, soll größer gewesen sein, als die der Christen, die an ihrem Glauben festhielten, die *Mozaraber,* wie sie genannt wurden. Dörfer wurden aufgebaut, die der Struktur einer kleinteiligen Landwirtschaft entsprachen. Burgen entstanden, häufig auf dem Fundament iberischer Befestigungsanlagen und auf den Mauerresten römischer Bauwerke. Sie wuchsen, wie Peñíscola, zu befestigten Städten und Distriktzentren heran, in denen sich Märkte etablierten, Recht und Religion ihre Repräsentanten und die Regionalverwaltung ihren Sitz hatten. Die arabische Flotte hatte einen Stützpunkt gegen Aragon und Katalonien. Gartenbau und Landwirtschaft standen in einer Blüte wie niemals zuvor. Johannisbrotbaum, Dattelpalme, Maulbeerbaum, Granatapfel, Zitrone, Orange, Wassermelone, Artischocke, Aubergine und Reis stammen von den Arabern. Sie fügten dem Gebiet die Burgen Cervera und Pulpis, die Landgüter Beni Arus, Vinaros und Beni Gazlo, Benicarló und Irta hinzu. Rund 400 Jahre währte die Blütezeit der arabischen Kultur. Dann kam es zu sozialen Unruhen wegen der wachsenden Diskrepanz zwischen Privilegierten und Benachteiligten, was zum Niedergang führte.

1126, als die christlichen Heere am vorrücken waren, wurde die Vertreibung aller Nichtmuslime beschlossen. Es begann eine chaotische geschichtliche Periode, die das Gebiet der spanischen Levante und des Maestrazgos geprägt hat. Das wiederholte Besitzen und Entreißen ganzer Landstriche dauerte 150 Jahre. Dies spiegelt sich heute in dem Fest *Moros y Christianos* wieder. Im Jahre 1233 eroberte König Jaume I. die Stadt. Unter der Gerichtsbarkeit von Valencia wurde Peniscola im Jahre 1250 die *Carta Puebla* verliehen. Im Jahre 1294 gehörte die Stadt dem Templerorden und nach dessen Auflösung wurde sie 1319 dem mächtigen Montesa-Orden übergeben. Schenkungen und Sonderrechte führten dazu, dass die Templer im 13. Jahrhundert den Höhepunkt ihrer

Macht erreichten. Sie unterlagen keiner zivilen- oder kirchlichen Rechtssprechung und hatten Einnahmen von 50 Millionen Franken im Jahr. So wurden sie Gläubiger von Königshäusern und entwickelten sich zum Staat im Staat. Die Besiedelung der entvölkerten Landstriche und das Zusammenleben mit der muslimischen Restbevölkerung wurde von ihnen geregelt. Phillip IV., König von Frankreich, legte Papst Clemens V. aus egoistischen Motiven heraus die Auflösung des Ordens nahe. Er warf ihnen Ketzerei, Betrug und Homosexualität vor. Die Templer leisteten nur vereinzelten Widerstand. Die meisten flohen oder ergaben sich. So wurde 1312 durch Konzilbeschluss der Orden 200 Jahre nach seiner Gründung liquidiert. Der konservative Montesa-Orden wurde 1317 gegründet, jeglicher Besitz und alle Machtbefugnisse der Templer gingen auf ihn über, sein Wirken blieb für 600 Jahre auf den oberen und unteren Maestrazgo beschränkt. Der Orden stellte die Burg von Peñíscola dem Gegenpapst und Kardinal Benedikt XII. aus Aragon, auch Pedro Martinez de Luna genannt, als Nutzniesung zur Verfügung, der während der Kirchenspaltung von 1411 bis 1423 hier lebte. Papst Luna ersetzte Clemens VII. als Papst von Avignon unter dem Namen Benedikt XII., während sich zur gleichen Zeit ein weiterer Papst in Rom befand. Er wurde von den Engländern, den Deutschen und den Italienern anerkannt. Als 1411 seine Autorisation annulliert wurde, ging Benedikt XII. nach Peñíscola und ließ die Burg für sich umbauen. Er wurde zum Ketzer erklärt, überlebte mehrere Vergiftungsversuche und starb am 23. Mai 1423 in dem Glauben, der wahre Papst gewesen zu sein. Im Sezessionskrieg konnte sich die Stadt erfolgreich gegen die Gegenpartei Philips IV. verteidigen und im Bürgerkrieg litt Peniscola 1936 stark unter den Kämpfen.

b. Lage
Peniscola hat 4.300 Einwohnern, ist von mächtigen Stadtmauern umgeben, liegt spektakulär auf einer Halbinsel und im Hintergrund erheben sich die Ausläufer der Sierra de Irta. Zu beiden Seiten der Felshalbinsel entstand ein moderner Badeort entlang dem Sandstrand Playa de Norte, der sich bis Benicarló fortsetzt. Neben der Playa de Sur liegt der Fischereihafen. Die Altstadt ist in ihrer Geschlossenheit einer der sehenswertesten Orte der spanischen Mittelmeerküste. An der Playa de Norte hat der Tourismusboom allerdings seine Spuren hinterlassen.

c. Infrastruktur
Das Touristenbüro liegt an der Palmenpromenade, dem Paseo Maritimo, am Anfang der Playa Norte. Internetadresse: www.peniscola.org
Unterkünfte
Es gibt ein breites Angebot entlang der Playa de Norte. Ganzjährig geöffnet sind: Hotel Peniscola Plaza und Dependancen, Gran Hotel Peniscola, Hosteleria del Mar. Alle drei sind Vierstenehotels und sehr gut ausgestattet. Das La Carabella an der Avenida Estacion gelegen, ist ganzjährig geöffnet, Häuser und Apartments werden vermietet. Der

Campingplatz Eden, Internet: www.camping-eden.com, in zweiter Reihe an der Playa de Norte gelegenen, ist ganzjährig geöffnet. Es gibt weitere 9 Campingplätze im Stadtgebiet.

Restaurants

Das Restaurant Penon, in der Altstadt C. Santos Martires gelegen. Im Angebot sind Fisch und Fleisch und das Essen ist preiswert und gut, ganzjährig geöffnet. Hogar Pescador am Hafen, Fischlokal, gut aber teuer, Beilagen sind extra zu bezahlen, ganzjährig geöffnet. Das Puerto de Mar direkt am Hafen, kleines Fischlokal, guter Fisch, einfach, im Winter nur geöffnet während und nach der Fischauktion. Das Restaurant Barra Alta, vor der Altstadtmauer auf dem Plaza Caudillio gelegen, hat eine etwas mürrische Bedienung, das Essen ist nur Durchschnitt, im Winter ist nicht immer geöffnet. Das Restaurant Vista al Mar liegt in der Altstadt, Principe 4, durchschnittliches Essen zu durchschnittlichen Preisen, im Winter nicht immer geöffnet. Das La Carabella, in der Avenida de la Estacion an der Einfallstraße in Richtung N 340 gelegen, bietet preiswerte Menüs, durchschnittliches Essen, ganzjährig geöffnet. Das China Town an der Playa de Norte, Avenida Papa Luna gelegen, bietet durchschnittliches Essen an, im Winter geöffnet. Das Restaurant im Hotel Hosteleria Del Mar, Avenida Papa Luna, bietet gehobene Küche an, aber preiswertes Menü, im Winter nicht immer geöffnet. Restaurant Cafeteria las Delicias, an der Grenze zu Benicarló auf der Avenida Papa Luna gelegen, preiswert, durchschnittliche Küche, im Winter geöffnet. Im Cafe Primo de Riviera in der Av. Jose Antonio lässt es sich gut sitzen und Kaffee trinken.

Sport

Wassersport an den langen Sandstränden, Verleihung von Mountainbikes und Motorrädern an der Av. de la Estacion, Wandern in der Sierra de Irta, Squash und Hallenbad im La Carabella in der Av. de la Estacion, Hallenbad und Sauna im Peniscola Plaza Hotel. 72 Anlegeplätze für Boote im Fischerhafen.

Einkaufen

Auf der Avenida Jose Antonio befinden sich viele Geschäfte für den täglichen Bedarf. In der Altstadt gibt es viele Souvenirläden. Ein kleinerer Supermarkt befindet sich an der Av. de la Estacion. Die Tankstelle findet man ebenfalls an dieser Straße. Montags ist Markttag am kleinen Binnensee, hinter der Placa Illueca.

Strände

Die Playa del Norte ist ein 5 Kilometer langer und 44 Meter breiter Sandstrand mit allen Strandeinrichtungen, der von der Promenade und den Hotels begrenzt wird. Die Playa Sur ist eine 600 Meter lange, leicht geschwungene Bucht mit einem Sandstrand und allen Strandeinrichtungen. Der Strand grenzt an den Hafen. Die Calas del Costa Sur sind kleine Buchten, die Richtung Süden bis Alcossebre unterhalb der Sierra de Irta liegen und keine Strandeinrichtungen, wie Duschen, Vermietung von Liegen, Auflagen, Sonnenschirmen, Mülleimer und Strandreinigung haben.

Feste

Vom 7. bis 9. September die Fiesta Mayor zu Ehren der Verge de la Ermitana. Tanz, Musik und verschiedene Freizeitaktivitäten stehen auf dem vielfältigen Programm. Unterschiedliche Gruppen präsentieren alte Volkstänze. Ebenfalls im September, das Fest Moros y Cristianos. Ein Schauspiel, das die Kämpfe zwischen den Christen und Mauren nachspielt. Auf der Burg finden das Festival für Kinokomödien und das Festival alter und barocker Musik in der ersten Augusthälfte statt, das Festival für klassisches Theater im Juli und August und die Konzertreihe Klassischer Musik im September.

d. Sehenswürdigkeiten
Rundgang auf der Stadtmauer (K)
Die Stadtmauern wurden in unterschiedlichen Jahrhunderten erbaut, passen sich der Form der Halbinsel an und machen die Stadt zu einer legendären Verteidigungsbastion. Bei einem Rundgang entdeckt man Mauerteile aus dem Mittelalter, der Renaissance und dem 18. Jahrhundert. Felipe II. beauftragte 1576 den berühmten Architekten und Ingenieur Juan Bautista Antonelli aus Italien, besonders imposante Teile der Stadtmauer zu errichten. Der Rundgang beginnt am *Portal de Sant Pere*, das 1414 erbaut wurde und früher der Zugang zur Burg war, als das Wasser bis zum Sockel der Stadtmauer anstieg. Das Portal befindet sich in der Nähe des Fischerhafens. Gleich nach dem Eingangstor haben sich auf der rechten Seite Geschäfte und Restaurants etabliert. Auf der linken Seite ist unterhalb eines Hauses eine Öffnung zu sehen, durch die das Meerwasser strömt. Rechts steht ein Turm auf der Stadtmauer, mit Aussicht über das Hafenbecken und das Meer.

Weiter der Stadtmauer entlang gelangt man auf der Principestraße zum *Museu de la Mar*. Der Eintritt ist frei. Öffnungszeiten 10-14 Uhr und 14-20 Uhr. Im hinteren Teil gibt es drei kleine Aquarien mit Fischen und Meerestieren. An den Wänden sieht man alte Karten und Bilder von Peñíscola. Modelle von Fischerbooten sind zu sehen und die verschiedenen Methoden des Fischfangs werden erklärt. Eine kleine Abteilung für Archäologie und einige Karten über Fischsorten und Meerestiere bilden den Abschluss. Vom Hof des Museums ist die Aussicht auf das Meer sehr schön. Geht man weiter, sieht man in der Nähe der Treppe zum Leuchtturm auf der linken Seite ein Haus, dessen Fassade aus Muscheln besteht. Vom Leuchtturmplatz hat man einen schönen Blick auf die Burg. Der Weg endet bei einem Gitter, hinter dem die Vogelschau und der Burggarten ihre Plätze haben. Auf dem Rückweg befindet sich in der Calle Castilló der Eingang zur Burg. Danach folgt der Plaza de Armas, von dem man einen schönen Blick auf die Wallfahrtskirche *Mare de Deu de la Ermitana* hat. Im Kaffee daneben gibt es ein erfrischendes Getränk, eine Mandelmilch. In der Santos Martires Straße (heilige Märtyrerstraße) hängen einige gute Fischlokale ihre Speisekarten aus. Früher stand der Konvent der Augustiner, die zu Märtyrern wurden als die Mauren die Stadt eroberten, in dieser Straße. In ihrem weiteren Verlauf kommt rechts der Eingang zum Park und zur Vogelschau. In der Calle de Olvido ist die Stadtmauer wieder begehbar. Geht man auf der Stadtmauer weiter, hat man eine schöne Aussicht auf Peñíscola, auf die Placa de Caudillo und das *Portal de Fosc*. Es wurde 1578 erbaut, und ist das Werk des Architekten Juan de Herrera. Auf der rechten Seite steht unterhalb der Mauer ein Brunnen auf der Plaza de Ayuntamiento, im Hintergrund erhebt sich die Pfarrkirche *Virgen del Socorro*. Sie wurde im 15. Jahrhundert erbaut. Auf der Stadtmauer geht es nun weiter, bis man oberhalb des Portals *Santa Maria* steht.

Es wurde im Jahre 1754 auf Befehl von Fernando VI. erbaut. Er gestattete die Veränderung der Stadtmauer, um die Einfahrt der Erntewagen zu erleichtern, die bisher nur durch das steile *Portal Fosc* in die Stadt gelangten. Von hier aus umrundet man die Plaza de les Caseres auf der Stadtmauer. Der Rundgang endet an einem Gitter oberhalb des Portals *Sant Pere*.

Castell de Peñíscóla (**K**) und Burggarten mit Vogelschau (**K**)
Der Eintritt in die Burg beträgt 2,40 Euro für Erwachsene. Dafür erhält man eine Beschreibung der Burg in deutscher Sprache und eine Postkarte. Öffnungszeiten: 10-14 Uhr und 16-19.30 Uhr. Die Burg thront auf dem höchsten Teil der Halbinsel. Sie wurde von 1294 bis 1307 vom Templerorden, in der Art wie Burgen während der Zeit der Kreuzzüge erbaut wurden, als robustes Gebäude errichtet und ist ein gutes Beispiel für die Baukunst der Templer. Sie hat die Form eines Halbkreises und wird von Türmen flankiert. Im 14. Jahrhundert wurde die Burg vom Montesa-Orden erweitert und dem Gegenpapst Papa Luna als Lehen übergeben. Der Rundgang beginnt am Haupttor. Ein Steinband über dem Tor ist mit Emblemen des Templerordens versehen. Hinter dem Eingangstor liegen die Quartiere der Dienerschaft und der ehemalige Pferdestall. Der Besichtigungsweg führt zum Haupthof auf dessen rechter Seite die Räume des Gegenpapstes Benedikt XII. liegen. Das Studierzimmer und weitere Räume sind zu sehen. Von einem Fenster aus, das Papa Luna einbauen ließ, konnte er über das Meer direkt in Richtung Rom sehen. Auf der linken Seite des Haupthofes befindet sich die Burgkirche, eine Kapelle mit rechtwinkligem Grundriss und halbkreisförmiger Apsis. Zwischen der Kirche und den Räumen des Papstes liegt eine gewölbte, gotische Halle mit verzierten Steinwänden. In die Eingangstür ist ein Wappen der Templer eingehauen. Das Zisternenzimmer ist zu bewundern, bevor es vom Haupthof über eine steile Treppe hinunter in eine große Halle geht, die als Tagungsraum genutzt wurde. Als Papa Luna im Alter von 96 Jahren starb, tagten dort seine getreuen Kardinäle und beschlossen ihre Auflösung. An einer der Seiten der Halle befindet sich der Eingang zum Verlies. Im Jahr 2007 konnte man gegen Eintritt eine Piratenausstellung in der Halle besuchen.

An der Außenseite der Burg sind Reste eines Treppenpfades zu sehen, der zu einem natürlichen Anlegeplatz führt. Vom Dach der Burg ist der Blick über die Neustadt, das alte Peñíscóla, das Meer, den Park mit den Vögeln und die Sierra de Irta am schönsten. Der Eintritt in den Vogelpark kostet 2,50 Euro für Erwachsene, inklusive einer Vogelschau. Öffnungszeiten: 11-14 Uhr und 17-21 Uhr im Sommerhalbjahr. Der Park besteht aus vielen Palmen, Resten der Burgbefestigung und einem kleinen Theater. Von einem Aussichtspunkt oberhalb des Meeres werden die Vögel freigelassen und kreisen über Peñíscóla. Verschiedene Adlersorten, Geier, Eulen und Uhus sind zu sehen.

Peniscola und der Nordstrand

Kastell und Wallfahrtskirche

Hafengebiet mit Fischversteigerung **(K)**
Wird die Altstadt über das Portal Sant Pere verlassen, ist rechts an der Stadtmauer der Waschplatz *Font de la Petxina* und links der Süßwassersee *Balsa* in dem es viele Fische, Enten und Gänse gibt, zu sehen. Eine Brücke führt über den See hinweg ins Hafengebiet. Zuerst erreicht man die Lonja, die Fischversteigerungshalle. Von hier aus kann man nach links auf die Kaimauer hinaufgehen und bis zur Hafeneinfahrt hinauslaufen. So hat man einen guten Überblick über den gesamten Hafen, über die Altstadt und die Sierra de Irta. Im Hafen selbst liegen nur wenige, kleine Privatboote. Viel interessanter sind die Fischerboote mit einer Länge von 15 bis 25 Metern. Sie haben zwischen 4 und 8 Mann Besatzung an Bord. Von Montag bis Freitag laufen sie zum Fischfang aus. Auf der Hafenmauer sollte man gegen 16 Uhr auf Beobachtungsstation gehen, ein Fernglas ist hierbei nützlich, Punkt 16.15 Uhr ertönt die Sirene der Fischversteigerungshalle. Dies ist das Signal zur Rückkunft der Boote. Nach links sind die Fischerboote von Benicarló bei ihrer Rückkunft auf dem Meer zu sehen. Nach rechts die 36 Fischerboote von Peñíscola, die sich in wilder Fahrt der Küste nähern und erst vor der Hafeneinfahrt die Geschwindigkeit verringern. Sie fahren oft nebeneinander her bis entschieden ist, wer als erstes die Hafeneinfahrt passieren kann. Möwenschwärme begleiten die Boote und kämpfen um jeden Fisch, der zurück ins Wasser fällt. Bis alle im Hafenbecken eingeparkt haben, vergeht einige Zeit. Währenddessen verlassen einige kleinere Boote mit zwei Mann Besatzung den Hafen, um zum Bojenfischen hinauszufahren.

Im Sommer läuft vormittags und nachmittags ein Ausflugschiff aus, das für 7 Euro um die Halbinsel der Altstadt von Peñiscóla herumfährt. Karten gibt es neben der Lonja in einem Uhrturm zu kaufen. Um 17 Uhr ertönt die Sirene erneut und es beginnt die Versteigerung in der Halle. Vorher empfiehlt es sich zu schauen, wie die Fische in den Booten in blaue Plastikkörbe sortiert und auf Wagen gestellt werden. Ist der Wagen voll, wird er von Hand bis zur Versteigerungshalle gezogen. Dort angekommen kommen die Körbe auf ein Förderband. Alles geht mittlerweile vollelektronisch per Computer. Auf einem Bildschirm wird der Bootsname, die Fischsorte und der eingegebene Preis pro Kilo angezeigt. Wie auf einer Bühne sitzen die Einkäufer, die ein elektronisches Gerät in der Größe eines Handys haben, mit dem sie bieten können. An der Anzeigentafel springt der Preis nun hin und her, bis der Endpreis erreicht ist. Und schon kommt der nächste Fischkorb. Am Ende des Förderbandes werden die Fische auf Eis gelegt und in die Fahrzeuge gepackt. Um 18.30 Uhr ist die Auktion beendet. Für viele der Fischer ist jedoch noch immer nicht Feierabend. Oft müssen nun die Netze genäht oder ganz erneuert werden. Einige verkaufen geringe Mengen Fisch direkt an die Zuschauer, die sich zahlreich um die Fischerboote herum gruppieren.

Einkaufs- und Strandbummel durch die Neustadt, Aussichtsstraße
Entlang der Primo de Riviera und der Avenida Jose Antonio gibt es viele Geschäfte. Ein Strandspaziergang an der Playa del Norte lohnt sich ebenfalls. An der mit Palmen gesäumten Strandpromenade gibt es zahlreiche Kaffees, Restaurants und Läden für den Strandbedarf. Beim Schild las Atalayas führt die Straße den Berg hinauf, am Ende der geteerten Straße ist die Aussicht auf Peñiscóla großartig. Der sich anschließende Feldweg geht weiter in die Sierra de Irta hinein.

4. Alcalá de Chivert* und die Strandgemeinde Alcossebre
a. Geschichte und Lage
Eine große Zahl an archäologischen Funden bezeugen, dass verschiedene Kulturen hier siedelten. In der Ausgrabungsstätte Solivella fand man einen antiken Friedhof mit verschiedenen Urnen aus den Jahren 425 bis 225 v. Chr. Auch die arabische Herrschaft ist von Bedeutung. Das Castilló Chivert war während der christlichen Rückeroberung ein strategisch wichtigster Ort. Im Jahre 1260 beauftragte der Mönch Guillem de Muntanyana, Abt des Templerordens, Raimundo Perpunter, Bernardo Conill und 40 weitere Personen mit der Besiedelung von Alcossebre. Aber nach und nach gingen die Menschen ins Landesinnere nach Alcalá de Chivert, 10 Kilometer entfernt. Im Jahr 1330 erhielt Alcala de Chivert vom Montesa-Orden die Stadtrechte. Alcossebre liegt südlich von Peñíscola am Rande der Sierra Irta und gehört zur Gemeinde Alcalá de Chivert, welche den Gemeindekern bildet und 10 Kilometer entfernt im Inland auf 150 Meter Höhe liegt. Weitere Gemeindeteile am Meer sind Cap i Corb und Les Fonts. Insgesamt leben in den verschiedenen Teilen 5.000 Einwohner. Alcossebre ist der Punkt auf dem Festland, der die kürzeste Entfernung zu den Columbretes-Inseln aufweist. Das Gemeindegebiet umfasst 168 Quadratkilometer und mehr als 10 Kilometer Küste. Der Küstenort zählt zu den Touristengebieten mit einem eher beschaulichen Ambiente.

b. Infrastruktur
Das Touristenbüro in der Calle San Jose 59, in Alcalá de Chivert oder im Rathaus von Alcossebre gibt Auskünfte über Sehenswürdigkeiten. Internet: www.alcossebre.org
Unterkünfte
Das Hotel Romana Beach in der Playa Romana Straße hat drei Sterne. Im Angebot sind 81 Hotelzimmer und 77 Apartments für 2 bis 6 Personen, in der Nachsaison zu günstigen Preisen. Alle mit Halbpension, zum Teil im Winter geöffnet, mit Hallenbad und Sauna. Die Hotels Jeremias, Las Fuentes und das Aparthotel Eurostar haben ebenfalls drei Sterne. Die Apartmentanlage Nova Romana liegt 1,5 Kilometer südlich des Ortskerns. In der Urbanisation Las Fuentes sind Apartments im Palma Blanca und im Zentrum von Alcossebre im Mare Nostrum zu vermieten. Die Campingplätze Alcossebre und Ribamar an der Playa Ribamar gehören zur 2 Kategorie.

Restaurants
Eine Diskothek befindet sich am Cap i Corb, sieht von außen aus wie eine Burg. Das Restaurant Forn Tonico in der Ctra. De las Fuentes ist auf Gerichte aus dem Ofen spezialisiert. Das Restaurant Monte Mar am Paseo Vista Alegre gelegen, mit Fisch- und Meeresspezialitäten und mit Meerblick.

Einkaufen
Entlang der Hauptstraße, die mitten durch den Ort Alcossebre führt, gibt es einige kleine Läden, die den Tagesbedarf decken. Auf dem Wochenmarkt, der am Freitag in der Innenstadt stattfindet, gibt es Lebensmittel und Kleidung zu kaufen.

Sport
Alle Arten von Wassersport, Tauchen, Segeln, Reiten, Wandern in der Sierra de Irta.

Strände
Viele schöne Buchten, zum Teil unverbaut, verteilen sich auf einer Länge von 10 Kilometern. Von Norden beginnend, erwarten einen zunächst die rauen aus Kiesel und Felsen bestehenden Buchten Archilaga und Pla de Roda, an der Cala Mundina steht ein weißer Leuchtturm, es folgt die Cala Blanca, hier beginnt bereits die Bebauung. Weiter südlich folgt der Strand les Fonts, 400 Meter lang, umrahmt von Felsen und einem modernen Sporthafen. Am schlichten Ortskern von Alcossebre vorbei geht es zum Hauptstrand des Ortes, dem großen Badestrand El Carregador. Er ist 850 Meter lang, 50 Meter breit und wird von der Promenade begrenzt. Der Martifelsen trennt den Strand El Carregador von der Playa Romana, die 500 Meter lang ist und aus kleineren Sanddünen besteht. Es folgt der Morostrand, der von Felsen eingerahmt wird. Er ist 170 Meter lang und die Häuserreihen hinter dem Strand werden hier schon weniger. An ihn schließt sich die Playa del Estany, die 400 Meter lang ist, an. Ab hier beginnt ein steiniger, schmaler Küstenstreifen, Albuferas (Salzwasserlagunen) genannt, der zum Cap i Corb gehört.

Feste
Der Festkalender beginnt am 17. Januar mit den Feierlichkeiten zu Sant Antoni Abad mit Tiersegnungen und Feuern auf den Straßen. An Fasching verwandeln sich die Orte im Februar in eine magische Welt voll Getöse und Fiestas. Maskenbälle, Straßenumzüge und das berühmte Begräbnis der Sardine, Entierro de la Sardina, sind die Attraktionen in diesen Tagen. Am 29. April, dem Tag des San Pedro de Verona, findet in Alcalá de Chivert das Fest der Unverheirateten statt, das auf spanisch La Fiestas dels Fradins genannt wird. Am zweiten und dritten Sonntag des Monats Mai werden Prozessionen zu Ehren der Stadtpatronin Mare de Deu dels Desempar ausgerichtet. Am 24. Juni feiern die Bürger die Sommersonnwende und das Fest des San Juan. Alte Bräuche leben dann für kurze Zeit wieder auf und an allen Ecken und Enden werden Feuerstellen mit Holz und anderem unbrauchbarem Material entzündet. Die Patronatsfeste zu Ehren von San Juan Bautista und El Sagrado werden in Alcossebre in den ersten Septembertagen gefeiert, in Alcalá de Chivert in den letzten Augusttagen. Im Vordergrund steht die Tradition des Stiertreibens in den Straßen neben einem großen Programm an kulturellen, spielerischen und künstlerischen Veranstaltungen. Das Fest Moros y Cristianos findet am letzten Septemberwochenende zusammen mit den Feierlichkeiten zu Ehren San Miguel statt. Straßenumzüge und Theatervorführungen stehen im Vordergrund. Am 13. Dezember begeht man das Fest der Santa Llucia, das, wenn es nicht auf einen Sonntag fällt, am jeweils nächsten Sonntag mit einer Kirmes begangen wird.

c. Sehenswürdigkeiten

Alcala de Chivert

Der erste Weg führt zur Gemeindekirche *Sant Joan Baptista* in Alcala de Chivert, erbaut wurde sie im typischen Barockstil von Valencia. Die Kirche besaß mit 68 Metern Höhe den höchsten Glockenturm des Königreiches von Valencia. Der von 1784 bis 1803 erbaute filigrane, achteckige Turm wird von der 2,40 m hohen Holzstatue des Erzengels Michael gekrönt. Das Gotteshaus, dreischiffig, von beachtlichen Dimensionen mit schlichten klassizistischen Stilelementen hat ein sehenswertes Kirchenmuseum, der Eintritt ist frei. Bedeutende Goldschmiedearbeiten, Reliquien und ein vierteiliges Altarbild sind zu sehen. Öffnungszeiten: Juli und August, täglich außer montags. Nachts ist der Kirchturm beleuchtet. In der Straße Virgen de los Desamparados wurde das Kulturhaus (Casa de Cultura) im 16. Jahrhundert im Renaissancestil errichtet. Im *Calvario* finden wir die Einsiedelei *Ermita del Calvari*, erbaut wurde sie im Jahre 1779. Die Wasserbrunnen in der Nähe der *Ermita* sind sehr sehenswert. Über den Weg *Alio* kann man 2 Kilometer hinaus aus der Stadt wandern und den *Prigo del Rei*, einen Obelisken aus dem Jahr 1803, bewundern. Er wurde zu Ehren des Monarchen Charlos IV. erbaut.

Alcossebre

Die Kirche *Sant Cristofol* aus dem 17. Jahrhundert, das Pfarreimuseum mit Ornamenten und Goldschmiedekunst und Fischerhäuser bilden den Ortskern von Alcossebre. Der Jachthafen liegt malerisch eingebetet zwischen dem Ort, den Stränden und der Sierra de Irta. Er bietet ein Servicepaket an, zum Beispiel Unterkunftsmöglichkeiten in eigenen Apartments, und ist auch für größere Boote geeignet. 350 Anlegeplätze sind vorhanden. Vom Jachthafen aus bietet sich die Möglichkeit, zu den Colombretes-Inseln zu fahren. Mit der Baracuda ist um 8 Uhr Abfahrt und um 18 Uhr kommt man zurück. Kosten: 80 Euro pro Teilnehmer. Mit einem Tauchgang bei den Inseln steigen die Kosten auf 95 Euro pro Person. Die Baracuda II. fährt von 8 bis 15 Uhr an der Küste entlang zum Tauchen. Kosten: 80 Euro. Am Cap i Corb stehen das gleichnamige Gehöft, ein 13 Meter hoher, quadratischer Wachturm, der 1427 erbaut wurde, und die Einsiedelei *Sant Miguel* aus dem 17. Jahrhundert.

Castell de Chivert

Die größte Sehenswürdigkeit der Gemeinde ist das *Castell de Chivert*, es liegt auf einer Anhöhe der Sierra de Irta und eine Wanderung dorthin kann zu Fuß über einen *Camina rural* vom Rande der Stadt aus, der bei Kilometer 2021,8 von der N 340 abzweigt, unternommen werden. Von der Burg haben sich bis heute zwei sehr unterschiedliche Teile erhalten: der arabische und der christliche Teil. Ersterer umfasst die äußere Einfriedung mit der Burgmauer aus dem 10. und 11. Jahrhundert. Auf der Mauer sind einige große Wandgemälde mit kunstvollen Abschlüssen zu sehen. Die *Puerta Albacar* bildet den Eingang ins Burginnere. Über dem arabischen Teil erhebt sich die Templerfestung aus dem 12. und 13. Jahrhundert mit ihrem eindrucksvollen Südteil, zwei runden Türmen und einer Mauer. Zu ihren Füßen liegen die Reste des ehemaligen Dorfes, dessen Wurzeln in iberischer Zeit zu finden sind. Ebenfalls in der Sierra de Irta befindet sich auf 312 Meter Höhe die Einsiedlerei von *Santa Llucia i Sant Benet* aus dem 17. Jahrhundert. Etwas weiter oben erhebt sich der Turm *Ebri* aus dem 16. Jahrhundert.

5. Torreblanca und die Strandgemeinde Torrenostra
a. Geschichte und Lage
Die Stadt Torreblanca wurde im 13. Jahrhundert gegründet. Ende August 1397 geschah ein historisch bedeutsames Ereignis: Berberpiraten überfielen die Stadt und nahmen eine Monstranz aus dem Kirchenschatz mit. Um diese zurück zu gewinnen, vereinigten sich die Bürgerschaften von Valencia und Mallorca und zogen mit 70 Schiffen und 7.500 Kriegern in den Kampf gegen die Piraten. Dieses Ereignis wurde in einem Wappen festgehalten. Im 17. Jahrhundert entwickelte sich die Stadt stetig, so dass sie im 19. Jahrhundert ihre Rechte als Stadt einforderte. 1896 beantragte man in Madrid einen Hafendamm und wenig später wurde die Gewerkschaft der Orangenproduzenten gegründet. Trotz aller Anstrengungen verließen immer mehr Einwohner den Ort. Erst in den 60er Jahren konnte die Stadt wiederbelebt werden und der Strand von Torrenostra wurde für Touristen ausgebaut. Die Stadt Torreblanca hat 5.000 Einwohner und liegt 5 Kilometer vom Meer und von ihrem Stadtteil Torrenostra entfernt. Sie befindet sich 36 Kilometer nördlich von Castellón und 6 Kilometer südlich von Alcossebre. Der Name des Ortes steht in Verbindung dem Turm Dona Blanca, der als Wachturm benutzt wurde. Die Landschaft des Naturparks El Prat de Cabanes prägt beide Orte.

b. Infrastruktur
Das Touristenbüro in der Av. del Mar 1, in Torrenostra und im Rathaus von Torreblanca in der Calle San Antonio 11, ist im Internet unter www.gva.es/torreblanca zu erreichen.
Unterkünfte
Vor allem Apartments liegen im Ortsgebiet von Torrenostra in der Nähe des Strandes und der Campingplatz Torrenostra. An der N 340 gibt es mehrere einfache Hostals wie das Miramar, 1 Stern, das Hotel Olimpic, 1 Stern oder das Hotel Sol, 1 Stern.
Restaurants und Strände
An der N 340 gibt es zwischen Oropesa del Mar und Santa Magdalena de Pulpis 15 Fernfahrerlokale und Hostals. Essen zwischen 15 und 20 Euro für ein Menü für zwei Personen, die Küche ist aber oft nicht die beste. Im Miramar durchschnittliches Essen. Der 600 Meter lange Sand- und Stadtstrand und der Strand Serradal, 1.000 Meter lang, bieten dem Besucher jede Art von Dienstleistung für einen bequemen Aufenthalt.
Feste

Am 17. Januar wird in Torreblanca das Fest zu Ehren des Heiligen San Antonio Abad und am 18. Januar das Fest der Heiligen Llucia gefeiert. Am 16. Juli feiert Torrenostra zu Ehren der Patronin der Fischer eine heilige Messe am Strand, mit Stiertreiben und Tanz. Am Gründonnerstag wird das Passionsfestspiel seit 1979 wieder aufgeführt. Das Patronatsfest zu Ehren des Heiligen San Bartolomeus findet vom 23. August bis 1. September statt. Vor allem die Blumenspende zu Ehren des Heiligen Cristo del Calvario Volksfest, Stiertreiben und eine Ausstellung von Nutztieren sind von Bedeutung.

Nuria, arabisches Wasserschöpfrad in Torrenostra

c. Sehenswürdigkeiten

Der Stadtrundgang beginnt am *Torre del Marques,* dem Turm des Herzogs. Er liegt 2 Kilometer von der Innenstadt entfernt und wurde im Mittelalter erbaut. Der Turm war Eigentum von Dona Blanca, einer späteren Verwandten von König Jaime I. In der Altstadt ist die einfache Kirche *San Francisco* aus dem 13. Jahrhundert, die den ausgeprägten Charakter einer Festung besitzt und im gotischen Stil erbaut ist, interessant. Der Kreuzweg aus dem 14. Jahrhundert und der Turm des Heiligen Francisco sind zu besichtigen. Die Pfarrkirche *San Bartolome* aus dem 18. Jahrhundert bewahrt in ihrem Inneren wertvolle Kunstwerke auf.

6. Oropesa del Mar, schöner Strand und Hochhauskulisse
a. Geschichte und Lage

Bei Ausgrabungen sind Zeugnisse aus der Steinzeit im Cau d'En Borras gefunden worden. In Oropesa la Vella fand man Reste der Iberer und Römer. Die Araber bewohnten die Stadt, bis sie im Jahre 1233 von König Jaume I. zurückerobert wurde. Im Jahre 1379 wurde die Stadtmauer, auf Befehl des damaligen Herrschers Jofre de Thous, wegen der vielen Überfälle durch die Berberpiraten gebaut. Auch die Burg wurde deshalb weiter befestigt. Im Jahre 1534 belagerte Barbarossa die Stadt. Pedro de Antequera ließ später den *Torre defensiva del Rey* (Verteidigungsturm des Königs) an der Küste bauen. Er wurde im Renaissancestil erbaut und später unter Felipe II. renoviert. An der Küste befinden sich zwei weitere Verteidigungstürme, *Torre de la Dona* und *Torre de Sant Julia* aus dem 16. Jahrhundert. Oropesa del Mar hat 3.200 Einwohner. Es besitzt eine auf einem Hügel gelegene Altstadt, die von einer Burgruine überragt wird. Sie liegt etwa 2 Kilometer landeinwärts. Die Neustadt knüpft nahtlos an die Altstadt in Richtung Meer an. Sie liegt an einem sichelförmigen Sandstrand. Der große Jachthafen liegt im Süden und wird von einer steinigen Landzunge vom Ort getrennt. In der Nachsaison ist das Ambiente beschaulich. Die Hochhäuser entlang der Strände sind nicht gerade sehenswert.

b. Infrastruktur

An der Playa la Concha gibt das Touristenbüro Auskünfte über Sehenswürdigkeiten. Internetadresse: <u>www.comunidad-valencia.com</u>

<u>Unterkünfte</u>
Im Norden wurde eine große Hotel- und Apartmentzone direkt am Meer erbaut. Eines der größten Meereswasserheilzentren Europas entstand. Das Hotel Balenario hat 5 Sterne und das Hotel Marina d'Or 3 Sterne, beide gehören zum Komplex im Norden von Oropesa. Hotel Neptuno am Paseo Maritimo an der Playa Concha mit 88 Zimmern, 3 Sterne, Hotel El Cid in der Urbanizacion Las Playetas gelegen, 54 Zimmer, nette Atmosphäre, 3 Sterne und 8 km vom Stadtkern entfernt. Das Hostal Palmavera an der Playa la Concha liegt direkt in der Innenstadt. Insgesamt besitzt Oropesa del Mar 13 Campingplätze, davon liegen zehn im Norden der Stadt in der Nähe des Torre de la Sal. Zur Stadtmitte sind es 4 km, einige Stellplätze befinden sich direkt am Meer. Blavamar, Diota und Oasis (ganzjährig geöffnet) gehören zur 1 Kategorie und bieten für über 1.350 Personen Platz.

<u>Restaurants</u>
Das Restaurant Casa Jordi liegt in der Oviedo Straße/Ecke Paris, gute Fischgerichte.

<u>Einkaufen</u>
In der Innenstadt, Donnerstag Wochenmarkt, Samstag und Sonntag Flohmarkt.

<u>Sport</u>
Alle Arten von Wassersport gibt es an den Stränden und am Jachthafen. Er hat 668 Anlegeplätze und auch größere Boote können in dem modernen Hafen anlegen. Zu dem Komplex gehört ein Jachtclub, Restaurants, Kaffees und eine Segelschule. Reiten ist im Hipica El Centauro, Tennis im Campingplatz Didota möglich.

Strände
Die Strände Les Amlaries sind zusammen 1,7 Kilometer lang und durchschnittlich 30 Meter breit. Sie liegen am nördlichen Rand der Bebauungsgrenze. An der 1,4 Kilometer langen Playa Moro de Gos wird es im Sommer oftmals eng. Oberhalb des Strandes liegt eine Promenade ohne Autoverkehr, zum Nachbarstrand kann man am Torre del Rey vorbei an einer felsigen Küste entlang laufen. Weiter südlich die schön geformte, verbaute Bucht Sa Concha mit 850 Metern Sandstrand und Strandpromenade.
Feste
Am 25. Juni ist das Fest des San Jaime, und am ersten Sonntag im Oktober wird das Fest der Schutzpatronin Virgen de la Paciencia begangen. Am darauf folgenden Montag findet ein Paella-Kochwettbewerb regen Zulauf.

c. Sehenswürdigkeiten

Die Burgruine ist arabischen Ursprungs und bietet einen schönen Ausblick auf die Küste und Teile des Inlandes. Von hier aus sind Reste der Stadtmauer und die große Stierkampfarena zu sehen. Bei einem Besuch der engen Gassen unterhalb der Burg ist vor allem die Pfarrkirche *Mare de Deu de la Paciencia*, zwischen dem 14. und 18. Jahrhundert erbaut, sehenswert. Der Kachelschmuck im Inneren ist aus dem benachbarten Alcora. Eine Marienfigur aus dem 16. Jahrhundert ist die Schutzpatronin der Stadt. Die *Ciutat de los Anticuarios* (Stadt der Antiquitäten) ist es wert besucht zu werden. Sie besteht aus Galerien, die auf mittelalterliche Kunst und Kunst aus dem 19. Jahrhundert spezialisiert sind. Im Angebot sind: Eisenwaren, Volkskunst, Gemälde und Bücher, Sammlerstücke der Kinogeschichte und Fotografien. Der *Torre de Rey* wurde im 19. Jahrhundert zu einem Leuchtturm umgebaut und liegt auf einem Felskap. Vom Jachthafen aus sind Ausflüge zu den Columbretes-Inseln möglich. Das *Museo de Hierro* besitzt eine der bedeutendsten spanischen Sammlungen antiker eiserner Gitter und Tore, Eintritt 3 Euro, Öffnungszeiten: Di bis So 9-15 Uhr, im Sommer 10-14 Uhr und 19-22 Uhr. Das *Museo del Naipe* beherbergt die weltweit zweitwichtigste Kartensammlung mit über 5.000 Kartenspielen.

7. Benicàsim, das „Biarritz" des Mittelmeers*
a. Geschichte

Der Name Benicàsim geht auf den arabischen Ausdruck „Söhne von Qassem" zurück. Im Jahre 1094 erobert El Cid die Burg Montornes. Vor ihrer Rückeroberung war sie eines der wichtigsten arabischen Lehen. Im Jahre 1234 wurde sie den Arabern von König Jaume I. endgültig entrissen. Dieser schenkte die Burg und den Grundbesitz im Jahre 1242 seinem Schreiber für dessen treue Dienste während der Rückeroberung. Zwischen 1242 und 1603 wechselte der Grundbesitz häufig den Besitzer. Im Jahre 1603 gewährte Violant de Casaluch dem Volk von Benicàsim die Dorfrechte, um die Wiederbesiedlung zu fördern, doch die gewünschten Ergebnisse blieben aus. Ständige Piratenüberfälle hatten dazu geführt, dass die Bevölkerung abgenommen hatte. Es gab vier kleine

Bevölkerungsgruppen: Zwei hatten Schutz im Gebirge gesucht, eine besetzte den fruchtbaren Boden nahe dem heutigen Stadtzentrum. Der vierte Teil, eine Gruppe von Seeleuten, lebte in der Nähe des Turms Sant Vincent. Don Francisco Perez Bayer stiftete dem Ort die Kirche St. Thomas de Villanueva, die von 1769 bis 1776 erbaut werden konnte. Daraufhin erhöhte sich die Bevölkerungszahl stetig. Früh zog der Tourismus in Benicàsim ein. Die erste Sommervilla wurde 1887 erbaut und gehörte dem Eisenbahningenieur Don Joaquin Coloma. Die Villa Pilar existiert heute nicht mehr. Da er eine einflussreiche Persönlichkeit war, folgten reiche Familien aus Valencia seinem Beispiel. Infolge dieses großen Aufschwungs, Anfang des 20. Jahrhunderts, wurde Benicàsim auch das „Biarritz der Ostküste" genannt.

b. Lage
Benicàsim hat 14.000 Einwohner. 13 Kilometer südlich liegt Castellón. Im Norden bildet das Kap von Oropesa del Mar die natürliche Stadtgrenze. Im Landesinnern bilden die Berge des Naturparks Desertio de las Palmas, die 700 Höhenmeter erreichen, eine natürliche Barriere. Sie schützen den Ort gegen kalte Winde aus dem Inland. Richtung Meer begrenzen lange Sandstrände die Stadt. Im Gebiet Desertio de las Palmas halten einige Pinienbestände den Waldbränden stand. Der Gemeindebezirk ist einer der touristischsten der gesamten Provinz. 100.000 Gästebetten gibt es im Ort und in der Hauptsaison übersteigt die Zahl der Besucher bei weitem die Zahl der Einwohner. Die Stadt teilt sich in zwei Teile auf. Richtung Landesinnere liegt die Altstadt, *Casco Antiguo* genannt, mit einigen historischen Gebäuden. Entlang der Strände die Touristenstadt mit vielen Hotels und Apartmentanlagen. Neben 29 alten Villen entlang der Strandpromenade mit ihrem alten Palmenbestand, stehen Hochhäuser mit bis zu zwanzig Stockwerken. Eine Mischung, die nicht jedermanns Geschmack ist, trotzdem besitzt der Stadtteil einen gewissen Charme.

c. Infrastruktur
Das Touristenbüro im Casco Antiguo, Avd. Castello Sant Thomas, gibt gerne Auskünfte.
Internetadresse: www.benicassim.org
Unterkünfte
Das Hotel Voramar ist eines der ältesten Hotels der Stadt und wurde 1930 erbaut. Es liegt direkt an der Playa Voramar, ist das ganze Jahr geöffnet, hat 3 Sterne und 55 Doppelzimmer mit allem Komfort, die entweder zur Meerseite oder zur Landseite gelegen sind. Auf einem Hügel oberhalb des Hotels Voramar liegt das 4 Sterne Hotel Termes Marinas el Palasiet. Es bietet ganzjährig Kurmöglichkeiten an. Die Zimmer sind nicht gerade billig, der Komfort ist aber überdurchschnittlich. In der Nähe der Playa Heliopolis liegen drei Hotels die zur Intur Gruppe gehören. Das Intur Bonaire mit 84 Zimmern in der Avda. Gimeno Tomas mit 4 Sternen genügt den höchsten Ansprüchen an Ausstattung und Komfort. Das Intur Azor mit 3 Sternen und 88 Zimmern liegt in der gleichen Straße. Das Intur Orange mit 415 Zimmern hat 3 Sterne.

Restaurants
Im Casco Antiguo in der Avd. Castello Sant Tomas gibt es viele Restaurants, Bars und Eiscafes. Ein Sommerkino, Restaurants und Discotheken öffnen am Abend am Strand in Richtung Castellon ihre Türen. Das Restaurant Plaza in der Colonstraße bietet gute, nicht ganz billige baskische Küche. Das Le Petit in der Leopoldo Querol Straße bietet leckeren Fisch und gute Fleischgerichte.
Einkaufen
Viele Läden mit Kleidung, Souvenirs und Schmuck reihen sich in der Avd. Castelló Sant Tomas aneinander. Auf dieser Straße findet jeden Donnerstag ein Markt statt und die Straße bleibt für Autos gesperrt.
Sport (K)
Karting am Ortsausgang Richtung Castellón, ein Sportflughafen ist ebenfalls dort zu finden. Der Aquaramapark am Südausgang an der Nationalstraße N 340 ist 45.000 qm groß. Windsurfen ist an den Stränden Torre Sant Vincent, Els Terres und Heliopolis möglich. Reitausflüge werden ins Gebiet Desertio de las Palmas unternommen. Es gibt drei Golfclubs: Costa de Azahar, Campo Mediterraneo La Coma und Panoramica san Jorge. Acht Volleyballplätze verteilen sich an den Stränden. Im Sommer finden Meisterschaftskämpfe statt. Informationen im Touristenbüro. Die Segelschule liegt am Strand Els Terres. Verschiedene Vereine organisieren Wettangeltage. Hallenfußball, Basketball, Handball, Schwimmen und Tennis sind in der Straße Torre San Vincente, auf dem Sportplatz und in den Sporthallen möglich. An den Stränden Torre San Vincent und Heliopolis gibt es im Juli und August von Montag bis Freitag ein Gymnastikangebot.
Strände
Von Richtung Oropesa del Mar kommend wird der Voramar Strand als erster erreicht. Der Sandstrand ist 500 Meter lang und 30 Meter breit. Hier fängt die Promenade und die Straße der Villen an. Es folgt der Sandstrand Playa Almadrava, 600 Meter lang, mit allen notwendigen Einrichtungen, im Hintergrund einige alte Villen. An der 650 Meter langen Playa Torre de San Vincente endet die Straße der Villen. Hier finden die Johannes-Nacht, das Festival der Seemannslieder und andere Ereignisse statt. Am 600 Meter langen Sandstrand Playa Els Terrers gibt es eine Segelschule. Der Strand Heliopolis liegt noch 2.500 Meter auf dem Stadtgebiet von Benicàsim und setzt sich in Richtung Castellón fort. An seiner Promenade wird im Sommer eine Handwerkermesse abgehalten. Alle Strandeinrichtungen sind vorhanden.
Feste
In der Woche des 17. Januars werden die Feste von St. Antonio Abad, dem Schutzheiligen der Stadt, und der Heiligen Agueda gefeiert. Es findet eine Prozession statt, bei der Haustiere, Karren und geschmückte Karossen gesegnet werden. Außerdem werden gesegnete Plätzchen (coquetas) verteilt. Am Abend vor dem Tag des Schutzheiligen werden Freudenfeuer entzündet. Am 5. Februar pilgern die Bewohner zur Einsiedelei der Heiligen Agueda. An Fronleichnam findet eine Prozession statt, deren Weg mit Blütenteppichen gesäumt ist. Am 23. Juni wird die Johannes Nacht gefeiert. Dem Brauch nach sollte man in der Nacht die Füße ins Wasser stellen und um Mitternacht einen Wunsch äußern. Freudenfeuer, Kuchenkostproben und Folklore bestimmen das Bild. In der ersten Juliwoche findet das Festival der südländischen Welt statt. Lateinamerika steht im Mittelpunkt des Geschehens. Musik, Folklore, Gastronomie, Tanz und Kultur des Kontinents werden erfahrbar. Das Theaterfestival findet im Juli und August statt. Es ist ein Theater der guten Laune für die ganze Familie. Das Festival der See-

mannslieder findet Ende Juli am Torre Sant Vincente statt. Die besten lokalen Gruppen nehmen daran teil. Ein internationales Independent Musik Festival (FIB) findet Anfang August statt, das internationale Gitarrenfest Francisco Tarrega Ende August Anfang September. Das klassische Gitarrenfest gilt als eines der besten der Welt. Das internationale Harley Davidson Treffen findet Anfang September statt. Am 22. September wird das Fest zu Ehren von St. Tomas de Villanueva, des Schutzheiligen der Stadt, gefeiert. Stierkämpfe bei denen die Stiere in die Arena getrieben werden und die Feuerwerke sind sehr beliebt. Die Vorstellung der Jungen- und Kinderfestkönigin bilden den Höhepunkt der Feierlichkeiten. Im Palast Villa Elisa finden Sommerkurse, Konferenzen und andere kulturelle Aktivitäten statt.

d. Sehenswürdigkeiten
Stadtrundgang im Casco Antiguo
Bei einem Spaziergang durch die malerische Straße Castelló Sant Tomas wird die Pfarrkirche *St. Thomas de Villanueva* erreicht. Sie wurde im klassizistischen Stil erbaut. Der Innenraum ist mit Werken des Malers Camaron aus Segorbe dekoriert. Gegenüber der Kirche sprudelt die Quelle des Herrn, die *Font del Senyor*. Am südlichen Ende des Ortes lohnt sich ein Besuch der Kellerei des Karmeliterordens. Öffnungszeiten: im Sommer 9-13 Uhr und 15.30-20 Uhr, Winter 9-13 Uhr und 15-19 Uhr. Das Gebäude wurde 1912 errichtet. Liköre werden von den Mönchen nach alten Rezepten hergestellt. Die Keller können besichtigt werden und es gibt Kostproben der einzelnen Liköre. Angeboten werden: Muskatellerwein, Messwein, alter Wein, Brandy und Punsch.

Die Ruta de las Villas (Straße der Villen)
Ende des 19. Jahrhunderts und Anfang des 20. Jahrhunderts wurden diese Villen erbaut. Verschiedene Stile sind zu erkennen: modern, klassisch, rationalistisch, viktorianisch. Jede Villa strahlt ihren eigenen Zauber aus. Es können zwei Wege zurückgelegt werden: *Ruta del Infierno* (Weg der Hölle), er markiert den heutigen Verlauf des Paseo Maritima Pilar Colma beginnend am Hotel Voramar (einige wenige Parkmöglichkeiten) und *Ruta de la Corte Celestial* (Weg des himmlischen Hofes), der dem heutigen Verlauf des Paseo Bernat Artola entspricht. Beide Wege sind von Palmen gesäumt und bieten einen Blick auf den Sandstrand und das Meer. Von der Stadtverwaltung wurden 29 Villen in spanischer Sprache mit Schildern gekennzeichnet. Alle besitzen wunderschöne Gärten, die für Partys genutzt wurden.

Beginnend auf dem Weg der Hölle bildet das Hotel *Voramar* (2) den Anfang des Reigens. Es folgt die Villa *Con Torre* (3), mit ihrem auffälligen Turm. Die Villa *Elisa* (4) wird heute kulturell genutzt und hat einen besonders schönen Garten. Es folgen die Villen *Fabra* (5), *Paquita* (6) und *Capri* (7), erbaut zwischen 1880 und 1920. Die Villa *Victoria* (8) wurde 1911 erbaut und sieht wie ein Palast aus. Die ersten Besitzer der Villa gehörten zur Familie Albacar.

Sie feierten dort ausgelassene Feste mit viel Prominenz. Während des Krieges wurde die Villa zur Bibliothek. Es folgt die Villa *Amparo* mit der Nummer 9. Die Villa *Socorrito* (10) wurde mehrmals umgebaut und steht hinter der Villa *Rafaela* in zweiter Reihe. Die Villa *Rafaela* (11) wurde 1900 erbaut und hat einen schönen Garten. Die Villa *Pons* (12) wurde 1905 von den Architekten Luis und Amparo Oliag i Carra erbaut. Sie wurde während des Krieges als Militärhospital genutzt. Es folgt die Villa *del Mar* (13) und nach ihr eine Gruppe von vier Villen die ein bis zwei Stockwerke haben. Die Villa *Gens* (15) besitzt eine Fassade, die eher an nördliche Gegenden erinnert. Sie besteht zum Teil aus Holz. Die Villa *Vincentica* (16) hat auf der Meerseite ein Stockwerk und dahinter ist sie doppelstöckig. Die Villa *Rosita* (17) wurde 1931 erbaut und gehörte Ramon Boera. Die Villa *Maria* (18) ist eines der schönsten und größten Gebäude. Sie steht auf einem größeren Stück Land und separiert sich von den anderen Gebäuden. Ihr Turm ist dreistöckig. Der Baustil erinnert an maurische Architektur. Es folgt die Villa *Santa Ana* (19), sie wurde von Don Mauro Guillen gekauft und gehörte davor der Sanz Bremond Familie. Die Villa *Maria Julia* (20) bildet den Abschluss des Höllenwegs. Sie wurde 1922 erbaut und gehörte der Familie Garcla del Moral La Roda. Oft waren hier Schriftsteller und Künstler zu Gast.

Die Villa *Davalos* (22) steht am Anfang des Weges des himmlischen Hofes. Sie wurde 1930 von dem Architekten Francisco Maristany Casajuana erbaut. Nach ihr erreichen wir die Villa *Maria del Carmen* (23), ihr Garten war ein wichtiger Platz für Partys. Ihr folgt die Villa *Marina* (24), sie besitzt ihre ursprüngliche Außenfassade vom Anfang des 19. Jahrhunderts. Auch die Villa *Santa Cristina* (25) besitzt eine Fassade und einen einfachen Grundplan aus dem 19. Jahrhundert. Als nächstes kommt die Villa *Iluminada* mit der Nummer 26. Der Name der Villa ist gleichzeitig der Name der Hausherrin Frau Iluminada Vallet. Die Villa *El Barco* (27) mit schönem Garten folgt als nächste. Die Villa *Solimar* (28) fällt durch ihre Skulptur auf, die den Rücken zum Meer hin dreht. Ihr erster Besitzer, der Direktor einer Kunstschule aus Valencia, Herr Sanchis Yago, hätte sie gerne umgedreht, damit sie Richtung Meer schauen kann. Aber die damaligen moralischen Regeln gestatteten es ihm nicht. Die letzte Villa heißt Villa *Camilleri* und hat die Nummer 29. Nun folgt ein Parkplatz, an seinem Ende steht der *Torre Sant Vincente* aus dem 16. Jahrhundert. Er ist einer der 18 Wachtürme, die früher entlang der Küste der Provinz Castellón standen und sollte die Piraten von ihren Angriffen abhalten.

Modernistische Villen an der Promenade von Benicasim

8. Almazora an der Mündung des Mijaresflusses

a. Geschichte und Lage

In archäologischen Ausgrabungsfeldern wurden Spuren antiker Besiedelung gefunden. Das römische Landgut *Sebalaci* war nach schriftlichen Quellen der Ursprung des heutigen Almazora. In der arabischen Epoche siedelte die Bevölkerung in der Burg, die an einer Schlucht lag und schon zu römischen Zeiten als Schutz für die *Via Augusta* gebaut wurde. Römer und Araber bewässerten das Gebiet und bauten Obst und Gemüse an. Almazora hat 35.000 Einwohner, liegt 4 Kilometer südlich von Castellón auf einer Fläche von 32 km2 und besitzt einen eigenen Strandabschnitt. Zu den wichtigsten geographischen Gegebenheiten im Bezirk gehört die Mündung des Flusses Mijares der ein dreieckiges Delta bildet. Er bringt das Süßwasser mit, das die landwirtschaftliche Entwicklung beschleunigt. Die Industriezonen weiten sich aus, vor allem die Fliesenindustrie hat hier ihren Standort. Daneben gibt es alte Bauernhöfe und Orangenplantagen.

b. Infrastruktur

Im Rathaus von Almazora erhalten Touristen Informationen.
Strände
Die beiden Sandstrände El Gurugu, 1.000 Meter, und El Pinar, 1.750 Meter lang, bieten jeglichen Komfort. Einige schöne alte Villen sind an der Strandpromenade erhalten.
Feste
Im Januar beginnt der Festkalender mit den Feierlichkeiten zu Ehren San Antonios. Am 22. Mai das Patronatsfest Sta. Quiteria, bei dem man nach einer jahrhundertealten Tradition Reistöpfe verteilt. Am Sommeranfang zieht eine Fronleichnamsprozession durch den Ort und Ende Juni wird San Juan gefeiert. Im Oktober wird das Fest zu Ehren der Jungfrau vom Rosenkranz, Virgen del Roser, gefeiert.

c. Sehenswürdigkeiten

Teile der mittelalterlichen Stadtmauern in den Straßen Tremedal, Colon und Darremur, die Säulengänge am alten Rathausplatz und die *Casa de la Oficialitat* gehören zu einer Besichtigung. Eines der interessantesten Gebäude ist die Pfarrkirche *Natividad* aus dem 17. Jahrhundert. In der Kommunionskapelle beherbergt sie ein Gemälde des Erlösers von Joaquin Oliet. Eine Sammlung von Goldschmiedearbeiten ist ebenfalls in der Kirche zu sehen. Die Markthalle, das Haus der Kooperative und das Haus *Dr. Castell* in der Calle Trinidad gelten als sehenswerte Beispiele der Architektur des 20. Jahrhunderts. Das archäologische Stadtmuseum in der Calle San Vincente stellt Stücke aus der Ausgrabungsstätte Vilaseca aus. Öffnungszeiten: Sa 18-20 Uhr und So 12-14 Uhr, der Eintritt ist frei. Im Gemeindegebiet gibt es zahlreiche Wallfahrtskapellen, die zum Teil im Mittelalter erbaut worden sind. Besonders lohnenswert ist ein Besuch der Kapelle *Santa Quiteria* aus dem 17. Jahrhundert. Die Brücke *Santa Quitera,* neben der gleichnamigen Kapelle, stammt aus dem

Mittelalter. Durch das Assutwehr konnte das Wasser des Rio Mijares zur Bewässerung der Anbaugebiete von Almazora genutzt werden. Der Fluss, der mit einer Länge von 175 Kilometern durch das Landesinnere über Aragon nach Valencia fließt, ergießt sein Wasser zwischen den Gemeinden Almazora und Burriana in den Wasserbecken *Goles del Millars*, die eine Landschaft von großem ökologischem Wert formen und bis zu 207 verschiedene Vogelarten beherbergen.

9. Villareal de los Infantes, königliche Stadt der Thronfolger
a. Geschichte und Lage

König Jaume I. gründete die Stadt im 13. Jahrhundert, nachdem er sie von der Plana de Borriana, dazu gehören Nules und Burriana, abgetrennt hatte. Dank dieser königlichen Gründung war Villareal de los Infantes in den Königshöfen (Cortes) und in der Ratsversammlung des Reiches vertreten, und verfügte über das Privileg das königliche Banner mit vier Schrägbalken als lokales Wappen zu benutzen. Der König ließ für seine Kinder einen Palast bauen und man fügte dem Namen der Stadt Villareal (königliche Stadt) den Zusatz de los Infantes, (der Thronfolger), hinzu. Die Kultivierung von Zitrusfrüchten war seit dem 19. Jahrhundert der Hauptwirtschaftszweig. Seit der Mitte des 20. Jahrhunderts etablierte sich die Keramikindustrie, dadurch hat sich die wirtschaftliche Situation deutlich verbessert. Villareal de los Infantes hat 40.000 Einwohner und liegt im Landesinneren, 8 Kilometer vom Meer entfernt. Es besitzt keinen eigenen Strandabschnitt. Castellón ist nur 5 Kilometer entfernt.

b. Infrastruktur
Im Rathaus am Plaza Mayor und im Internet unter www.vila-real.com ist das Touristenbüro zu erreichen.
<u>Unterkünfte</u>
Das Hotel Vilareal Palace hat vier Sterne und liegt in der Nähe der N 340.
<u>Restaurants</u>
Das El Moli in der Ermitorio Virgen de Gracia ist ein schön gelegenes Restaurant in alten Gemäuern. Im Restaurant Yantar in der Padre Lluis Ma Llop wird eine gute Pasta serviert. Im Restaurant San Francisco in der C. Artana 68, steht Fleisch auf dem Speiseplan.
<u>Feste</u>
Im Januar sind die Feiern zu Ehren San Antonios. Im Februar feiert man das Gründungsfest mit zahllosen kulturellen Veranstaltungen. Im Mai finden die Feiern zu Ehren des Stadtpatrons San Pascual und im September zu Ehren der Patronin Mare de Deu de Gracia statt. Im Oktober zelebriert man das Fest Virgen del Rosario, im November die Kirmes Santa Catalina und im Dezember ehrt man La Purisma.

c. Sehenswürdigkeiten
Stadtrundgang und Museen
Villareal de los Infantes hat die Form eines Rechteckes. In seinem Zentrum ist der von Säulen umgebene *Plaza de la Vila* und das *Hostal del Rey* besonders zu erwähnen. Von der Stadtmauer sind Teile erhalten, zum Beispiel der *Motxa Turm* und der Rest der Fassade der *Casa de l'Oli*. Auf dem Plaza Mayor steht ein Denkmal zu Ehren des Stadtgründers König Jaume I. Das Gemeindeauditorium und die Monumente, die König Jaume I. den Arbeitern und dem Gitarristen Tarrega gewidmet hat, sind sehenswert. Die Bischofskirche *San Jaime*, eine der größten der gesamten Comunidad Valencia, hat ein interessantes Gemeindemuseum. Sie ist in der Nähe der Markthalle und des Plaza Colom zu finden. Lohnenswert ist ein Besuch der Basilika *San Pasqual Baylon*, in der die Reliquien des Stadtpatrons San Pasqual aufbewahrt werden. Ein kleiner Park, ein Kinderspielplatz und der Plaza Pasqual können in der unmittelbaren Umgebung der Kirche besucht werden. Die Fassade der Kirche *Sangre* ist ebenso interessant, wie die Kapelle *Cristo del Hospital* im Dominikanerkloster. Das Kloster *Carmen* kann teilweise besichtigt werden. Besondere Erwähnung verdient die Kapelle der Stadtpatronin *Mare de Deu de Garcia* im Park *Termet,* hinter der Basilika *San Pasqual Baylon*. Neben dem Hauptgebäude sind die königlichen Ställe und das ethnologische Museum der Gemeinde zu besichtigen. Im Museumstempel *San Pasqual* wird sakrale Kunst gezeigt. Öffnungszeiten: täglich 11-13 Uhr und 17-20 Uhr. Das Kirchenmuseum stellt liturgische Stücke aus. Das Städtisches Völkerkundemuseum *El Termet* zeigt Ausstellungen zu den Themen Fliesen, Keramiken und Völkerkunde. Öffnungszeiten: Di, Mi, Fr und So 10-14 Uhr, im Sommer auch 18-20 Uhr. In einem arabischen Landhaus mit dem Namen *Casa de Polo*, werden Gemälde ausgestellt. Öffnungszeiten: Di bis So 17-20 Uhr.

10. Burriana *, die Orange idealisiert als Kunstwerk
a. Geschichte und Lage
Obwohl Burriana von den Iberern gegründet wurde, erlebte die Stadt ihre Blütezeit im 9. Jahrhundert unter arabischer Herrschaft. Damals hatte sie eine wuchtige Stadtmauer mit einem Wassergraben und zwei Mauerringen. Die Stadtmauer hatte vierzig Türme und es gab drei Eingangstore. Im Norden das Tor Tortosa, das Tor Valencia im Süden und das Tor Onda im Westen. Trotzdem wurde sie am 16. Juli 1233 von König Jaume I. erobert. Burriana ist eines der ersten Gebiete, das Zitrusfrüchte angebaut hat. Die gesamte ökonomische Basis der Stadt basiert seither auf dem Anbau von Zitrusfrüchten und der weiterverarbeitenden Industrie. Burriana hat 27.000 Einwohner und ist die Verwaltungshauptstadt des Bezirks Plana Baixa. Sie liegt 2 Kilometer vom Meer entfernt und besitzt im Grao de Burriana einen eigenen Strand und einen Hafen. Villareal liegt 4 Kilometer im Norden und Nules 6 Kilometer im Süden. Die

Stadt besitzt den größten und ältesten Stadtkern des Gebietes La Plana, aus dem 9. Jahrhundert. Der Hafen wurde im 19. Jahrhundert erbaut und ist auf den Export von Orangen spezialisiert.

b. Infrastruktur
Das gut sortierte Touristenbüro in der Carrer Mayor 10, ist im gleichen Haus wie das Orangenmuseum untergebracht. Internet: www.gva.es/burriana
<u>Unterkünfte</u>
Das Hotel La Plana, 3 Sterne und das Hotel Aloha, 2 Sterne.
<u>Restaurants</u>
Am Fischerhafen von Burriana am Ende der Hafenmole, umspült vom Meer in einmaliger Lage, steht das Restaurant Moro. Der Ausblick durch die Panoramafenster beim Essen ist einmalig. Im Hotel La Plana befindet sich ein Restaurant mit gutem Essen zu angemessenen Preisen.
<u>Sport</u>
Der Club Nautico de Burriana hat 260 Anlegeplätze für Boote bis 20 Meter Länge und 3 Meter Tiefe, ein Kaffee, einen Gesellschaftsclub, Schwimmbad, Restaurant und Unterkunftsmöglichkeiten. Innerhalb des Hafenbereichs ist die Segelschule Escola Mar, mit einem Kursangebot das vor allem für Jugendliche interessant ist, angesiedelt. Am Strand von L'Arenal sind weitere Wassersportarten möglich. Bei den Einheimischen ist das Ballspiel „La pilota", das in eigens dafür angefertigten Sporthallen gespielt wird, sehr beliebt.
<u>Strände</u>
Der Stadtstrand Arenal mit 8 Kilometern Länge wird von vielen alten Villen entlang der Strandpromenade gesäumt. Ein weiterer Strand ist der 2 Kilometer lange Pla de la Torre. Beide bieten alle Strandeinrichtungen und viel Sand.
<u>Feste</u>
Vor allem das Fest der Fallas ist über Burriana hinaus bekannt. Am 3. Februar wird das San Blas Fest gefeiert und am 8. September das Fest Virgen de la Misercordia. Das Las Cruces de Mayo Fest mit Blumenteppichen wird während der ersten Maiwoche gefeiert.

c. Sehenswürdigkeiten
<u>Stadtrundgang</u>
Zu den wichtigsten Bauwerken gehört die Kirche *Iglesia Paroquial del Salvador* am Plaza Mayor. Im Jahre 1233 genehmigte König Jaume I. dem Orden San Juan de Hospital den Bau der großen Kirche. Ihre Apsis aus dem 13. Jahrhundert ist im frühgotischen Stil mit romanischen Elementen erbaut worden. Die Kommunionskapelle wurde im 18. Jahrhundert im neoklassizistischen Stil erbaut und ist 1969 zum nationalen Kunstwerk erklärt worden. Der Kirchturm *Torre Campanario El Templat* wurde 1363, nach einem Plan von König Pere IV., im gotischen Stil erbaut und ist 45 Meter hoch. Das Kloster *Merce*, 1594 vom Orden de la Merced gegründet, wurde 1991 renoviert und in ein Kulturhaus und Geschichtsmuseum umgewandelt. Der Eintritt ist frei. Öffnungszeiten: Di bis Fr 16-20 Uhr. Die *Igluesia de la Merce* wurde 1738 an das heutige Kulturzentrum und frühere Kloster angebaut. Es handelt sich um

eine Konstruktion des Mönches San Mateo im neoklassizistischem Stil, die 1808 vollendet wurde. Die modernistische Markthalle, von Enrique Pecourt 1930 errichtet, steht neben dem Kulturhaus. Dazwischen liegt der Placa del Mercat und vor dem Kulturhaus der Placa de la Merce. Die *Iglesia de San Blas* aus dem Jahre 1882 war die erste Kirche mit elektrischem Licht. Im Inneren ist ein Altaraufsatz aus dem 15. Jahrhundert sehenswert. Sie liegt außerhalb des Stadtkerns am Rio Ana in der Carrer de Sant Blai. Die *Casa Reig* in der Carrera Straße ist ein historisches Wohngebäude aus dem 19. Jahrhundert. Der Eintritt ist frei. Öffnungszeiten: Di und Mi 16-20 Uhr. Der *Templo de San Jose*, 1897 im neogotischen Stil gebaut, gehörte dem Orden der Karmeliter. Der wirtschaftliche Reichtum der Stadt, der durch den Anbau und Verkauf der Orangen Ende des 19. Jahrhunderts entstanden ist, fällt dem Besucher auf. So finden wir in den Straßen Sant Vincent Major, am Mercado Central und in der Barranquet einige Häuser im modernistischen Stil die sehenswert sind.

Museen **(K)**
Das städtische Archäologiemuseum ist Mo bis Fr 14-21 Uhr geöffnet. Der internationale Salon der Fotografie stellt Bilder aus, die mit Orangen zu tun haben. Das Orangenmuseum *Museo de la Taronja* hat seine Heimat in der Carrer Major 10. Das Haus selbst wurde 1910 erbaut. Es handelt sich um das einzige Orangenmuseum das es auf der Welt gibt. Eintrittspreis: 1,20 Euro für Erwachsene, der Eintritt lohnt sich! Öffnungszeiten: Mo bis Sa 10-13 Uhr und 16-20 Uhr. In seinen 6 Hallen erfährt der Besucher alles über Orangen und Mandarinen. In den Sälen 1 und 2 sind wichtige Daten über den Anbau der Früchte ausgestellt. Es geht um verschiedene Apfelsinensorten, um Schädlinge, um die Vernichtung von Schädlingen, um Pflanzmethoden und Pflanzabstände und um die Ernte der Früchte. In den Sälen 3 und 4 geht es um den Vertrieb der Früchte. Die Ernte betrug 3,7 Millionen Tonnen im Jahr 2000. Sie wurde nach Europa und nach Übersee verkauft. Im Saal 5 erfährt man einiges über den Transport der Früchte. Zuerst wurden die Früchte überwiegend mit Schiffen transportiert. Danach übernahm die Bahn und später der LKW den Transport. Im Saal 6 geht es um den Verkauf der Früchte. Sie werden auf den Orangenbörsen versteigert, bevor sie industriell gesäubert und nach ihrer Größe sortiert werden. Außerdem geht es um verschiedene Etiketten, die sich im Laufe der Zeit ständig änderten, um die Werbung, Konservierung, um die Saftherstellung, die Likörherstellung und die Marmeladenherstellung.

11. Nules *, Vergangenheit voller Geschichte
a. Geschichte und Lage
Die Ursprünge der Stadt gehen auf die Römer zurück. Im Pujol de Benicato wurden bei Ausgrabungen Reste einer römischen Siedlung mit dem Namen *Noulas* entdeckt. Im Jahre 1251 eroberte Jaume I. den Ort von den Arabern

zurück. Er übergab die Region dem Adligen Guillem de Montcada. Im Jahre 1381 geht sie an Gilabert de Centelles über, der die Stadt neu gründete. Im Jahre 1584 schließt König Felipe II. die Stadt in den königlichen Gerichtsbezirk mit ein. Im 15. und 16. Jahrhundert gewannen die Freiherrschaft Nules und die Familie Centelles erheblichen politischen und ökonomischen Einfluss. Im Erbfolgekrieg unterstützte die Stadt den französischen Anwärter. Deshalb wurde Nules der Titel einer sehr ergebenen und treuen Stadt verliehen. Dies kann man im Stadtwappen sehen. Nules hat 10.000 Einwohner und liegt in der Ebene von Castellón. Der Gemeindebezirk hat 53,8 Quadratmeter Fläche. Auf dieser Fläche wachsen vor allem Zitrusfrüchte. Meistens wird die Sorte Clemenules angebaut. In den letzten Jahren ist die Keramikindustrie auf dem Vormarsch. Nules liegt 5 Kilometer im Landesinneren und besitzt einen eigenen Strandabschnitt, die Playa de Nules. Im Inland sind die Berge der Sierra de Espadan zu sehen. 3 Kilometer entfernt, am Rande der Sierra de Espadan, liegt das Heilbad Villavieja. 8 Kilometer entfernt liegt Vall de Uxo. Bei einem Besuch von Nules sind die Altstadt und der Stadtteil Mascarell, der im Jahre 1995 zum nationalen Kunstwerk erklärt wurde, besonders hervorzuheben.

b. Infrastruktur
Touristische Auskünfte erhält man im Rathaus an der Plaza Mayor.
<u>Strände</u>
Der Strand ist 4.300 Meter lang und war früher eine Salzlagune (albufera), heute ist er unter dem Namen Estany bekannt und hat eine interessante einheimische Flora und Fauna. Diese zwei Hektar Land sind ein Ort für Zugvögel und angelegt als Freizeitzone für die Erholung ihrer Besucher. Der Strand selber wird von einem Leuchtturm dominiert. Daneben befinden sich viele villenartige Ferienhäuser.
<u>Feste</u>
Am Octava de Corpus Tag wird das Fest Les Barraquetes gefeiert. Kinder stellen an der Plaza Mayor die „barraques" oder Rohrkonstruktionen für die Prozession auf. Bei den Fadins ziehen die Junggesellen der Stadt zu Pferde oder auf einem geschmückten Wagen durch die Straßen und drehen die traditionelle Runde um das Feuer zu Ehren von San Vincente. Am 23. Juni füllt sich das Viertel San Juan mit dem Licht und der Wärme der Johannisfeuer. In der Altstadt feiert man im August das Patronatsfest zu Ehren San Bartolomes. Im Oktober das Patronatsfest zu Ehren der Virgen de la Soledad. Alle zwei Jahre werden Kongresse über die Geschichte und den Anbau von Zitrusfrüchten abgehalten.

c. Sehenswürdigkeiten
<u>Museen</u>
In der restaurierten Kapelle *San Miquel* fand das Medaillenmuseum *Enrique Giner* seinen Platz. Es handelt sich um das einzige Medaillenmuseum Spaniens und es beherbergt, neben anderen Ausstellungen, Medaillen aus der Werkstatt des Meisters Giner. Öffnungszeiten: Mo bis Mi 10-14 Uhr, Mo 17-20.30 Uhr. Im Garten des Museums sind Figuren aus Eisen und Bronze zu sehen. Das

Geschichtsmuseum hat seinen Sitz in der Kirche *Sangre*. Hier sind historische Gegenstände ausgestellt. Zum Beispiel der römische Altar *Santa Barbara*, die Statue *San Jaime*, eine wertvolle Sammlung von Werkzeugen, die bis in die 60er Jahre benutzt wurden, und ein interessantes Fliesenwerk aus der Glanzepoche der Königlichen Fabrik von Valencia. Öffnungszeiten: Di und Mi 17-20.30 Uhr. Fr 10-14 Uhr und 17-20.30 Uhr. Das historische Archiv von Nules beherbergt eine bedeutende Sammlung von Dokumenten aus dem 16. bis 20. Jahrhundert.

Garten und Münzenmuseum in der Kapelle San Miquel

Altstadt
Der mittelalterliche Stadtkern von Nules war früher von einer Stadtmauer umgeben. Am nördlichen Eingang der Stadt steht der Steinbogen *Arc del Carnisser* aus dem 15. Jahrhundert. Im Stadtzentrum sind sehenswerte Bürgerhäuser, die Markthalle mit einer modernistischen Architektur, das Rathaus und ein schöner Brunnen auf der Plaza Mayor zu besichtigen. Die Kirche *Sant Bartolome* beherbergt einen wertvollen Kommunionskelch aus der Renaissance, eine Monstranz aus dem 17. Jahrhundert und einen Reliquienschrein aus dem 18. Jahrhundert. Interessant ist ein Besuch im alten Karmeliterkloster, in dem die Kirche gut erhalten ist. Der Sockel besteht aus valencianischen Fliesen, die im 18. Jahrhundert hergestellt wurden. Besuchenswert ist die Kapelle *Sant Josep* aus dem 18. Jahrhundert mit einer interessanten Fassade und die elegant gebaute Kapelle *Soledad* im typischen Rokokostil der Gegend. Eine Figur der Jungfrau Maria aus dem 17. Jahrhundert wird in ihrem Inneren aufbewahrt. Die neogotische Wallfahrtskapelle *Sant Joaquim* mit ihrem Kreuzgang ist sehenswert. Die Kirche *Sangre,* eines der wenigen Gotteshäuser aus der Zeit nach der Wiedereroberung das erhalten geblieben ist, beherbergt das Geschichtsmuseum. Weitere interessante Gebäude sind: die Kreuzwegkapelle, die bedeutende Graffiti enthält, die Wallfahrtskapelle *Sant Blai*, die frühere Hospizkirche und die Kirche *Immaculada* aus dem 18. Jahrhundert. Besonders sehenswert sind die archäologischen Funde der römischen Siedlung *Pujol de Benicatom*, wenige Kilometer vom Stadtkern entfernt. Es handelt sich dabei um eine große Landvilla, die als Wohn-, und als Bauernhaus vom 2. Jahrhundert v. Chr. bis zum 4. Jahrhundert n. Chr. genutzt wurde.

Stadtteil Mascarell
Der Stadtteil Mascarell liegt 2 Kilometer von Nules entfernt in Richtung Burriana. Der Ort ist an seinen gewaltigen Stadtmauern, die ihn vollständig umgeben, leicht zu erkennen. Mascarell wurde von den Mauren, die aus Burriana vertrieben wurden, gegründet. Sie siedelten sich nach ihrer Vertreibung in der Nähe der alten Burg von Nules an. Nur durch die Stadttore *Torre d'Horta* und *Nules* kann Mascarell betreten werden. Der Ort wurde 1995 zum nationalen Kunstwerk ernannt. Auf einem angelegten Weg ist es möglich, die Stadtmauer von außen zu umrunden.

12. Moncofar, das Tor zum Mittelmeer
a. Geschichte und Lage
Der Ursprung des Ortes geht auf ein altes arabisches Landgut zurück. Aus dieser Zeit sind Reste der alten Stadtmauern und die Ruine des Wachturms *Torre Caiguda* erhalten geblieben. Nach der Rückeroberung von den Arabern im Jahre 1253 verleiht der Adlige Aragoneser Guillem de Montcada der Stadt die Stadtrechte und gibt sie Bernat Mestres und 37 weiteren Siedlern zur Be-

siedlung frei. Im Jahre 1609 erlebten die Bewohner des Viertels El Grau, wie die arabische Bevölkerung vertrieben wurde. Moncofar hat 3.900 Einwohner und liegt in der Region Plana Baija. Durch den Tourismus ist das kleine Fischerdorf im Laufe der Jahre gewachsen. Massenansammlungen mit vielen Hotels sind bisher ausgeblieben. Der Ort besteht aus zwei Teilen: das alte Moncofar liegt 1 Kilometer vom Meer entfernt, der Stadtteil El Grau liegt am Meer und besitzt einen großen Sandstrand, der im Norden nahtlos an die Playa de Nules Anschluss findet und im Süden in die Playa de Chilches übergeht. Übersetzt heißt der Ort „Schlammloch". Einige Zeit hat man dem Sand eine Heilwirkung zugesprochen. Das saubere Wasser zeichnet sich durch einen hohen Jodgehalt aus, besonders empfehlenswert bei Hautkrankheiten und für die Durchblutung, außerdem liegt Moncofar direkt an der Flussmündung des Belcair. Samstags findet ein Flohmarkt an der Strandpromenade statt.

Strand von Moncofar

b. Infrastruktur
In der Avda. Mare Nostrum 143, wurde eine Touristeninformation eingerichtet. Internetadresse: www.moncofa.com
<u>Unterkünfte</u>
Das Hostal Comedor Pinche, 1 Stern, liegt direkt am Strand. Gasthaus Chavarro, 1 Stern, Gasthaus Roseta, 1 Stern. Campingplätze: Monamar und Los Naranjos mit 2 Sternen.

Sport (K)
Segeln, Surfen, Tauchen, Angeln an der Flussmündung des Belcaire. In der Sommerzeit: Strandvolleyballmeisterschaften, Basketball, ökologisch-touristische Wanderungen, Tag des Fahrrads, Tanz- und Aerobickurse. Wasserpark mit Unterhaltung für die ganze Familie.
Strände
Der Strand Grau mit 2 Kilometern Länge und der Strand Masbe mit 1 Kilometer Länge sind besonders hervorzuheben. Beide haben die blaue Flagge für saubere Strände und sauberes Wasser. Die Seeluft lädt zu einem Spaziergang auf der Promenade ein, in deren Nähe Bars, Restaurants, Geschäfte und Diskotheken zu finden sind.
Feste
Am 17. Januar Fest zu Ehren des heiligen San Antonio mit Tiersegnungen und Feuerstellen in den Straßen. Am Ostersonntag findet die Aufführung, das Treffen Jesus im Garten, statt. Die Bewohner des Ortes spielen diese kuriose Darstellung selbst. Im Juni wird San Juan als Begrüßung des Sommers geehrt. Im Juli wird das Patronatsfest zu Ehren der Santa Maria Magdalena mit Stiertreiben in den Straßen gefeiert. Der Höhepunkt der Festwoche ist das Ankommen der Heiligenfigur. Jugendliche der Stadt holen die Figur aus einem Boot und weihen sie mit Wasser. Im Anschluss wird sie in einer Prozession zur Kapelle gebracht. Das Fest wird seit 500 Jahren gefeiert. Im August ist das Fest zu Ehren San Roques. Im Oktober das Fest zu Ehren San Antonios und der Jugendgruppen, wobei im Mittelpunkt die Stiere stehen.

d. Sehenswürdigkeiten

Die Plaza Mayor bildet das Zentrum. Das Rathaus, das Kulturzentrum und die Kirche *Santa Maria Magdalena* aus dem 17. und 18. Jahrhundert stehen auf diesem Platz. Die im Basilikenstil errichtete Kirche beherbergt mehrere Heiligenfiguren. Auf dem Kirchplatz steht ein Brunnen aus dem Jahre 1925 im modernistischem Stil. Überreste der alten Stadtmauer sind an der Calle Trinitat und zwischen der Calle Mayor und Sant Roc zu sehen.

<u>13. Chilches und vier Kilometer Strandpromenade</u>
a. Geschichte und Lage
Einige Münzen aus dem 3. Jahrhundert v. Chr., eine Merkurskulptur aus Bronze und ein Meilenstein der Zeuge dafür ist, dass die *Via Augusta* durch diesen Ort führte, wurden in El Alter, Sanda Farca und El Castellas gefunden und deuten auf eine römische Vergangenheit hin. Mit dem Fall des Römischen Reiches und den arabischen Invasionen verwandelte sich Chilches in eine Stadt die aus vier arabischen Landgütern bestand. Der Gemeindebezirk Chilches liegt in der Plana Baixa und breitet sich über eine Fläche von 13 Quadratkilometer aus. Er befindet sich 27 Kilometer südlich von Castellón und 38 Kilometer nördlich von Valencia und ist über die N 340 gut zu erreichen. Der Stadtkern liegt zwischen dem Meer und den Bergen und hat in 2 Kilometer Entfernung eine eigene Küstenzone. Der Tourismus ist bisher auf die Hochsaison und die Wochenenden beschränkt.

b. Infrastruktur
Im Rathaus an der Plaza Mayor 5, ist im Internet unter achilches@colex-data.es zu erreichen.
<u>Unterkünfte</u>
Das Hotel Simba hat vier Sterne. Camping Mediterraneo, 1 Kategorie.
<u>Einkaufen</u>
Markttag ist in der Wintersaison jeden Dienstag in der Innenstadt, in der Sommersaison jeden Dienstag am Hafen.
<u>Sport</u>
Wandern und Radfahren. Es gibt Wanderwege über die Berge von Poliola, Pena Negra, Cantera und Castellas. Mit ihrer großartigen Vegetation sind sie ideal für Naturliebhaber. Eine Pause beim l´Aljub dels Cacdors, der früher zu Jagdzeiten als Wasserreservoir benutzt wurde, ist lohnenswert. Angrenzend an die Küstenregion kann der Besucher la Marjaleria erkunden, ein Feuchtgebiet von großem ökologischen Wert. Der Weg Serradal bietet sich hier als Radweg an, um Ausflüge zu machen und dabei die Flora und Fauna des Feuchtgebietes zu beobachten. Angeln, Surfen, Fußball, und Volleyballspielen ist am Strand von Chilches möglich.
<u>Strände</u>
Der Strand Cerezo zwischen der Plaza de la Armada Espanola und dem Campingplatz Mediterraneo besticht durch seinen feinen Sand. Der Strand Cases zwischen der Plaza de la Armada Espanola und dem Strand Moncofar verfügt über eine Baumzone, in deren Schatten Schach- und Malwettbewerbe stattfinden. Ein den Fischern gewidmetes Denkmal in Form einer Skulptur und eines Ankers grüßen die Besucher. Das Hauptelement des Küstenstreifens ist die 4 km lange Strandpromenade. Sie ist modern angelegt mit Grünzonen, Laufstegen die ins Meer hinaus führen, Kinderspielplätzen, Bänken, Gärten und kleinen Statuen, die ein harmonisches Zusammenspiel ergeben. Zwischen der Promenade und der Badezone wurde ein breiter Streifen für Fußballspieler und Volleyballer angelegt.
<u>Feste</u>
Das Fest zu Ehren San Vincente Ferrers, das nach Ostern beginnt wird von Ordensbrüdern und Dorfbewohnern organisiert. Das Fest zu Ehren San Roques beginnt am Samstag vor dem 15. August. Der Festausschuss organisiert die Wallfahrt von der Stadtkirche zur Kapelle am Strand. Das Patronatsfest zur Ehren des Heiligen Santisimo Cristo de la Junquera findet Ende September statt. In dieser Woche gibt es Veranstaltungen: Stiertreiben in den Straßen, Theaterdarbietungen und Musikkonzerte.

c. Sehenswürdigkeiten
Auf der Plaza Espana befindet sich die Pfarrkirche *Asuncion de Maria*. Steinteile der Kirche stammen aus der römischen Epoche, obwohl der Hauptteil der Kirche im neo-klassizistischen Stil gebaut wurde. Eine schlichte Fassade ziert die Kirche. Der Stadtpatron *Santisimo Cristo de la Junquera* besitzt im Inneren der Kirche einen eigenen Altar. Der Brunnen *Union*, das Rathaus und die *Casa Abadia* aus dem Jahr 1916, stehen in der Nähe der Kirche und des Plaza Espana. Der Kinderspielplatz auf der Plaza Jardin ist für Kinder ein Erlebnis und der Park neben dem Bahnhof ist einen Besuch wert. Zwischen dem Stadt-

kern und der Küstenzone liegt die Kapelle *Santissim Crist de la Jungquera*, die am Fundort einer Christusfigur erbaut wurde.

14. Almenara, eine Reise in die Vergangenheit
a. Geschichte und Lage
Nach der christlichen Rückeroberung gehörte Almenara zum königlichen Besitz. Im Jahr 1238 wurde der Ort von König Jaume I. zu einem strategisch wichtigen Standpunkt für die Eroberung Valencias erklärt. Im Jahre 1292 war Almenara eine Freiherrschaft, die sich später zum Fürstentum entwickelte. Im Jahre 1500 gehörten Quart, Quartell, Benavites, Chilches, la llosa, Conde, Luchente, Palma de Gandia und Benissano zum Fürstentum Almenara. Nach der Schlacht Batalla d´Almenara (1521) gab es die erste Niederlage der Brüdergemeinden. Die Kontrolle über die Region Castellón ging durch die Niederlage verloren. Almenara liegt 5 Kilometer entfernt vom Meer und 40 Kilometer südlich von Castellón. Im Inland erheben sich die Ausläufer der Sierra de Espadan und über dem Ort erheben sich die Gipfel Rodano, Puig del Castell und Puig de Sit, die zur Sierra de Almenara gehören. Valencia liegt 35 Kilometer weiter im Süden. Im östlichen Teil der Gemeinde breitet sich eine sumpfige Ebene bis zum Meer aus. Das Feuchtgebiet *Marjal de´Almenara* besteht aus drei Lagunen die reich an Pflanzen und Tierarten sind.

b. Infrastruktur
Angestellte im Rathaus in der Calle Esglesia 1, geben touristische Auskünfte
<u>Unterkünfte</u>
Hotel Europa, 2 Sterne, Hotel Residenz Jendri, 2 Sterne. Camping Vitosal am Strand.
<u>Strände</u>
Vier Kilometer vom Stadtzentrum entfernt befindet sich der 3 Kilometer lange Strand Casablanca der allen Komfort bietet.
<u>Feste</u>
Im Januar gibt es die Feuer zu San Antonio. Im März werden die Fallas zelebriert. Im Sommer findet eine Kultur- und Jugendwoche statt. Im Juni und August findet ein Fest am Strand Casablanca statt. Ende September begeht man im Stadtzentrum das Patronatsfest zu Ehren der Virgen del Buen Suceso.

c. Sehenswürdigkeiten
Im 16. Jahrhundert war die Stadt von einer Stadtmauer umgeben, von der ein kleiner Teil erhalten ist. Die Stadtmauer hatte die Form zweier konzentrischer Rechtecke. Von den sechs ursprünglichen Türmen sind heute zwei zu sehen. Ein Rundgang durch die engen, mit Kopfsteinpflaster ausgestatteten Gassen führt zum Zentrum, wo sich die Gemeindekirche *Santos Juanes* aus dem 18. Jahrhundert erhebt. Das große Gebäude wurde auf einer älteren Kirche erbaut. Das Museum *Beata Genoveva Torres* in der C/Mayor 9, stellt die *Creuta* aus. Es handelt sich dabei um ein wertvolles, gotisches Prozessionskreuz. Außer-

dem sind die Kirche, der Flur, das Wohnzimmer, das Schlafzimmer, der Innenhof und die Kapelle zu besichtigen. Über der Stadt erhebt sich die Burg, die früher den Durchgang von der Plana Baixa zum Camp de Movedre bewachte. Sie wurde im arabischen Stil erbaut und erlebte den Eroberer El Cid, die Carlistenkriege und die Unabhängigkeitskriege. Danach wurde sie dem Verfall preisgegeben. Es handelt sich um eine Gebirgsfestung mit einer unregelmäßigen Grundform, drei Höfen und zwei Türmen auf dem Gipfel des Hügels, der unter dem Namen *l'Agüelet* bekannt ist. Von besonderer Bedeutung ist die archäologische Ausgrabungsstätte *Muntanyeta dels Estanys*. Es handelt sich um eine kleine Erhebung, auf der verschiedene Strukturen zu sehen sind. Ein Venustempel und Mausoleen konnten bereits identifiziert werden. Sie bilden den Mittelpunkt der Ausgrabungsstätte.

15. Sagunt**, Stadt der Römer und Araber
a. Geschichte
Die Stadt kann auf 3.500 Jahre Geschichte zurück blicken. Es gibt Fundorte am Pic dels Corbs aus der Bronzezeit, die bis 1.500 v. Chr. zurück reichen. Die Siedlungen blieben bis zum 5. Jahrhundert v. Chr., als die Blütezeit der iberischen Kultur beginnt, bestehen. Daraufhin kommt es zu einer Assimilation der Volksstämme, die in der Umgebung verstreut lebten. Bei der Geldprägung und der Anfertigung von Schriften mit iberischen Buchstaben wird der Fortschritt der Bewohner sichtbar. Sie unterhielten Handelsbeziehungen zu den Griechen und Phöniziern. Im 3. Jahrhundert v. Chr. kam es zu einem Patt der Großmächte Rom und Karthago. Im Jahre 226 v. Chr. wurde das Ebro-Abkommen geschlossen, durch welches besagter Fluss als Grenze zwischen den eroberten Gebieten der Großmächte dienen sollte. Obwohl sich Sagunt auf punischem Gebiet befand, konnte das Abkommen der Stadt nicht ihre Unabhängigkeit gewährleisten. Als Verbündete Roms wurde sie im Jahre 219 v. Chr. von dem Heerführer Hannibal nach einer acht Monate andauernden Belagerung zerstört. Durch ihren heldenhaften Widerstand ging sie in die spanische Geschichte ein. Die Eroberung Sagunts gilt als Auslöser des Zweiten Punischen Krieges zwischen Rom und Karthago. Im Jahre 214 v. Chr. wird Sagunt von den Römern Cneus und Publius Scipius erobert. Die Romanisierung bringt eine kulturelle und wirtschaftliche Blüte mit sich. Die Einwohner erhalten das römische Bürgerrecht. Die Errichtung des römischen Theaters, des Zirkus und weiterer Denkmäler vermitteln einen Eindruck vom kulturellen Aufschwung. Während des 5. bis 7. Jahrhunderts fielen die barbarischen Völker der Alanen, Vandalen und Goten sowie die Byzantiner in Sagunt ein. Während der westgotischen Epoche und unter byzantinischer Besatzung, die sich über die gesamte valencianische Küste erstreckte, behielt die Stadt ihre Münzprägung bei. Die arabische Herrschaft begann im 8. Jahrhundert. Nun gelangen die Landwirtschaft, die Töpferei und die Handelsbeziehungen zu neuer Blüte. Bäder,

Paläste, eine Moschee und Schulen vergrößerten den Ort. Jakob I. eroberte im ersten Drittel des 13. Jahrhunderts die Stadt für die Christen zurück. Die Kirchen El Salvador und später Santa Maria wurden an der gleichen Stelle errichtet, an der zuvor eine Moschee stand. Die Stadt wird von Siedlern aus dem Gefolge des Königs besiedelt.

Während der Epoche der Sonderrechte lebten Christen, Juden und Moslems friedlich nebeneinander. Im Jahre 1348, während des Unionskrieges zwischen Aragon und Valencia, rebellierten die Einwohner von Sagunt und nahmen Pedro IV., König von Aragon gefangen, um Privilegien für die Unionisten zu erzwingen. Die Rechte wurden schriftlich vom König beglaubigt. Als dieser sich aber wieder in Zaragoza befand, zerschnitt er die Papiere mit einem Dolch. Dies brachte ihm den Namen: „Peter mit dem kleinen Dolch ein". Aus Rache erklärte der König Sagunt zur Straße von Valencia, womit er sich Konflikte mit der Hauptstadt Valencia einhandelte. Im Verlauf der valencianischen Bürgerkriege, Bauernaufstände und später im Erbfolge- und Unabhängigkeitskrieg spielt Sagunt eine Hauptrolle. Im Unabhängigkeitskrieg wurde die durch den französischen Marschall Suchet belagerte Stadt heldenhaft vom Brigadier Andriani verteidigt und Ende des Jahres 1811 wurde sie nach mehreren fehlgeschlagenen Versuchen eingenommen. Der Freiheitskämpfer Jose Romeu y Parras, der 1812 hingerichtet wurde, hatte die Begnadigung, die ihm Joseph Bonaparte anbot, wenn er ihn als König anerkannte, abgelehnt und ging so in die Geschichte als Held ein. 1868 gab die Interimsregierung der Stadt ihren Namen Sagunt zurück. Sie wurde vorher einige Jahrhunderte Murviedero genannt. Nach der ersten spanischen Republik wurde die bourbonische Monarchie 1874 in der Person von Alfonsos XII. wiederhergestellt. Ein Jahr später verlieh der König der Stadt die Stadtrechte, da sie ihn als erstes anerkannt hatte. Das 20. Jahrhundert bringt für Sagunt einen wirtschaftlichen Aufschwung. Der Trockenfeldanbau weicht zugunsten von bewässerten Zitrusfruchtplantagen, die rentabler sind. Die Compania Minera und später die Hochöfen, die im Hafen von Sagunt Stahl produzieren, entstehen. In den achtziger Jahren mussten die Öfen aufgrund von Umstrukturierungen geschlossen werden. Da die Grundlage der industriellen Produktion nun fehlt, wurde Sagunt zum Industriestandort mit Vorrangstellung erklärt. Davon profitieren der Bau-, Chemie-, Metall, der Glas- und der Nahrungsmittelsektor.

b. Lage

Sagunt hat 60.000 Einwohner, liegt 30 km nördlich von Valencia am rechten Ufer des Rio Palanica und ist von ausgedehnten Orangenplantagen umgeben. Die Stadt wird von einem nach allen Seiten steil abfallenden Bergrücken dominiert. Auf ihm befinden sich die schon von weitem sichtbaren mächtigen Ruinen der iberischen Festung Saguntum. Die Altstadt zieht sich den Berg hinauf, während sich die Neustadt unterhalb des Berges erstreckt. Zum Stadtgebiet gehört der Hafen, der 6 Kilometer von der Innenstadt entfernt ist und die 13 km lange Küste mit ihren Sandstränden.

c. Infrastruktur
Das Touristenbüro am Plaza Chronista Chabert liegt im nordwestlichen Teil der Stadt. Internetadresse: www.sagunt.com
<u>Unterkünfte</u>
Im Puerto de Sagunt: Hotel Teide, 23 Zimmer, 2 Sterne. In Sagunt: Das Hotel La Pinada mit 46 Zimmern und 2 Sternen, das Hotel Azahar mit 25 Zimmern in der Avda. Pais de Valencia 8, mit 2 Sternen und Zimmern, von denen man das Castilló sehen kann. Das Hotel Trovador mit 9 Zimmern hat 2 Sterne. Der Campingplatz Malvarrosa, 2. Kategorie, liegt an der Playa Almarda.
<u>Restaurants</u>
Das Restaurant l'Armeler, Subida del Castillo 44, und das Restaurant Violeta, 9 de Octubre 44, bieten eine gute Küche an. Restaurant Casa Felipe in der Calle Castillo 22, gelegen, mit zünftigen Gerichten.
<u>Einkaufen</u>
In der Cami Real gibt es viele Geschäfte. Mittwochs ist Markttag, Donnerstag und Samstag am Hafen von Sagunt.
<u>Sport</u>
Im Hafengebiet und an den Stränden sind alle Wassersportarten im Angebot. Tennis im Club de Tenis Morvedre, an der Crta. Sagunt-Los Valles.
<u>Hafen und Strände</u>
Puerto de Sagunt, ein moderner Ort und Industriehafen, verdankt sein Wachstum der Metallverhüttungsindustrie. Die Strände mit ihrem umfangreichen Freizeitangebot sind gut besucht. 13 Kilometer Sandstrand, zum Teil mit Dünen, liegen im Gemeindegebiet. Der Corinto- und Malvarrosa-Strand ist 2,2 Kilometer lang und zum Teil bebaut, die gesamte Infrastruktur ist vorhanden. Der Almarda Strand ist 2.000 Meter lang. Es folgt der Strand von Puerto de Sagunt mit 1.300 Metern. Dieser ist sehr städtisch geprägt und im Süden geht er nahtlos in den Plan Barri de Pescadors- und Santa Elvira Strand über. Im Norden sind die Strände von Canet d'En Berenquer empfehlenswert.
<u>Feste</u>
Die Fallas werden vom 15. bis 19. März ausgestellt und danach verbrannt. Die Blumengabe an die Muttergottes der Schutzlosen, die Verleihung von Preisen, die Blasmusik und der Lärm von Feuerwerkskörpern gehören zum Fest. Die Karwoche wird von einer Laienbrüderschaft, deren Ursprung auf das 15. Jahrhundert zurückgeht, organisiert. Am Karfreitag spielt der Leidensweg Jesu Christi die Hauptrolle. Er reicht von der Ermita de la Sangre bis zum Kalvarienberg. Nachmittags findet die Prozession des heiligen Begräbnisses statt, an dem eine große Menschenmenge teilnimmt. Auf dem Weg, den die Prozession nimmt, wird die Vera Creu von den Laienbrüdern getragen und darf den Boden nicht berühren. Mit dem Schrei Purissma Sang de Jesucrist (heiligstes Blut Christi) bitten die Laienbrüder um eine Spende. Krummhörner und Trommeln werden gespielt, während die Kinder um Bonbons bei den Laienbrüdern betteln. Sakralmusikkonzerte, das öffentliche zur Schau stellen von Figuren und Szenen aus dem Leben Christi, die Schweigeprozession, die Predigt von der Kreuzabnahme und der Aufer-

stehungsgottesdienst sind wichtige Ereignisse während des Festes. Die Altstadt feiert ihr Stadtfest in der zweiten Junihälfte zu Ehren ihrer Schutzpatronin, der Virgen del Bueno Suceso und der Märtyrer Abdon und Senen. Am Hafen von Sagunt finden die Festakte in der ersten Augusthälfte, anlässlich der Feier zur Virgen de Begona, statt. Sportwettkämpfe, Musikkonzerte, Stiertreiben, Feuerstiere, Feuerwerke und Kunstausstellungen stehen auf dem Programm. Am 15. August beschließen das beliebte Mastklettern und das Entenfangen im Hafenbecken die Feierlichkeiten. Das Festival „Sagunt A Escena" findet während der Sommermonate im römischen Theater seinen Platz. Es ist ein Theater, Musik und Tanzfestspiel. Gespielt werden klassische und moderne Werke. Im Oktober findet das Fest der Mauren und Christen (Moros Y Christianos) statt. Unter Anrufung der Virgen del Remedio stellen Komparsen die Kämpfe nach, die sich Mauren und Christen um die Stadt lieferten. Allen voran schreiten die Hauptmänner in ihren Festkleidern. Eindrucksvoll ist das erste Parlament, gefolgt von der Schlacht und später, auf der Burg, das zweite Parlament. Als Abschluss des Festes werden acht Geschützsalven abgefeuert.

<u>Kunsthandwerk</u>
Mit dem Botjo de Corcho kann das Kunsthandwerk einen einzigartigen Gegenstand aufbieten. Es handelt sich um ein zylinderförmiges Gefäß aus Kork mit Metallhenkeln und Ornamenten. Landwirte verwenden es um Wasser kühl zu halten. Je nach vertikaler und horizontaler Ausrichtung heißen die Gefäße Colcho oder Colcha. Seine Bekanntheit und Verbreitung verdankt es seinem besonderen Aussehen und seiner Schönheit. Das Centro Ocupacional San Cristobal in der Avda. Sants de Petra 20, stellt das Gefäß her.

d. Sehenswürdigkeiten
<u>Die Burg und das Archäologische Museum</u> **(K)**
Dieses Bauwerk fällt wegen seiner Monumentalität auf. Eine bescheidene Anzahl von Parkplätzen ist vor dem römischen Theater vorhanden. Von hier aus führt der Weg zu Fuß auf einer aussichtsreichen Straße bis zur Burg auf der Spitze des Hügels. Öffnungszeiten der Burg: im Sommer, außer Feiertags und Montags, 10-20 Uhr, der Eintritt ist frei. Auf einer Länge von mehr als einem Kilometer ziehen sich die Mauern auf dem 170 Meter hohen Hügel, ein Ausläufer der Sierra Calderona, hin. Der Umkreis der heute sichtbaren maurischen Festung stimmt nicht genau mit den Grenzen der iberischen und römischen Ansiedlung überein. Spuren römischer Bebauung finden sich auf der südlichen und östlichen Seite, Ruinen der iberischen Bebauung auf der westlichen Seite. Heute ist die Burg von Mauern unterschiedlicher Epochen und Stile umgeben. Iberische, römische, mittelalterliche und moderne Überreste, sind Zeugnisse der Kulturen, die in den letzten zweitausend Jahren ihre Spuren hinterlassen haben. 1931 wurde das Kastell unter Denkmalschutz gestellt. Es wird heute in sieben unabhängige Plätze unterteilt. Aus römischer Zeit stammen die Pflasterung an der Plaza de Almenara, Reste einiger Säulen und eine Zisterne an der Plaza de Armas. Auf die Maurenzeit geht ein alter Wasserspeicher im Nordteil der Plaza de la Conejera zurück. Den höchsten Punkt der Festung markiert die Plaza de la Ciudadela, wo einst ein Turm stand, der 1811 von den franz-

ösischen Truppen entfernt wurde. Die nach Westen gerichtete Plaza del dos de Mayo war Schauplatz heftiger Verteidigungskämpfe gegen die Franzosen im Unabhängigkeitskrieg. Die Plaza de San Fernando und die Plaza de Estudiantes bilden ungefähr die Mitte des Kastells. Auf dem Exerzierplatz, der in der Nähe der jetzigen Eingangstüre zum Gelände gelegen ist, sind die Ruinen alter Gebäude erhalten, sowie das Forum und eine unterirdische Zisterne. Die Grundmauern einer Basilika im Westen und die Spuren von Markständen im Osten wurden rekonstruiert. Im Norden und Süden des Exerzierplatzes sind die Ruinen religiöser Gebäude sichtbar. Beim Rundgang über die Festungsanlage bieten sich herrliche Blicke über die Orangenplantagen hinweg hinaus zum Meer und auf die Berge.

Das Museum öffnet seine Türen an der höchsten Stelle des Katells. Es beherbergt Fundstücke der Ausgrabungen, die im Kastell und rund um Sagunt stattfanden. Mosaike und Inschriften auf Steinen mit iberischen und hebräischen Buchstaben zählen zu den bedeutendsten Funden ihrer Art in Spanien. Sie ergänzen die bisherige Sammlung lateinischer Inschriften. Eine große Bedeutung wird dem iberischen Stier, einer Kalksteinskulptur aus dem 4. Jahrhundert v. Chr., beigemessen. Iberische Gefäße, Keramikstücke der valencianischen Bronzezeit, der Bacchische Hermes, und der Kopf der Göttin Diana werden ausgestellt. Öffnungszeiten des seit 1962 unter Denkmalschutz stehenden Archäologischen Museums: Di bis Sa 10-14 Uhr und 16-19 Uhr, So 10-14 Uhr, Mo geschlossen.

Das römische Theater
Es wurde am Abhang des Berges, auf dem das Kastell steht, im 1. Jahrhundert v. Chr. erbaut. Heute stellt es eines der wichtigsten Schätze römischer Kultur in Spanien dar. Die Zuschauerränge blicken direkt aufs Meer und bieten 6.000 Menschen Platz. Den Stufenreihen, die in drei Ränge aufgeteilt und im Halbkreis angeordnet sind, steht die Bühne gegenüber, die sich bis zur Höhe des oberen Flurs der Sitzreihen erstreckt. Verwitterung, Kriege und die Verwendung der Quadersteine für die Errichtung von Gebäuden der Stadt, zerstörten das Theater. Im Jahre 1896 wurden die Reste unter Denkmalschutz gestellt. Mitte des letzten Jahrhunderts begann die Restaurierung des Theaters. Die Architekten Giorgio Grassi und Manuel Portaceli setzten unter der Leitung der Generaldirektion für Kulturverwaltung innerhalb eines Instandhaltungsprojektes die Arbeiten bis zu ihrer Beendigung fort. Das Ergebnis ist allerdings heftig umstritten. Es wurde versucht, ein Bild der Einheit zwischen den Rängen und der Bühne herzustellen und das Theater sollte wieder benutzbar gemacht werden. Der Eintritt ist, wenn nicht gerade eine Vorstellung stattfindet, frei. Das Theater besitzt dank seiner Lage eine ausgezeichnete Akustik.

Ränge des römischen Theaters von Sagunt

Das ehemalige Judenviertel, Plaza Mayor und Calle Mayor
Die Calle Castilló beginnt am Kastell, führt am römischen Theater und am Rande des Judenviertels vorbei, bis zum Plaza Mayor. Durch ein Tor gelangt man von der Calle Castilló ins Judenviertel. Seit dem 15. Jahrhundert ist dieses Tor unter dem Namen *Portalet de la Juderia* oder *Portalet de la Sang* (Tür des Blutes) bekannt. Es erhielt seinen Namen wegen den im 15. Jahrhundert stattfindenden blutigen Verfolgungen der Juden. Nach der Judenvertreibung wurde die Synagoge von der Laienbrüderschaft *Purisma Sangre de Nuestro Senor Jesucristo* genutzt. Es ist eines der wenigen in Spanien erhaltenen Judenviertel, welches in seiner Gestaltung die Eigentümlichkeiten beibehalten hat, die die früheren Bewohner dem Stadtviertel verliehen haben. Bis zu ihrer Vertreibung durch Ferdinand V. von Aragon und Isabella I. von Kastilien im Jahre 1492 lebten hier viele Juden. Das Viertel umfasst die Straßen Antigos, Ramos, Segovia, Sangre Vieja, Teatro Romano und Pedro Cartagena. Die Plaza Mayor war im Mittelalter das wirtschaftliche und kulturelle Zentrum, auf dem der Wochenmarkt stattfand. Der Platz ist rechteckig, die Häuser haben einen Säulenvorbau, der einige Säulenschäfte des römischen Platzes in sich birgt. Am Rande des Platzes im Südwesten befindet sich die *Iglesia Santa Maria*. Im Nordwesten steht der *Puerta del Almudin*, ein Kornspeicher. Er trägt das Wappen der Krone von Aragon, da das Gebäude wie die Mühlen, Bäckereien

und Fleischereien, seit dem 13. Jahrhundert zum Krongut von Aragon gehörte. In der Nähe der Kirche befinden sich die Reste des Dianatempels. Am anderen Ende finden wir das Rathaus. Entlang der Calle Mayor und der Calle Caballeros, bis zum 19. Jahrhundert die Hauptstraßen, sieht man einige Stammhäuser der alten Adelsfamilien mit ihren Wappen. Auch die Calle de Castilló bewahrt ihre sehr traditionelle Atmosphäre. In diese Straße münden viele der engen, steilen und krummen Gassen des mittelalterlichen Stadtkerns.

Iglesia Santa Maria und Ruinen des Tempels der Diana
Mit dem Bau der Kirche wurde 1334 im gotischen Stil begonnen. Anfang des 18. Jahrhunderts wurde sie fertiggestellt. Während des 14. Jahrhunderts wurden das Chorhaupt und das Seitenschiff erbaut. Das Südportal entstand im 15. Jahrhundert und das barocke Hauptportal im 18. Jahrhundert. Der Innenraum der Kirche besteht aus drei über 20 m hohen Schiffen mit Bogenpfeilern, die die Seitenkapellen bilden. Der Hochaltar aus dem 18. Jahrhundert ist vergoldet und ein Teil der Fenster besteht aus Alabaster. Die Quadersteine zum Bau der Kirche wurden in den nahen Bergen gebrochen. Der Zugang zum nördlichen Teil der Kirche, beherbergt zwei lateinische Inschriften. 1982 wurde die Kirche unter Denkmalschutz gestellt. Neben der Apsis der *Iglesia Santa Maria* befinden sich die Mauern des Dianatempels aus dem 5. und 4. Jahrhundert v. Chr. Er besteht aus großen Quadersteinen und ist 4 Meter hoch und 15 Meter lang. Der Tempel war das einzige Gebäude, das die Belagerung durch Hannibal 219-218 v. Chr. überstand. In Tempelnähe fand man Inschriften, die auf den Dianakult hinweisen. Seit 1963 stehen die Ruinen unter Denkmalschutz.

Der Kalvarienberg und die Ermita de la Sangre
Der Kalvarienberg wurde Mitte des 19. Jahrhunderts auf dem nördlichen Berghang, auf dem das Kastell steht, erbaut und ersetzt den alten Kalvarienberg in der Calle de Calvario Viejo. In der Morgendämmerung des Karfreitags spielen die Laienbrüder den Leidensweg und den Tod von Jesus nach. Die Ursprünge des Laienspiels gehen bis ins Mittelalter zurück. An der Spitze des Kalvarienberges steht die *Ermita de La Soledad*. Eine schöne Aussicht auf die Landschaft und auf die Orangenplantagen eröffnet sich dem Besucher. Die *Ermita de la Sangre* steht in der Nähe des Kastells, auf einem kleinen Platz, der die Straße Nueva Sangre formt. Sie ist die größte Wallfahrtskapelle der Stadt und wurde im 17. Jahrhundert im Barockstil erbaut, ihr Grundriss hat die Form eines lateinischen Kreuzes. Sie besteht aus einem Schiff, dessen Gewölbe Freskenmalereien mit Szenen aus dem Leidensweg Christi enthält. Die bereits erwähnte Laienbruderschaft hat hier ihren Sitz. Ihr Ursprung geht auf den Anfang des 16. Jahrhunderts zurück. Sie beherbergt zahlreiche Heiligenbilder und Statuen der Bruderschaft, die bei den Prozessionen verwendet werden.

Burg und Kalvarienberg

Kalvarienberg und Kirche Santa Maria

Das Tor des römischen Zirkus und die Überreste der römischen Brücke
Das Tor des römischen Zirkus wurde im 2. Jahrhundert zwischen der Straße de los Huertos und der Av. dels Sants de la Pedra erbaut. Der größte Teil ist vergraben, nur eines der Eingangstore ist sichtbar. Der Zirkus war 350 Meter lang und 73 Meter breit. Das Eingangstor hatte die Form eines rechtwinkligen Prismas von vier Metern Höhe und die Frontseite war 6,20 Meter breit. Die Mauern bestehen aus großen Quadersteinen und sind ohne Mörtel zusammengefügt. Auf der höher gelegenen Seite des Zirkus sind ein großer Sockel und Anzeichen einer weiteren Säule erhalten. Im Palanicafluss stehen zwei Pfeiler der römischen Brücke und der Rest eines weiteren Pfeilers. Die Pfeiler trugen die Brücke auf der die *Via Augusta* den Fluss überquerte.

Iglesia del Salvador und die Fassade des Palacio del Delme
Die Kirche steht in der Vorstadt gleichen Namens, in der Calle Valencia in der Nähe des Bahnhofes. Erbaut wurde sie im 13. Jahrhundert im frühgotischen Stil. Sie besteht aus einem breiten Kirchenschiff mit mehreren Seitenkapellen und einem rechteckigen Glockenturm. Die Kirche hat ein prächtiges romanisches Portal mit Rundbogen. Das Licht dringt durch ein spitzes Kirchenfenster hinein. In der Mitte des Portals befindet sich ein Medaillon. Oberhalb der Wölbsteine und an den Seiten stützen zwei Trägerbalken das Vordach. Die Apsis ist vieleckig und besitzt ein Gewölbe aus Kreuzverzierungen. Die Fassade des Palastes *Palacio del Delme* aus dem 13. Jahrhundert ragt im Original an der Calle Mayor empor. Es ist das einzige Gebäude an der mittelalterlichen Stadtmauer, weil es verboten war, weniger als 20 Ellen von der Stadtmauer entfernt zu bauen. Früher gab es im Inneren einen Saal im Mudjerastil mit einer Täfelung aus mehrfarbigem Holz. Hier verwaltete der Gemeinderat das Einkommen aus dem Zehnten. Hier wurde Pedro IV während der Unionskriege gefangen gehalten, bis die Bewohner seine Anerkennung von Privilegien für die Stadt erzwangen, die er jedoch später wieder aberkannte.

V. Orte an der südlichen Costa Daurada und im Hinterland

Die südliche Costa Daurada beginnt bei Tarragona und endet an der Provinzgrenze zwischen Vinaros und Les Cases de Álcanar. Alle Ausflüge beginnen in Peñiscóla und deshalb werden zuerst die Orte, die Peniscola am nächsten liegen beschrieben. Diese Zone ist weniger dicht besiedelt als die nördliche Costa Daurada. Viele der Orte haben sich in reine Ferienzentren verwandelt. Salou, Miami Platja oder L´Hospitalet gehören zu diesen Orten. In erster Linie locken die schönen Strände, die in der Abendsonne in rotgoldenes Licht getaucht scheinen. So kam diese Küste zu ihrem Namen, denn *daurada* bedeutet vergoldet. Port Aventura, Europas zweitgrößter Freizeitpark, der vor allem Kinder und Jugendliche anlockt, liegt an dieser Küste. Gebirgszüge halten den kalten Wind aus dem Landesinneren ab. So herrscht das ganze Jahr über ein mildes

Klima mit wenigen Regentagen. Allerdings bildet das Ebrodelta eine Klimagrenze. Nördlich davon ist es für die großen Plantagen der Südfrüchte im Winter zu kalt. Hier sieht man überwiegend Oliven- und Obstbäume. Der touristische Ausbau der Küste begann in den 60er Jahren. Neue Badeorte entstanden und alte Siedlungen wurden erweitert. Trotzdem gibt es einige gemütliche, kleine Urlaubsorte die in erster Linie Fischerdörfer geblieben sind. Hierzu zählen Les Cases de Álcanar und mit Abstrichen Sant Carles de la Ràpita, L´Ampola und L´Ametlla de Mar. Ganz im Süden gibt es eine äußerst attraktive Zone, die vor einigen Jahren ein Geheimtipp war, das Ebrodelta mit seinen unverbauten und oft menschenleeren Stränden. Teile davon stehen unter Naturschutz, deshalb konnte sich die Tourismusindustrie nie richtig breit machen. Im Hinterland trifft man auf einige historische Sehenswürdigkeiten. Die mächtigen Klöster Poblet und Santa Creus und die Stadt Montblanc gehören dazu. Die Natur zeigt sich von ihrer schönsten Seite und lädt zu einem Besuch ein. Die Ports de Beseit, zum größten Teil auf der katalonischen Seite gelegen, und das Ebrotal mit der Stadt Tortosa, die Sierra del Boix und die Sierra de Pandols sollten unbedingt besucht werden. Tarragona, die Hauptstadt der gleichnamigen Provinz, ist wegen ihrer römischen Vergangenheit, von der noch einiges zu sehen ist, immer einen Besuch wert.

1. Álcanar und Les Cases de Álcanar **, ein malerisches Fischerdorf
a. Lage
Der Ort liegt 11 Kilometer nördlich von Vinarós und 3 Kilometer nördlich der Grenze zwischen der Costa Azahar und der Costa Daurada. Er gehört zu Katalonien und zur Provinz Tarragona und besitzt einen Hafen für Fischer- und Sportboote. Les Cases de Álcanar liegt am Meer und der Hauptort Alcanar 3 Kilometer entfernt im Inland. Zum Gemeindebezirk gehören 12 Kilometer Küstenlinie und 8.000 Einwohner. Die meisten davon wohnen in Álcanar. Im Norden beginnt das Ebrodelta mit der Landzunge Banya auf der eine Saline Salz verarbeitet, und der Landenge Trabucador mit einem Sandstrand. Die Vororte von Sant Carles de la Ràpita sind nicht weit entfernt. Les Cases de Alcanar ist vom Massentourismus verschont geblieben, seine Häuser verteilen sich malerisch am Hafen. Die Atmosphäre erinnert an ein altes Fischerdorf mit weißen, kleinen Häusern und einer schönen Promenade. Álcanar ist schon viele Jahrhunderte alt, die Ursprünge liegen in der iberischen Epoche. Der Grundriss der Stadt geht auf einer arabischen Planung zurück, verwinkelte Gassen und kleine Plätze, sind die Zeugen dieser Planung.

b. Infrastruktur
Das Touristeninformationsbüro liegt an der Promenade in der Nähe der Kirche St. Pere und dem Hafen. Internetadresse: www.alcanar.altanet.org

Kapelle Nuestra Senora del Remei, oberhalb von Alcanar

Les Cases de Alcanar

Unterkünfte
Die Pension *Les Barques* in der Calle Lepanto 20, direkt an der Strandpromenade hat zwei Sterne. Campingplätze: *Alfacs*, 2 Kategorie, nördlich des Ortes gelegen, Platz für 600 Personen, Olivenbäume als Schattenspender. *Estany*, ganzjährig geöffnet, Platz für 300 Gäste.
Restaurants
Die Auswahl ist riesig, viele Restaurants liegen an der schönen Strandpromenade. Im Angebot sind leckere Meerestiere zu erschwinglichen Preisen. Im Hafen wird der Fisch ausgeladen und draußen auf dem Meer werden Muscheln in Reusen gezüchtet. Die Jornades Gastromiques d' Álcanar wird jedes Jahr gefeiert. Das Raco del Port liegt direkt an der Strandpromenade in einem Fischerhäuschen. Das Menü mit 4 Gängen, alles Meerestiere, gibt es ab 12 Euro aufwärts pro Person. Das Restaurant Pa Torrent am Hauptplatz von Les Cases de Álcanar bezeichnet sich als König der Langusten.
Sport
Rad fahren ist auf dem Naturkundeweg am Meer möglich. Alle Arten von Wassersport sind im Angebot. In den Montsia Bergen, nicht weit von Alcanar entfernt, kann geklettert werden.
Feste
Am 17. Januar wird das St. Antoni Fest mit seinen charakteristischen Tänzen begangen. Am 15. Mai wird das St. Isidre Fest, mit Stierkämpfen gefeiert. Am 29. Juni wird das St. Pere Fest, am 16. Juli Mare de Deu del Carme und am 15. August das Mare de Deu d'Agost Fest mit Stieren, die zum Hafen getrieben werden, gefeiert. Am 29. September wird das Fest San Miguel mit einem iberischen Markt gefeiert. Am zweiten Sonntag im Oktober findet das Fest Nuestra Senora del Remei mit einer Wallfahrt zur Kapelle statt.

c. Sehenswürdigkeiten

Les Cases de Alcanar besticht in erster Linie durch sein Gesamtbild. Der Hafen mit seinen bunten Fischerbooten und Jachten ist äußerst malerisch, ein Spaziergang am Hafen und auf der Promenade ist zu empfehlen. Die Kirche *St. Pere* wurde in der zweiten Hälfte des 19. Jahrhunderts erbaut und ist sehenswert. Der Strand Marjal besitzt seit 1994 die blaue Flagge, ist 1.500 Meter lang, 23 Meter breit und bietet die gesamte Palette der Infrastruktur. Durch die engen Gassen des kleinen Ortes zu schlendern und dabei die Ruhe und die besondere Atmosphäre in sich aufzunehmen, bleibt als schöne Urlaubserinnerung erhalten. In Alcanar schlendert man durch die Straße St. Miquel und entdeckt die gleichnamige Kirche am St. Miguel Platz aus dem 16. Jahrhundert. Besuchenswert ist der *Mirador* mit seinem Park, der Wachturm *Carrer Nou* aus dem 16. Jahrhundert und das *O'Conner* Haus. Empfehlenswert ist ein Besuch der archäologischen Ausgrabungsstätte *Moleta del Remei*. 2 Kilometer von Alcanar entfernt war die Siedlung vom 7. bis 2. Jahrhundert v. Chr. von den Iberern bewohnt. Als die Römer kamen, wurde die Siedlung aufgegeben. Die Grundmauern von Wohnräumen und religiösen Gebäuden sind zu sehen. Im Zentrum der Anlage steht das Informationszentrum. Öffnungszeiten: September bis Juni Sa und So 10-13 Uhr und 15.30-18.30 Uhr. Juli bis August Mi bis Fr 17-20

Uhr, Sa und So 10-13 Uhr und 17-20 Uhr. Der Eintritt beträgt 2 Euro. Die barocke Kapelle *Nuestra Senora del Remei* mit einem Restaurant, das an den Wochenenden geöffnet hat, steht unterhalb der Kirche in einer idyllischen Umgebung.

2. Ulldecona und die Felsenzeichnungen aus der Jungsteinzeit
a. Lage
Ulldecona ist eine iberische Stadt, sie liegt 6 Kilometer von Álcanar entfernt in strategisch wichtiger Lage am Eingang eines Tales im Landesinneren. Später bauten die Araber eine Burg neben dem ehemaligen Stadtzentrum. Nach der Rückeroberung durch die Christen bewohnten die Templer die Burg. Der Ort hat 5.200 Einwohner und liegt zwischen den Godall- und Montsia Bergen, die durch das Foia Tal getrennt werden.

b. Infrastruktur
In der Calle Mayor 49, und im Internet unter mcfernandez@ulldecona.altanet.org ist das Touristenbüro zu erreichen.

c. Sehenswürdigkeiten
Die Pfarrkirche *Sant Luc,* erbaut in den Jahren 1373 bis 1421, steht in der Ortsmitte und beherbergt die Akte *Davallament de la Creu*. Es handelt sich um ein einaktiges Mysterienspiel auf Katalanisch aus der zweiten Hälfte des 14. Jahrhunderts. Das gotische Rathaus und das barocke Kulturhaus liegen am sehenswerten Plaza Mayor. Der *Roser Convent*, im Renaissancestil erbaut, und der Konvent der *Augustinianes,* sind zum Teil der Öffentlichkeit zugänglich. In verschiedenen Straßen sind alte Herrenhäuser im gotischem Stil erhalten. Das Haus des Kommandanten ist im gotischen Stil erbaut worden und steht innerhalb des Krankenhausareals. Außerhalb der Stadt, auf einem Hügel mit toller Aussicht, liegt die Burgruine. Sie wurde von den Arabern auf einer iberischen Siedlung errichtet und durch die Templer und Hospitalliter im Mittelalter erweitert. Aus der arabischen Zeit stammt der quadratische Turm. Die romanische Kirche und der zylindrische Turm stammen aus der Zeit der Rückeroberung durch die Christen im Jahre 1148 durch Ramon Berenguer. Der weiße Gebäudekomplex der Einsiedelei *Pietat,* mit einer Bar die an den Wochenenden bewirtschaftet wird, liegt 5 Kilometer von Ulldecona entfernt in den Godallbergen. Die Aussicht von hier oben ist wunderschön. Ganz in ihrer Nähe wurden die berühmten Wandmalereien von Ulldecona entdeckt. Ein Spaziergang der an der Einsiedelei beginnt, führt zu 11 Überhängen, in denen sich Hunderte von erstaunlich naturgetreuen Felsmalereien aus der Jungsteinzeit erhalten haben. Der Themenbereich erstreckt sich größtenteils auf die Darstellung von Menschen und Tieren. Jagdszenen, Bogenschützen und Wild sind in lebhafter Bewegung wiedergegeben. Die Gestalten sind klein und direkt auf

den Fels gezeichnet. Im Jahre 1998 wurden diese prähistorischen Zeugnisse von der UNESCO zum Weltkulturerbe der Menschheit erklärt.

3. Sant Carles de la Ràpita und die Pläne von Carlos III.

a. **Geschichte und Lage**

Eine systematische Erschließung des Ebrodeltas begann mit der Anlage der Planstadt St. Carles de la Ràpita im Jahre 1780, die auf Befehl von König Carlos III. im Süden des Ebrodeltas entstand. Er war einer der reformfreudigsten Herrscher, der Spanien jemals regierte. Ein Ausbau von Alfacs, des größten Naturhafens Europas, der durch das Delta des Ebro gebildet wurde, war für den Handel mit Amerika vorgesehen. Gleichzeitig wurde ein 10 Kilometer langer Verbindungskanal nach Amposta gebaut. Seine Trasse wird heute zum Teil als Radweg genutzt. Bereits Jahrhunderte zuvor gab es an dieser Stelle ein Kloster, das im Jahre 1579 wegen der häufigen Piratenüberfälle aufgegeben wurde. Der neoklassizistischen Gründung von St. Carles de la Rapita war mehr Erfolg beschieden. Die Wünsche von König Carlos III. gingen zwar nicht ganz in Erfüllung, der Hafen wurde nicht zu einem der wichtigsten Mittelmeerhäfen ausgebaut, aber die Stadt besteht bis heute. Der König ging durch seine Siedlungs- und Kolonisationsprojekte in die Geschichte ein. In der Gemarkung Comarca Montsia liegend, und zur Provinz Tarragona gehörend, ist der Ort mit 11.000 Einwohnern ein bedeutendes Landwirtschafts- und Industriezentrum. Der zweite Teil des Ortsnamens, wird vom arabischen *rapita,* welches übersetzt der Wehrturm bedeutet, hergeleitet. Der Ort liegt 8 Kilometer nördlich von Les Cases de Álcanar und hinter ihm erhebt sich die 700 Meter hohe Sierra de Montsia. Die Gemeinde verfügt über die drittwichtigste Fischfangflotte Kataloniens. Vor allem Garnelen werden hier gefangen. Wegen ihrer hervorragenden Langusten hat sich die Stadt eine große gastronomische Bedeutung erkämpft. Die touristische Entwicklung kann als gemäßigt angesehen werden. Der Ort verfügt über ein kleines, modernes Hotelgewerbe und Handels- sowie Sporteinrichtungen. Samstags ist in der Avgda. Constitucio Markttag.

b. **Infrastruktur**

Am Plaza Carles II. hat das Touristenbüro die Hausnummer 13. Internetadresse: www.larapita.com

<u>Unterkünfte</u>

Hotel Juanito Playa, Passeig Maritim, drei Sterne und 35 Zimmer mit Meerblick, direkt vor dem Hotel eine schöne Terrasse. Hotel La Rapita an der Plaza Luis Companys, 232 Zimmer auf 5 Etagen, drei Sterne, mit ausgedehntem Animationsprogramm.

<u>Restaurants</u>

Im August und September finden gastronomische Wochen statt. Man findet das Casa Ramon Marines in der C. Arenal 16, in Hafennähe mit großcm Speiseraum und reich-

haltigem Angebot an Fischgerichten. Das Restaurant Varadero in der Avinguda Constitution, gegenüber vom Hafen gelegen, dominiert mit Fischgerichten.
Sport (K)
Segeln, Windsurfen, Wasserski, Angeln und Wandern in der Sierra de Montsia. Bootsausflüge mit Creuers Delta de l'Ebre an der Mole Vaixell Turistic. Ein Touristenzug fährt im Sommer durch die Stadt und unternimmt auch Excursionen ins Ebrodelta zur Casa Fusta bei Poblenou. Abfahrt am Parc Garbi, Infos in der C. Sant Isidre. Fahrradverleih bei Cicles Mora in der Avgda. Catalunya 14.
Strände
Es gibt viele kleine Strandbuchten, die im Sommer sehr gut besucht sind. Die Platja del Garbi mit 400 m Länge und 15 m Breite ist die längste Bucht. Der Strand liegt mitten im Ort vor einem Park und dem Hafen. Es folgt der Plataja Juanito mit 165 m Länge und die Plataja Capri mit 65 m Länge.
Feste
Am 16. Juli wird das Virgin del Carme Fest gefeiert, am 25. Juli das Stadtfest und am 8. September das Fest Virgin de la Rapita. Im April und Mai findet ein staatlicher Angelwettbewerb am Hafen statt.

c. Sehenswürdigkeiten

Ein Gang durch die Stadt lässt die regelmäßigen, schachbrettartigen Strukturen erkennen. Um die ovale Placa de Charles III. organisiert sich der alte Teil des Ortes. Die Hauptachse verläuft – das Rückrat des Schachbrettsystems bildend – von den Bergen der Sierra de Montsia bis zum Mittelmeer. Nicht alle Bauten, die König Carlos III. in Auftrag gab, konnten vollendet werden, weil der König zwischenzeitlich gestorben war. So ist der Zentralbau der *Iglesia Nova* nicht über das Erdgeschoss hinaus gekommen. Heute wirkt der Barockbau wie eine romantische Ruine. An der Placa Carles III. stehen einige alte Häuser, in denen Kaffees und Geschäfte untergebracht sind. Eine Querstraße weiter verläuft die Hauptstraße Carrer Sant Isidre mit vielen Bars. Reste vom Konvent des *San Juanista Ordens* und vom Palast *Els Proxes* mit einem Säulenvorbau sind zu besichtigen. Am Hafen ist die alte Schiffswerft, die noch in Betrieb ist, sehenswert. Wenn am Abend die Fischerboote zurück in den Hafen kommen, ist es interessant, die Fischversteigerung in der Fischversteigerungshalle, zu besuchen. Im Stadtzentrum ist die renovierte, neoklassizistische Kirche zu erwähnen. Ihr Bau begann schon unter König Carles II. Weiterhin sind einige Gebäude aus dem 18. Jahrhundert erhalten. Das private meereskundliche Museum in der C/ Arsenal Straße ist eine Besichtigung wert. Öffnungszeiten: im Sommer täglich 11-13 Uhr und 18-20 Uhr. Ein Spaziergang auf der angelegten Promenade gehört zum Pflichtprogramm. Bei Radtouren ins Ebro Delta sollte man das Ausstellungszentrum und Vogelbeobachtungstürme besuchen. Wandertouren können in die Sierra de Montsia zum *Foradada,* einem Felsfenster an einem der höchsten Punkte in dem Bergmassiv, von dem man einen tollen Blick über das Ebro Delta und den Ort hat, unternommen werden. Bootstouren in der Alfacs Bucht, um die Muschelbänke zu besuchen sind ebenso empfehlenswert wie Bootstouren zu den Salinen von Trinitat auf der Halbinsel Banya. Hier sind, je nach Jahreszeit, Flamingos zu beobachten.

4. L'Ampolla das Tor zum Ebrodelta und El Perello, Honig und Öl
a. Lage
L'Ampolla liegt im Norden des Ebrodeltas, 26 Kilometer sind es bis Sant Carles de Ràpita, am südlichen Ende des Deltas. Der Name bedeutet übersetzt Flasche und kommt vom Ebro Fluss und dessen altem Verlauf. Der Ort wird das Tor zum Ebro Delta genannt und von einer großen Marina dominiert. Die meisten Bauten sind modern, Historisches ist hier nicht zu entdecken. Die griechische Ausgrabungsstadt Lebedontia liegt auf dem Gebiet des Ortes und beweist die frühe Besiedlung. Auch die Römer haben hier Siedlungen unterhalten. Das nördliche Gebiet des Bezirkes ist gebirgig und reicht bis nach El Perelló. Die Grenze des Orangenanbaugebietes verläuft nur wenig nördlich von L'Ampolla. Hier wurden viele Olivenbäume angepflanzt. Das Landschaftsbild verändert sich dadurch nachhaltig. An der Küste öffnet sich die Bucht von L'Ampolla und der Golf von San Jordi. Die Strände von L'Ampolla sind alle mit der blauen Flagge ausgezeichnet worden. Darunter sind Sand- und Felsenstrände mit charakteristischen roten Felsen. Ein Besuch von El Perelló lohnt sich, es liegt an der N 340, 10 Kilometer von L'Ametlla de Mar entfernt. Zum Ort gehören folgende Buchten: Cala de l'Aliga, Cala Moros, Santa Llucia, Morro de Gos und Buena. Es ist nicht leicht zu den Buchten zu kommen, weil die N 340 im Landesinneren und die Autobahn am Meer verläuft. Einzelne Stichstraßen biegen von der N 340 zu den Strandbuchten ab.

b. Infrastruktur
Am Plaza Gonzalez Isla s/n ist das Touristenbüro von L'Ampolla zu finden. E-Mailadresse: turisme@ampolla.com. Das Touristenbüro von El Perello befindet sich in der C/Lluis Companys 2. E-Mailadresse: pij.perello@altanet.org
<u>*Unterkünfte*</u>
Das vier Sterne Les Oliveres Beach Apartmenthotel und sein Schwesterhotel liegen etwas abseits am Cap Roig. Das Hotel la Roca Plana in der Avda. Maritima Ramon Pous, ist ein schmales Gebäude mit 21 Zimmern.
<u>*Restaurants*</u>
Das Restaurant Can Pinana in der Av. Maritim Ramon Pous, steht in der ersten Reihe und ist auf Fisch spezialisiert. Nebenan liegt das Lokal Llambrich, mit ähnlichen Merkmalen.
<u>*Sport*</u>
Wandern, großer Sporthafen mit verschiedenen Wassersportarten und Radfahren.
<u>*Strände*</u>
Im Süden des Ortes: L'Arenal 2 km lang und 60 m breit, feinsandig, die Bebauung ist dünn, ein guter Vorgeschmack auf die Strände im Ebrodelta. Der Campingplatz L'Ampolla Plataja liegt auch hier.

Feste
Im Mai wird in L'Ampolla der Austerntag und im Juni das St. Joan Festival gefeiert. Am 16. Juli findet eine Seeprozession mit Feuerwerk statt. Im September beschließen die Reistage den Festkalender. Der Festkalender ist auch in El Perelló lang: am 17. Januar die Festa Major de Sant Antoni, im April das Fest Frabril, hier steht der Honig und das Olivenöl im Mittelpunkt, im Juni Corpus Christi mit Blumenteppichen im ganzen Ort, im Juli das Fest Sant Cristofol ein Stadtfest, im August die Feste Santa Llucia und Pont de l'Aliga, beides Feste, die am Strand stattfinden, und am 11. September das Catolina Main Festival.

c. Sehenswürdigkeiten

Vor der Fischauktion im Hafen von L'Ampolla kehren abends die Boote zurück. Die Bauarbeiten an der Kirche *Sant Joan Baptista* waren 1892 beendet. Die kleinste Glocke des Glockenturms wurde bereits 1853 angefertigt. Auf dem Wanderweg GR-92 führt eine lohnende Wanderung entlang der Küste von L'Ampolla an roten Sandsteinfelsen vorbei. Ein Besuch der Reisfelder im Ebrodelta und ein Ausflug ins Inland zu den Olivenplantagen ist zu empfehlen.

Die Windmühle von El Perello

Die Geschichte von El Perello reicht zurück in die voriberische Zeit. Vor mehr als 15.000 Jahren wohnten hier bereits Menschen. In der *Cova de la Mallada* und in den Felszeichnungen *Cabra Feixet*, die über die Straße in Richtung

Rasquera zu erreichen sind, von der nach einigen Kilometern nach links ein gekennzeichneter Weg abzweigt, haben diese Völker ihre Spuren hinterlassen. Die Höhle und die Felszeichnungen wurden zum Weltkulturerbe erklärt. Auch die Römer lebten hier, die *Via Augusta* die Rom mit Cadiz verband, ist zum Teil gut erhalten. Sie beginnt südlich des Ortes an einem großen Parkplatz. Die alte Landstraße ist zu überqueren und es geht hinauf zu einem Hügel mit einem Monument. Links an der *Ermita de Sant Cristofoll* vorbei führt die antike Straße parallel zur N 340 über mehrere Kilometer. Teile der Pflasterung und der Kanalisation sind zu sehen. Vier römische Brunnen haben die Jahrhunderte an der nördlichen Zufahrt nach El Perello überdauert. Im Ort ist die Windmühle *Moli de Vent* und das *Castellet de Sant Esteve* mit seinen acht Türmen sehenswert. El Perello ist der größte Produzent von Honig in Katalonien und das Olivenöl hat hier einen guten Geschmack.

5. L´Amettla de Mar, genannt "La Calla", die Bucht
a. Lage
Der Kern der Ortschaft liegt am Hang eines Hügels, viele Häuser haben deshalb Meerblick. Der Ort liegt in der Gemarkung Baix Ebre und hat 4.300 Einwohner. Anfang des 19. Jahrhunderts begann wegen des Fischereihafens eine zunehmende Besiedlung des Ortes, der von den Buchten El Forn und Sant Roc umgeben ist. Später entwickelte sich der Ort zu einem attraktiven Touristenziel, das vom Massentourismus verschont blieb. L´Ampolla ist auf der Autobahn 12 km entfernt. Der Ort liegt etwas abseits der Hauptreiserouten und ist zwischen der Autobahn und den Bahngleisen eingezwängt. *La Calla* (kleine Bucht) nennen die Einheimischen ihre Siedlung, ein Hinweis auf den natürlichen Hafen, der den Seefahrern Zuflucht bot. Die Atmosphäre eines Fischerdorfes blieb erhalten.

b. Infrastruktur
In der Carrer Sant Joan 55, hat das Touristenbüro, das im Internet unter www.ametllademar.org zu erreichen ist, seinen Sitz.
<u>Unterkünfte</u>
Hotel Amettla Mar, 4 Sterne, direkt an einer kleinen Bucht mit Sandstrand am südlichen Ortsausgang gelegen, zum Zentrum 1 km. Das Hotel Bon Repos liegt direkt im Ort, es hat 3 Sterne und ist ein altehrwürdiges Haus. Eine Mauer schirmt das Grundstück ab. Ein großer Garten mit Auffahrt, 38 Zimmer, Pool, Minigolf und Tennis gehören zum Hotel. Der Camping- und Bungalowpark L´Ametlla Village Plataja befindet sich 2,5 km südlich des Ortszentrums. Er liegt am Rande einer Steilküste und ist ganzjährig geöffnet.
<u>Restaurants</u>
Direkt am Hafen gelegen ist das Llesqueria la Masia, das Essen ist gut, die Preise durchschnittlich, Fisch und Fleischgerichte.

Der Hafen von L´Ametlla de Mar

Einkaufen
In den Boutiquen und Geschäften der Altstadt kann eingekauft werden. Markttage sind Montag und Donnerstag an der Plaza del Mercado.

Strände
Die langen Strände weichen zu Gunsten zahlreicher, reizvoller Buchten, die von Pinien und Olivenbäumen eingefasst werden. Der Sand ist grobkörniger als an der nördlichen Costa Daurada. Vom Ort aus Richtung Norden werden die Platja del Torrent del Pi und die drei Buchten Tres Cales und im Süden El Forn und Sant Roc, gut besucht.
Feste
Vom 2. bis 5. Februar wird das Patronatsfest La Candelara mit Prozessionen, Blumenschmuck und Riesen, gefeiert.

c. Sehenswürdigkeiten
Der Hafen ist von weißen Häusern umgeben, die wie in einem Amphitheater am Hang kleben. Die Plaza del Cano bildet den Mittelpunkt. Am Spätnachmittag erfolgt die Einfahrt der Fischerboote, der Transport der Fische zur Versteigerungshalle und die Versteigerung. Ein Spaziergang auf der Umgrenzung des Hafens, der in einen Fischerhafen und in einen Sporthafen unterteilt ist, gehört zum Besichtigungsprogramm. Das Keramikmuseum *Ceramica Popular* liegt außerhalb des Ortes in Sant Jordi d'Alfamare. 6.000 Keramikarbeiten unterschiedlichster Formen sind ausgestellt. Weitere Themen sind: Herstellung und Geschichte der Keramik. Ein Sammler hat Keramiken aus Spanien, Portugal und Marokko zusammengetragen. Öffnungszeiten: Juli und August, Di bis So 10-14 Uhr und 16-20 Uhr. April, Mai, Juni und September, Di bis So 10-14 Uhr, Samstag auch 16-20 Uhr. Oktober bis März Sa und So 10-14 Uhr, Eintritt 2,50 Euro. *Das Castell Sant Jordi d'Alfamare* liegt 4 km nördlich des Museums, direkt am Sandstrand. Beim Golfplatz nach rechts von der N 340 abbiegen und die Festung, mit Aussicht auf das Meer, ist erreicht.

6. L'Hospitalet de Infant, Hospital des Prinzen
a. Lage
Zwischen L'Ametlla de Mar und L'Hospitalet de Infant liegt das Atomkraftwerk Vandellos an der Küste und die Landschaft ist deshalb nicht reizvoll. Beide Orte liegen 14 km voneinander getrennt. Die Autobahn schwenkt ins Landesinnere und die N 340 verläuft in der Nähe der Küste. 3.300 Einwohner von L'Hospitalet de Infant wohnen im Gemeindebezirk von Vandellos. Für Freizeitkapitäne ist der große Sporthafen interessant.

b. Infrastruktur
An der Strandpromenade in der C/Almanada 2, sind touristische Informationen erhältlich. Internetadresse: www.vandellos-hospitalet.org/turisme
Unterkünfte
Die Apartments Costa Linda befinden sich 1,5 km außerhalb des Ortes in ruhiger Umgebung. Das Hotel Sancho, ist eine kleine Pension an der zentralen Via Augusta, unweit vom ausgetrockneten Flussbett. Das Hotel Tivoli, in der Les Barques Straße 14, hat 40 Zimmer und ist ein Mittelklassehotel das 100 m vom Strand entfernt liegt. Das Hotel Meridiano Mar am Passeig Maritim 31, direkt an der Strandpromenade, hat 85

Zimmer und ist ein zweckmäßiges Mittelklassehotel. Der Campingplatz El Templo del Sol an der Antigua Carretera Valencia gelegen, gehört zur 1. Kategorie.
Restaurants
L´Olla in der Via Augusta 58, mediterrane Küche, mittags ein preiswertes Tagesmenü. Les Barques in der Comandant Gimeo 21, nettes Lokal mit Hafenblick, Reis und Fisch.
Sport
Tauchen im Diving Center, Via Augusta 21. Fahrradverleih in der Terra Alta 2.
Einkaufen
Große Weinauswahl in der Bodega Franch am Placa Catalunya.
Feste
Am 29. Juni wird das Patronatsfest Sant Pere und im August die Festa Major de Sant Roc gefeiert.

c. Sehenswürdigkeiten

Der Ort entstand im Umkreis eines alten Gasthauses für Reisende aus dem 14. Jahrhundert, von dem nur wenig übrig geblieben ist. Der Ortskern wird von der Via Augusta, der zentralen Einkaufsstraße, dem Plaza del Pou mit einem kleinen Springbrunnen und einer Hand voll Bars, gebildet. Der Strand L´Arenal ist 2,2 Kilometer lang und 50 Meter breit. Er wird vom Sporthafen und von einer Schlucht begrenzt. In dieser Zone, beginnend beim Fußballplatz, gibt es eine Strandpromenade, nebst Palmen und Bänken. Das Pilgerhospital, 1346 gegründet, erhebt sich mit seinen Türmen an der Plaza de Catalunya. Von dem Hospital, das vom Prinzen Pere (Infanten) gegründet wurde, hat der Ort seinen Namen erhalten. Außerdem ist der Jachthafen sehenswert, Restaurants mit Terrassen und Hafenblick öffnen dort ihre Türen.

7. Cambrils, vom Fischerdorf zum Touristenmagnet
a. Lage

Cambrils liegt in der Gemarkung Baix Camp und hat 16.000 Einwohner. Die Stadt ist wegen ihrer belebten Strände, 9 km gehören zu ihrem Bezirk, und wegen ihrer Gastronomie bekannt. Der große Hafen ist in einen Fischerei- und in einen Jachthafen unterteilt. Ein Fang aus Cambrils gilt in der Markthalle von Barcelona als erste Ware. Der Ort liegt 14 km von Tarragona und L´ Hospitalet de Infant entfernt und ist über die N 340 gut zu erreichen. Die Bahnlinie führt mitten durch den Ort. Reus liegt 7 km entfernt im Landesinneren. Im Gegensatz zu Salou ist Cambrils nicht auf dem Reisbrett geplant. Es besteht aus drei Teilen: dem Hafengebiet mit reizenden Gassen, dem kleinstädtisch wirkenden alten Teil der Stadt jenseits der Bahnlinie und der N 340 und aus den Urbanisationen an den Stränden. Der Ort hat sich bewusst vom Billigtourismus abgewandt und ist generell eine Preisklasse höher als Salou. Ausgedehnte Pinienwälder reichen zum Teil bis an die Strände.

b. Infrastruktur

Am Passeig los Palmeres 1, gegenüber dem Fischereihafen, und im Internet unter www.cambrils.org erhält man touristische Informationen.

Unterkünfte
Im Hotel Monica in der Carrer Galveran Marquet, 50 m vom Strand entfernt mit Garten und Pool, stehen 100 Zimmer zur Verfügung. Das Hotel Cambrils Playa, 3 Sterne, 50 m vom Strand und 3 km vom Ortskern entfernt, das Hotel Hesperia Centurion mit 4 Sternen direkt am Strand und 3 km vom Ortszentrum entfernt und das Hotel Port Eugeni, 3 Sterne, zentral gelegen, bieten durchschnittlichen Komfort. Camping auf dem Campingplatz Playa Cambrils, 1 km vom Zentrum entfernt.

Restaurants
Entlang der Strandpromenade gibt es unzählige Restaurants aller Preisklassen. Besonders hervorzuheben ist das Can Gatell, Paseo Miramar 27. Hier gibt es die gehobene Gastronomie mit lokalen Spezialitäten, wie arros abanda, ein Reisgericht mit Fisch und Meerestieren zubereitet. Weitere Spezialitäten sind: fideus rossos (goldene Nudeln) el lluc de Cambrils (der Seehecht von Cambrils) und el rap a l'estil mariner (Seeteufel). Das Restaurant Bandert ist ein kleines Restaurant, die Küche hat einen französischen Einschlag, es befindet sich in der Rambla Jaume 1. Das Restaurant Rincon de Diego in der C. Drassanes 4, bietet ausgefallene Gerichte zu gehobenen Preisen an.

Einkaufen
Kleine Markthalle in der Carer Verdaguer. Wochentags ist in der Markthalle Markttag, am späten Nachmittag in der Fischmarkthalle am Placa del Posit. In der Pasteleria Rovira in der C. Casals 46, gibt es guten Kuchen. Im Cafe Mozart in der Roger de Lluria 3, gibt es gutes Eis, Wein gibt es bei Licors Morell in der C. Ramon LLull 24, im Museum Agricola werden Produkte der Lebensmittel-Genossenschaft verkauft.

Sport
Segeln, Tauchen, Tennis, Reiten, Golf, Minigolf und einen Ausflug in den Freizeitpark Port Aventura mit vielen Angeboten. Schiffsausflüge mit Creuers Costa Daurada nach Salou und Tarragona, Auskunft in der Rambla Jaume I.

Feste
Am 29. Juni gibt es eine Prozession, Musik, Tanz und viel Wein, es wird die Fiesta de Pescadores, das Fest der Fischer, gefeiert. Am 8. September wird das Padronatsfest Mare de Deu del Cami, mit Umzug, Messe, Riesen, Menschentürmen und einer Meeresprozession gefeiert.

c. Sehenswürdigkeiten

Gleich am Hafen liegt die überschaubare Altstadt. Sehenswert ist die Pfarrkirche *Santa Maria,* die im 17. Jahrhundert erbaut und im 19. Jahrhundert erweitert wurde. Ihr wehrhafter Glockenturm überragt die Altstadt und wurde im 15. Jahrhundert errichtet, früher diente er Verteidigungszwecken. Das Ankommen der Boote und der Fischverkauf mit öffentlicher Versteigerung von Montag bis Freitag um fünf Uhr nachmittags ist ein malerisches Schauspiel. Die Einsiedelei *Verge del Cami*, ein Wallfahrtsort zwischen dem Hafen und der Altstadt in der Avinguda Baix Camp hat eine Krypta und einen Wachturm die zu besichtigen sind. In der Altstadt sind Spuren der ehemaligen Stadtmauer zu sehen. Der *Torre de la Preso,* einer der fünf Ecktürme der Stadtmauer, und das Portal *Carrer Major* eines der ehemaligen Stadttore, sind erhalten. Das Landwirtschaftsmuseum (Museu Agricola) in der c/Sindicat 2, wurde am 10. Januar 1998 eröffnet. Das Haus wurde 1921 erbaut und erinnert an den Stil Gaudis, früher war eine genossenschaftliche Weinkellerei dort untergebracht. Heute erklären Schautafeln die Herstellung von Wein und Öl, außerdem sind die dazu benötigten Geräte ausgestellt. Eintritt, 1,20 Euro. Öffnungszeiten: 1.7 bis 31.8, Di bis Sa 10-13 Uhr und 17-20 Uhr. So 11-14 Uhr, 1.9 bis 30.6, So 11-14 Uhr und Sa 10-13 Uhr und 17-20 Uhr.

Das historische Museum *Moli de les tres Eres* ist in einer ehemaligen Mühle, nahe der N 340 in der Via Augusta 1, untergebracht. Zu den wertvollsten Stücken zählen einige Bronzefiguren aus der Römerzeit. Öffnungszeiten: 1.7 bis 31.8, Di bis Sa 11-14 Uhr und 18-21 Uhr, So 11-14 Uhr, 1.9 bis 30.6, Sa 11-14 Uhr und 17-20 Uhr, So 11-14 Uhr. Eintritt: 1,20 Euro. Eine Ausstellung über das mittelalterliche Cambrils be-findet sich im *Museu Torre de L'Ermita*, neben der Kirche *Mare de Deu del Cami* in der Nähe der N 340. Der Wachturm wurde 1375 an einer wichtigen Überlandstraße von Tarragona nach Tortosa errichtet. Von ihm wurde der Stadtzugang kontrolliert und das Meer nach Piraten abgesucht. Viele Jahr-hunderte später diente er als telegraphischer Signalmast. Öffnungszeiten: 1.7 bis 31.8, Di bis Fr 18-21 Uhr, Sa 11-14 Uhr und 18-21 Uhr, So 11-14 Uhr, 1.9 bis 30.6, Sa 11-14 Uhr und 17-20 Uhr, So 11-14 Uhr. Eintritt: 1,20 Euro. Drei weitere Wehrtürme stehen nördlich und nordwestlich der Stadt. Die römische Ausgrabungsstätte *Villa romana de la Llosa* wurde 1980 zufällig entdeckt. Beim Bau von Häusern am Rande der Stadt stießen Bauarbeiter auf römische Grundmauern. Seit 1984 arbeiten Archäologen hier. 1992 wurde eine wertvolle Bronzefigur gefunden, deshalb glauben die Forscher, dass hier eine reiche Familie gelebt hat.

Der *Sama Park** (K) erhebt sich 4 Kilometer landeinwärts, an der Straße nach Montbrio del Camp. Auf den 14 Hektar großen Gelände entstand im 19. Jahrhundert ein künstlicher See, ein Wasserfall, ein Turm und eine artenreiche Pflanzenwelt. Seinen Charme und seine Romantik im Stil der Kolonialzeit bewahrt er bis heute. Gründer und Besitzer war Salvador Sama Torrents (1861-1933), zweiter Marquis von Marinao. Er war der einzige Nachfolger einer Familie, die in Kuba lebte. Deshalb wollte er das exotische Ambiente der Kolonie auf den Bezirk Baix Camp übertragen. Architekt des Parks war Josep Frontsere, der für den Ciutadella Park und den Markt El Born in Barcelona verantwortlich zeichnet. Öffnungszeiten: 9 Uhr bis eine Stunde vor Sonnenuntergang. Seit 25 Jahren findet im Sommer ein klassisches Musikfestival im Park statt. Eintritt in den Park: 2,50 Euro.

8. Mont-roig del Camp und der Maler Joan Miro
a. Lage
Mont-roig del Camp ist eine Stadt mit 6.000 Einwohnern, die 15 km von Reus und 10 km von Cambrils entfernt ist. Der Ort besteht aus zwei Teilen: dem Dorf im Inland, das sich hauptsächlich der Landwirtschaft widmet, und dem Ortsteil Miami Playa an der Küste mit vielen Urbanisationen, Campingplätzen, Geschäften und Spielhallen. Der Ort im Inland verfügt über einige Baudenkmäler.

b. Infrastruktur
Informationen erhält man im Internet unter www.miamiplataja.net oder www.montroig.net und auf der Plaza Tarragona.
Unterkünfte
Das Hotel Pinio Alto in der Urbanication Pinio Alto gelegen, ist das beste Haus in Miami Playa, 4 Sterne, 2.000 Quadratmeter Garten, 137 gut ausgestattete Zimmer und ein großes Sportangebot. Hotel Can Salvador, in der Avda. Barcelona, direkt an der N 340 gelegen, 29 Zimmer auf drei Etagen, unten ein angenehmes Restaurant. Zwischen Miami Playa und Cambrils befindet sich ein Camperdorado. Viele der Plätze liegen direkt am Meer und sind über die N 340 zu erreichen. Playa Mont-Roig gehört zur ersten Kategorie und ist für 5.200 Personen geeignet. La Torre del Sol liegt direkt am Meer, gehört zur ersten Kategorie und ist für 288 Personen eingerichtet. Camping Marius gehört zur ersten Kategorie und ist für 1.400 Personen eingerichtet. Sie haben von April bis Oktober geöffnet. Der Miramarplatz für 800 Personen hat ganzjährig geöffnet. Er ist der erste Platz von Miami Playa aus und gehört zur zweiten Kategorie.
Restaurants
Das Restaurant Can Cristall liegt am Strand und hat eine ruhige Atmosphäre.
Einkaufen
Samstag ist in der Avda. Cadiz Markttag. Anglerbedarf gibt es in der Avda. Barcelona 61, im Pesca Bambi Ortsteil.
Strände
Die Platja de la Porquerola ist 3,3 Kilometer lang und 30 m breit, hübsch begrünt und schwach bebaut. Vier Campingplätze mit Strandzugang liegen hier. Die Platja de L'Estany Gelat schließt sich an und liegt in der Urbanizacion La Rivera. Der Strand ist 2,5 Kilometer lang und 38 m breit. Die Platja Cristall ist bebaut und von einer Promenade begrenzt, sie ist 1,4 Kilometer lang und 50 m breit.
Feste
Am 19. März das Stadtfest Sant Joseph. Mitte Juni: Bienvendia al verano, der Sommer wird begrüßt. Am 25. Juli, Sant Jaume, das Hauptfest des Ortes, u. a. mit der Wahl der Miss Turismo. In der zweiten Augustwoche wird ein großes Volksfest gefeiert, die Festa de los Pobles, mit kulturellen Aktivitäten, Konzerten, Umzügen und Sardana-Tänzen.

c. Sehenswürdigkeiten
Das *Portal de la Canal* aus dem 11. Jahrhundert, das *Portal de la Calle Mayor* aus dem 12. Jahrhundert, die alte Kirche mit Renaissanceportal und das Kulturhaus aus dem 16. Jahrhundert gehören zu den Sehenswürdigkeiten des Orts-

teils im Inland. Die neue Kirche *Sant Miquel* aus dem 19. Jahrhundert beherrscht das Ortsbild durch ihre außergewöhnlichen Dimensionen. Die Festungsruine *Plans de Ramlla*, das Geschäft *El Blat* und die *Ermita de Nuestra senora de la Roca* (Kapelle unserer Gottesmutter des Felsens) sind ebenfalls sehenswert. Die Kapelle liegt auf einem 294 Meter hohen Hügel und ist deshalb ein beliebter Aussichtspunkt. Er bietet dem Besucher einen fast schon klischeehaften Anblick einer Mittelmeerlandschaft mit Olivenbäumen und dem Meer. Mont-roig´s berühmtester Bürger war der Maler Joan Miro, der in seiner Jugend in diesem Ort lebte. Mit seinen Bildern (La Casa de la Palmera, La Masia und Mont-roig 1919) machte er den Ort und sich selbst berühmt. Ihm zu Ehren haben die Stadtväter den Rundweg *Ruta Miro* angelegt. Ausgehend vom Meer verläuft der Weg bis zur Einsiedelei *Mare de Deu de la Roca*. An zehn Stellen an denen Miro einst gemalt hat, sind Kopien seiner Werke ausgestellt. Das Motiv, welches ihn einst zum malen angeregt hat, kann so mit dem Gemälde verglichen werden.

9. Montbrio del Camp/Thermalbad Aquatonic/Schloss Escornalbou*(K)
5 km von Mont-roig del Camp und 8 Kilometer von Cambrils entfernt, liegt Montbrio del Camp, das vor allem wegen seiner Therme, dem schönen Garten und dem Hotel Therme Montbrio Spa Park erwähnt wird. Die im Mai 2002 eröffnete Badelandschaft *Aquatonic* besitzt einen 400 qm großen Thermalhallenpool und 60 verschiedene Attraktionen wie Wasserjet, Wasserfälle, Sprudelbecken und Massagedüsen. Der Eintritt kostet 22,10 Euro, Bademänteln, Schuhe und Badekappen sind inklusive. Die Öffnungszeiten liegen zwischen 9 und 21 Uhr. Das Hotel Therme Montbrio Spa Park bietet 4 Sterne, ein Thermalzentrum, inklusive einer Thermalquelle und 140 Komfortzimmer. Eine Übernachtung mit Frühstück kostet zwischen 119 und 181 Euro pro Person. Schlankheitskuren, Beautywochen, Tennis, Reiten und drei Golfplätze werden angeboten. Es ist die einzige Thermalbadelandschaft in dieser Gegend und das Hotel macht einen feudalen Eindruck. Die Thermalquellen haben eine Temperatur von 41 bis 81 Grad. In Montbrio del Camp sind einige mittelalterliche Gebäude sehenswert, hierzu gehören die Kirche *Sant Pere,* mit einer monumentalen Barockorgel, die Kirche *Monges Carmelites Vedruna,* die *Ermita Sant Antoni,* die Jugendstilvilla *Casa Figuerola* und das Museum *Cups de Montbrio.*

6 Kilometer in Richtung Nordwesten erreicht man auf einer kurvigen und aussichtsreichen Straße mit einer Steigung von 18% das Klosterschloss von *Escornalbou*. Es handelt sich um ein ehemaliges Augustinerkloster aus dem 12. Jahrhundert, das bis 1574 von den Augustinern bewohnt war. Später soll es den Franziskanern gehört haben. Im Jahre 1835 wurde es verlassen und danach von dem Politiker und Händler Eduard Toda (1855-1941) aus Reus gekauft und

restauriert. Toda sammelte ein reichhaltiges Vermögen im Schloss, das aus Keramiken und Bildern besteht. Die Gebäude wurden aus dem roten Sandstein der Gegend erbaut. Im Inneren werden bei einer Führung die romanische Kapelle, die Reste des Klosterganges, der Kapitularsaal und das Schloss besichtigt. Öffnungszeiten: 10-14 Uhr und 15-17 Uhr, Eintrittsgebühr 3,50 Euro. Ein Rundweg führt um den Berg herum zu interessanten Felsformationen. Ein weiterer Weg führt auf den Gipfel zur *Ermita Santa Barbara*, von hier ist die Aussicht auf das Kloster und die Landschaft besonders schön.

Escornalbou von der Ermita Santa Barbara aus

10. Salou, quirliges Touristenzentrum
a. Geschichte und Lage
Das von den Phöniziern gegründete und später von den Römern besiedelte *Salauris* hatte in der Antike eine große strategische Bedeutung. Im 13. Jahrhundert war der Hafen für das Land sehr wichtig. Im Mittelalter unternahmen die Könige von Aragon ihre Eroberungsfahrten ins Mittelmeer von diesem Hafen aus. Im Jahre 1299 diente er als Ausgangspunkt für die Eroberung Mallorcas durch König Jaume I., der mit einem Denkmal auf der Strandpromenade geehrt wurde. Die Stadt hat 18.000 Einwohner und besitzt ein großes Angebot an Stränden. Sie liegt 5 km von Cambrils entfernt und beide Orte gehen ohne Ortsgrenze nahtlos ineinander über. Eine kleine Mole mit Sporthafen trennt die beiden Strände Playa Ponent und Playa Levante. Salou

hat sich vollständig dem Massentourismus verschrieben. Der Ort gilt als der Strand Europas, hat mehr als 50 Hotels, von denen kaum eines unter fünf Stockwerke hat und noch mehr Apartmenthäuser. Viele Pauschaltouristen kommen in den Sommermonaten nach Salou. Das Vergnügungsangebot ist groß und die Strände werden gepflegt.

b. Infrastruktur
Das Touristeninformationsbüro liegt am zentral gelegenen Rondellplatz. Das Angebot an Unterkünften würde die Seiten dieses Reiseführers sprengen. Günstig ist es, wenn man die Hotels von zu Hause aus pauschal im Katalog bucht. Es gibt insgesamt 8 Campingplätze. Jetski, Tauchen, Surfen, Tennis, Reiten, Skaten, Segeln und Port Aventura, das spanische Disneyland dienen der Unterhaltung. Musik- und Sportveranstaltungen, Oldtimertreffen, Kunstausstellungen, Kunsthandwerkermärkte, Schach- und Tanzturniere und eine Regatta vervollständigen das Angebot.

c. Sehenswürdigkeiten
Landeinwärts steht der restaurierte Turm *Torre Vella*, der im Jahre 1530 erbaut wurde. Ein Spaziergang auf dem *Passeig de las Palmeras*, der den kilometerlangen, goldfarbenen Sandstrand begleitet und mit Palmen geschmückt ist, gehört zum Urlaub. Die beleuchteten Springbrunnen an der Palmenpromenade sind in der Nacht besonders reizvoll. Einige private Jugendstilvillen aus der Anfangszeit des Fremdenverkehrs sind in der parallel zur Promenade verlaufenden Calle Jaume I. zu sehen. Der Strand wird zum Teil von Palmen beschattet und ist im Sommer überlaufen. Im östlichen Stadtgebiet liegt das restaurierte und authentisch eingerichtete Landhaus *Masia Catalana*.

Port Aventura, das spanische Disneyland (**K**)
Öffnungszeiten: täglich, in den Weihnachtsferien und von März bis November von 10-19 Uhr, im Juli und August von 10-24 Uhr. Der Park liegt direkt am Meer zwischen Salou und Vilaseca. Er ist der zweitgrößte Vergnügungspark Europas, die Konkurrenz von Euro-Disney Paris, und wurde im Mai 1995 eröffnet. Der Park ist in fünf Themengebiete aufgeteilt: Mediterrania, Polynesia, China, Mexico und Far West. Straßenkünstler, 90 Shows und 30 Attraktionen werden von 3.000 Mitarbeitern organisiert und aufgeführt. 75 Restaurants bieten Mahlzeiten aus vielen Ländern an. Ein großes Angebot an Geschäften ermöglicht es, alle Arten von typischen Produkten zu kaufen. Drei große Hotels, bei denen der Eintritt in den Park inklusive ist, ergänzen das Angebot. Auf 115 ha Fläche kann man eine Weltreise im Kleinen machen, vom Wilden Westen in den Orient nach China und wieder zurück. Der Nachbau der chinesischen Mauer, der mexikanischen Pyramiden und von anderen bekannten Bauwerken gehört ebenfalls zu den Attraktionen. Eine 1,2 Kilometer lange Achterbahn und eine Wildwasserstrecke sind längst nicht alles was der Park zu bieten hat. Erwachsene zahlen allerdings 37 Euro Eintritt für einen Tag.

Jugendstilvilla an der Promenade von Salou

Ausflug nach Riudoms
5 km von Montbrio del Camp, 8 km von Cambrils und nur wenige Kilometer von Reus entfernt, liegt Riudoms mit 5.000 Einwohnern im Inland. Der Ort ist als Produktionszentrum von Haselnüssen bekannt. Sie ist das Wahrzeichen der Stadt und jährlich findet hier eine Haselnussmesse statt, die sich mit dem Haselnusshandel und der Produktion von Haselnüssen beschäftigt. Eine Art Pizza mit dem Namen *Coques en recapte*, zählt in dieser Gegend zu den gastronomischen Höhepunkten. Nach der Meinung der Einwohner von Riudoms, ist der bekannte Architekt Antonio Gaudi im *Mas de la Caldera* zur Welt gekommen. Die Stadt wurde im Jahre 1151 gegründet und war von Stadtmauern umgeben. Sehenswert ist die Pfarrkirche *Sant Jaume,* von Pere Blai 1617 erbaut, die während des spanischen Bürgerkrieges zerstört und wieder aufgebaut wurde.

11. Reus*, die Stadt des Jugendstils
a. Geschichte und Lage
Im 18. Jahrhundert wuchs die Bevölkerung von Reus sehr stark an. Dies geschah dank des Wein- und Brandweinhandels. Auch die Textilindustrie und die Landwirtschaft, vor allem Öl und Nüsse, trugen dazu bei. Reus entwickelte sich zur zweitwichtigsten Stadt Kataloniens. Der in Reus berühmte Satz: „Reus, Paris und London" drückt diese Tatsache bis in die heutige Zeit aus.

Neben Paris und London war Reus der drittgrößte Umschlagplatz für Alkohol. Der wirtschaftliche Aufstieg wurde von König Carles III. gefördert, als er den Handel zwischen Katalonien und Amerika erlaubte. Diese Erlaubnis machte die Stadt zu einem internationalen Bezugspunkt der Textilindustrie und des Brandweinhandels. Im 19. und 20. Jahrhundert ermöglichte der wirtschaftliche Aufschwung, das reiche Bürgerturm und das Entstehen einer neuen künstlerischen und kulturellen Bewegung, der Modernismus, der Stadt einen weiteren Auftrieb. Die Liste berühmter Persönlichkeiten, die mit Reus verbunden sind, ist lang. Der Architekt Antonio Gaudi i Cornet, der Maler Maria Fortuny i Carbo, General Prim und der Dichter Gabriel Ferrater stammen aus Reus, der Hauptstadt des Landkreises Baix Camp mit 85.000 Einwohnern. Sie ist keine Touristenstadt, obwohl ein Teil der Besucher der Costa Daurada auf dem Charterflughafen von Reus landet. Die Stadt ist ein Handelszentrum für Agrarprodukte und eine Einkaufstadt. Salou liegt nur 10 km von Reus entfernt, Cambrils 8 km.

Antonio Gaudi i Cornet in Reus (1852-1926)
Er wurde am 25. Juni 1852 als Sohn eines Kupferschmiedes in Reus geboren. Sein Vater Francesc Gaudi i Serra wurde in Riudoms und seine Mutter Antonia Cornet i Betran wurde in Reus geboren. Der erste Bewohner mit Namen Gaudi lebte im Jahre 1635 in Reus, dies bezeugen alte Urkunden. Der Beruf des Vaters bedeutete für Gaudi eine nicht von Reichtum gesegnete Kindheit. Ein frühes Rheumaleiden hielt ihn als Kind davon ab, mit Gleichaltrigen auf den Straßen herumzutollen. Oft war der Junge ans Haus gebunden und außerhalb musste er von einem Esel getragen werden. Die Ärzte verschrieben ihm strenge vegetarische Diät und viel gemäßigte Bewegung. Dazu gehörten die täglichen Spaziergänge zur Kirche St. Philipp Neri. Dass er schon als Jugendlicher viel durch die Gegend wanderte, war für damalige Verhältnisse eine ungewöhnliche Beschäftigung. Da er sich nicht ungehindert bewegen konnte, ließ er seine Blicke schweifen. Gaudi muss ein frühreifes Kind gewesen sein, das seine Umgebung mit erstaunlichen Geistesblitzen verblüffte. Er hatte einen scharfen Blick für Details, und die Gewohnheit, aus der Welt des Alltags zu lernen. Gaudi verbrachte seine Schulzeit in Reus, von 1863 bis 1868 besuchte er das Gymnasium im Colegio de los Padres Escolapios, einer Klosterschule, bevor er mit 17 Jahren im Jahre 1868 nach Barcelona ging. Viele seiner Ideen entwickelte Gaudi in der Zeit seiner Jugend in Reus. Die Zeit war durch soziale Krisen und politische Konflikte gekennzeichnet. Die instabile Regierungszeit von Isabel II. bereitete den Weg zur Revolution von 1868. Es folgte die Militärherrschaft von General Prim, dann die Regierung von Amadeu I. von 1871 bis 1873. Danach entstand von 1873 bis 1874 die erste Republik, der ab 1874 die Bourbonische Restauration folgte. Geschichtliche Veränderungen prägten Gaudi in seinen Weltanschauungen und seinem Naturverständnis. Er fing an,

Zeichnungen des Klosters von Poblet zu erstellen, die heute als romantische Pläne für eine Restauration des Klosters angesehen werden. Und er pflegte Freundschaften mit Toda und Ribera, als er bereits die höhere Schule besuchte. Gaudi war kulturell, literarisch und politisch engagiert, spielte bei Produktionen des Amateurtheaters mit und zeichnete die Kulissen. 1867 veröffentlichte er erstmals eigene Zeichnungen in der Zeitung El Arlequin mit einer Auflage von 12 Exemplaren. Er beendete in Barcelona seine Hochschulausbildung und wechselte in die Schule für Architekten. Nun begann eine hektische Arbeits- und Studienphase die von 1873 bis 1878 anhielt. In dieser Zeit erhielt er ein Diplom für die Gestaltung der Casa Calvet. Während seiner Studienzeit kam Gaudi öfters nach Reus zurück, aber seine Aufenthalte wurden immer kürzer. Seine Mutter starb im Jahre 1876 und sein Vater verkaufte das Haus der Mutter im Jahre 1878 und ging ebenfalls nach Barcelona. Das Geburtshaus gehört heute Privatleuten und kann nicht besichtigt werden. 1879 stirbt seine Schwester, Rosita Gaudi e Egea. Im Jahre 1906 stirbt sein Vater in Barcelona. In Reus sind keine Bauwerke von Antonio Gaudi entstanden. Aber seine Kollegen und Schüler, die Architekten Joan Rubio i Bellver, der ebenfalls aus Reus stammt, Lluis Domenech i Montaner, Perre Caselles i Tarrats, Pere Domenech i Roura, Jose Lubietas und Francesc Borras-Pere Caselles haben viele Bauwerke im modernistischen Stil in Reus gebaut. Die Architekten Domenec Sugranyes und Francesc Berenguer sind ebenfalls in Reus geboren.

Lluis Domenech i Montaner in Reus (1850-1923)
Die Ankunft des zweiten großen Architekten und Politikers der damaligen Zeit, kennzeichnete den Beginn der großen modernistischen Periode von Reus. Er begann 1898 zusammen mit Pere Caselles, dem Stadtarchitekten von Reus, das Pere Mata, ein psychiatrisches Institut, nach seinen Entwürfen von 1887-1912 umzugestalten. Außerdem baute er die Casa Navas, sie gilt als eines der besten Jugendstilbauwerke der Stadt, die Casa Rull und die Casa Gasull. Als Professor an der Universität von Barcelona, verbreitete er den neuen Baustil im ganzen Land.

b. Infrastruktur
Gegenüber der Casa Gasull, in der C. Sant Joan 34, ist das Touristenbüro zu finden. Internetadresse: <u>www.reus.net</u>
<u>Restaurants</u>
Das Cafe de Reus bietet Speisen im edlen Jugendstilambiente in der Carrer del metge Fortuny 1, an. Eine Spezialität ist die Kombination von Fleisch und Fisch. So kommt hier Hase mit Krabben auf den Tisch. Ähnliches bietet die Speisekarte des Restaurants Celler del Raim in der Raval Sant Pere Straße 19-21. In einem Jugendstilgebäude wird der Gast mit schwarzem Reis, Tintenfisch, Fisch mit wilden Pilzen und Champagner- soße verwöhnt. Eine Auswahl an Tapas bietet das Restaurant Ferreteria an der Placa de la Farinera 10.

Einkaufen
Von der Placa Prim aus, unter der sich ein Parkhaus befindet, kann man in den Fußgängerzonen einige gute Geschäfte finden, die in ihrem Angebot weit über den täglichen Bedarf hinausreichen. Die Plaza del Mercadal und die C/ Monterols Straße säumen elegante Geschäfte.
Flughafen
Nach Reus fliegt Hapag-Lloyd-Express, ab Köln und Hannover, im Internet unter: www.hlx.de *zu erreichen. Der Flughafen liegt nordöstlich der Stadt in Richtung Taragona, 5 km von Reus entfernt.*

c. Sehenswürdigkeiten

Vom Touristeninformationsbüro werden eine Broschüre und ein Stadtplan herausgegeben. Auf beiden wird der Spazierweg *La Ruta del Modernisme de Reus*, auf dem 24 nummerierte Jugendstilgebäude abgebildet sind, beschrieben. Ein weiterer, kurzer Abstecher auf der *Ruta El Reus de Gaudi* führt zu 5 Stationen, die mit dem Leben von Antonio Gaudi zusammenhängen.

La Ruta del Modernisme de Reus
Das Haus Nr. 1 ist die *Casa Gasull*. Sie wurde 1911 von dem Architekten Lluis Domenech i Montaner entworfen. Die Fassade ist mit Mosaiken dekoriert. Es gehörte dem Firmeneigentümer Felix Gasull, der Öl und Oliven exportierte und das Haus zu geschäftlichen und privaten Zwecken benutzte. Das Haus Nr. 2, die *Casa Rull* wurde vom gleichen Architekten im Jahre 1900 entworfen. An der Fassade sind geflügelte Löwen zu sehen. Der Auftraggeber für den Bau und spätere Eigentümer war der Notar Pere Rull. Verschiedene Elemente in der Fassade erinnern an den Beruf des Besitzers. Der elegante Balkon im ersten Stockwerk ist mit Blumenornamenten verziert. Der Garten des Hauses kann besichtigt werden. Es folgt das Haus *Antituberculos* mit der Nr. 3, entworfen im Jahre 1926 von Joan Rubio i Bellver. Die *Casa Crau*, von Pere Casalles i Tarrats im Jahre 1910 entworfen, ist das vierte Gebäude auf unserem Spaziergang. Pere Casalles i Tarrats war der Stadtarchitekt von Reus, er hat die meisten Jugendstilgebäude entworfen. Auch die nun folgende *Casa Tarrats* (Nr. 5) 1892 erbaut, die *Casa Sagrra* (Nr. 6), 1908 erbaut, die *Casa Munne* (Nr. 7), 1904 erbaut und die *Casa Iglesia* (Nr. 8), 1908 erbaut, wurden von ihm entworfen. Die Häuser 1 bis 6 stehen in der C. Sant Joan Straße und die Häuser 7 bis 9 in der Carrer Jesus Straße. Das Gebäude mit der Nr. 9, die *Casa Navas*, wurde in den Jahren 1901 bis 1907 von Lluis Domenech in Montaner entworfen und ist eines der schönsten Gebäude in der Stadt. Die dekorativen Elemente der Fassade, die während des spanischen Bürgerkrieges zerstört wurden, sind vom gotischen Zeitalter beeinflusst. Die Fenster und Erker erinnern an die Stadt Venedig. Das Innere steht dem Äußeren in nichts nach. Das gesamte Mobiliar, das von dem Bildhauer Gaspard Homar entworfen wurde, ist erhalten. Am Fassadenschmuck soll Gaudi oder einer seiner Cousins mitge-

arbeitet haben. Das Haus wirkt wie ein Vorspiel zur *Casa Lleo Morera* in Barcelona. Der Laden im Erdgeschoss blieb weitestgehend unverändert und kann besichtigt werden. Es folgen die *Casa Pirol* (Nr. 10) und die *Casa Laguna* (Nr. 11), in den Jahren 1908 und 1910 vom Stadtarchitekten Pere Caselles entworfen und am Placa Mercadel erbaut. In der Raval de Santa Maria Straße wurden die *Casa Serra* (Nr. 12), von Joan Rubio i Bellver 1924 und die *Casa Marc* (Nr. 13), von Pere Domenech i Roura 1926 erbaut. Er war der Sohn von Domenech i Montaner. In der Lovera Straße folgt die *Casa Bartoli* (Nr. 14) von Jose Lubietas 1903 erbaut, die *Casa Querol* (Nr. 15) von 1901, die *Casa Tomas Jordi* (Nr. 16), erbaut im Jahre 1909 und die *Casa Punyed* (Nr. 17), erbaut im Jahre 1900.

Die letzten drei Häuser sind ebenfalls vom Stadtarchitekten Pere Caselles entworfen worden. Auf der Av. Prat de la Riba die *Casa Sarda* (Nr. 18) aus dem Jahre 1896 und die Schule *Prat de la Riba* (Nr. 19) von 1911. Das *Estacio Enologica* aus dem Jahre 1906 (Nr. 20), liegt am Passeig Sunyer. Im *Escorxador* (Nr. 21), entworfen vom Architekten Francesc Borras-Pere Caselles im Jahre 1889, einem Bruder des Stadtarchitekten, ist die Stadtbibliothek untergebracht. Die *Casa Nomdedeu* (Nr. 22) von 1893, in der Raval St. Pere Straße, liegt außerhalb der Innenstadt. In der Nähe des Bahnhofes liegt das *Xalet Serra* (Nr. 23), aus dem Jahre 1911, entworfen von Joan Rubio i Bellver. Das Institut *Pere Mata* (Nr. 24), 1898 von Lluis Domenech i Montaner entworfen, ist 1,5 Kilometer östlich des Stadtkerns gelegen und ist zusammen mit der *Casa Navas* eines der besten Beispiele des Jugendstils in Reus. Der Sohn Pere Domenech i Roura vollendete den Bau. Diese Stadt im Kleinen führt mit ihren Ziegelbauten die gesamte Bandbreite modernistischer Schmuckformen vor. Orient und Okzident geben sich ein Stelldichein. Maurische Bogen- und Ornamentformen, gotische Glasfenster, Giebelchen und Maßwerk, Fliesenmosaike mit vielfältigem Pflanzendekor schaffen eine heitere und idyllische Atmosphäre. Dennoch stehen Zweckmäßigkeit und Therapie im Vordergrund. Die Stationen verteilen sich mittels eines funktionalen Pavillonsystems. Der Architekt hat den Bau nach einem Plan, in dem sechs Seitengebäude eingezeichnet waren, begonnen. Es ist möglich, das Gebäude nach Absprache zu besichtigen. Das Touristenbüro bietet von Oktober bis Juni Samstags um 11 Uhr geführte Besichtigungstouren nach Anmeldung an. Im Juli, August und September finden die Touren von Mo bis Sa um 11 Uhr statt.

Ruta El Reus de Gaudi
In der C. Amargua steht das Geburtshaus von Antonio Gaudi. Es kann nicht besichtigt werden. Nur eine Inschrift erinnert an den Architekten. Im Museum *Comarcal Salvador Vilaseca*, in der Raval de Santa Ana 59, ist im Erdgeschoss eine Ausstellung über das Leben und die Arbeit von Antonio Gaudi

zu sehen. Der Eintritt ist kostenlos, Öffnungszeiten: Di bis Sa 10-14 Uhr und 15-20 Uhr, So und Feiertags 11-14 Uhr, Mo geschlossen. Fotos, Bücher, Zeichnungen und Baupläne sind zu sehen. Außerdem zu sehen: das berühmte Messbuch von Reus (1363) verziert mit schönen Miniaturen, Keramikarbeiten der Region und Gemälde von Maria Fortuny. Ein ganzer Saal widmet sich archäologischen Bezügen. Die Kirche *Prioral de Sant Pere i Campanar*, am gleichnamigen Platz gelegen, deren Glockenturm 63 m hoch ist und von dem man eine wunderschöne Aussicht über die Costa Daurada und die Stadt genießt, wurde im 16. Jahrhundert im gotischen Stil anstelle einer früheren Kirche aus dem 13. Jahrhundert, erbaut. Im Inneren offenbart sie sich im Barockstil. Dies kann man in der Gestaltung der Grabkapelle für die Grafen von Tamarit gut erkennen. Der Glockenturm ist das Wahrzeichen der Stadt. Antonio Gaudi wurde in dieser Kirche getauft. Das *Institut Salvador de Vilaseca* erinnert ebenfalls an den berühmten Sohn der Stadt. Im *Santuri de la Mare de Deu de Misericordia*, 1,5 km von der Stadtmitte entfernt, das frühere Kloster *Sant Francesc,* ging Gaudi zur Schule.

Die Kirche Prioral de Sant Pere i Campanar und der Hauptplatz von Reus

Weitere Sehenswürdigkeiten
Die *Plaza de Prim* mit ihren von Arkaden gesäumten Häusern und dem *Teatro Fortuny*, erbaut von 1881 bis 1882, bildet den Mittelpunkt von Reus. Regelmäßig finden Opern und Konzerte statt. Seinen Namen erhielt das Theater von

dem Maler Fortuny, der von 1838 bis 1874 gelebt hat. Das Geburtshaus des Malers ist am Raval Robuster zu besichtigen, ebenso seine Bilder am Placa de la Llibertat im Museum *Comarcal Salvador Vilaseca*. Auf dem Platz steht das Denkmal des Generals Prim i Prats aus dem Jahr 1887 auf seinem Pferd. Am c/Jesus sind Reste des ehemaligen Judenviertels erhalten. Das *Centre Lectura*, gegenüber der Kirche *St. Pere,* ein Bau aus dem 19. Jahrhundert, erhielt von 1916 bis 1921 eine neue Fassade. Der *Palau Bofarull*, erbaut 1760, der sich barock im Äußeren und klassizistisch im Inneren präsentiert in der Calle Llovera, beherbergt den Sitz des Konservatoriums der Musik. Im großen Saal, den man besichtigen kann, huldigen Freskomalereien den Königen Karl III. und Karl IV. Ein interessanter Stadtteil ist das *Barri Gaudi*, es wurde in den sechziger Jahren nach den Entwürfen des katalanischen Architekten Ricard Bofill errichtet. Auch hier wird Geschichte ausgedrückt, freilich nicht in exquisiten Details. Der Architekt wollte mit dem Bau von überdimensionalen Schornsteinen, die der *Casa Mila* in Barcelona nachempfunden sind, Antonio Gaudi ehren.

12. Montblanc **, die Stadt der Mauern und Türme
a. Geschichte und Lage
Auf dem Pla de Santa Barbara, einem Hügel in der Mitte der Stadt, existierte im 3. Jahrhundert v. Chr. eine iberische Siedlung. Die Gründung von Montblanc fand jedoch erst im Jahr 1163 statt. König Alfons I. befahl den Bürgern von Vila-Sauva das Dorf auf den Pla de Santa Barbara zu verlegen. Er übergab die Regierung über die Königstadt Pere Berenguer de Vilafranca. Im Jahre 1170 stand ein Schloss und die romanische Kirche Santa Maria auf dem Hügel. Im 12. Jahrhundert stand die Stadt noch immer unter der Gunst des Königs und hatte deshalb viele Privilegien. Im Jahr 1387 stieg der Ort per Erlass zur *Vila Ducal* auf. Alle erstgeborenen Söhne der Könige von Aragon und Katalonien trugen bis ins 17. Jahrhundert den Titel *Duc de Montblanc*. Im 14. Jahrhundert war die Stadt Sitz des Grafen Montblanc, des zukünftigen Königs, und sie war eine der prächtigsten Städte Kataloniens. Vier Sitzungen des mittelalterlichen, katalanischen Parlaments fanden in dieser Zeit statt. 1307 erfolgte die Einberufung unter Jaume II. in der Kirche Sant Miquel, 1333 unter Alfons III. in der Kirche Santa Maria, 1370 unter Pere III. in der Kirche Sant Miquel und 1414 unter Feran I. in der Kirche Sant Francesc. In dieser Zeit wurden viele Juden angesiedelt, Kirchen, Klöster, Krankenhäuser und die Stadtmauer wurden gebaut, die Stadt wurde zur Herzogstadt. Der Verfall von Montblanc begann im 16. Jahrhundert. Die Einwohnerzahl sank in dieser Zeit sehr stark. Ende des 18. Jahrhunderts erholte sich die Stadt, dank des Weinanbaus wieder. Die ökonomische Blütezeit dauerte bis ins 19. Jahrhundert. Stolz erhebt sich die Stadt, 36 Kilometer nördlich von Tarragona, 26 Kilometer nördlich von Reus und 8 km vom Kloster Poblet entfernt aus der Ebene zwischen den Flüs-

sen Francoli und Anguera. Sie liegt auf 353 Meter Höhe, hat 6.200 Einwohner und eine Stadtfläche von 90 Quadratkilometern. Die Stadtmauer ist 1,7 Kilometer lang, sie hat 31 Türme, 4 Tore und sie umgibt Montblanc vollständig. Da die Häuser in die Stadtmauer hinein gebaut sind, ist es nicht möglich die Stadt auf der Stadtmauer zu umrunden. Vor den Augen der Besucher entsteht innerhalb der Stadtmauern erneut die Zeit des Mittelalters.

b. Infrastruktur
Im ehemaligen Kloster Sant Francesc außerhalb der Stadtmauern, öffnet das Touristenbüro zu unterschiedlichen Zeiten seine Türen. Internet: www.montblancmedieval.org
<u>Unterkünfte</u>
Das Hotel Ducal mit zwei Sternen liegt in der Carrer Diputacio 11.
<u>Restaurants</u>
Unter den Süßspeisen sind die Coques, eine Art Kuchen, zu empfehlen. Auch die Merlets i Montblanquins, eine Art gebrannte Mandeln, schmecken gut. Wurstsorten wie Ilonganissa, Botifarra blanca und Botifarra negra gelten als Spezialitäten. Am Placa Major gibt es einige landestypische Restaurants.
<u>Einkaufen</u>
Schmiedekunst ist in Montblanc in einigen Läden zu kaufen, im Landkreis findet man Werkstätten die Alabaster bearbeiten. In der Altstadt gibt es viele Metzgereien und Bäckereien.
<u>Traditionen und Feste</u>
Ball de Bastons, ist ein Tanz aus Montblanc, der auf Volksfesten aufgeführt wird. Charakteristisch sind kräftige Schläge mit Stöcken. Els gegants i els nans, bedeutet Riesen und Zwerge. Die Riesen sind in Montblanc von großer künstlerischer Schönheit und werden als die ältesten in Katalonien angesehen. Die ersten Daten dieser Tradition stammen aus dem 16. Jahrhundert. Die Sitte der Els torraires (Menschentürme) wurde im Jahr 1990 wieder aufgenommen. El bestiari (Volksfesttiere) bestehen aus dem Drachen, dem Esel und dem Adler aus Papiermache und tanzen auf den Volksfesten. El nunci i les timbales (Ausrufer und Pauken) sind Figuren mit denen alle Schutzpatronatsfeste beginnen. La Xeringa (die Spritze) ist eine Karnevalssitte. Mit einer Wasserspritze wird jeder Besucher, der früher seine Gabe des Zehnten nicht bezahlen konnte, besprizt. Heute findet das Fest auf dem Marktplatz statt. Festa de Sant Antoni i Tres Tombs (Heiliger Antonstag und die drei Runden) ist ein Bauernfest das genau wie das Maultierfest alte Berufe wieder in Erinnerung bringt. Die Karfreitagsprozession (Processo de Divendres Sant) ist die zweitälteste der Region. Die Stationen der Leidensgeschichte und die römischen Soldaten sind bemerkenswert. Die mittelalterliche Woche des Heiligen Georgs (Setamana Medieval de Sant Jordi) wird in den zwei letzten Aprilwochen gefeiert. Der Heilige war der Schutzpatron der Stadt bis 1867, dann wurde er durch den heiligen Matthias ersetzt, der die Heuschrecken verjagt haben soll. Der Volkskundler Amades glaubt, dass die Legende vom heiligen Georg und dem Drachen ihren Ursprung in Montblanc hat. Die Stadt wird wie im Mittelalter geschmückt, die Stadtmauer mit Fahnen verschönert und die Bewohner tragen mittelalterliche Kleidung. Ein mittelalterlicher Markt, das Treffen von Drachen und Teufeln, die Darstellung der Legende, Rittermahle und Ritterspiele und die Darstellung der katalanischen Landstände in der Kirche Santa Maria sind die herausragenden Veranstaltungen. Das Fest

zieht viele Besucher an. Beim Volksfest zu Ehren des Heiligen Matthias (Festes i fires de Sant Maties) sind Gastronomie und Weinbau die Hauptthemen. Am Fronleichnamstag (Corpus) treten typische Gruppen, die alle Feste in Montblanc beleben, auf. Die Johannesfeuer (La Foguera de Sant Joan) bestehen aus einer gemeinsamen Wanderung mit Fackeln zur Johanneswallfahrtskapelle. Treffen von Sardanatänzern in der Wallfahrtskapelle (Aplec Sardanista a l'ermita Sant Josep) stehen am letzten Sonntag im Juni auf dem Programm. Das Hauptvolksfest Festes de la Mare de Deu de la Serra, wird am 8. September gefeiert.

c. Sehenswürdigkeiten
<u>Stadtmauer und Kirche von Santa Maria la Major</u>
Auf einem Rundweg um die Stadtmauer (Baluard) ist für den Besucher die Größe der Anlage gut zu sehen. Angefangen wurde der Bau unter König Pere el Ceremomios im Jahre 1366. Der Architekt Fra Guillem de Guimera beaufsichtigte die Bauarbeiten. Die Mauer wurde 1947 zum geschichtsarchitektonischen Ensemble erklärt. Sie ist das wichtigste mittelalterliche Bauwerk Kataloniens und wird in vier Teile aufgeteilt: im Osten die Mauer *Sankt Tecla*, im Westen die Mauer *Sankt Jordi*, im Norden die Mauer *Santa Ana* und im Süden die Mauer *Sant Francesc*. Vom Touristenbüro führt ein Spaziergang nach Süden zum Tor *Castala*, danach folgt der Turm und das Tor *Bove* und der fünfeckige Turm mit dem Tor *Sankt Antoni*. Der Spaziergang führt nun direkt an der Stadtmauer entlang. In die Stadtmauer hinein gebaut ist die Kirche *Sant Marcal*. Die Kirche beherbergt heute das Museum *Frederic Mares*. Danach führt der Weg weiter zum Tor *Sankt Jordi*. Die Kirche *Santa Maria la Major* ist eines der schönsten Gebäude der Stadt und beherrscht durch ihre Lage und ihre Größe den Ort. Das Kirchenschiff ist 16,5 Meter breit, 30 Meter lang und 26 Meter hoch. Es besteht aus 10 viereckigen Seitenkapellen, die zwischen dem 14. und 17. Jahrhundert im gotischen Stil auf den Resten einer romanischen Kapelle erbaut wurden. Baumeister waren: Anfang des 14. Jahrhunderts Guillem Seguer von Montblanc, danach Reinhard des Fonoll (1346-1364), nach ihm Pere Ciroll (1398-1403), im 16. Jahrhundert die Familie Marti und im 17. Jahrhundert Josep Ferigola. Im Jahre 1673 erhielt sie eine barocke Fassade, nachdem ihr reich geschmücktes Portal im Unabhängigkeitskrieg beschädigt wurde. Eine der schönsten Barockorgeln (1607) Spaniens, die gotische Mutter Gottes aus mehrfarbigem Holz in der Apsis, das gotische Retabel der Heiligen Anna aus dem 15. bis 16. Jahrhundert in der Taufkapelle und das Retabel aus mehrfarbigen Steinen in der Kapelle des heiligen Antonio, sind im Inneren zu besichtigen.

<u>Museum</u>
Das Landkreismuseum (Museu Comarcal de la Conca de Barbera) wurde im Jahre 1982 gestiftet, nachdem die Regierung von Katalonien, die Stadtverwaltung von Montblanc und das Landkreisarchiv ein Abkommen unterschrie-

ben. Es befindet sich im *Casal dels Josa*, dem früheren Haus der Adelsfamilie Josa, und hat drei monographische Abteilungen. Öffnungszeiten: im Sommer Mo bis Sa 10-14 Uhr und 17-20 Uhr, So und Feiertags 10-14 Uhr. Im Winter Di bis Fr 10-13 Uhr und 14-19 Uhr, So und Feiertag 10-14 Uhr. Im Angebot befinden sich Gruppenführungen und Workshops für Schüler. Themen sind Geschichte, Kunst und Ethnographie des Landkreises. Naturwissenschaftsabteilung: Geologie, Zoologie und Botanik des Landkreises und der Berge von Prades. Kunstabteilung: religiöse Malerei und Skulpturen. Sammlung des Bildhauers Frederic Mares. Mühlenabteilung: geschichtliche Entwicklung der Getreidemühlen, Funktion einer Getreidemühle des Mittelalters.

Weitere Sehenswürdigkeiten
In der Innenstadt ist die Kirche *Sant Miquel* am Placa St. Miquel, in der sich ab dem Jahre 1289 mehrmals alle drei Jahre die Ständeversammlung *Corts Catalanes* zu Sitzungen trafen, sehenswert. Sie besteht aus einem Schiff im romanischen und gotischen Stil. Am gleichen Platz befindet sich der Burgherrenpalast *Castla*. Die Kirche *Sant Francesc* aus dem 13. Jahrhundert neben dem Touristenbüro, kann besichtigt werden. Der Plaza Mayor mit seinen Arkadengängen ist für sich alleine gesehen schon ein Kunstwerk. Das Haus der Adelsfamilie Desclergue und das Rathaus stehen dort. In der Nähe des Rathauses ist der königliche Palast in der C. Guillem Llordat Straße sehenswert. Die königliche Familie wohnte während ihrer Aufenthalte hier. Die Carrer dels Jueus erinnert an das große Judenviertel, das es hier einst gab. Der Hügel Santa Barbara erhebt sich inmitten der Stadt und ist heute weitestgehend unbebaut, obwohl hier die erste Siedlung entstanden ist. Der Ausblick über die Stadt, die Türme und die Stadtmauer ist grandios. Im *Casal dels Alenya*, das Haus der Adelsfamilie *Alenya*, ist heute das Landkreisamt untergebracht. Es liegt in der Nähe des früheren Judenviertels. Außerhalb der Stadtmauern ist das ehemalige Krankenhaus *Santa Magdalena* mit einem schönen Kreuzgang mit vielen Säulen sehenswert. Heute hat sich das Landkreisarchiv im alten Hospital in der Raval de Santa Ana Straße etabliert. Die alte Brücke (Pont Vell) über den Rio Francoli wurde im 12. Jahrhundert im romanischen und gotischen Stil außerhalb der Stadtmauern erbaut. In ihrer Nähe steht die Mühle von *Capellans*. Oberhalb der Stadt erhebt sich eine Anhöhe, die der Stadt ihren Namen gab, sie wird der weiße Berg genannt.

13. Die Route der Zisterzienserklöster
a. Die Geschichte und die Lage des Klosters Poblet**
Das Klosterareal wurde zwischen dem 12. und 18. Jahrhundert erstellt. Im Jahre 1151, als der katalanische Graf Raimund Berenguer IV. der Abtei Fontfreda, nahe Narbonne Ländereien vermachte mit dem Auftrag dort ein Kloster zu bauen, begann die Geschichte Poblets. Narbonne gehörte damals zu

Katalonien und bereits im Jahre 1153 nahm Abt Guerau im heutigen Poblet das klösterliche Wirken auf. Im Jahr 1250 wurde die romanische Katharinenkirche erbaut. Ende des 12. Jahrhunderts gehörten dem Kloster bereits 17 Betriebe, die außerhalb des Klosters lagen. Im 13. Jahrhundert tendierte man, aus Mangel an Laienbrüdern, zum Erwerb von Feudalrechten über Dörfer und Gemarkungen. Im 14. Jahrhundert waren 100 Mönche und 40 Laienbrüder in Poblet. Die wirtschaftliche Macht und der starke königliche Schutz hatten große Bauunternehmungen im 14. Jahrhundert zur Folge. Im Jahre 1366, als Peter III. regierte, leitete Guillem de Guimera die Arbeiten zur 608 m langen, 11 m hohen und 2 m dicken Mauer, die mit einem Wehrgang, mit Zinnen, Türmen und Schießscharten versehen war. Auch der Aufbau der Bibliothek begann in dieser Zeit. Die Chronik Jakobs I. von 1343, die älteste auf Katalanisch, wurde auf Befehl von Abt Copons verfasst. 1380 erhielt das Kloster die Bibliothek von Peter III. geschenkt. Im Jahre 1680 kamen 4.000 handschriftliche Werke und Drucke durch eine Schenkung des Vizekönigs von Neapel und Herzogs von Cordona hinzu.

Die Sankt-Georgs-Kapelle wurde 1452 erbaut und ist ein Schmuckstück gotischer Architektur. In der Blütezeit des Klosters im 15. Jahrhundert gehörten ihm 60 Dörfer und die Ernennung von 10 Bürgermeistern hing von ihm ab. Der Teil des Klosters, der durch das Prades Portal aus dem 16. Jahrhundert erreichbar ist, war für landwirtschaftliche Aktivitäten bestimmt. Durch die goldene Pforte aus dem 15. Jahrhundert gelangte man in den zweiten Teilbereich, mit seinem Hauptplatz und einem Steinkreuz aus dem 16. Jahrhundert. Etwas außerhalb des Teilbereiches innerhalb der Gärtnereien steht das Palais des Abtes, erbaut zwischen 1591 und 1776. 1623 trat das Kloster der Zisterzienserkongregation der Krone von Aragon bei. Die Äbte waren nun nicht mehr auf Lebenszeit gewählt. Davor waren viele Äbte auch Präsidenten der Generalität, weil sie bei den Ständeversammlungen eine bedeutende Rolle spielen konnten, somit waren sie auch weltliche Herrscher. Bei der Auflösung der Klöster im Jahre 1835, gab es in Poblet 58 Mönche und 11 Laienbrüder. Die Aufgabe des Klosters hatte Plünderungen zur Folge. Deshalb brachte man 1843 die Gebeine der Könige in den Schutz der Kirche von Tarragona, 1952 wurden sie wieder zurück ins Kloster überführt. Der Finanzier Eduard Toda gründete 1930 eine Initiative, die den Wiederaufbau des Klosters unterstützte. 1940, nach dem spanischen Bürgerkrieg, begannen 4 italienische Mönche, auf Geheiß des Abtes der Zisterzienser, mit dem klösterlichen Leben in Poblet. 1945 wurde die Bruderschaft von Poblet gegründet. Heute leben 30 Mönche in Poblet.

Das Kloster Poblet liegt zwischen den Ortschaften Vimbodi – auf deren Gemeindebezirk es sich befindet – und Espaluga de Francoli, an die Nordhänge des Gebirges von Prades angelehnt und im Flusstal des Rio Francoli. Der Name ist aus dem Lateinischen abgeleitet und bedeutet Pappelwald. Ein Hinweis auf die Landschaft, mit Quellen und dichtem Mischwald. Seit 1984 steht das Gebiet unter Naturschutz. Von Montblanc aus säumen Haselnusssträucher und Mandelbäume die 8 Kilometer lange Straße nach Poblet. In Poblet liegt von Montblanc kommend rechts ein großer, schattenloser Parkplatz.

c. Infrastruktur
Das Masia del Cadet, ein 1 Kilometer vor dem Kloster in einer schönen Landschaft gelegenes, familiäres, kleines Mittelklassehotel ist sehr empfehlenswert. Auch das Restaurant bietet eine gute Küche. Eine Zimmerreservierung ist am Wochenende erforderlich. Direkt beim Kloster liegt das Hostal Fonoll, es hat 21 Zimmer und ein gutes Restaurant. Im Sommer sollte man reservieren. Das Hostal ist vom 20.01 bis 20.12 geöffnet. Andenken und Bücher kann man im Klosterladen, in dem das Touristenbüro untergebracht ist, kaufen. In der Weinkellerei, die man besichtigen kann, gibt es Wein zu kaufen. Öffnungszeiten des Klosters: täglich 10-13 Uhr und 15-18 Uhr, im Winter bis 17.30 Uhr. Die Führung durch das Kloster dauert eine Stunde und kostet 4 Euro für Erwachsene.

d. Sehenswürdigkeiten
Im Kloster gibt es drei Bereiche: der erste Bereich gehört zur Landwirtschaft, der zweite Teil kümmert sich um die Geschäfte mit der Außenwelt und der dritte Bereich beschäftigt sich mit dem Klosterleben. Den ersten Bereich betritt man durch das Tor von Prades. Links das Pförtnerhaus von 1531, nach rechts gelangt man zur *Capella San Jordi* im spätgotischen Stil. Sie wurde im Jahre 1442 von Alfons el Magnanim aus Dank für die Eroberung Neapels gestiftet. Im ersten Bereiche sind Obstgärten, Lager und Handwerksstätten, die von einer Mauer umgeben sind, zu sehen. Hier wohnten Laienbrüder, die die Ländereien bestellten und einem Handwerk nachgingen und so die Autarkie des Klosters aufrechterhielten. Auch Tagelöhner wurden hier untergebracht. Die goldene Pforte (Porta Daurada) führt in den zweiten Bereich, sie erhielt ihren Namen 1564, als Phillip II. während eines Besuches befahl das Tor zu vergolden. Am Plaza Major verteilen sich die Katharinenkapelle im romanischen Stil, die Reste des ehemaligen Palastes des Abtes, ein monumentales Steinkreuz, die Schreinerei, ein Hospiz und Läden. In einem davon kann man die Eintrittskarten kaufen und Erzeugnisse aus dem Kloster. Von hier aus ist zum ersten Mal die Klosterburg zu sehen, eine 608 Meter lange Mauer mit 13 Türmen und zwei Toren trennen die Besucher vom Inneren. Das Königstor (Porta Reial) aus dem 14. Jahrhundert ist eher schmucklos, aber ungemein beeindruckend. Die sechseckige, massive Bastion mit zwei Türmen und dem Königstor auf dem neben dem Wappen des Königs das Wappen des Abtes Wilhelm d´Agullo zu sehen ist, kontrastiert mit dem barocken Portal, das 1669 auf Wunsch des Grafen von Cardona in die trutzige Mauer eingelassen wurde. Hinter dem Tor, das von

Statuen des heiligen Bernhardt und Benedikt flankiert wird, liegt der Zugang zur Klosterkirche. Die Führung beginnt hinter dem Königstor im unregelmäßigen Innenhof des Palastes von König Martin dem Humanen. Der Bau des Saals datiert auf die Jahre 1397 bis 1406. Unterhalb des Palastes bildet die Vorhalle des Abtes Copon aus dem 14. Jahrhundert den Zugang zum Hauptkreuzgang aus dem 13. Jahrhundert. Links vom Kreuzgang befindet sich der Sprechsaal der Laienbrüder aus dem 13. Jahrhundert. Nun geht es weiter in den Hauptkreuzgang, der im wesentlichen aus dem 13. Jahrhundert stammt und an dem ein Jahrhundert lang gebaut wurde. Deutlich erkennt man den Übergang von der Romanik zur Gotik. Auffällig ist die Schönheit der Kapitelplastik, Ornamente und Blattmotive gehen kunstvoll ineinander über. Zu den romanischen Teilen zählt das sechseckige Brunnenhaus, dessen Besuch in den Alltag der Mönche integriert ist. Um den Kreuzgang herum reihen sich alle notwendigen Räume des Klosters aneinander. Links vom Kreuzgang liegt die Küche aus dem 13. Jahrhundert. Der Kamin ist aus der heutigen Zeit. In der Wand ist eine Vertiefung zu sehen. Früher wurde das Essen hier durchgereicht und gelangten so ins Refektorium, dem Essraum der Mönche. Es handelt sich um einen rechteckigen, romanischen Bau der von einem Tonnengewölbe, das auf formschönen Konsolen steht, getragen wird. Es folgt die kleine Wärmestube aus dem 12. Jahrhundert, der einzige heizbare Raum des Klosters. Der ehemalige Kamin ist verschwunden, der jetzige stammt von der letzten Restauration des Raumes. Nun gelangt man zum Sprechsaal und zur Bibliothek aus dem 13. Jahrhundert. Beide Räume können nicht betreten werden, durch eine Glasscheibe kann der Besucher ins Innere sehen. Ab dem 17. Jahrhundert war in einem der Räume die Bibliothek untergebracht. An der Ostseite des Kreuzgangs liegt der Kapitelsaal aus dem 13. Jahrhundert. Das Kreuzrippengewölbe des quadratischen Raumes wird von vier Säulen getragen. In den Boden eingelassene Grabsteine erinnern an frühere Äbte. Der Saal ist der Versammlungsort der Mönche und führt Romanik und Gotik zu einer Einheit zusammen.

Höhepunkt der Besichtigung ist die südlich vom Kreuzgang gelegene Klosterkirche, unter Alfons I. zwischen 1162 und 1196 erbaut. Es handelt sich um eine dreischiffige Basilika mit Querschiff und das Chorhaupt mit Apsis umgibt ein Kapellenkranz. Das südliche Seitenschiff wurde im 15. Jahrhundert im gotischen Stil mit sieben Kapellen erneuert. Das Mittelschiff wird von einem kunstvollen Tonnengewölbe überspannt, dessen Bögen leicht spitz zulaufen. Das Gotteshaus diente auch als Repräsentationsraum der Könige von Aragon-Katalonien und ist seit 1340 ihre Beerdigungsstätte. Vor der Apsis sind die Könige und ihre Gattinnen auf Sarkophagen schlafend in Stein verewigt. Für die Anlage entwarf Jordi de Deu 1380 eine ungewöhnliche Lösung. Die Särge mit den Figuren der Königsfamilie sind über flachen Bögen liegend zwischen die Pfeiler gespannt, offenbar, um den Ablauf der Messe nicht zu behindern. Hier liegen auf der Südseite Alfons II. der Keusche, auf der Nordseite Jaume I. der Eroberer (gestorben 1276), Pere der Zeremoniöse (gestorben 1387) und seine drei Ehefrauen, Maria von Navarra, Elionore von Portugal und Elionore von Sizilien. Die Herren haben Löwenabbildungen, Symbol der Königsherrschaft und Schwerter zu ihren Füßen, die Damen Hunde, Sinnbilder der Treue. Die Grabmäler überstanden die Plünderungen des 19. Jahrhunderts nicht unbeschadet und wurden von dem Bildhauer Frederic Mares 1940 restauriert. Der Altarraum wird von einem riesigen Retabel aus Alabaster geschmückt. Damia Forment schnitzte es 1527 im Renaissancestil. In einer Rahmenarchitektur erscheinen auf sechs Register verteilt, Szenen aus dem Marienleben und Statuen von Aposteln und Heiligen. Ein Kalvarienberg krönt das monumentale Werk. Eine Kommission fand Mängel am Material und an den Werkstattarbeiten, deshalb erhielt der Künstler nur einen Teil seines Honorars und einen Esel.

Der Kreuzgang des Klosters Poblet

Die neue Sakristei aus dem 17. Jahrhundert schließt sich an das Querschiff an. Nach ihrer Zerstörung 1835 wurde sie in ihrer barocken Form wieder restauriert. Vorbei am Schlafsaal der Mönche, früher der Vorratsraum aus dem 14. Jahrhundert, geht es nun auf das Satteldach und zum oberen Kreuzgang, der nach seiner Zerstörung nicht wieder aufgebaut wurde. Von dort gelangt man in die Wohnung des Abtes Copon aus dem 14. Jahrhundert. Die Decke ist mit einer neueren Täfelung und schönen Bögen überzogen. Auf dem Rundweg des oberen

Kreuzganges ist der kleine Glockenturm aus dem 13. Jahrhundert, der gotische Turm aus dem 15. Jahrhundert und die Kuppel der Sakristei von 1666 zu sehen. Eine Treppe führt hinunter in das Refektorium der Laienbrüder aus dem 14. Jahrhundert, der Raum wurde später in einen Weinkeller umgewandelt. Der geführte Teil des Rundganges ist danach beendet. An der Außenmauer entlang und durch den Haupteingang der Kirche, geht es in den ohne Eintrittsgeld zugänglichen Teil der Kirche. Der Eingang mit seiner barocken Fassade, wird von der heiligen Maria, der Schutzheiligen des Klosters, über dem Portal beherrscht. In der Vorhalle der Kirche sind die Grablegung des Herrn aus dem 16. Jahrhundert, eine Kreuzigungsgruppe aus dem 13. Jahrhundert und mehrere Grabstätten aus dem 13. bis 16. Jahrhundert zu sehen. Eine Seitenkapelle wurde im 18. Jahrhundert als Sakramentskapelle für die Reliquien des Klosters angebaut.

e. Die Klöster in Vallbona de les Monges und Santes Creus*

Die großen Zisterzienserklöster Santes Creus, Poblet und Vallbona de les Monges in der Provinz Lleida haben alle Wechselfälle der Geschichte überstanden und blieben in ihrer ganzen Schönheit erhalten. Zuerst spielte der Benediktinerorden bei der Wiederbevölkerung Kataloniens nach der Rückeroberung durch die Christen eine entscheidende Rolle. Ab der Mitte des 12. Jahrhunderts übernahm der Zisterzienserorden diese Rolle. Das Kloster Santa Maria de Vallbona steht mitten im Ort Vallbona de les Monges in der Provinz Lleida, 25 Kilometer nördlich von Montblanc und wurde 1153 von Ramon de Vallbona gegründet. Heute leben Nonnen, die eine Keramikwerkstatt und ein Gästehaus mit 20 Zimmern betreiben, in dem Kloster. Öffnungszeiten für die Führungen: Mo bis So 10.30-13.30 Uhr und 16.30-18.30 Uhr, im Winter bis 18 Uhr. Das Kloster Santes Creus wurde 1158 von Ramon Berenguer IV. gegründet und liegt in einem abgelegenen Tal am Ufer des Riu Gaia. Es gilt als Ausgangspunkt der Zisterzienserroute, die an allen drei Klöstern vorbeiführt. Das fruchtbare Tal ist von Wäldern umgeben. Haselnussplantagen, Mandel- und Olivenbäume und ausgedehnte Weingärten bestimmen die Landschaft im Tal. Das Kloster gilt als wichtiges Beispiel für den Übergang von der Romanik zur Gotik und verdankt seine Gründung dem Geld der Adelsfamilie Montcada. Der heilig gesprochene Abt Bernat Calbo und Abt Gener waren im 13. Jahrhundert, wegen ihrer Arbeit für das Kloster, die herausragenden Persönlichkeiten. Im Jahre 1319 hatte das Kloster, nach der Zerschlagung des Templerordens, wesentlichen Anteil an der Gründung des Ritterordens Montesa. Viele Jahrhunderte spielte das Kloster eine Rolle im politischen Leben Kataloniens. In der Vergangenheit gehörten Landbesitz und ein reiches Vermögen zum Kloster. Es wurde wie die anderen Klöster von den Regenten protegiert, weil es als Speerspitze gegen die Araber eingesetzt wurde und bei der Wiederbesiedelung des Gebietes half. Anfang des 19. Jahrhunderts wurde das Kloster verlassen und sein Vermögen enteignet. Im Jahre

1931 wurde es neu gegründet. Der prachtvolle, architektonische Komplex entstand im 12. bis 18. Jahrhundert. Die Befestigungen wurden von 1376 bis 1380 angelegt. Um den *Placa de Sant Bernat* und den barocken Brunnen, der dem Abt Bernat Calbo gewidmet ist, stehen Klostergebäude mit Sgraffitos verzierten Fassaden, die sich heute in Privatbesitz befinden. Der Palast des Abtes aus dem Jahr 1640 dient heute als Rathaus. Der Ort Santes Creus entstand in den ehemaligen klösterlichen Gebäuden. Der innere Bereich, der den Kreuzgang umschließt, wurde auf Befehl König Pedros III. als befestigte Anlage errichtet. Die Hauptkirche (1174-1211) hat den Grundriss eines lateinischen Kreuzes. Ein romanisches Tor, ein großes gotisches Fenster in der westlichen Fassade, und eine prachtvolle Rosette an der Stirnseite erhöhen den Ausdruck der Fassade. Vier quadratisch ausgeführte Kapellen umgeben den schlichten Kirchenbau. Im Kircheninneren sind die Mausoleen von Peter II. dem Großen, Jaume II. dem Gerechten und seiner Gemahlin Blanche de Anjou, die von eleganten gotischen Schreinen umgeben und im 14. Jahrhundert entstanden sind, sehenswert. Sie liegen in gotischen Tempelchen, die verziert mit Blumenfriesen, Zinnen und Giebeln sind. Der Hauptaltar ist mit einem Barockretabel aus dem Jahre 1640 von Josep Tremulles ausgestattet. Die achteckige Kuppel stammt aus dem Jahr 1314, und der Turm aus der Renaissancezeit des 16. Jahrhunderts. Am großen, gotischen Kreuzgang aus dem 14. Jahrhundert arbeitete der englische Meister Reinard Fonoll, der hier ein feines, bildhauerisches Werk schuf. Die Grabmäler gehören den Familien Montcada, Cervello und Salba.

Der dritte Teil des Areals besteht aus weiteren interessanten Elementen. Der Kapitelsaal, das ehemalige Klosterarchiv, der Schlafsaal mit seinen Bögen, der hintere Kreuzgang von 1625, und der unter Peter II. im Jahre 1276 erbaute Königspalast, gehören zu diesen Elementen. Der zweite Kreuzgang wird Kreuzgang des Hospitals genannt. Er befindet sich an der Westseite des Klosters und hat einfache, monumentale Spitzbögen aus dem 17. Jahrhundert. Der Speisesaal, die Küche, der Keller und der Vorratsraum verteilen sich in einem Viereck in dem der Kreuzgang in der Mitte liegt. Der Königspalast hat eine sehenswerte Galerie, eine Treppenanlage und einen Innenhof der neben einer zweiten Galerie liegt, die im platereksen Stil errichtet wurde. Östlich des zweiten Kreuzgangs wurde die romanische Kapelle der Dreifaltigkeit errichtet. Sie zählt zum ältesten Teil des Klosters und in ihr werden Gottesdienste abgehalten. Im Sommer finden im ehemaligen Refektorium Konzertreihen statt. Öffnungszeiten: 15. September bis 15. März 10-13.30 Uhr und 15-18 Uhr. Im Sommer 15-19 Uhr und 10-13.30 Uhr. An Montagen und Festtagen bleibt die Kirche geschlossen, die Messe findet Sonntags um 12 Uhr statt.

14. Die Bezirke Baix Penedes und Conca de Barbera
a. Orte im Kreis Baix Penedes

Nördlich von Calafell im Kreis Baix Penedes gelegen, befindet sich in Banyeres del Penedes in der Nähe des Friedhofes das Sanktuar und ehemalige Benediktinerpriorat *Santa Maria al Priorat* aus dem 14. Jahrhundert. Es ist seit dem 17. Jahrhundert zweischiffig und besitzt zwei Apsiden. Sehenswert sind Reste der Burg von Banyeres aus dem 10. Jahrhundert, die Pfarrkirche *Sant Eulalia* aus dem 18. Jahrhundert und die Hauptstraße des Ortes. Auf dem Marktplatz steht eine 100 Jahre alte Eiche und ein Brunnen. Die *Ermita Sant Miquel* aus dem 18. Jahrhundert und die *Ermita Sant Ponc de Saifores* aus dem 15. bis 18. Jahrhundert im Weiler Sant Miquel, sind ebenfalls Sehenswürdigkeiten.

In der Kleinstadt La Bisbal im Kreis Baix Penedes sind die Pfarrkirche *Santa Maria* aus dem 12. Jahrhundert, Reste einer alten Burg, die *Ermita Santa Christina* aus dem 12. Jahrhundert die nahe dem Pass Coll de Rubiola liegt, das Heimatmuseum und der Aussichtsturm *l'Ortigos* aus dem 11. Jahrhundert sehenswert. 3 Kilometer von La Bisbal entfernt liegt der Ort Santa Oliva in dem eine Burg, die Kapelle *Mare de Deu del Remei* aus dem 12. Jahrhundert, die Pfarrkirche im romanischen Stil, die *Minas de Agua* und der *Sala des Arcs* einen Besuch wert sind. 3 Kilometer entfernt von Santa Oliva liegt L´Arboc, eine Kleinstadt im Baix Penedes. Der Ort ist wegen seiner Feste (Menschentürme/ Castellers und Gruppe von Teufeln/ Colla de Diables) und seiner Sehenswürdigkeiten bekannt. Mit der Pfarrkirche *Sant Julian* im Übergangsstil von der Renaissance zum Barock im 17. Jahrhundert erbaut, hat die Stadt eine weitere Attraktion. Die Kirche wurde über einer älteren, romanischen Kirche erbaut und zeigt hervorragende Malereien in der Seitenkapelle *Verge dels Dolors*. Ein Gebäudekomplex in der Hauptstraße *Carrer Mayor*, das Museum *Puntes de Coixi* und der Aussichtsturm *Badalota* ist zu besichtigen. Der Ort ist außerdem wegen den Reproduktionen berühmter Sehenswürdigkeiten Spaniens in ganz Katalonien bekannt. *La Giralda*, eine Anlage, die der *Giralda* in Sevilla nachgebaut wurde, der Löwenhof und der *Patio de los Embajadores* von Granada sind Beispiele dafür. Der frühere Eigentümer und Gründer des Parks, Joan Roquer wollte Anfang des 20. Jahrhunderts die Orte nachbauen die er bei seiner Hochzeitsreise besucht hatte. Das modernistische Krankenhaus *Sant Antoni* und der Ende des 19. Jahrhunderts von Josep Gener erbaute Palast *Gener Batet* zählen ebenfalls zu den Sehenswürdigkeiten.

b. L´Espluga de Francoli im Kreis Conca de Barbera

Die Kleinstadt mit 3.506 Einwohnern liegt im Südwesten des Kreises Conca de Barbera. Das Touristenbüro ist in der Torres Jordi Straße 16, zu finden. Die ersten Häuser der Kleinstadt wurden nach der Rückeroberung durch die Christen auf einer Plattform über dem Fluss erbaut. Jahrhunderte später entstanden die Mühlen im Tal des Riu Francoli. Sie waren über viele Jahrhunderte der Garant des wirtschaftlichen Aufschwungs von L´Espluga de Francoli. Die Höhlungen, die der Fluss im Laufe der Jahrhunderte aus dem Fels gewaschen hat, gaben der Stadt ihren Namen. Die Pfarrkirche *Sant Miquel* aus dem 13. und 14. Jahrhundert ist ein einschiffiges Gebäude im gotischen Stil. Die Kirche besteht aus einem Kreuzgewölbe, einer polygonalen Apsis und einem schönen Archivvolten geschmückten Spitzbogenportal. Sie zählt seit 1923 zu den historisch-künstlerischen Monumenten. Der Kirchturm kann besichtigt werden und bietet eine schöne Aussicht. Das gotische Hospitalgebäude wurde im 14. Jahrhundert vom Johanniterorden erbaut und hat einen schönen Innenhof. Der Brunnen *Font Baixa* wurde im neoklassizistischen Stil errichtet. Das archäologische und ethnologische Museum beherbergt Exponate der Vor- und Frühgeschichte. Die landwirtschaftliche Kooperative entstand 1913 unter der Leitung des bekannten modernistischen Architekten Pere Domenech i Montaner und seinem Sohn. Sie wird wegen ihrer Monumentalität „Kathedrale des Weins" genannt. Heute sind in dem Gebäude ein Weinmuseum und ein Geschäft für landwirtschaftliche Produkte untergebracht. Im Weinmuseum (Museu del Vi) erfährt man alles über An- und Abbau der Trauben. An Werktagen ist morgens und nachmittags, an Sonn- und Feiertagen morgens geöffnet. Die Kooperative ist für Einkäufe zu den üblichen Geschäftszweiten geöffnet. Sie war bauliches Vorbild für viele andere Kooperativen Kataloniens. Das Heimatmuseum (Museu de la Vida Rural) ist an Werktagen morgens und nachmittags geöffnet und an Sonntagen morgens. 2 Kilometer von L´Espluga entfernt hat die Quelle *Font del Ferro* ihren Ursprung. Das ehemalige Heilbad *Balenario les Masies*, heute ein kleiner Kurort, fängt das Wasser der eisen- und magnesiumhaltigen Quelle auf. Südlich der Stadt liegt in einem steilen Tal (Barranco) die *Ermita de la Santisima Trinitat*, mit schlichten Zimmern und einem Campingplatz. Auf dem Weg dorthin kommt man an der Kapelle *Sant Miquel* vorbei, von der die Aussicht hervorzuheben ist. Im Jahr 1854 wurde in der Nähe der Stadt die eindrucksvolle *Font Major Höhle* **(K)** mit den Resten frühgeschichtlichen Lebens entdeckt. Es handelt sich um eine der längsten Höhlen der Welt. Bisher wurden 4 Kilometer, die unter der Ortschaft liegen, erforscht. Sie ist beleuchtet und kann besichtigt werden. Öffnungszeiten: täglich morgens und nachmittags.

<u>15. Die Berge von Prades und von Montsant**</u>
Die Berge von Prades und Montsant bilden einen atraktiven Landstrich, der den Besuchern viele Sportmöglichkeiten ermöglicht. Wandern, Klettern, Trecking und Mountainbikefahren sind nur einige davon. Der Tossal de la Baltassana ist mit 1.202 Metern der höchste Berg des Gebirges von Prades und der höchste Berg des Kreises Conca de Barbera. Prades, Capafonts, Rojals, La Mussara, Arboli, L´Albiol, La Febro, Siruana und Vilanova de Prades verführen zu einem Bummel durch mittelalterliche und zum Teil unbewohnte Gassen. Capafonts

liegt im Kreis Baix Camp zwischen den Bergen von Prades und den Bergen von Mussara am Oberlauf des Riu Brugent. Den Namen des Ortes führt man zurück auf die zahlreichen Quellen der Umgebung. Dichte Wälder und eine Vielzahl landschaftlich reizvoller Gebiete kennzeichnen die Umgebung des Ortes. Er hat sich zu einem Zentrum für Sportarten wie Wandern, Steilwand- und Höhlenklettern entwickelt. Auch der Fernwanderweg GR-7, der alle Küstengebirge des Mittelmeeres durchquert, ist von Capafonts schnell zu erreichen. Viele Höhlen und Felshänge liegen verstreut in der Gegend. Sie tragen die Spuren von früherem, menschlichem Leben. Sehenswert ist die Pfarrkirche *Santa Maria* aus dem 18. Jahrhundert. Prades sticht unter allen Orten wegen der rötlichen Färbung seiner Gebäude hervor. Die Pfarrkirche *Santa Maria* mit ihrem hellen Kalksteinportal und der mittelalterliche Brunnen vor der Kirche ist die Hauptsehenswürdigkeit von Prades. Im *Pueblo Espanol* in Barcelona steht ein Nachbau dieses Brunnens. Die Eingangsportale, ein gotischer Bogen und die Arkadengänge der Placa Major sind besonders sehenswert. Über die Landstraße nach Vilaplana führt ein schmaler Weg nach einer Kreuzung auf 1.020 Meter Höhe hinauf. Hier steht die 1570 erbaute *Ermita de L'Abellera* unter einem gewaltigen Felsüberhang. In den Wäldern um Prades gibt es viele Baumarten. Waldkiefern, Steineichen, Kastanienbäume und eine Eichenart die im Winter die Blätter abwirft und sonst nur weiter nördlich beheimatet ist, sind nur einige der zahlreichen Baumarten. Der Haselnussbaum wird für die Landwirtschaft angebaut. Neben dem Obst hat sich die Kartoffel aus Prades einen Namen gemacht. Von Prades aus ist eine Wanderung zum Tossal de la Baltassana möglich. Eine weitere Wanderung führt zum Felsüberhang *Cingle de les Espurrides,* der 1.053 Meter hoch ist und in dessen Nähe Gesteinsskulpturen, welche die Erosion geschaffen hat, stehen. *Roca del Gringol, Roca dels Corbs* und *Roca Fordada* gehören zu diesen Felsformationen.

Die Orte Siruana und La Febro verdienen wegen ihrer außergewöhnlichen Lage einen Besuch. La Febro liegt auf 754 Höhenmetern oberhalb des Riu Siruana. Der Ort hat eine sehenswerte Pfarrkirche und ist von einer spektakulären Felsenlandschaft umgeben. Siruana residiert auf einem steilen Felsplateau in 750 Metern Höhe. Der Ort hat heute 30 Einwohner, die oberhalb des Stausees von Siruana leben. Sein Auto kann man außerhalb des Ortes auf einem Parkplatz, von dem die Aussicht über die felsige Landschaft fabelhaft ist, parken. Durch einen Engpass, der zur Zeit der Araber von einer Burg kontrolliert wurde, betritt man den Ort. Bis 1135 konnten die Araber hier den Angriffen der Christen standhalten. Eine Legende berichtet von der Königin Abdalaiza die sich ihren Verfolgern entzog, indem sie auf dem Rücken ihres Pferdes in den Abgrund stürzte. Auf einer Anhöhe liegt die einschiffige, romanische Kirche des Ortes, die von Ramon de Berenguer erbaut wurde und der *Marc de Deu de l'Aigue* geweiht ist. Am 9. Mai versammeln sich hier

Wallfahrer aus allen umliegenden Orten. Siruana ist ein Zentrum für Wanderer und es verfügt über eine Herberge mit Übernachtungsmöglichkeiten.

Die Ruine des Kartäuserklosters Escaladei in den Montsantbergen stellt wegen ihrer einmaligen Lage einen touristischen Höhepunkt eines jeden Besuchs der Montsantberge dar. Im dazugehörigen Ort, der vor dem Kloster erreicht wird, gibt es gute Restaurants, Weingeschäfte und ein Geschäft mit Landprodukten. Das Kloster kann gegen ein geringes Eintrittsgeld besucht werden. Öffnungszeiten: Di bis So 9-14 Uhr und 16-18 Uhr. Die Ruinen bestätigen die einstige Größe des Gebäudes.

Eingang zum Kloster Escaladei

16. Valls die Hauptstadt des Landkreises Alt Camp
a. Lage und Geschichte
Die Stadt bildet mit mehr als 20.000 Einwohnern ein verwaltungs-, industrie- und Landwirtschaftszentrum. Wein, Oliven, Haselnüsse und Mandeln bestimmen das Landschaftsbild. Die Stadt liegt in einem weiten zum Meer hin offenen Becken, das nach drei Seiten gegen die kalten Winde aus dem Inland, durch Bergketten geschützt ist. Ihre Geschichte reicht bis zu den Iberern zurück, die sie gegründet haben und Jahrhunderte später wurde Valls von den Arabern erobert. Nach der iberischen Zeit bauten die Römer die *Via Aurelia,* eine Landstraße, die an Valls vorbeiführt. Die Stadt ist die Wiege des berühmten

Schriftstellers Narcis Oller (1846-1930) der für den Vater des Schreibens moderner katalanischer Romane gehalten wird.

b. Infrastruktur
Im Rathaus an der Plaza del Plat gibt es touristische Informationen.
<u>Unterkünfte</u>
Die Fonda Paris am Placa del Plat und das Hostal Torreblanca in der C. Josep Maria Fabregas 1, sind einfachere Häuser mit Restaurant.
<u>Essen</u>
Im gastronomischen Bereich ist Valls der Ort der Frühlingszwiebeln (Calcots), die bei einem Grillfest im Freien über dem Holz der Reben (Calcotadas) bis die äußere Schicht verbrannt ist, (sie wird beim Essen mit den Fingern abgezogen) gegrillt und mit Fleisch, Romesco Sauce und Wein zusammen aus der Hand gegessen werden. Der nächste Gang besteht aus Lammfleisch und Bratwurst. Als Nachtisch gibt es Orangen mit Eiercreme. Auch in den benachbarten Gemeinden hat sich das Fest verbreitet und es findet heutzutage über die zweite Winterhälfte hinaus statt. Viele Restaurants bieten an den Wochenenden das ganze Jahr diese Spezialität an.
<u>Traditionen</u>
Die Stadt ist stolz darauf die Stadt der Menschentürme zu sein. Die beiden Colles Castellers (Gruppen) die Colla Vella dels Xiquets de Valls und die Colla Jove dels xiquets de Valls, rivalisieren das ganze Jahr untereinander. Die Freiluftsaison beginnt am 24. Juni am Tag der Festa Mayor und endet am Sonntag zu Santa Ursula, der dem 21. Oktober am nächsten liegt. Es geht um die Qualität und den Schwierigkeitsgrad der Menschentürme während der Vorstellungen. Das Museum Casteller behandelt das Thema ausführlich.

c. Sehenswürdigkeiten
Der Platz del Blat ist wegen seiner Bürgerhäuser und dem Rathaus sehenswert und dient als Ausgangspunkt für eine Besichtigung der Stadt. Auf dem Platz werden die Wettbewerbe der Menschentürme ausgetragen. Die gotische Erzpriesterkirche *Sant Joan* aus dem 16. Jahrhundert mit ihrem 76 Meter hohen Glockenturm und der Fassade aus der Renaissance hinterlässt einen monumentalen Eindruck. Eine prächtige Rosettenverglasung und das Marienbildnis *Mare de Deu de la Candela* aus dem 13. Jahrhundert schmücken die Kirche. Innen sind wertvolle Werke, wie das Altarbild *Sant Aleix* aus dem Jahre 1769 von Lluis Bonifac, sehenswert. Südlich der Kirche lohnt sich ein Spaziergang über die kleinen Plätze Garrofes, Escudelles und l'Oli, deren Namen auf frühere Märkte verweisen und durch die engen Gassen, von denen die Carrer del Call die Hauptstraße des einstigen Judenviertels war. Weitere Sehenswürdigkeiten können an den Fußgängerzonen Carrer de la Cort und Carrer Jaume Huguet besichtigt werden. Beide Straßen verlaufen von der Kirche *Sant Joan* und dem Plaza del Blat nach Osten. Die *Ermita Roser*, die eine Fassade aus der Renaissance besitzt und an der Straße de la Cort liegt, wurde unter Denkmalschutz gestellt und im Inneren sind ein Mosaik und wertvolle Keramikarbeiten

aus dem 17. Jahrhundert zu sehen. 2.600 Fliesen wurden in den beiden Bildern verarbeitet. Auf einem Bild ist die Lepanto-Schlacht zu sehen in der christliche und arabische Flottenverbände gegeneinander kämpfen und auf dem anderen Bild die Übergabe der Kreuzzugsflagge durch Papst Pius V an Juan d'Austria. Auf der rechten Straßenseite folgt der Platz El Pati. Es handelt sich dabei um den ehemaligen Exerzierplatz im ehemaligen Kastell des Erzbischofs von Tarragona. Am Ende der la Cort Straße steht das Hospital *Sant Roque*. In der Carrer Jaume Huguet steht auf der rechten Seite das Theater *Principal* aus dem Jahr 1850. Es handelt sich um eines der ältesten Gebäude im neoklassizistischen Stil in Katalonien. An beiden Straßenzügen stehen Bürgerhäuser aus der Gründerzeit mit interessanten Fassaden und Jugendstilverzierungen, die teilweise die Innenräume von Läden schmücken. Bald ist der Platz Font de la Matxa erreicht und der baumbestandene Passeig dels Caputxins beginnt. Das Denkmal der *Colla Vella dels Xiquets de Valls,* der ältesten Vereinigung von Castellers aus dem Jahre 1805, wurde hier errichtet. Am oberen Ende der Straße liegt die Wallfahrtskirche *Virgen de Lledo*. Im Inneren steht das gleichnamige Bildnis der Jungfrau aus dem 13. Jahrhundert. Das Museum von Valls beherbergt eine Sammlung katalanischer Maler aus dem 19. und 20. Jahrhundert. Sehenswert ist außerdem das Haus *Ca la Massona* und die Kirchen *Carme* und *St. Francesc*. Das *Granja Montala* ist ein Museum für alte Agrarmaschinen und befindet sich an der Ctra. de Picamoixons am Kilometer 2, nahe der Stadt.

17. Im Tal des Riu Corb
Dieser Ausflug beginnt in Santa Coloma de Queralt und verläuft entlang des Flusses Riu Corb bis Vallfogona de Riucorb erreicht wird. Die Grafschaft von Santa Coloma de Queralt liegt im Norden des Kreises Conca de Barbera. Sie war ein Teil der Baronie Queralt. Das Touristenbüro liegt am Placa de Kastell. Das Hostal Colomi hat Zimmer zu vermieten und die Restaurants La Segarra, Cal Joan und Ca L'Estripet bieten gut bürgerliche Küche an. Das Kastell der Grafen aus dem 10. Jahrhundert mit einem Rundturm liegt im Zentrum der Stadt. Bereits im 10. Jahrhundert war die Burg eine Bastion der Christen. Nach den erfolgreichen Kämpfen des Grafen von Barcelona konnten hier bereits im 11. Jahrhundert Christen angesiedelt werden. Die zentrale mit Säulengängen geschmückte Placa Mayor dient als Ausgangspunkt für eine Altstadtbesichtigung. Im früheren Judenviertel fallen die engen, mittelalterlichen Gassen auf. Reste der alten Stadtmauer, vier Stadttore und ein Brunnen aus dem 17. Jahrhundert sind gut erhalten. Die einschiffige Pfarrkirche *Santa Maria* mit ihrem monumentalen Glockenturm und dem romanischen Portal ist ein schönes Beispiel für gotische Baukunst. Sie wurde zwischen 1262 und 1540 erbaut. In einer Seitenkapelle befindet sich eines der wichtigsten gotischen Altarbilder Kataloniens. Es handelt sich um das Alabasterretabel des *Sant Llorenc*. Der Künstler Jordi de Deu schuf das Retabel zwischen 1378 und 1380. Der Palast der Grafen mit

seiner Fassade aus dem 17. Jahrhundert hat einen kreisförmigen Grundriss und einen Wehrturm. Am Südrand der Stadt liegt die kleine Kirche *Sant Bel-Lloc.* Sie war Teil eines Klosters des Bettlerordens Mercedarier und wurde im spätromanischen Stil erbaut. Der Eingang aus dem 13. Jahrhundert, mit Figuren- und Ornamentschmuck die islamisch inspiriert sind, ist besonders sehenswert. Im Inneren befinden sich die Grabmäler der Grafen von Queralt. Sie wurden 1370 in schönstem Alabaster erbaut.

Vallfogona de Riucorb ist das Ziel des Ausflugs, der malerisch entlang des Flusses Corb führt. Informationen über Vallfogona de Riucorb sind im Rathaus erhältlich. Übernachten kann man im Hotel Balneari Vallfogona, im Hotel Regina, im Hostal del Rector und in der Fonda Fangara. Der Kurort Vallfogona de Riucorb ist der letzte Ort im Norden des Landkreises. Er liegt im Tal des Riu Corb, unweit der Kreise Urgell und Segarra die zur Provinz Lleida gehören. Das Kurhotel Balenari Vallfogona wurde 1901 in der Tiefe des Tals gegründet und mehrfach umgebaut. Aus dem Jahr 1992 stammt das Thermalschwimmbecken in der Bädergalerie. Die ständig zunehmende Zahl von Kurgästen hat zum Bau von weiteren Unterkünften geführt. Die Heilquellen *Font Pudosa* (Schwefelquelle) und *Font Salada* (Salzquelle) waren schon vor dem Bau der Hotels bekannt. Die Quelltemperatur beträgt 14 Grad. Merkmale des Wassers sind: natriumchlorid-, sulfat-, calcium- und magnesiumhaltig. Im Hotel sind folgende Anwendungen möglich: Sauna, Hydromassage, Dampfbäder, Schlammpackungen, Inhalationen, Berieselungen und Thermalbäder. Rheuma, Arthrose, Arthritis, Verstopfung und Asthma werden behandelt. Außerdem werden Schlankheits-, Entspannungs-, Zellulitis- und Antistresstherapien durchgeführt. Als mittelalterliches Zentrum der Templer, das später vom Hospitaliterorden übernommen wurde, war der von einer Burg beherrschte Ortskern von einem Mauerwall umgeben. Bekanntheit erreichte der Ort durch den Kleriker und beliebten Barockdichter Francesc Vicent Garcia (1582-1623) der auch „Rector de Vallfogona" genannt wurde. Er hatte ab dem Jahre 1607 das Pfarramt im Ort inne. Die Burgruine, die Pfarrkirche *Santa Maria,* im Übergangsstil von der Romanik zur Gotik erbaut, und die mittelalterliche Altstadt bilden die Anziehungspunkte bei einer Besichtigung. Der ruhige Ort ist zum Wandern, Fahrradfahren, Spazieren gehen und als Standpunkt für Ausflüge mit dem Auto geeignet.

18. Das Ebro Tal* von Amposta bis Miravet
Nach dem weitläufigen Delta des Ebros, das im Kapitel Natursehenswürdigkeiten beschrieben wird, erreicht der Fluss die Stadt Amposta und wenig später das sehenswerte Tortosa. Danach verengt sich das Flusstal zusehends und erreicht nach 12 Kilometern den Ort Xerta und seinen Staudamm. Tivenys liegt

auf der gegenüberliegenden Flussseite. Über Benifallet wird das idyllische Miravet und seine Templerburg erreicht.

a. Amposta
Geschichte und Lage
Ampostas Zentrum und die Ausgrabungsstätte des Kastells von Amposta erinnern an die verschiedenen Zivilisationen, von der iberischen Bevölkerung, über römische und arabisch geprägte Jahrhunderte bis hin zum Mittelalter und in die heutige Zeit. Über die Jahrhunderte entwickelte sich das Stadtleben im Gebiet *Grau* und im Schloss, das in der heutigen Zeit zu kulturellen Zwecken genutzt wird. Aus Anlass des zweiten Punischen Krieges fand der Ort, der damals *Hibera* genannt wurde, bereits Erwähnung. Nach dem Sieg der christlichen Heere im 11. Jahrhundert gründete der Orden der Hospitalliter hier eine Außenstelle. Amposta verblieb bis 1802 im Besitz des Ordens und ist die älteste Ansiedlung im Ebrodelta. Das Gebiet *Grau* erlebte 1518 die Eroberung durch Berberpiraten. Wegen der regelmäßigen Angriffe mussten die Bürger die Stadt mit einer Mauer umgeben. Heute sind nur noch Überreste der Mauer zu sehen. Im 19. Jahrhundert erlebte Amposta einen Aufschwung, dank der Wiederbevölkerung des Ebro Tales und des Reisanbaus. Die Hängebrücke *Pont Penjant* über den Fluss wurde zwischen 1915 und 1919 erbaut und war für kurze Zeit die längste Brücke Europas. Nach dem Bürgerkrieg wurde sie wieder aufgebaut. Amposta ist die Hauptstadt des Gebietes Montsia und liegt am rechten Ufer des Ebros in der Nähe des Naturschutzgebietes *Delta de L'Ebre,* 12 Kilometer von Tortosa und 10 Kilometer von Stant Carles e la Rápita entfernt.

Infrastruktur
In der Av. St. Jaume 1, ist das Touristenbüro untergebracht. Internetadresse: www.amposta.altanet.org
Unterkünfte
In der Avinguda de la Rápita liegt das Hotel Montsia und die Pension Riera.
Sport
Wassersport, Tauchen, Angeln, Trecking, Ausflüge in die Montsia Berge und ins Ebrodelta.
Feste
Das erste Patronatsfest findet im Januar statt, das Artischockenfest im Februar, das Trobada de Puntairers (Treffen der Spitzenhersteller) im April. Zwei weitere Patronatsfeste sind im Juni und Juli. Das große Stadtfest beginnt am 15. August, das Reisfest findet im Oktober statt und die Handelsmesse mit dem Santa Llucia Markt am 8. Dezember.

Sehenswürdigkeiten
Das *Museu Montsia,* das im alten Gebäude der Schule untergebracht ist, bietet dem Besucher Informationen über das Gebiet Amposta und Umgebung und ein paar interessante Ausstellungen. Es zeigt drei Elemente: Natur, Archäologie und

Ethnologie. Öffnungszeiten: an Sonn- und Feiertagen 11-14 Uhr, an den anderen Tagen zusätzlich 17-20 Uhr. Der Marktplatz mit den charakteristischen Fenstern der Region, zählt ebenfalls zu den Sehenswürdigkeiten. In Amposta sind sechs Gebäude im modernistischen Stil von außen zu besichtigen. Auf der alten Hängebrücke ist der Blick über Amposta und den Ebro hervorzuheben. Der botanische Garten und die Kirchen *Esglesia de l'Assumpcio* und *Esgelsia Sant Josep* lohnen ebenfalls einen Besuch. Ein Ausflug mit dem Schiff ins Ebrodelta zählt zu den Hauptsehenswürdigkeiten. Er führt durch das Schwemmland an Stroh gedeckten Hütten vorbei, bis zu den Inseln Illa de Buda und Illa de St. Antoni, zum Garzal und nach El Fangar, zur jüngsten Landzunge, die erst seit dem 17. Jahrhundert wächst. Der Wachturm *Torre Sant Joan*, aus der Zeit Phillips II steht im Stadtgebiet. Einige Kilometer den Ebro aufwärts erhebt sich der *Torre de Carrova*, ein Wehrturm mit viereckigem Grundriss und einem Picknickplatz.

Der Ebro Fluss

b. Tortosa**
Geschichte und Lage
Tortosa wurde von den Iberern mit dem Namen *Hiberia* gegründet. Später wurde es von den Karthagern erobert und *Dertosa* genannt. Unter römischer Herrschaft erhielt es den Namen *Julia Augusta Colonia*, die Siedlung erlangte im 2. Jahrhundert v. Chr. erstmals eine gewisse Größe und Bedeutung. Kaiser

Augustus erhob sie in den Stand einer Kolonie. Im Jahr 411 eroberten die Westgoten und im Jahr 712 die Araber, deren Herrschaft Stadt und Region prägten, den Ort. Dank einer ausgeklügelten Bewässerungswirtschaft verwandelten die neuen Herrscher das Ebro Tal in einen blühenden Garten. Im Jahr 944 wurde auf Befehl des Kalifen Abd al Rahman III. das Kastell de la Suda errichtet. Nach dem Zerfall des Kalifats von Cordoba wurde die Stadt im Jahre 1035 Sitz eines unabhängigen maurischen Teilkönigreiches, in dem Handel und Wissenschaften florierten. Viele Versuche der christlichen Herrscher die Stadt zu erobern schlugen fehl. Erst im Jahr 1148 konnte Graf Ramon Berenguer IV. die Fahne von Katalonien und Aragon auf der Burg hissen. Einen großen Anteil am Sieg hatten die zu Hilfe geeilten Militärorden und die Genueser Ritter. Der Graf restaurierte das bereits 516 gegründete Bistum und erließ die *Carta del Poblament*, ein für die Bildung einer christlichen Gemeinde notwendiges Stadtrecht, das in ähnlicher Form auch der zahlreichen jüdischen Bevölkerung gewährt wurde. Das *Call* (Judenviertel) war im 10. Jahrhundert das wichtigste Judenviertel in Katalonien. Der Graf stellte die Stadt zunächst unter den Schutz der Tempelritter. Das lange Zusammenleben der arabischen, jüdischen und christlichen Kulturen machte Tortosa im Mittelalter zu einem berühmten kulturellen Zentrum. Bereits im Jahre 1279 regelten die berühmten *Costums de Tortosa* die juristischen Belange der Bürger. Im späten 13. Jahrhundert wurde die Stadt der spanischen Krone überantwortet und die arabische Burg wurde zur königlichen Residenz und zum Versammlungsort des Parlaments und der Ständeversammlungen. Dank der Kontrolle über den Salz- und Weizenhandel florierte die Wirtschaft. Der Aufschwung fand ein Ende, als 1492 die Juden und im Laufe des 16. und frühen 17. Jahrhunderts die Mauren vertrieben wurden. Im Jahr 1875 wurden die Stadtmauern zerstört, dies ermöglichte die Vergrößerung der Stadt. Im spanischen Bürgerkrieg tobte in und um die Stadt eine gnadenlose Schlacht, am Ende starben 70.000 Menschen, die Stadt wurde stark beschädigt. Heute ist Tortosa ein geschäftiges Städtchen mit 40.000 Einwohnern. Der Ort liegt am Ebro zu beiden Seiten des Flusses und ist die Hauptstadt des Landkreises Baix Ebre mit vielen Sehenswürdigkeiten. Tortosa ist der Mittelpunkt eines landwirtschaftlich intensiv genutzten Gebietes und die größte Stadt am Ebro. Die Bergketten Ports de Beseit und Montanyes de Cardo umrahmen die Stadt, in deren Mittelpunkt auf einem Hügel die gewaltigen Mauern des Castells de la Suda hervorstechen.

Infrastruktur
Im Parc Muncipal Toedor Gonzales und im Rathaus an der Placa d'Espanya erhält man touristische Informationen. Internetadresse: www.tortosa.altanet.org
Unterkünfte
Der Parador de la Suda im Castell de la Suda ist ein staatliches Luxushotel mit vier Sternen und 75 Zimmern die altertümlich eingerichtet sind und jeglichen Komfort bieten. Das Restaurant ist einen Besuch wegen seiner Atmosphäre wert, die Preise liegen über

dem Durchschnitt. Das Hotel Berenguer VI., in der C. Despuig Straße 36, 48 Zimmer und in Reichweite der Altstadt gelegen, hat drei Sterne. Das Hotel Corona Tortosa, Plaza Corona de'Aragon, 107 Zimmer, modern und funktional gestaltet, liegt am anderen Ufer des Ebro, das Preis-Leistungsverhältnis ist in Ordnung.
Restaurants
Im Restaurant El Park im Park Teodor Gonzales gibt es vor allem Reisgerichte.
Einkaufen
In der Altstadt wurde eine Fußgängerzone angelegt, in der man wunderbar bummeln gehen kann. Montags ist Markttag im Barrio del Temple in Höhe der Avda. Generalitat, in der auch die schöne Markthalle liegt.
Feste, Messen, Musik und Ausstellungen
An Ostern finden eine Palmsonntagsprozession und andere Festlichkeiten statt. Ein Blumenfest findet am Sonntag nach Fronleichnam statt. Ende Juli: das Renaissance-festival, 4 Tage wird das 16. Jahrhundert auf den Straßen in historischen Kostümen gefeiert. Erster Sonntag im September: das Patronatsfest der Senyora de la Cinta mit Prozessionen, Sardanas, Feuerwerk und Blumenteppichen. Erste Juliwoche: das Felipe Pedrell Music Festival. Oktober: ein Theaterfestival. November: ein Jazzfest. Am letzten Wochenende im Februar findet im Nachbarort Jesus die Ölmesse statt.

Sehenswürdigkeiten
Das Kastell de la Suda und die Kathedrale
Der Weg zur Burg führt vom Passeig de Ronda zur Kastell de la Suda Straße und an den Principegärten vorbei zum ersten Burgtor. Vor dem Tor führt eine Treppe, an deren Ende eine Reihe von Bastionen, Mauern und Befestigungen die frühere Bedeutung von Tortosa dokumentieren, nach links. Von den Mauern ist die Aussicht auf die Berge, die Burg, die Kathedrale und auf die Stadt unbeschreiblich. Auf der anderen Talseite ist der Verlauf der Stadtmauern gut zu erkennen. Dort gibt es mehrere Bastionen, das *Fort de Bonet*, das *Fort de la Victoria* und das *Fort del Carme*. Nach der Besichtigung der Stadtbefestigung geht es hinauf zum Parador. Am Eingang fällt ein kleines maurisches Gräberfeld auf. An der Burgmauer stehen einige Kanonen, ansonsten ist die schöne Aussicht den Aufstieg wert. Bereits die Römer hatten die strategische Lage erkannt und auf dem Hügel ein Gebäude errichtet. Unter der Herrschaft Al-Rahmahn III., des Kalifen von Cordoba (912-961), wurde das Kastell erbaut. Nach der Vertreibung der Araber entstand in den Mauern ein Gefängnis, danach wurde es zum Königssitz der spanischen Krone. Das Kastell ist seit den siebziger Jahren ein Paradorhotel und Restaurant. Die 1347 errichtete, gotische Kathedrale steht auf den Resten einer älteren, romanischen Kirche aus dem Jahre 1158, die wiederum auf den Resten einer Moschee erbaut wurde. Bernat Dalguaire, der erste Baumeister, wurde bis nach Avignon geschickt, um die französische Gotik zu studieren. Die Seitenschiffe der Kirche sind besonders hoch und scheinen sich mit dem Mittelschiff zu einem Raum vereinigen zu wollen. Im Inneren fallen die mächtigen Pfeilerbündel auf, welche die weiten Arkaden und die Kreuzrippengewölbe tragen. Die Strebepfeiler im Unterbau

treten nicht über die Kapellenmauern hinaus. Der doppelte Chorumgang, dessen neun Kapellen auf der Nordseite durch filigrane Gitter getrennt sind, ist eine Besonderheit. Unter der Ausstattung verdient der Hochaltar von 1351 Erwähnung, der in 24 Szenen das Leben Marias und Jesus abbildet. Ein Retabel aus der zweiten Hälfte des 15. Jahrhunderts wird Jaume Huguet zugeschrieben. In der Aula Major ist ein Beispiel herausragender Textilkunst in Form des Abendmahlteppichs zu sehen. Die barocke Seitenkapelle *Verge* (1642-1725) auf der rechten Seite des Langhauses, bewacht den Gürtel der Maria. Entsprechend der großen Bedeutung der Reliquie ist der Raum mit Marmor verkleidet. Ein Freskenprogramm von Dionis Vidal 1715 bis 1721 geschaffen, erzählt das Wunder, als Maria 1178 im Chor der Kirche erschien und ihren Gürtel einem Priester übergab. An die Kapelle schließt der stimmungsvolle, trapezförmige Kreuzgang aus dem 14. Jahrhundert an. Grazile Säulen tragen lanzettenförmige Spitzbögen, auf der Innenseite sind interessante Grabplatten in die Mauer eingelassen. Im Garten steht zwischen Zedern und Zypressen ein achteckiger Renaissance-Brunnen. Die Struktur der gotischen Fenster ist die gleiche wie in den Kapellen des Chorumlaufs. Im Jahr 1710 wurde die Porta de l'Olivera angelegt, um der Kathedrale einen weiteren Zugang hinzuzufügen. Schatzkammer und Archiv bieten Einblicke in den Reichtum des Bistums. Im hinteren Teil der Kirche steht der Taufstein Papa Lunas, der als Gegenpapst in Peñiscóla seine letzten Jahre verbrachte. Durch die hoch oben angelegten Fenster mit schöner Glasmalerei scheint das Licht des Tages. Dank vieler erhaltener Dokumente ist bekannt, dass die Kirche 1345 geplant wurde, mit dem Bau 1347 begonnen wurde, die Vollendung des Baus aber bis ins 18. Jahrhundert hinein gedauert hat. Zu diesem Zeitpunkt wurde die majestätische Barockfassade des Haupteingangs von Marti d'Abaria entworfen, aber nie vollendet. Heute wird am Haupteingang gebaut, deshalb ist der Seiteneingang Porta de l'Olivera zu benutzten, der zuerst durch den Kreuzgang führt. Öffnungszeiten der Kathedrale: 8-13 Uhr und 17-20 Uhr.

Ehemaliges jüdisches Viertel und Jardins del Principe
Vor den Jardins del Principe liegt links das jüdische Viertel, die *Juderia* oder das *Barri de Remolins*. Dort sind Tafeln angebracht die auf sehenswerte Gebäude und historische Ereignisse hinweisen. Ein Bummel durch die engen Gassen mit dem pittoresken Bild der alten Häuser ist lohnenswert. Der Prinzengarten ist einmalig in Spanien, er ist Di bis Sa 10-14 Uhr und 16-19 Uhr geöffnet, So 10-14 Uhr. Der Eintritt kostet 1,80 Euro. In der Grünanlage stehen inmitten von Orangenbäumen 23 Figuren des Künstlers Santiago de Santiago unter freiem Himmel. Das Thema des Künstlers ist die Motivation und Bestimmung des Menschen.

Colegi de Sant Luis/ Kloster San Domingo/ Convent de Santa Clara
Der Konvent wurde 1564 von Karl V. in Auftrag gegeben, um maurische Frauen im christlichen Sinne umzuschulen. Er wurde zwischen der Kathedrale und dem Kastell erbaut. Heute ist in den Gebäuden ein theologisches Seminar unter-gebracht. In den Winkeln des Renaissanceportals stehen Petrus und Paulus, darüber reihen sich in Nischen Heiligenfiguren mit abgeschlagenen Köpfen. Ganz oben wird das Bischofswappen von einem Turm gekrönt. Die Renaissance setzt sich auch im Gebäude fort. Im Galeriehof hängt ein Fries, das 38 Büsten von Grafen, Baronen und Königen aus Aragon abbildet. Die Köpfe von Ramon Berenguer IV., Philip IV. und Philip II. sind porträtecht wieder-gegeben, da das 16. Jahrhundert auf eine Ähnlichkeit von Person und Bildnis wert legte. An der Stirnseite des Hofes hängt der habsburgische Doppeladler. Das Kloster *San Domingo* mit seiner Fassade aus dem Jahr 1578 steht in der Nähe des *Convents Sant Luis* und wurde zur Universität erhoben. Die *Kirche St. Domenec,* in der heute das Stadtmuseum und das Archiv untergebracht sind, verwahrt die Stadturkunde von 1149. Das Triumphbogenportal verzieren Statuen, Grotesken und Medaillons. Südlich der Kirche haben sich im 13. Jahrhundert die Klarissinnen im *Convent Santa Clara* niedergelassen. Das Kloster mit seinem spätgotischen Kreuzgang birgt kaum alte Bausubstanz. Im Bürgerkrieg zerstört, wurde es nur zum Teil wieder aufgebaut.

Palacio Episcopal, Mahnmal der Ebroschlacht und ehemaliger Schlachthof
Gegenüber der Kathedrale steht der gotische Bischofspalast aus dem 14. Jahrhundert mit seinem stilvollen Innenhof. Das bischöfliche Wappen ist über dem Eingang zu erkennen. Die Freitreppe führt zu den Galerien des Obergeschosses, in denen sich die Repräsentationsräume befinden. Hinter einem Portal öffnet sich ein Andachtsraum mit einem Sterngewölbe. Mitten im Ebro, in der Nähe der Brücke, steht ein futuristisches Mahnmal von 1966, das an die Bürgerkriegsschlacht am Ebro erinnern soll und auf Befehl General Francos angebracht wurde. Eine erklärende Tafel wurde auf der anderen Seite des Ebros auf der Höhe des Denkmals hinzugefügt: "Der Staatschef von Spanien übergab dieses Denkmal der Öffentlichkeit zur Erinnerung an die Schlacht am Ebro vom 25.7-16.11.1938." Die Inschrift wird aus politischen Gründen oft beschmiert. Immerhin sind während der Schlacht 70.000 Tote auf beiden Seiten zu verzeichnen gewesen und Franco konnte mit dem Überschreiten des Ebro Katalonien einnehmen. Zwischen dem Bischofspalast, dem Plaza del Escorxador und dem Ebro steht der Schlachthof. Das Gebäude ist im Stil des Modernismus 1908 von Pau Montguio i Segura errichtet worden und sieht von außen wie eine verspielte Burg aus.

Die Kathedrale von der Burg aus gesehen

Jardins del Principe

Der Park Teodor Gonzales mit der Lonja
Ein Spaziergang entlang des Flusses in Richtung Süden führt in einen neueren Stadtteil. An der Avda. de la Generalitat gelegen, empfängt uns der *Park Teodor Gonzales*. Er beherbergt einige Vögel, Springbrunnen, alte Bäume und die *Lonja*, die Warenbörse, die im gotischen Stil im 14. Jahrhundert erbaut wurde. In der nach drei Seiten hin offenen Halle mit dem auffälligen Satteldach wurde lange Zeit der Preis für Getreide aus der gesamten Region festgelegt. Die Börse unterstreicht die große Bedeutung Tortosas als Warenhandelszentrum.

Markthalle, Hörsaal, Bürgerhäuser aus der Zeit der Jahrhundertwende
Auch die Markthalle, die in der gleichen Straße wie der *Park Teodor Gonzales* und die Warenbörse liegt, unterstreicht die Bedeutung der Stadt. Die von 1884-1889 entstandene Eisenkonstruktion von Joan Abril i Guanyabens im modernistischen Stil ist heute fast etwas zu groß geraten. Der Hörsaal *Felip Pedrell*, im Stadtteil Barri de L'Eixample, in der Miguel de Cervantes Straße gelegen, ist ein neueres Gebäude, das zu Ehren des Musikers aus Tortosa erbaut wurde. Musikkonzerte und Theateraufführungen finden in dem Gebäude statt. Die *Casa Pallares,* ein Bürgerhaus, wurde 1907 erbaut, die *Casa Grego* 1908 und die *Casa Brunet* zur gleichen Zeit. Die *Esglesia del Roser*, 1914 erbaut, liefert ein unterkühltes Beispiel für den Kirchenbau jener Zeit.

c. Xerta
Lage und Sehenswürdigkeiten
Von Tortosa über Roquetes und Aldover erreicht der Besucher nach 12 Kilometern im Ebro Tal, das sich stellenweise verengt, Xerta am Ebro. Neben dem Flusstal verläuft ein Fahrrad- und Spazierweg auf einer stillgelegten Bahntrasse. Da das Land im Tal flach ist, lassen sich schöne Spaziergänge auf dieser Trasse unternehmen. Auch hier steht der Orangenanbau im Vordergrund, aber auch der Olivenanbau ist von Bedeutung. Die Sierra del Boix und die Ports de Beceite nähern sich bereits dem Flusslauf. Xertas Gründung geht zurück in die iberische und römische Periode. Sein Name war damals *Osikerda* und es wurde von dem Volk der *Ilercabons* bewohnt. Die arabische Siedlung trug bereits den heutigen Ortsnamen. Die Kirche *Mare de Deu de l'Assumpcio*, die an ihrer Fassade eine Tafel angebracht hat, auf der die verschiedenen Höhen des Ebros während der Fluten in den letzten Jahrhunderten ablesbar sind, lohnt einen Besuch. Einige Adelshäuser aus dem 18. und 19. Jahrhundert, die *Casa Pau*, die *Casa Rabanals*, die *Casa Ceremines* und ein Turm sind von der alten Bausubstanz erhalten geblieben. Einige Häuser im modernistischen Stil kamen später hinzu. Sie gehörten den als „Indiano" bezeichneten Spaniern, die reich von Südamerika zurück kamen. Innerhalb des Ortes führt die Hauptstraße direkt zum Ebro an dem ein Spielplatz liegt. Wenige Kilometer nördlich von Xerta liegend, ist der *Assut Staudamm* die Hauptsehenswürdigkeit der Gemeinde.

Bereits die Römer hatten an der gleichen Stelle eine Schleuse gebaut. Im Jahre 1411 waren die Arbeiten unter der Leitung von Mussa Alami beendet. Der Staudamm ist 310 Meter lang, 26 Meter breit und 6 Meter tief. Er teilt das Wasser des Ebros in den Hauptfluss und zwei Bewässerungskanäle, die rechts und links vom Ebro abgeleitet werden. Im Jahr 1860 wurde der Canal de l'Esquerra und im Jahr 1912 wurde der Canal de la Breta de l'Ebre erbaut. Mit diesem Wasser werden die Anbaugebiete im Ebro Tal bewässert. Das Wehr kann von der Hauptstraße aus besichtigt werden. Von Tortosa kommend befindet sich auf der rechten Seite ein Parkplatz.

Infrastruktur
Haus Nr. 13, am Plaza Mayor, ist die Adresse des Touristenbüros. Internetadresse: www.rhconsulting.es/xerta.

d. Tivenys
Lage und Sehenswürdigkeiten
Der Ort liegt auf der anderen Seite des Ebro, gegenüber von Xerta, 11 km entfernt von Tortosa. Die Straße ist auf dieser Seite des Flusses noch nicht ausgebaut und bietet malerische Blicke auf das Ebro Tal, das sich hier bereits verengt hat. Der Ort ist für seine Töpferwaren bekannt. Im Ort befindet sich die Kunstfabrik Terrissa, die die traditionelle, iberisch-römische Kunst weiter fortführt. Der Honig ist zu einem bedeutenden wirtschaftlichen Faktor geworden, nachdem bereits Zitrusfrüchte angebaut werden. Der *Assut Staudamm* kann auch von dieser Seite des Flusses besichtigt werden. Außerhalb des Ortes ist auf einem Berggipfel oberhalb des *Assut Staudammes* eine iberische Siedlung besuchenswert und die Einsiedelei *Mare de Deu del Carme*. Innerhalb des Ortes steht die *Sant Miquel Kirche* von 1770, ein Besuch lohnt sich. Der kleine Hafen von Tivenys am Ebro liegt recht idyllisch. Der Verteidigungsturm in der Riu Straße hat seine äußere Fassade über die Jahrhunderte hinweg gut erhalten. Auch der Turm der Mauren von 1148 ist zum Teil erhalten. In der Tortosa Straße steht eine sehenswerte alte Kapelle, die nach der christlichen Rückeroberung gebaut wurde.

Infrastruktur
Im Rathaus, C/ Sant Antoni 8, sind touristische Auskünfte zu erhalten. Am 17. Januar wird das Sant Antoni Fest gefeiert. Lokale Produkte können dann gekostet werden. An Ostern findet das Fest der Mona de Pasqua statt. Am 29. September wird das Sant Miquel Fest gefeiert. In der ersten Oktoberwoche ist die Töpfer- und Touristenmesse.

e. Benifallet
Lage
16 Kilometer windet sich die Straße durch eine malerische Gegend, etwas abseits des Flusses, von Tivenys nach Benifallet auf der linken Flussuferseite.

Der Ebro durchfließt ein engeres Tal, das von der rechten Flussseite aus nur zu Fuß erreicht werden kann. 6 km vor dem Ort biegt nach rechts ein Weg ab, der zu den Höhlen von Benifallet führt. Benifallet liegt bereits 27 km von Tortosa entfernt, eingebettet in die Berglandschaft der Sierra de Boix und hat 900 Einwohner die im Norden des Baix Ebro Bezirkes leben.

Infrastruktur
Das Rathaus in der C/Major 1, ist für touristische Auskünfte zuständig. Benifallet ist für seine Pastissets bekannt. Die süßen Köstlichkeiten schmecken hervorragend. Am ersten Mai wird das Höhlenfest gefeiert. Vom 7. bis 11. September wird die Fiesta Mayor gefeiert. Während des Festes wird an jedem Nachmittag der Jota Tanz aufgeführt.

Sehenswürdigkeiten
Die Einsiedelei der Mutter Gottes von oben (Mare de Deu de Dalt) wurde im spätromanischen Stil gebaut und war Sitz der alten Pfarrkirche. Ein großer Kalvarienberg steht vor der Kirche, die auf einem großen Felsen im oberen Teil von Benifallet errichtet wurde. Die Maria Himmelfahrt Kirche (Assumpcio de la Mare de Deu) wurde im Jahre 1635 errichtet und ist heute die Pfarrkirche des Ortes. Das Gebäude wurde während des Spanischen Bürgerkrieges schwer beschädigt und später wieder aufgebaut. Sein altes Archiv und seine Retabel sind während des Krieges verloren gegangen. Die iberische Siedlung *Castelot de la Roca Roja* ist eine der am besten erhaltenen Siedlungen Spaniens. Ihre gut erhaltenen Stadtmauern hatten eine Höhe von vier Metern. Gegenüber der Höhlenzufahrt biegt ein Waldweg in entgegen gesetzter Richtung zur Siedlung ab. Der Weg zu den Höhlen (**K**) durchquert eine malerische Berglandschaft. Durch einen mit Blumen angelegten Garten spaziert man zum Restaurant. Im Restaurant werden Töpferwaren aus Tivenys und Eintrittskarten verkauft. Die Höhlen sind von Juli bis September, Mo bis Fr 10-14 Uhr und 16-19 Uhr, Sa bis So 10-14 Uhr und 16-19 Uhr geöffnet und nur mit einer Führung begehbar. Im Winter sind die Öffnungszeiten im Touristenbüro in Benifallet zu erfragen. Der Eintrittspreis von 4,20 Euro für Erwachsene ist etwas überhöht. Die Höhlen werden seit 1968 erforscht. Es handelt sich um ein zusammenhängendes System, das aus sechs Höhlen besteht: die Grotte Meravelles, das Erdloch des Dückers, die Grotte von E. Marigot, die Grotte der Zwei, die Grotte der großen Aumediella und das Erdloch des Kataklysmus. Zu besichtigen sind die Grotte der Zwei, in der Reste aus der Jungsteinzeit gefunden wurden, und die Grotte von Meravelles. Die zuletzt genannte Höhle bietet außer Stalaktiten und Stalagmiten eine große Anzahl anderer Formationen wie Säulen, Schichtungen, Lichtöffnungen, Stützbalken und ungewöhnliche Bauarten, die dem Gesetz der Schwerkraft entzogen sind.

f. Das Cardótal und das ehemalige Kloster *Sant Onofre* **
Von Benifallet führt die N 12 nach Rasquera, das nach 6 Kilometern erreicht ist. Vor dem Ort biegt eine Straße nach links ab und führt bergauf durch den Ort hindurch. Die Kapelle *Sant Domenec* die auf der linken Seite auf einem Hügel gelegen ist, dient dabei der Orientierung. Nach Rasquera führt der Weg 9 Kilometer durch die spektakuläre Landschaft der *Sierra de Cardó*. Die letzten Kilometer steigen steil bergan, die Landschaft wird felsig und man glaubt schon am Ende der Straße angekommen zu sein, weil Felsen einem die Sicht nehmen. Der Weg führt jedoch durch einen unbehauenen Naturtunnel. Nach dem Verlassen des Tunnels ist das Kloster zum ersten Mal zu sehen. Es wurde an den Rand eines steil abfallenden, spektakulären Steilhanges gebaut und seine Lage ist einmalig. Inmitten von Zypressengärten liegt das Gebäude wie ein verwunschenes Schloss. In seiner Umgebung sind die Ruinen von sieben Einsiedeleien in den Felshängen des dicht bewaldeten Gebirges zu finden. Uralte Steinwege und Felstreppen führen zu den romantischen Ruinen. Im Jahre 1606 wurde San Onofre von dem aus Tortosa stammenden Karmelitermönch Pau Crist gegründet. Bereits im Jahre 1617 siedelte dort eine Gemeinde von barfüßigen Mönchen. Ursprünglich bestand das Ensemble aus vierzehn Einsiedeleien und mehreren Klostergebäuden. Der Konvent wurde 1835 während des Carlistenkrieges und der Klosterschließungen aufgelöst. Genau wie das Kloster Poblet begann er zu verfallen, bis im Jahre 1866 Heilquellen entdeckt wurden und Kurgäste in das Anwesen eingezogen. Während der Ebroschlacht wurde es als Krankenhaus für die republikanische Armee benutzt. Von 1940 bis 1967 war er noch einmal ein Kurort. Danach wurden das Anwesen und große Teile der *Sierra de Cardó* von einer Firma, die hinter dem Kloster Mineralwasser abfüllt, aufgekauft. Leider lässt sich bis auf einige Einsiedeleien nichts besichtigen. Die Renovierungsarbeiten an den Gebäuden haben im Jahre 2006 begonnen.

g. El Pinell de Brai
Lage
Am Ortsausgang von Benifallet über die Ebrobrücke erreicht man nach 5 Kilometern El Pinell de Brai, das malerisch auf einem Felsen umgeben von Weinreben mitten in der Sierra de Pandols liegt. Die Gastronomie und der Weinanbau spielen in dieser Gegend eine große Rolle. Der Rotwein mit der Herkunftsbezeichnung *Terra Alta* ist wegen seines Geschmacks beliebt und bekannt. Aber auch die Weißweine *Mistela* und *Moscatell* sind sehr beliebt und sollten probiert werden. Der Ort lohnt vor allem einen Besuch wegen seiner Weinkathedrale (Catedral del Vino) die von Cesar Martinell i Brunet erbaut wurde.

Infrastruktur
Am Plaza Catalunya, im Rathaus und in der Weinkathedrale erhält man Auskünfte. Internetadresse: www.pinelldebrai.altanet.org. Hase mit Krabben und Bauernreis und die vielen, verschiedenen Kuchensorten sind zu empfehlen. Im Januar ist der Tag des Sant Antoni und im Juli das Sant Cristofal Fest. Ebenfalls im Juli das Santa Maria Magdalena Fest, bei dem zur Kapelle in der Sierra de Pandols gepilgert wird. Im August findet das Fest des Stadtpatrons Sant Llorenc statt.

Sehenswürdigkeiten
Von Benifallet kommend, steht vor dem Ort auf der rechten Seite das verspielt wirkende Gebäude des Weinkellers oder der „Kathedrale des Weins". Er wurde 1917 im modernistischen Stil erbaut und gilt als das schönste Werk von Cesar Martinell. Eine Besichtigung der Kooperative, an die auch ein Laden angeschlossen ist, ist mit Führung und Weinprobe täglich von 11-13 Uhr und von 16-19 Uhr möglich. Das Gebäude wurde aus roten Ziegeln erbaut und mit Parabelbögen in der Dachkonstruktion versehen. Zusätzlich zur außergewöhnlichen Fassadenkonstruktion fällt ein Bild aus Fliesen ins Auge. Der Maler Xavier Nogues hat hier mit Humor Szenen aus der Weinlese und der Weinproduktion geschaffen. Vor der Pfarrkirche *Sant Llorenc*, die im Jahre 1770 erbaut wurde, findet am zweiten Sonntag nach Ostern eine Glockenparade statt. Die Priesterkirche *Sant Andreu* mit Renaissance- und Barockdekorationen auf gotischen Grundelementen ist einen Besuch wert. Die Türme *Llop, Pantoca* und *Valles* sind Reste der Mauern, der im Jahre 1153 von den Templern erbauten Burg. Auch der Stadtbrunnen (Font de Baix) und die „Proxos", die mehr sind als nur Tore sind sehenswert. Sie tragen auf steinernen Bögen ganze Gebäudeteile. 10 Kilometer außerhalb des Ortes auf 705 Metern Höhe in der Sierra de Pandols steht ein Friedensdenkmal und die *Santa Magdalena* Kapelle. Von hier aus hat man eine wunderbare Aussicht bis hinüber nach Aragon.

Cesar Martinell i Brunet
Er wurde im Jahre 1888 in Valls geboren und zählt nicht zu den großen katalanischen Architekten des anbrechenden 20. Jahrhunderts. Dennoch verdient er es, mit Gaudi, Josep Maria Jujol, Lluis Domenech i Montaner und Josep Puig i Cadafalch in eine Reihe gestellt zu werden, weil er die Industriearchitektur des Landes auf einen außerordentlich hohen Standart gebracht hat. 37 landwirtschaftliche Gebäude, vor allem Weinkeller und Ölmühlen, hat er im Raum Tarragona im Auftrag der Kooperativen errichtet. Seine Kellereien wirken wie Kirchen mit einem Kirchenschiff, überzogen mit dünnen Lagen von Ziegelsteinen, die die meist parabelförmigen Bögen bilden. Zur Verstärkung werden, wie in der gotischen Architektur, flexible Strebewerke eingesetzt. Eine leichte Verdachung schützt die Hallen vor Witterungseinflüssen. Gotische-, maurische- und Renaissanceelemente schmücken die Fassaden. Oft wird zusätzlich ein Fliesendekor, das in Katalonien sehr beliebt ist, hinzugefügt. Martinell war nicht

nur Architekt, er war auch Wissenschaftler und beschäftigte sich mit der Architektur Kataloniens und mit dem Werk seines Meisters Antonio Gaudi. Er starb 1973 in Barcelona. Weitere Weinkellereien die er erbaute stehen in Gandesa, Falset, Cornudella, Barbera de la Concha, Rocafort de Queralt, Espluga de Francoli, Montblanc, Vila-rodona, Nulles, St. Creus und Llorenc del Pendes. Sie entstanden im wesentlichen von 1917 bis 1922.

h. Miravet**
Lage
Von Benifallet aus geht es weitere 14 Kilometer entlang des Ebros auf der Straße N 12 entlang. An der Kreuzung biegt man nach links ab (Schild: Pascale Barca), um eine kleine Autofähre am Ebro zu erreichen. Das Gefährt ist sehr altertümlich und es finden kaum mehr als drei Autos einen Platz auf dem engen Deck. Die Fahrt hinüber ist wegen des phantastischen Blickes auf die Burg und den Ort viel zu kurz. Im Sommer fährt die Fähre von 9-14 Uhr und von 15-19 Uhr. Die einfache Überfahrt kostet 2 Euro für das Auto und die Hälfte pro Person. Nachdem man wieder an Land ist, kommt man nach einem Kilometer an der Plaza Bimellenarie mit ihren Platanenbäumen an. Ansonsten ist Miravet auch von El Pinell de Brai am anderen Ufer des Ebros auf einer kurvigen Straße durch die Sierra de Pandols nach 18 Kilometern zu erreichen. Der Ort liegt sehr malerisch, von einer Ebroschleife umgeben, auf einem 220 Meter hohen Hügel. Die Altstadt ist nur zu Fuß zu erreichen. Sie liegt zwischen dem Ebro und dem Burghügel in schier uneinnehmbarer, abenteuerlicher Lage. Der Ort ist ein Zentrum des Töpferhandwerks.

Infrastruktur
Auf der durch Platanen beschatteten Plaza del Arenal stellen im Sommer Restaurants ihre Tische und Stühle hinaus. Die Aussicht auf den Ebro ist bezaubernd. Die Touristeninformation ist in einem Laden, der auch Töpferwaren verkauft, untergebracht. Im Sommer wird ein Fest gefeiert, bei dem die Belagerung der Burg durch die Mauren dargestellt wird.

Sehenswürdigkeiten
Die Templerburg (**K**) und die Altstadt
Vom Platanenplatz führt der Weg auf der Hauptstraße bis zu einem Brunnen mit verzierter Fliesenwand. An diesem Brunnen beginnt nach links die steile Auffahrt hinauf zur Burg. An der Burg angekommen, liegt ein großer Parkplatz auf einem Plateau, von dem man eine gute Aussicht hat. Die strategische Bedeutung des Ortes war so groß, dass bereits die Araber eine große Festung errichteten. Iberische und römische Funde bezeugen die Gegenwart dieser Völker. Ramon Berenguer IV. eroberte die Burg im Jahre 1153 und gab sie den Templern. Sie bauten die Kirche *St. Marti* in das Burggelände hinein und die Burg wurde für 150 Jahre zu ihrem Hauptquartier. Von 1307 bis 1308 widerstanden die Ritter

der Belagerung durch königliche Truppen, dann mussten sie aufgeben und die Burg ging in den Besitz des Hospitalliterordens über. In den nächsten Jahrhunderten wurde sie mehrmals erweitert und umgebaut. Im 18. und 19. Jahrhundert spielte die Burg wegen ihrer strategischen Lage im Spanischen Erbfolgekrieg und in den Carlistenkriegen eine Rolle. Die Außenmauern sind die imposantesten Teile der Burg. Besonders die rechteckigen Türme an den Ecken und in der Mitte der Festung wirken sehr wehrhaft. Die Anlage wurde sorgfältig restauriert und beim Bummel durch die Burg fällt die Altstadt auf, die den steilen Hang zur Burg förmlich hinaufzuklettern scheint. Eine Keramikausstellung mit Stücken aus Miravet befindet sich auf dem Gelände der Burg. Öffnungszeiten: Oktober bis Mai 10-13 Uhr und 15-17 Uhr, Juni bis September auch 16-19 Uhr. Dienstag ist der Eintritt frei und Montags ist geschlossen. Vom schattigen Platanenplatz ist ein Rundgang durch die Altstadt sehr empfehlenswert. In der Altstadt ist die Kirche *Vella* herausragend, vom Kirchplatz aus schweift der Blick über den Ebro und ein Storchennest thront auf dem Kamin eines Hauses. Am unteren Ende der Altstadt teilt sich der Weg: nach Links führt ein steiler Pfad zur Burg und rechts geht es hinunter zum *Camina Archeologica* der entlang des Ebro zu einer ehemaligen, arabischen Mühle führt.

i. Gandesa und Corbera de Ebre
Lage
Gandesa ist die Hauptstadt des Landkreises Terra Alta und gehörte früher den Tempelrittern. Im 14. Jahrhundert ging der Ort in den Besitz der Hospitalliter über und war Verwaltungszentrum der großen Vogtei von Miravet. Im Jahre 1938 wurde drei Monate lang die grausamste Schlacht des Spanischen Bürgerkrieges in der Nähe von Gandesa und in den Gebirgsregionen Pandols und Cavalls ausgefochten. Vom Ebro gelangt man nach 15 Kilometern Richtung Norden, durch die Sierra de Pandols nach Gandesa, das eine lange Weinbautradition aufweist. Corbera de Ebre liegt 6 Kilometer von Gandesa entfernt. Der Ort wurde im Spanischen Bürgerkrieg von der Legion Condor zerstört und soll durch seine Ruinen künftigen Generationen ein Mahnmal sein. Der neue Ort wurde nach dem Krieg weiter unten wieder aufgebaut und hat 1.000 Einwohner. Die Landwirtschaft baut Wein, Oliven und Mandeln an.

Infrastruktur
Im Touristenbüro von Gandesa in der Via Catalunya und im Rathaus von Corbera erhält man Informationen. Im Hotel Pique und in der Fonda Serres sind Zimmer zu vermieten. Im Coll del Moro an der N 240 und im Restaurant Rambla gibt es eine schmackhafte Küche.

Kirche San Pere in Corbera de Ebre

Sehenswürdigkeiten
In Gandesa wurde die Kirche *Asuncion* im romanischen- und gotischen Stil während des 12. und 13. Jahrhunderts erbaut. Sie hat ein schönes, romanisches Eingangstor, gestaltet von der Schule aus Lleida und wurde im 17. und 18. Jahrhundert renoviert. Auf dem Portal befinden sich geometrische und pflanzliche Motive sowie menschliche Figuren. Auf dem Platz neben der Kirche schaffen das Haus des Inquisitors, der Säulengang und herrschaftliche Häuser eine mittelalterliche Atmosphäre. Das ehemalige Gefängnis, steht in der Carrer del Castell. Das historische Rathaus stammt aus dem 15. Jahrhundert. Ein alter Palast (13. bis 14. Jahrhundert) der den Lehrern des Johanniterordens diente, wurde im 17. Jahrhundert erweitert. Das *Centre de Estudis de la Batallo de l'Ebre* in der Via Catalunya 5, wurde zur Aufklärung der Geschehnisse im Spanischen Bürgerkrieg gegründet. Eine Ausstellung von Kriegsmaterial, Schlachtplänen und zeitgeschichtlichen Dokumentationen erinnern an den schrecklichen Krieg. Ein Friedenspfad, der die Schauplätze der Schlacht verbindet, wurde eingerichtet. Öffnungszeiten: an Wochenenden 10-14 Uhr und 17-20 Uhr. Die örtliche Kooperative, im Jugendstil von Cesar Martinell im Jahre 1919 errichtet, weist parabolische Gewölbebögen und Kachelschmuck auf. Die elegante Außendekoration steht im Kontrast zur geometrischen Verteilung der Ziegel im Innenbereich. Daneben steht ein Anbau mit Keller und Ölmühle. In Corbera de Ebre sind die Ruinen des alten Ortes, die barocke Kirche *San Pere*, deren Bau 1780 begann und das Alphabet der Freiheit, ein Museum im Freien, das durch 5

Künstler gegründet wurde, sehenswert. Sie teilen die selbe Idee: die Buchstaben führen zu Wörtern und Wörter führen zur Freiheit.

Das Call (früheres Judenviertel) in Tortosa

Sierra de Cardo und Kloster Onofre

VI. Dörfer und Städte des Maestrazgo

Der nördliche Maestrazgo beginnt an der Grenze zwischen den Provinzen Tarragona und Castellón. Er wird im Norden durch das Gebirge Ports de Beceite, mit seinem schroffen Relief das kaum Landwirtschaft zulässt, begrenzt. Im nördliche Maestrazgo breiten sich weite, tafelförmige Hochflächen auf denen großflächig Ackerbau und Viehzucht betrieben werden kann, aus. Maestrazgo ist die spanische Bezeichnung für das Hoheitsgebiet eines Ritterordens. Nach der Rückeroberung durch die Christen wurde das Gebiet unter den Rittern aufgeteilt. Auf deren Befehl wurden große Gutshöfe angelegt. Diese feudalistischen Besitz- und Siedlungsstrukturen sind bis heute erhalten. Die Landschaft ist durch Einsamkeit und herbe Schönheit gekennzeichnet. Von weiten Ebenen heben sich stufenförmig, abfallende Plateaus und einzelne Kuppen ab. Das Land ist oft über 1.000 Meter hoch und kleine, aber auch große Täler graben sich in die Hochflächen ein. Sie sind aber so weit auseinander, dass sie den Gebirgsstock nicht zu Bergketten zerschneiden. Am östlichen Rand fällt das Land oft steil zur Küste hin ab und ist wenig besiedelt. Im Westen schließen sich die Sierra Gudar und Sierra Javalambre an, die beide bereits in Aragon liegen. Das Gestein ist aus Kreide und Jurakalken aufgebaut und stammt aus alten Meeresablagerungen. An manchen Stellen weißt es zahlreiche Fossilien auf. Die Kalkfelsen sind stellenweise tief zerfurcht und ausgehöhlt oder mit scharfen Kanten versetzt, die durch das ablaufende Regenwasser im Laufe der Jahrhunderte entstanden sind. Das Klima ist kalt, es wehen oft starke Winde und Schneefälle kommen im Winter häufig vor. Durch den Einfluss des Menschen sind nur wenige Wälder erhalten geblieben. Unterhalb von 1.000 Metern wachsen immergrüne Steineichenwälder, oberhalb Hartlaubgewächse. In den Tälern findet man mancherorts Mischwälder. Eine Eichenart, die im Winter das Laub abwirft, kommt hier oft vor. Ab 1.200 Metern wachsen reine Kiefernwälder. Gänsegeier, Wanderfalken und Steinadler haben hier und da ihre Brutplätze und auch die Alpenkrähe, Zippammer und der Alpensegler sind zu beobachten.

Die Dörfer liegen weit auseinander und bilden kompakte Siedlungen. Die meisten Häuser sind dreigeschossig und recht groß, viele haben ein hervorstehendes Dach und Holzbalkone. Die Mauern werden aus Kalkbruchstein hergestellt und die Dächer mit roten Ziegeln gedeckt. Größere Orte zeichnen sich durch einen arkadengesäumten Hauptplatz aus. Auffälligstes Merkmal der Siedlungsstruktur sind große Einzelhöfe, *mases* und kleine Weiler *masias*. Sie bestehen aus dem Wohnhaus und mehreren Wirtschaftsgebäuden und sind Familienbetriebe. Erzeugnisse sind Milchprodukte, Fleisch und Getreide. Seit dem Mittelalter legten die Bauern zahllose Steinmauern und auf sie gestützte Terrassen an, um die Bodenverhältnisse zu verbessern und die Abschwemmung der Erde zu verhindern. Sie schützen die Äcker vor den Viehherden und trennen die Ländereien der Bauern. Zum Teil in die Steinmauern eingelassen oder alleinstehend, fallen abseits der Orte archaisch anmutende runde Steinmauern aus Felsplatten auf. Sie wurden als Unterstände ohne Trägerkonstruktionen für Hirten erbaut und sind nur in diesem Gebiet bekannt. Wegen des zunehmenden Wohlstandsgefälles zum nahen Küstengebiet haben viele Bauern in den letzten Jahren ihre Höfe verlassen. Andere modernisieren ihre Produktion und betreiben intensive Hühner- und Schweinezucht, hässliche Mastanlagen zeugen hiervon. Damit einher geht der Verfall der alten Terrassen. Die alten Wege wachsen zu, die Häuser verfallen, die Viehweiden werden vom Gebüsch erobert, doch noch ist die Entwicklung nicht so weit fortgeschritten, dass der traditionelle Charakter der Landschaft verloren wäre. Oft scheint sogar die Zeit still zu stehen und ein Besuch dieser Landschaft ist unbedingt empfehlenswert, um das harte Leben der Bauern und das Land kennen zu lernen. Von der Küste aus, kann man auf einer Fahrt über Cervera del Maestre, St. Mateu, Tirig, und Cati nach Morella, dem Hauptort des Gebietes, gelangen und bekommt einen ersten Eindruck von der Landschaft und den Ortschaften. Wer Morella besser kennen lernen möchte, sollte die Tour auf zwei bis drei Tage ausdehnen. Eine weitere Tour führt nach Albocacer, Benassal, Ares de Maestre, Villafranca del Cid, La Igulesia de Cid, Cantaviejea, Mirambel, Forcall und über Morella wieder zurück ans Meer. An einem Tag ist die Rundtour nicht machbar und es ist eine Übernachtung empfehlenswert oder eine Aufteilung der Tour in mehrere Etappen. Die Kapitel 1-14 beschreiben die Sehenswürdigkeiten des nördlichen Maestrazgo. Ab dem Kapitel 15 wird der südliche Teil beschrieben.

Im südlichen Teil des Maestrazgo bietet sich eine Fahrt über Cabanes nach Villafames und über Alcora nach Lucena del Cid und in das Peñagolosa Gebiet an. Für eine Tagestour sollte das Peñagolosa Gebiet getrennt von den oben genannten Ortschaften besucht werden. Die für den Nordteil charakteristischen Hochebenen und Tafelberge prägen die Landschaft im Süden weniger, denn das Massiv ist hier durch Täler stärker gegliedert und in Bergzüge und Kuppen zerschnitten. Westlich von Vistabella im Grenzgebiet zu Teruel liegt die einzige große Hochebene (Llano de Arriba) auf 1.200 Metern Höhe. Hier erhebt sich der Peñagolosa, der mit 1.815 Metern der höchste Berg des Maestrazgo ist. Er überragt mit seinem felsigen und kegelförmigen Gipfel die Provinz Castellón. Die klimatischen Bedingungen sind ähnlich wie im nördlichen Maestrazgo, nur die höchsten Berge haben ein raueres Klima. Sie können im Winter monatelang schneebedeckt sein, während unterhalb von 1.500 Höhenmetern eine geschlossene Schneedecke selten länger als ein paar Tage von Bestand ist. Die gleichen Kreide- und Jurakalkaufbauten sind auch hier anzutreffen und die Vegetation entspricht dem nördlichen Maestrazgo. Steineichenwälder und mediterrane Gewächse besiedeln die Berge bis in 1.000 Meter Höhe, darüber wachsen Schwarzkiefernwälder, buchenblättrige Eichen, Wacholderbüsche und Igelginster-Heiden. In den hohen Lagen wächst die Waldkiefer. Ackerbau wird bis in 1.300 Meter Höhe betrieben. Die Terrassen überwuchern zunehmend und der größte Teil des Gebirgslandes dient als Weidegebiet.

1. Cervera del Maestre und die Holzschnitzer
a. Geschichte, Lage, Sehenswürdigkeiten

Zuerst war das Dorf eine prähistorische Ansiedlung. Danach wurde es ein strategisch wichtiger Standort der Römer, die den Ort mit Mauern umgaben. Die Araber behielten den Status der Ansiedlung bei. Nach der Rückeroberung durch die Christen wurde das Dorf zum Wohn- und Verwaltungssitz des Ordens der Hospitalliter. Von Benicarló aus, auf dem Weg nach San Mateo und Morella liegt der Ort mit 767 Einwohnern, 15 Kilometer von der Küste entfernt auf einem Hügel mit einem weiten Ausblick auf die Ebene und das Meer. Die einst stolze Burg steht an der höchsten Stelle des Ortes. Die Ruinen können auf einem kurzen Spaziergang, der vom Ort aus nach oben führt, besichtigt werden. Die Priesterkirche stammt aus der Mitte des 18. Jahrhunderts und hat einen monumentalen Glockenturm. In der Rambla de Cervera, 2 Kilometer außerhalb vom Ort, ist in einer Ölmühle aus dem späten 16. Jahrhundert ein Museum (Museu del Moli de l'Oli) eröffnet worden. Der Schlüssel ist auf Nachfrage im Rathaus unter der Woche zwischen 9 und 13 Uhr erhältlich.

b. Infrastruktur
Im Ort leben zwei Holzschnitzer mit Werkstätten, die täglich zur Besichtigung und zum Einkauf geöffnet sind. In dem Restaurant Meson Celina ist das Essen gut, die Bar Bonavista ist für eine Kaffeepause geeignet.

2. San Mateo *, frühere Hauptstadt des Maestrazgo
a. Geschichte und Lage

Wahrscheinlich hatte der Ort schon zur Ibererzeit eine gewisse Bedeutung, denn er liegt vom Klima begünstigt in einem fruchtbaren Landstrich. Sicher ist, dass die Römer ideale Bedingungen für ihre Landbaumethoden hier fanden. Über Jahrhunderte war der Ort ein bedeutender Verkehrsknotenpunkt für den mittelalterlichen Wollhandel und die Hauptstadt der damaligen historischen Region des Maestrazgo. Nachdem die Templer enteignet und vertrieben wurden, erlebte San Mateo ab dem Jahr 1312 seine Blütezeit als Verwaltungssitz des neu gegründeten Montesa-Ordens. Der Großmeister des Ordens, der *Maestre*, von dem die Region ihren Namen bekam, hatte hier vom 14. Jahrhundert bis zum 16. Jahrhundert seinen Hauptsitz. Der Montesa-Orden war der Nachfolger des Templerordens. Sie beschützten im 12. und 13. Jahrhundert als christliche Miliz abendländische Pilger und das Heilige Grab in Jerusalem vor den Ungläubigen. Im oft umkämpften Grenzland zu Aragon bildete der Montesa-Orden eine Armee zum Schutz des Glaubens. Sie prägten die Dörfer, die zu ihrem Einflussgebiet gehörten durch Stadtmauern und Burgen. Zwischen 1396 und 1518 wurden zentrale Ratsversammlungen (Cortes) von verschiedenen Königen in San Mateo abgehalten. 1586 besuchte König Phillip II. den Ort für längere Zeit und die Päpste Benedikt VIII. und Clemens VIII. verweilten in dem Ort. San Mateo liegt 10 Kilometer entfernt von Cervera de Maestre in einem weiten fruchtbaren Hochtal auf dem Weg nach Morella, auf 325 Metern Höhe und hat 1.950 Einwohner. Die Küste ist bereits 29 Kilometer entfernt. Die Monumentalität der historischen Gebäude lässt erkennen, dass der Ort früher sehr bedeutend war. Heute steht die Landwirtschaft im Vordergrund.

b. Infrastruktur
Das Touristenbüro ist im Rathaus in der Calle Historador Berti untergebracht. Mailadresse: touristinfo.sanmeteu@turisme.m400.gva.es
Unterkünfte
Hotel Montesa, in der Avda. Constitucion 21, 12 Zimmer, Hotel-Restaurant La Pedri, in der Historiador Beti 9, 5 Zimmer, Hostal El Cubano in der gleichen Straße wie das La Pedri gelegen, 10 Zimmer.
Restaurants
In der Wallfahrtskapelle Mare de Deu de los Angeles, drei Kilometer vom Ort entfernt, ist je nach Saison ein Restaurant geöffnet. Die Eisdiele Pepi liegt in der C/ Llano San Pedro.
Feste
Vom 19. bis 27. August das Patronatsfest San Clement y Santa Tecla. Am 28. August die Feier San Augustin. Am 21. September das Fest San Mateo Apostol. Vom 6. bis 8. Dezember sind Kulturtage.

c. Sehenswürdigkeiten
Erzpriesterkirche, Plaza Mayor und Rathaus
Mit dem Bau der Kirche am Plaza Mayor, wurde Mitte des 13. Jahrhunderts im romanischen Stil begonnen und im 15. Jahrhundert wurde sie im gotischen Stil vollendet. Die Kirche besitzt nur ein Schiff, das in seiner Schlichtheit an romanische Hallenkirchen erinnert. Sie wurde zum nationalen Monument erklärt. Typisch für die Gegend ist ihr achteckiger Glockenturm aus dem 15. Jahrhundert. Herrschaftlich wirkt die Plaza Mayor mit Säulengängen an drei Seiten des viereckigen Platzes und dem kugelförmigen Brunnen *Santa Maria* in der Mitte. Im Sommer stehen die Stühle und Tische der Bars auf dem stimmungsvollen Platz. Das Rathaus wurde im 15. Jahrhundert erbaut und besitzt eine Säulenhalle mit drei eindrucksvollen Rundbögen.

Adelspaläste, Stadtmauer, Museen und Brunnen
Der Palast *Borull*, erbaut im gotischen Stil und der Palast *Villores*, im 16. Jahrhundert im Renaissance Stil erbaut, lohnen eine Besichtigung. Der *Villores* Palast besitzt eine gut erhaltene Küche aus dem Mittelalter. Bei einem Spaziergang durch die Straßen des Ortes sind weitere Paläste zu entdecken. Die

Stadtmauer aus dem 14. Jahrhundert wurde im nördlichen Teil wieder aufgebaut und besitzt einen Wassergraben. Ein Spaziergang entlang der Stadtmauer führt zu mehreren Türmen und Stadttoren. Das historische Museum im Rathaus hat folgende Öffnungszeiten: im Winter Di bis Fr 10-14 Uhr, Sa 10-14 Uhr und 16-18 Uhr. Im Sommer täglich 10-14 Uhr und 16-18 Uhr. Es ist ebenso sehenswert wie das private paläontologische Museum *Juan Cano Forner*, das Versteinerungen ausstellt, Öffnungszeiten: 10-14 Uhr und 16-19 Uhr und das Kirchenmuseum für religiöse Kunst. Öffnungszeiten: im Winter Sa und So 10-14 Uhr und 16-19 Uhr, im Sommer täglich geöffnet 10-14 Uhr und 16-19 Uhr. Der *Font de l'Angel* (Engelsbrunnen) aus dem 14. Jahrhundert und der *Font de la Mare de Deu* aus dem 15. Jahrhundert sind Beispiele für die zahlreichen Brunnen von San Mateo. Der Waschplatz an der Stadtmauer wird heute noch benutzt.

Santuario de la Mare de Deu dels Angels
Es handelt sich um eine drei Kilometer außerhalb der Stadt, auf einem Hügel gelegene Einsiedelei mit einer wunderschönen Aussicht auf die weite Ebene und die umliegenden Tafelberge. Sie wurde zwischen dem 16. und 18. Jahrhundert erbaut und ist im Sommer täglich geöffnet, in der Nebensaison nur an Samstagen und Sonntagen. Eine kleine paläontologische Sammlung und ein Restaurant beherbergen die alten Mauern.

Santuario de la Mare de Deu dels Angels

3. Tírig und das Museum der Felszeichnungen
a. Lage
11 Kilometer von San Mateo entfernt liegt Tírig umgeben von Oliven- und Mandelbäumen in einem offenen Hochtal auf 450 Metern Höhe. Die wirtschaftliche Basis der 575 Einwohner bildet die Landwirtschaft. Wegen der prähistorischen Felsmalereien in der Valltorata-Schlucht, die neben den Felszeichnungen der Gasulla-Schlucht, die wertvollsten der spanischen Levante darstellen, sollte das Museum von Tirig besucht werden. Die Zeichnungen sind zwischen 1.000 und 6.000 Jahre alt.

b. Infrastruktur
Das Touristenbüro ist unter www.cult.gva.es im Internet und vor Ort im Rathaus zu erreichen. Die Fonda Bar Nou in der C/ Nou 28, vermietet einfache Zimmer. Der Campingplatz liegt in der Muncipal de la Valltora Straße 2. In der letzten Juliwoche werden die Patronatsfeste zu Ehren des heiligen Jaume gefeiert. Am 3. und 4. Mai wird das Fest zu Ehren der heiligen Quiteria gefeiert. Am ersten Samstag im Dezember findet die Wallfahrt zur Ermita de Sta. Barbara statt.

c. Sehenswürdigkeiten
Bilder aus der Vorzeit und das Museum La Volltorata (**K**)
In den Gebirgen Ostspaniens, zwischen den Pyrenäen und der Stadt Murcia, gibt es eine Vielzahl von Felsmalereien, die zwischen 8.000 und 1.500 v. Chr. entstanden sind. Seit einiger Zeit sind die Felsbilder (pinturas rupestres) zu Popularität gekommen. Daraufhin wurden verstärkt Suchaktionen gestartet. Dabei wurden 150 Fundstellen mit Tausenden Bildern entdeckt. In drei Gebieten gibt es besonders viele: im Maestrazgo, in den Bergen westlich von Teruel und zwischen Valencia, Albacete und Murcia. Sie befinden sich oft an abgelegenen Orten auf Kalkgestein unter Felsvorsprüngen, in Nischen und Grotten, wo sie geschützt sind. Die Farben sind gut erhalten, obwohl sie dem Licht ausgesetzt waren. Aus Kohle, Eisen, Ruß, Gips und Ton wurden die Farben gewonnen und mit Pinseln aufgetragen, Lieblingsfarben waren Rot und Schwarz. Seit ihrer Entdeckung sind sie zum Teil von Hirten und Besuchern zerstört worden, deshalb wurden sie eingezäunt und sind nur mit Führer zu besichtigen. Die ältesten Malereien zeichnen sich durch starke Abstraktionen aus. Jüngere Bilder sind realistischer und lebhafter gestaltet. Man nimmt an, dass sie religiösen oder magischen Charakter haben. Sie wurden an Kultplätzen geschaffen, um das Jagdglück zu fördern. Wegen der vielen Übermalungen bestanden diese Kultplätze über eine lange Zeit. Die Kunst, die Felsen zu bemalen, endet mit dem Beginn der Sesshaftwertung und mit dem Ausbau der Bauerngesellschaft. Männer und Frauen sind strichförmig angelegt und oft während der Verfolgung des Wildes gemalt. Die Tiere werden realistischer abgebildet. Wölfe, Stiere, Pferde, Hirsche, Steinböcke, Wildschweine und Büffel sind zu erkennen. Seltener findet man Bienen abgebildet. Die meisten Bilder sind

kleiner als eine Handfläche. Etwa fünf Kilometer vom Ort entfernt in Richtung Albocácer befindet sich das den Felszeichnungen gewidmete Museum von *Volltorata*. Es steht unter dem Schutz der UNESCO, stellt frühhistorische Lebensformen aus und eine Reproduktion der *Covas dels Cavalls*. Dargestellt werden vor allem Jagdszenen mit Menschen und Tieren, die sich dann im *Barranco de Valltorta* in der realen Landschaft gut nachvollziehen lassen. Die Landschaft hat sich im Laufe der Jahrtausende kaum verändert. Öffnungszeiten: Oktober bis April 10-14 Uhr und 16-19 Uhr. Führungen um 12 Uhr in die *Covas dels Cavalls* und um 17 Uhr in die *Covas del Civil*, in spanischer Sprache.

4. Catí *, die gotische Stadt und ihre Heilquelle La Avella

a. Geschichte und Lage

Cati ist eine Gründung der Araber. Nach der christlichen Rückeroberung und Neubesiedlung war der Ort im 15. und 16. Jahrhundert ein Zentrum für den Wollhandel. Dies brachte ihm Wohlstand und Reichtum, was heute an einigen Gebäuden zu sehen ist. Der Ort liegt in einem Hochtal auf 661 Metern Höhe und hat 900 Einwohner. Er ist 10 Kilometer von Tírig und 30 Kilometer von Morella entfernt. Das Dorf ist wegen des guten Schafs- und Ziegenkäses bekannt, der *Turron*, der dem Nougat von Montelimar ähnlich ist, schmeckt köstlich.

b. Infrastruktur

Auf der Hauptstraße des Ortes ist im Rathaus mit der Hausnummer 2, das Touristenbüro untergebracht. Die Pension El Prigo in der Santa Anna 33, hat 7 Zimmer mit Bad. Die Fondas Miralles und l'Avella, beide nur im Sommer geöffnet, befinden sich im Stadtteil Avella, ein bescheidener Kurort mit Quelle in wunderschöner Lage. Der Ort ist ein Zentrum des ländlichen Tourismus. Es werden Mas vermietet, das sind typische Unterkünfte der Region. Vom 11. bis 21. August wird Maria Himmelfahrt ge-feiert. Im Mai findet die Wallfahrt des heiligen Pere de Castellfort statt. Am 8. September wird der heiligen l'Avella gedacht und am 11. November dem heiligen Martin.

c. Sehenswürdigkeiten

Das Rathaus wurde im gotischen Stil erbaut und hat viele schöne Spitzbögen, die sich zu einer Säulenhalle formieren. Die Kirche *Iglesia Parroquial* wurde im 13. Jahrhundert im romanischen Stil gebaut, weist aber auch gotische Bestandteile auf. Das Hauptportal aus dem 15. Jahrhundert im spätromanisch-gotischen Stil ist sehenswert. Im Inneren ist ein Altarbild mit Darstellungen des Heiligen *San Vincente Ferrer* zu sehen. Außerdem befinden sich Goldschmiedearbeiten in der Kirche. Die *Casa Miralles* gilt als ein gutes Beispiel für die vielen Herrenhäuser des Ortes. Sie künden vom früheren Reichtum der Feudalherren und Schafzüchter. Die *Fuente San Vicente* ist ein schönes Beispiel für eine heilige Quelle. Der öffentliche Waschplatz liegt gegenüber und ist ein beliebter Treffpunkt der älteren Frauen. Ein schöner Ausflug führt nach La Avella, dazu biegt man kurz hinter Catí, auf dem Weg nach Morella beim Hinweisschild nach

La Avella nach links ab und fährt 5 Kilometer bergauf. Die Bergwelt erscheint hier unbezwinglich, einsam und atemberaubend zugleich. Oberhalb einer Bergsenke taucht ein winziges Dorf mit einer Heilquelle auf. Das Wasser wirkt bei Hautkrankheiten. Die *Ermita l'Avella* aus dem 16. Jahrhundert steht gleich daneben. Zwischen zwei Gasthäusern führt der Weg hindurch zum Eingang. Im Inneren sind die Wände und die Decke mit Fresken bedeckt, die verschiedene biblische Szenen darstellen. Die Aussicht in die Einsamkeit hinaus ist kaum zu überbieten.

5. Morella ***, ein Gesamtkunstwerk
a. Geschichte
Morella gehörte in der Frühgeschichte zu den ersten besiedelten Plätzen der Region. Höhlenmalereien im Nachbarort Morella la Vella bezeugen dies. In der Gegend gibt es siebzehn verschiedene Ausgrabungsstätten aus dem Bronzezeitalter. Vierzehn Ausgrabungsstätten beweisen die Anwesenheit der Iberer. Römische Siedlungen entstanden in der Folgezeit und die Burg, hoch über der Stadt gelegen, ist römischen Ursprungs. Es folgten die Goten und später die Araber, sie bauten die Burg und den Ort nach und nach aus. Im 14. Jahrhundert lies der Montesa-Orden eine gewaltige Stadtmauer mit 14 Türmen und vier Stadttoren, und ein gotisches Aquädukt um die Wasserzufuhr zu sichern, bauen. In Kriegszeiten war Morella eine wichtige Festungsanlage, die oft zerstört und wieder aufgebaut wurde. Der wirtschaftliche Aufschwung kam im 15. und 16. Jahrhundert, als Morella das Zentrum des internationalen Wollhandels und der Schafzucht war. Deshalb gelang es den Bewohnern immer wieder, die destruktiven Auswirkungen von Kriegen und Epidemien zu überwinden. Bei Kriegen und dem häufigen Ausbrechen der Pest starben in der Region viele Menschen. Der beinahe das gesamte 19. Jahrhundert andauernde Carlistenkrieg ist nur ein Beispiel dafür. Carlisten waren konservative Monarchisten, die gegen die liberal gesinnte Isabella, Königin von Spanien, rebellierten und die gesamte Region in ihre Kämpfe miteinbezogen.

b. Lage
Die Straße nach Morella bahnt sich ihren Weg durch das schroffe und bergige Relief des Landkreises Els Ports. Der Ort ist nur 70 Kilometer von der Küste entfernt, liegt aber in einer ganz anderen Welt. Im Winter liegt hier Schnee und es gibt viele Berge, die über 1.000 Meter hoch sind. Wälder mit Pinien, Eichen und Steineichen existieren hier und vereinzelt sieht man die Schatten der Gänsegeier am Himmel. Über den Pass Queroll auf 1.080 Meter Höhe wird die Hochebene von Morella erreicht. Die Flüsse Bergantes und Cervol fließen durch dieses Gebiet und an ihren Ufern findet man romantische Plätze. Der erste Blick auf den Ort ist phantastisch. Morella liegt sehr reizvoll auf 984 Metern Höhe an einer 1070 Meter hohen Felsenkuppe, die von der Burg erobert wurde. Sie

überragt die umliegenden Hochflächen und Tafelberge um einige Höhenmeter. Morella hat seinen mittelalterlichen Charakter erhalten können. Dies ist auch darauf zurückzuführen, dass die Einwohnerzahl in den letzten 100 Jahren stetig zurück gegangen ist und die Stadt nicht über ihre Grenzen hinweg ausgedehnt werden musste. Die Stadtmauer ist 2.500 Meter lang, gut erhalten und besitzt sieben Tore. Morella ist mit 3.000 Einwohnern ein wirtschaftlich unbedeutendes Provinzstädtchen, das an der rasanten Entwicklung der nahen Küstenzone nicht beteiligt ist. Es bildet das Zentrum einer strukturschwachen, locker besiedelten Agrarregion, aus der viele jüngere Menschen in die Küstengebiete abwandern. In letzter Zeit hat sich ein lebhafter Tagestourismus entwickelt, von dem der Ort profitieren kann. Die eindrucksvolle Landschaft, die vielen Denkmäler und das reizvolle Ortsbild bringen viele Urlauber aus den Küstenzonen dazu, Ausflüge nach Morella zu unternehmen.

c. Infrastruktur
Am Miquel Stadttor, im oberen Teil der Stadt, auf dem Placa Miquel, ist das Touristenbüro zu finden. Internetadresse: www.morella.net.
<u>Unterkünfte</u>
Das Rey Don Jaime Hotel mit drei Sternen liegt auf der Hauptstraße Juan Giner 6, in der Nähe des Rathauses und ist eines der besten Hotels in Morella. Von einigen Zimmern aus hat man eine schöne Sicht auf die umliegenden Berge. Die Dekorationsstoffe sind handgewebt, es sind traditionelle Stoffe, die seit dem Mittelalter in Morella angefertigt werden. Das Doppelzimmer ohne Verpflegung kostet ab 40 Euro die Nacht. Die Zimmer bieten jeden Komfort und das Restaurant eine gute Küche mit einem preiswerten Menü. Das Hostal Elias, innerhalb der Mauern in der Nähe der Kirche Santa Maria gelegen, ist zwar billiger, bietet jedoch weniger Komfort. Das Hotel Fabrica Giner mit 3 Sternen ist 4,5 Kilometer außerhalb Morellas auf der Straße nach Zorita gelegen. Es wurde in einer stillgelegten Textilfabrik vor einigen Jahren eröffnet und liegt malerisch in einer parkähnlichen Anlage. Der Komplex hat sich zu einem kulturellen Zentrum entwickelt. Ein gutes Restaurant ist dem Hotel angeschlossen. Einige Gebäude der Textilfabrik können auf Absprache besichtigt werden. Die Zimmer bieten jeden Komfort und kosten in der Nebensaison 66 Euro pro Nacht, ohne Verpflegung.
<u>Restaurants und Essen</u>
Erwähnenswert ist das Restaurant La Roque, in derselben Straße gelegen wie das Hotel Rey Don Jaime. Es ist im traditionellen Stil von Morella eingerichtet und es kocht lokale Spezialitäten. Im November ist das Restaurant geschlossen. Spezialitäten aus der Küche von Morella sind: Lamm mit Trüffel, Trüffelhühnchen, gespickter Ochsenbraten, Suppe mit Gebäckwürfel, Kaninchen mit Schnecken, mariniertes Rebhuhn, Pilze, Kroketten, Schinken, Käse, Dörrfleisch, Würste, Mandelsplitter, Karamellpudding und quarkgefüllte „Flaons".
<u>Einkaufen</u>
Morella ist ein wahres Einkaufsparadies. Es kommen viele Busse die Ausflügler in die Stadt bringen, die einkaufen. Die handwerkliche Tradition reicht bis ins 13. Jahrhundert zurück. Im Mittelalter war der Ort ein vielseitiges Textilzentrum. Jedes Haus war zugleich eine Werkstatt, in der die Wolle der Schafe mit Spindel und Rocken gesponnen

wurde. Noch heute findet man alte Werkstätten im hinteren Teil der Häuser. Zu Anfang wurden Teppiche, Stoffe und Tücher gewebt. Im 18. Jahrhundert wurde das Angebot um Reissäcke und Decken erweitert. Der Untergrund der Decken ist in rot, schwarz oder grün gehalten und sie sind verschiedenartig verziert. Daneben werden heute viele Stickereiwaren angeboten und Pullover aus Schafswolle. Ein Laden mit Honigprodukten, eine Metzgerei mit hervorragender Wurst und Schinken vom Schaf, Rind und Schwein und ein Geschäft mit Versteinerungen und Steinen, verteilen sich an der Hauptstraße. Ein Käsegeschäft führt Käsesorten der Region, alle sind empfehlenswert. Eine weitere Spezialität sind die Trüffel, die in der Gegend gefunden werden. Auf der Hauptstraße gibt es einen preisgünstigen Friseur. Auf einem der Wege, die zur Burg hochführen, verkauft ein alter Herr antike Möbel, Mineralien, alte Fliesen und Keramiken.
<u>Sport</u>
Wandern, Tennis, ein Reitstall und ein Schwimmbad.
<u>Feste</u>
Es wird eine große Zahl an Festen gefeiert, die alle einen religiösen Ursprung haben. Die Bewohner sind in verschiedenen Festgremien zusammengeschlossen. Der Besucher, der nicht nur zuschauen will, hat keine Mühe, Anschluss zu finden, denn die ganze Stadt verwandelt sich in ein Fest. Am 7. Januar wird Sant Julia gefeiert. Am Wochenende nach dem 17. Januar Sant Antoni. Vom 25. April bis zum 10. Juli wird Les Prims gefeiert. Am ersten Wochenende im Mai findet eine Pilgerwanderung zur Wallfahrtsstätte der Virgen Vallivana statt. Anfang Juni wird Fronleichnam gefeiert. Am Wochenende um den 24. Juni herum wird San Juan gefeiert. Am 15. August wird Maria Himmelfahrt gefeiert und das Fest Sant Roc. Das Fest Sexeni, Morellas Fest der Feste, das alle mitteleuropäischen Dimensionen sprengt, ein Fest des Dankes an die Heilige Nuestra Senora de Vallivana, für die Rettung von der Pest im Jahre 1672, wird alle sechs Jahre gefeiert. Es dauert 9 Tage und an jedem Tag führt eines der Festgremien, die nach Zünften geordnet sind, (Drechsler, Weber, Bauern, Kunsthandwerker, Zigeuner, Wallfahrer) ihren Tanz auf. Dem Sechsjahresfest geht die Ankündigung, Anunci, an einem Sonntag im August voraus. Prozessionen mit Festwagen durchqueren die Straßen der Stadt. Die nächste Ankündigung findet im Jahr 2010 statt.

d. Sehenswürdigkeiten
<u>Stadtrundgang***</u>
Außerhalb der Stadtmauern sind genügend Parkplätze für Autos vorhanden. Sinnvoll ist es die Stadt durch das *Sant Miquel Tor* zu betreten. Es ist an seinen beiden riesigen Zwillingstürmen leicht zu erkennen. Wenige Meter dahinter befindet sich die Touristeninformation und hier beginnt auch die Hauptgeschäftsstraße, die in einem leichten Bogen hinauf zur Plaza Colon und zur Plaza de los Estudios führt. An dieser Straße befinden sich einige ehemalige Adelspaläste und noble Bürgerhäuser. Nach einigen Metern ist das Rathaus, ehemals die *Casa Consell,* auf der linken Straßenseite erreicht. Heute ist im Rathaus auch das Justizgebäude untergebracht. Es wurde im gotischen Stil im 15. Jahrhundert erbaut. Danach kommt in der Blasco de Aragon Straße mit ihren niedrigen Säulengängen etwas ganz Besonderes: das Haus der Grafen von *Creixell* aus dem 16. Jahrhundert. Nicht zu übersehen ist der Palast *Kardinal*

Ram, ein Eckhaus in dem heute ein Hotel untergebracht ist. Bei einem Spaziergang durch die steilen Gässchen nach links hinunter, sind weitere imposante Häuser zu sehen. Hierzu gehören das Haus *Ciurana* und die *Casa Figuera* in der Costera de San Juan Straße. In der Calle Cofradia steht die *Casa Cofradia de Labradores*, das Gebäude, in dem heute die Genossenschaft der Ackerbauern untergebracht ist. Das Rats- und Studierhaus an der Plaza de los Estudios, das *Rovira Haus* in der Calle de la Virgen und das Anwesen *Marquis von Cruilles* gehören zur Reihe der imposanten Häuser. An der Plaza Tarrascons sieht man schöne Beispiele balkengestützter Bergdorfarchitektur. Eine Abwechslung hierzu bildet die weiß gekalkte Fassadenfront der Plaza de los Estudios.

Plaza de los Estudios

Das Franziskanerkloster und die Burg*
Am Ende des Stadtrundganges führt der Weg über die C/ Alta Sant Francesco zum alten Franziskanerkloster. Das Kloster wurde zwischen 1270 und 1271 auf Ersuchen König Jakobs I. von den Bürgern der Stadt gestiftet. Die Stiftung soll an die kurze Zeit, die der Heilige Sant Vicente Martyrer im Jahr 303 n. Chr. auf seinem Weg nach Valencia in Morella verbracht hat, erinnern. Der Kreuzgang, der älteste, erhaltene Teil des Klosters, wurde um 1280 im frühgotischen Stil erbaut und ist in seiner Struktur und Linienführung dem Kloster zum Heiligen Franz in Palma auf Mallorca ähnlich. Auch der Kapitelsaal des Klosters ist

sehenswert. Das Kloster war vom 17. Juli bis zum 11. September 1414 Wohnsitz des Papstes Benedikt XII. Zur gleichen Zeit weilte der Heilige Vincente Ferrer und König Ferdinand von Antequera in Morella. König Ferdinand, der einige Jahre vorher in Caspe zum König von Aragon gewählt worden war, wollte mit den beiden geistlichen Würdenträgern über das Ende der Kirchenspaltung verhandeln. Die Aussicht von der Burg hinein in das gebirgige Land und auf Morella hinunter ist phantastisch. Der Blick schließt das Aquädukt, das im 14. Jahrhundert erbaut wurde, und die Stierkampfarena mit ein. Die Gesamtanlage der Festung kann mit interessanten Eindrücken aufwarten. Sie ist wurde von den Arabern erheblich erweitert. Werkzeuge, die bei Ausgrabungen gefunden wurden, zeigen, dass bereits Iberer, Römer und Westgoten den Hügel in Besitz genommen haben. Nach der Rückeroberung durch die Christen begann die Konstruktion der heute noch sichtbaren Befestigungen. Während des ersten Carlistenkrieges war die Festung der Hauptsitz von General Cabrera, der für die Monarchisten kämpfte. Heute beeindruckt das Verlies, in das die Kriegsgefangenen geworfen wurden, immer noch. Auch die Kasematten haben gewaltige Ausmaße. Viele prominente Persönlichkeiten der Geschichte wurden in den Kerkern gefangen gehalten. Die Festung besteht aus zwei übereinander liegenden Felsen und ist von einer Wallmauer umgeben. Die Mauer wird von einigen mittelalterlichen Türmen unterbrochen, von denen die Grundmauern zu sehen sind. Der Rest wurde bei einer Explosion des Pulverlagers, die 1709 durch einen Blitzschlag ausgelöst wurde, zerstört. Im unteren Teil der Festung ist das Eingangstor, das 1839 auf Anordnung des Generals Don Ramon Cabrera neu befestigt wurde, hervorzuheben. Geht man durch das Tor hindurch gelangt man zur Zisterne, in der früher die Kirchenschätze aufbewahrt wurden. Im Jahr 1840 wurde sie von General Don Bladomero Espartero zerstört, nachdem sie vorher als Schlosskapelle ihre Dienste leistete. Das Schloss des Festungskommandanten wurde 1713 von Baron de Itre errichtet, das Wappenschild an der Fassade ist gut erhalten. Das Schloss war über einen Geheimgang mit dem Waffenlager und dem Kerker verbunden. Über eine steile Treppe geht es in den oberen Teil der Festung zum Eingangstor *Puerto Callizo*, das Reste römischer, maurischer und mittelalterlicher Architektur aufweist. Ganz oben befinden sich ein Waffenlager und das Verlies *Macho*, in den Kellerräumen des Turmes *Zeloquia*. Dieser Teil bestand schon zur Zeit der Mauren und wurde 1813 von der spanischen Artillerie im Kampf gegen Napoleon Bonaparte niedergerissen.

Kirche Santa Maria la Mayor
Vom Franziskanerkloster führt der Weg nach links zur Plaza Arciprestal an der die Hauptkirche des Ortes liegt. Sie wurde im 13. Jahrhundert im frühgotischen Stil erbaut und hat zwei sehenswerte Spitzbogenportale, das Portal der Apostel und das Portal der Jungfrauen. Die Portale befinden sich an derselben Fassade und führen in das Innere der Kirche. Der Chor hat eine Spannweite von 11

Metern. Die Orgel von Torull aus dem Jahr 1717 besitzt zwei separate Klangkörper, der Organist sitzt beim Spielen zwischen ihnen. An der Rückseite des Chors befindet sich ein Fries aus Stein, das *Porticus Gloriae*. Die außergewöhnliche Wendeltreppe, die zum Chor führt, der Hochaltar und die drei Fensterrosetten mit Originalglasscheiben der valencianischen Schule aus dem 14. Jahrhundert sind ebenfalls sehenswert.

Kirche Santa Maria la Mayor

Museen, Spaziergang und Umgebung
Neben der Hauptkirche *Santa Maria la Mayor* steht das Kirchenmuseum. Es stellt wertvolle Goldschmiedearbeiten, unter anderem ein Prozessionskreuz, und Keramikarbeiten aus dem 13. bis 17. Jahrhundert aus. Das Kirchenhistorische Archiv bewahrt Schriften zur Geschichte der Stadt auf. Öffnungszeiten: im Winter 12-14 Uhr und 16-18 Uhr, im Sommer 11-14 Uhr und 16-19 Uhr. Das Geschichtsmuseum (Museu Temps d'Historia) hat seine Heimat im *Nevera Tor*, das zwischen dem *Sant Miquel* Tor und der Stierkampfarena liegt, gefunden. Es hat die gleichen Öffnungszeiten wie das Dinosauriermuseum (**K**) (Museu Temps de Dinosaures) welches neben dem *Sant Miquel Tor* zu finden ist. Versteinerungen und Knochenfunde von Dinos aus der Umgebung von Morella sind zu sehen. Öffnungszeiten: im Winter nur an den Wochenenden 11-14 Uhr und 16-18 Uhr. Im Sommer Di bis So 11-14 Uhr und 16-19 Uhr. Das Fest-

museum öffnet seine Türen zu unterschiedlichen Zeiten neben der Nikolauskirche. Es erzählt interessante Geschichten über die festlichen Gebräuche der Region. Im *Benitoturm*, gleich hinter dem Haupteingangstor der Stadtmauer von San Mateo aus kommend, ist das kleine Fotomuseum (Museu Temps d´Imatge) eröffnet worden. Es zeigt Bilder aus dem Alltag der Bevölkerung im 19. und 20. Jahrhundert. Öffnungszeiten: wie das Dinosauriermuseum. Auf dem *Pasco de la Alameda* hinter der Burg ist ein schöner Spaziergang in einer gartenähnlichen Anlage wegen der umfassenden Aussicht empfehlenswert. Der Weg führt von einem Stadttor zum nächsten. In der Umgebung ist das Aquädukt, durch das man in Richtung Morella la Vella fahren kann, sehenswert. Auf der Straße, die nach Chiva de Morella führt, biegt bei Kilometer 3,5 nach links eine Schotterpiste zu einem Bauernhof ab. Dort ist der Schlüssel erhältlich, mit dem der Eingang zu den Felszeichnungen von Morella la Vella geschützt ist.

6. Zorita de Maestrazgo **, ein magischer Ort
a. Geschichte und Lage
Ausgrabungen aus der Bronze- und der Römerzeit deuten auf eine frühe menschliche Besiedelung des Gebietes hin. Nach der Rückeroberung von den Arabern zwischen 1233 und 1242 wurde das Gebiet neu besiedelt. Die Herren von Peralta hinterließen einen kleinen, ländlichen Adelssitz. Im Flusstal sind verfallene Zeugen frühindustrieller Aktivitäten zu sehen: eine Mühle, Weberei, Spinnerei, Papier- und Textilfabrik. Im Ort selbst lohnt der Besuch der Priesterkirche aus dem 18. Jahrhundert und ein Spaziergang durch die engen Gassen. Die Geschichte des Sanktuariums beginnt in vorgeschichtlicher Zeit. Damals war hier ein Ort zur Verehrung der Götter. Nach der Rückeroberung durch die Christen wurde die erste Kapelle erbaut. Wallfahrtsort und Ziel von Bittprozessionen wurde der Ort Mitte des 15. Jahrhunderts, nachdem einer Legende zufolge ein Schäfer eine Marienstatue fand. Nach dem Fund wuchs ihm sein fehlender Arm nach. Danach wurden die Kirche und die Herberge in den überhängenden Fels gebaut. Anfang des 18. Jahrhunderts wurde ein Krankenhaus für Besessene erbaut. Verschiedene Praktiken der Dämonenaustreibung sind überliefert. Nachdem sie immer mehr ausarteten, wurden diese Praktiken im 19. Jahrhundert verboten. Der kleine Ort, in dem 142 Menschen leben, ist 24 Kilometer von Morella entfernt. Er ist über die Ginerfabrik und den Ort Forcall zu erreichen und liegt im Tal vom Bergantesfluss in 657 Metern Höhe. 2 Kilometer vom Dorf entfernt in nördlicher Richtung liegt das Sanktuarium *Virgen de la Balma*. Die Lage und die Atmosphäre des Heiligtums sind einzigartig.

b. Infrastruktur
Es gibt eine bescheidene Unterkunftsmöglichkeit mit preiswertem Restaurant im Wallfahrtskomplex. Am 8. September findet das Hauptfest des Ortes, der Kampf des Engels gegen den Teufel statt.

c. Sehenswürdigkeiten
An der Einfahrt des Komplexes, steht auf der rechten Seite ein kleines überdachtes Gebäude mit einer Decke, die von Fresken des Malers Juan Francisco Cruella von 1860 bedeckt ist. In der Umgebung hat dieser Maler viele Kirchen ausgemalt. Von dem Ort geht ein eigenartiger Reiz aus. Die spürbare Magie war bereits in vorgeschichtlicher Zeit bekannt. Vom Parkplatz aus ist der Eingang in das Heiligtum leicht zu erreichen. Durch den Innenhof führt der Weg zum Restaurant, in dem auch religiöse Artikel verkauft werden. Es ist zum Teil in den Fels hineingebaut worden. Hinter dem preiswerten und stimmungsvollen Restaurant führt der Weg, der zur Hälfte von Felsen überdeckt wird, ins Freie. Viele Blumentöpfe säumen den Weg, von dem der Ausblick ins Flusstal besonders schön ist. Der Kirchenraum ist eingetaucht in geheimnisvolles Dunkel. Am Ende der Kirche sind eine große Anzahl von Bildern, Füßen, Armen, Gliedern und Kleidern aufgehängt. Die Teile wurden von den Bittstellern, in der Hoffnung geheilt zu werden, als Devotionalien zurück gelassen. Im Spanischen Bürgerkrieg wurde das Heiligtum zum Lazarett umgebaut. Die Gefallenen sind damals unterhalb des Lazaretts in einer Flussbiegung bestattet worden. Der Platz ist heute ein beliebter Badeplatz.

<u>7. Albocácer mit sehenswertem Kirchenmuseum</u>
a. Lage und Sehenswürdigkeiten
Der Ort liegt auf 540 Metern Höhe und besitzt 1.364 Einwohner. Die Kleinstadt wird von der Landwirtschaft geprägt. Tírig ist 11 Kilometer entfernt und San Mateo 23 Kilometer. Die Kirche *Asuncion* wurde im valencianischen Barockstil des 17. Jahrhunderts erbaut. Das Kirchenmuseum, den Schlüssel erhält man im Pfarramt im Haus neben der Kirche, beherbergt wertvolle Goldschmiedearbeiten und Heiligenbilder aus dem 15. und 16. Jahrhundert. Die Kirche *Santos Juanes* wurde im 13. Jahrhundert erbaut. Sie besitzt ein romanisches Portal. An der Kreuzung der Straßen, die von Castellón und Ares de Maestre her kommen, liegt die *Ermita San Pablo*, außerhalb der Stadt. Sie wurde vom 15. bis 17. Jahrhundert erbaut, und zählt zu den Nationalmonumenten. An ihrer Rückseite wird sie von Efeu überwuchert.

b. Infrastruktur
Im Rathaus, an der Plaza Iglesia, 7, erhält der Besucher Informationen. Die Pension La Perdigana liegt in der Sant Pau Straße, sie hat 10 Zimmer. Über das Rathaus und Turistrat können restaurierte Bauernhäuser angemietet werden. Am zweiten Sonntag im Mai wird die Wallfahrt Sant Miquel gefeiert. Zwischen dem 13. und 22. August ist das Fest Virgen de la Asuncion zu Ehren der Stadtpatronin. Am 7. und 8. Dezember wird die Fiesta de los Quintos und am 17. und 18. Januar die Fiesta de San Antonio gefeiert.

8. Benasal und sein Heilwasser
a. Geschichte und Lage
Der Ort geht auf eine arabische Gründung zurück und wurde nach der Rückeroberung durch die Christen neu besiedelt. Im 16. und 17. Jahrhundert fand ein enormer wirtschaftlicher Aufschwung statt. Der Wollhandel brachte den Bürgern den Wohlstand und aus dieser Zeit stammen viele herrschaftliche Häuser, die heute zu bewundern sind. Benasal liegt in einem Hochtal auf 822 Metern Höhe, 13 Kilometer von Albocacer entfernt. Während der kurzen Fahrt hat sich die Landschaft verändert. Haselnussbaumplantagen prägen das Land und seine Landwirtschaft. Das Klima ist hier merklich kühler und die umliegenden Berge sind höher. Der Ort hat 1.422 Einwohner. Drei Kilometer entfernt, auf dem Weg von Benasal nach Culla, liegt der Kurort Fuente en Segures auf 1.100 Meter Höhe. In der Gemeinde Benasal ist die Mineralwasserfirma der Hauptarbeitgeber. In ihrer Nähe steht ein kunstvoller Brunnen, von dem man das Wasser für den Eigengebrauch in Kanister abfüllen kann.

b. Infrastruktur
Das Rathaus an der Plaza Ayuntamiento 1, erteilt Informationen über Benasal und seine Umgebung. Das Hotel La Piqueta in der Avda. Villafranca 9, hat 22 Zimmer mit Bad zu vermieten. Das Hotel Fuente en Segures hat 78 Zimmer und das Hotel Roig 40 Zimmer. Beide haben im Sommer im Ortsteil Fuente en Segures geöffnet. Der Wanderweg Gr-7 verläuft von Benasal nach Ares de Maestre. Im September wird neun Tage lang das Patronatsfest gefeiert.

c. Sehenswürdigkeiten
Das Haus *Mutanto* ist ein herrschaftliches Haus aus der Zeit des Wollhandels mit einer außergewöhnlichen Fassade. Das *Molahaus* wurde im 13. Jahrhundert errichtet und gehörte früher zum Kastell. Heute beherbergen die Räume das archäologische Museum des oberen Maestrazgo. Von der Stadtmauer sind einige Türme erhalten und ein schönes Eingangstor, der *Arc de la Mola*, im Mudejar-Stil. Der Rathausplatz (Plaza de Ayuntamineto) ist von Herrschaftlichen Häusern mit Arkadengängen umgeben. Das Museum für religiöse Kunst steht neben der *Iglesia Parroquial*. Zur *Ermita San Roque* und zur *Ermita Sant Christofol* ist entweder eine Fahrt mit dem Auto möglich oder sie werden auf zwei schönen Wanderungen erreicht. Die Aussicht von beiden Ermitas ist einer der Gründe für den Weg dorthin. Der Kurort Fuente en Segures ist mit dem Auto zu erreichen. Das Wasser und die Luft sind ebenso gut wie die Aussicht.

9. Ares de Maestre **, der Vogelhorst
a. Geschichte und Lage
Nachdem Ares de Maestre durch die Mauren neu gegründet worden war, entwickelte es sich zu einer Bastion des maurischen Königreiches Valencia. Der obere Teil des Berges, an dem Ares de Maestre liegt, wird von der Burg aus

dem 8. Jahrhundert beherrscht. Einige Reste der mächtigen Bastion blieben übrig. König Jakob I. erreichte im Jahre 1232 einen ungewöhnlich schnellen Sieg, während der Rückeroberung vertrieb er die Araber aus der Bastion. Danach war der Ort für kurze Zeit im Besitz der Templer und ging dann über in den Besitz des Montesa-Ordens. Der Namenszusatz *Maestre* weist auf den Großmeister des Ordens hin. In den Carlistenkriegen war der Ort wegen seiner hervorragenden Lage zeitweise das Hauptquartier von General Cabrera, der *El Tigre del Maestrazgo* genannt wurde. Ares de Maestre ist ein Morella im Kleinformat. Die Häuser schmiegen sich hier genauso an einen Felsen wie in Morella. Die zum Teil ungewöhnlich großen Häuser sind in mehreren Reihen an die Kante des Gebirgsplateaus gebaut. Dies macht den Ort zu einem der sehenswertesten im ganzen Maestrazgo. Die Straße, die von Albocácer kommt, das 20 Kilometer entfernt ist, erreicht hier das Ende eines Tals und schlängelt sich in Serpentinen hinauf zum Dorf. Ares de Maestre erhebt sich 400 Meter über dem Talgrund auf einer Bergnase, oberhalb eines Passes, am Rande der Maestrazgo Hochflächen. Schon von weitem kann man die abenteuerliche Lage des Ortes mit seinen 260 Einwohnern und seinen weißen Häusern auf beinahe 1.200 Höhenmetern bewundern.

Blick auf Ares de Maestre von der Burg aus

b. Infrastruktur
Das Touristenbüro befindet sich im Rathaus. Das Hotel d`Ares, Plaza Mayor 4, bietet 13 Zimmer an. Das Meson el Coll ist ein Restaurant an der Kreuzung von Hauptstraße und Nebenstraße. Am 24. August wird das Fest Sta. Elena y San Bartolome gefeiert.

c. Sehenswürdigkeiten
Autofahrer können bereits unterhalb der Zufahrtsstraße nach Ares de Maestre parken. Der Weg zur Burg führt mitten durch den Ort. Durch einen Tunnel, der unterhalb der Burg verläuft, ist der Felsen zu durchqueren. Eine Vertiefung im Felsen, links nach dem Aufstieg, soll laut der Legende, das Blut getöteter Christen, die Opfer der Mauren wurden, beinhalten. In Wirklichkeit färbt sich das Regenwasser wegen der Farbe der Steine, die sich unterhalb befinden, rot. Der Ausblick auf Ares de Maestre und die umliegenden Berge ist wunderschön. Entlang des Hauptplatzes stehen Häuser mit Arkadengängen im Stil der Mudejar-Gotik. Die Kirche wurde ursprünglich im gotischen Stil gebaut und später im Barockstil überbaut. Sie hat eine monumentale Fassade, die den Glockenturm überragt. Die Warenbörse aus dem 14. Jahrhundert hat einige Spitzbögen, die im Stil der Mudejar-Gotik entstanden sind.

10. Villafranca del Cid *, im Zeichen des Volkshelden
a. Lage des Ortes und das Leben von El Cid
Es handelt sich um einen auf 1.120 Höhenmetern im oberen Maestrazgo gelegenen Ort mit 2.740 Einwohnern. Die Stadt bildet ein Wirtschaftszentrum mit Textilverarbeitung und Holzindustrie. Sie liegt 12 Kilometer östlich von Ares de Maestre. Aus der Zeit des Wollhandels mit Italien, im 14. bis 16. Jahrhundert, stammen viele der sehenswerten Gebäude.

Rodrigo Diaz, genannt El Cid, übersetzt der gute Herr, ist neben Don Quijote der berühmteste Volksheld Spaniens. Um das Jahr 1043 wurde er in der Ortschaft Vivar in der Duero-Ebene geboren. Nachdem sein Vater früh starb, lebte er am Hof Ferdinands I. gemeinsam mit dem jüngsten Sohn des Königs. Mit 17 Jahren wurde er zum Ritter geschlagen. Bei Gefechten gegen einen navarrischen Ritter erhielt er 1064 den Ehrentitel „Campeador". Wenig später starb Ferdinand I. und seine Söhne führten Krieg um die Krone über Kastilien, Leon und Galizien. Der älteste Sohn, Alfons, blieb Sieger und der jüngste Sohn, Sanches, wurde ermordet. Mit der Regentschaft von Alfons blieb der weitere Lebensweg von El Cid eng verflochten. El Cid schwor dem neuen König, nachdem er seine Unschuld am Tode seines Bruders Sanches beteuerte, die Vasallentreue, an die er sich trotz zahlreicher Ungerechtigkeiten von Seiten des neuen Königs Zeit seines Lebens hielt. 1074 verheiratet der König den Ritter mit einer Adeligen, die Gunst des Regenten rief Neider auf den Plan und durch Intrigen fiel El Cid trotz vieler gewonnener Schlachten in Ungnade und wurde 1081 vom Hofe verbannt. Zusammen mit Gefolgsleuten begab er sich in die

Provinz Zaragoza, wo er in die Dienste des muselmanischen Königs Mutamin trat. Obwohl durch die Verbannung die Vasallentreue nicht mehr ihre Gültigkeit besaß, zog er nie gegen König Alfons in den Krieg. Er unternahm Feldzüge in die Gebiete anderer Herrscher und kehrte immer siegreich nach Zaragoza zurück. Im Jahr 1087 versöhnte sich König Alfons mit El Cid, weil starke arabische Heere aus dem Süden vordrangen. Nach sechsjähriger Verbannung diente er erneut der kastilischen Krone, eroberte den gesamten Osten von Lleida bis Almeria und sicherte die Grenzen gegenüber den Arabern. Die eroberten Gebiete vereinte er in einem Protektorat, das König Alfons tributpflichtig wurde. Im Jahr 1089 wurde El Cid wegen einiger Intriganten erneut vom König verbannt, worauf die eroberten Gebiete erneut unter die Herrschaft der Araber fielen. Daraufhin unterwarf El Cid ein zweites Mal das islamische Königreich Valencia. Nach seinem Tod am 10. Juli 1099, eroberten die Araber Valencia zurück. Als sie einrückten, setzten die Bewohner die Stadt in Brand und flüchteten. Die Leiche El Cids führten sie mit sich, um sie in kastilischer Erde zu begraben. 40 Jahre später wurde von einem Unbekannten der Heldengesang „Cantar de Mio Cid" gedichtet. Er gilt als erstes poetisches Werk in kastilischer Sprache. Weitere Epen über den Helden folgten und viele Ortschaften im Maetrazgo tragen heute stolz seinen Namen. Denn obwohl er plünderte und brandschatzte, gewann er durch eine gerechte und großzügige Herrschaft die Bewunderung seiner Untertanen. El Cid respektierte Religion und Gesetz der arabischen Be-völkerung. Er forderte nie mehr als den zehnten Teil der Steuern, woran sich nicht einmal die islamischen Herrscher gehalten hatten. Besonders seine Verbundenheit zum Volk, verdankt er seine Verehrung.

b. Infrastruktur
An der Plaza Iglesia 6, öffnet das Touristenbüro zu unterschiedlichen Zeiten seine Türen. Das Hotel Prismark vermietet in der Sagrado Corazon Straße 4, 30 Zimmer mit Bad. Wandern, Radfahren, Tennis spielen und Schwimmen im Schwimmbad gehören zu den Sportmöglichkeiten. Am 17. Januar wird San Antonio, am 3. Februar Sant Blai, im Juli die Fira de la Magdalena, in der dritten Juliwoche San Cristobal, am 15. August San Roque und am 8. September Virgen de Llossar gefeiert.

c. Sehenswürdigkeiten
Sehenswert ist das Rathaus, der große Platz und die Kirche *Santa Maria Magdalena*, die eine der ersten Kirchen der Provinz war, die im Renaissancestil gebaut wurde. Einige herrschaftliche Steinhäuser, die im 14. bis 16. Jahrhundert zur Zeit der wirtschaftlichen Blüte der Stadt erbaut wurden, sind sehenswert. Das Kirchenmuseum sollte von Liebhabern der Goldschmiedekunst aufgesucht werden. Bei einem Stadtbummel kann man bis an die Spitze des Berges gehen, an dem die Häuser enden. Von dort aus bietet sich eine schöne Aussicht auf den Ort und die umliegenden Berge. Das Ökomuseum des Ortes hat im Sommer täglich geöffnet, sonst an den Wochenenden. Der Eintritt ist frei. Es bieten sich

Ausflüge zur *Ermita Virgen del Llosar* aus dem 17. Jahrhundert, unmittelbar an der Hauptstraße nach La Iglesuela gelegen und zum Weiler *Pobla de Bellestar*, dem Ursprungsdorf von Villfranca, in der Rambla de las Truchas gelegen, nordwestlich an der Hauptstraße nach La Igulesia del Cid, an. Eine eindrucksvolle alte Spitzbogenbrücke, eine alte Mühle und die Kirche *San Miquel* können entdeckt werden. Ein weiterer Ausflug führt zu den Hochebenen *El Bovalar* und *Pinar del Calvo*, die sich westlich der Stadt, jenseits vom *Barranco de las Tejerias*, auf 1.200 Höhenmetern erstrecken. Die Kiefernwälder werden dort von Forstwegen durchzogen.

11. La Igulesia del Cid ** und die Häuser im Baustil Aragons
a. Geschichte und Lage
Nach der Vertreibung der Mauren siedelten sich die Templer an. Der Torre de los Nublos und das Rathaus gehörten zum Kloster und Kastell der Templer. Nach der Enteignung der Templer im Jahr 1312 ging die Anlage in den Besitz des Hospitalliterordens von San Juan über. Im Mittelalter war der Ort von größter Wichtigkeit, da auch er ein Zentrum des Wollhandels war. Aus dieser Zeit sind zahlreiche herrschaftliche Häuser zu sehen, als Zeichen des damaligen Reichtums. La Igulesia del Cid wird von alten Viehzüchter- und Ackerbauerntraditionen geprägt. Heute ist der Ort ein verschlafenes Bauerndorf. Die Einwohnerzahl geht kontinuierlich zurück, da der Lebensunterhalt infolge des Mangels an Firmen nur schwer zu verdienen ist. Im Jahr 1900 lebten hier noch 1.350 Menschen. Zur Zeit leben 500 Einwohner auf 1.230 Höhenmetern in dem Ort, der in der Provinz Teruel die zu Aragon gehört, liegt. La Igulesia del Cid liegt in einer faszinierenden Landschaft auf dem kargen Hochland des mittleren Maestrazgo, die von einem dichten Netz von Steinmauern geprägt ist. Außerdem sind sehr viele rundliche Steinhütten, die als Vieheinstände benutzt werden, und der eigentümlichen Landschaft ihre archaische Prägung verleihen, zu sehen. La Igulesia del Cid liegt 11 Kilometer von Vilfranca entfernt zu Füßen des 1.764 Meter hohen Cabezo Berges und des 1.390 Meter hohen Taraquella Berges. Einen leichten Aufschwung gab es in letzter Zeit dadurch, das die Bewohner der Küstenregion und der Städte hierher einen Ausflug machen. Deshalb entwickelte sich eine kleine, aber feine touristische Infrastruktur. Die Bürger sind bemüht, nicht zuletzt wegen des Fremdenverkehrs, den historischen Charakter der Siedlung zu bewahren. Die alten Gebäude sind schön renoviert worden und werden auch weiterhin gepflegt und Neubauten werden im traditionellen Stil errichtet.

b. Infrastruktur
An der Plaza Iglesia und in der C/ San Pablo Straße erhält man auf Nachfrage touristische Informationen.

Unterkünfte
Das Hostal *Casa Amada*, in der Fuente Nueva 2, hat 22 Zimmer mit Bad. Das Hotel *Hospederia del Maestrazgo* in der C./ Ondevilla 2, hat 36 Zimmer mit Bad und ist ein vier Sterne Hotel in einem historischen Gebäude. Zwei Nächte kosten in der günstigen Saison 100 Euro pro Person.
Sport
Wandern in den Bergen. Der Ort besitzt ein kleines Schwimmbad.
Feste
Im Mai wird ein Fest zu Ehren von El Cid gefeiert. Am 30. Juli wird San Abdon y San Senen gefeiert. Das Patronatsfest wird mit einer Wallfahrt und der Schlacht der Mauren gegen die Christen am 1. September gefeiert und am 12. Oktober findet die Fiesta del Pilar im Ort statt.

c. Sehenswürdigkeiten
Die Häuser *Santa Pao, Aliga, Dauden, Guijaro* und *Matutan* sind stattliche, gotische Adelshäuser aus der Zeit des ertragreichen Wollhandels. Alle Häuser sind im Baustil Aragons mit dem typischen, reich verzierten Balkenwerk der Dachkonstruktionen aus dem 15. und 16. Jahrhundert, gebaut. Die Kirche wurde im 16. und 17. Jahrhundert zuerst im gotischen und später im Barockstil erbaut. Die Grundmauern sind noch älter. Die reich verzierte Kuppel und die Barockkapelle sind sehenswert. Das Rathaus ist durch einen Gang mit der Kirche verbunden. Der Kirchplatz wird von Arkaden flankiert. Bemerkenswert in seiner architektonischen Geschlossenheit ist der *Torre de los Nublos,* die *Casa Consistorial,* Treffpunkt der Ratsversammlung, und der frühere Palast der Templer. Ein Stadttor ist von der alten Befestigungsanlage übrig geblieben. Schön renoviert wurde das im Jahre 1952 erbaute Brunnenhaus, nahe der Ortsmitte. Etwa 3 Kilometer südwestlich des Dorfes liegt die *Ermita Nuestra Senora del Cid* die im 16. Jahrhundert erbaut wurde. Sie besitzt iberische Inschriften, die zeigen, dass die Gegend schon früh besiedelt war. Die *Ermita* und die Gebäude im Ort wurden zu nationalen Monumenten erklärt.

12. Cantavieja **, der Ort auf dem Fels
a. Lage und Sehenswürdigkeiten**
Der Ort liegt majestätisch und sehr spektakulär auf einem Felsplateau in 1.350 Metern Höhe. Am schönsten ist die Lage des Ortes zu sehen, wenn man von Mirambel aus auf der N 226 die vielen Kurven bis nach Cantavieja mit dem Auto oder zu Fuß erklimmt. Cantavieja hat 740 Einwohner und liegt 14 Kilometer von La Iglesia del Cid entfernt mitten im Gebirge, umgeben von breiten, steilwandigen Tälern und Schluchten, von bis zu 1.800 Meter hohen Bergen und zum Teil von einer Stadtmauer. Die Häuser kleben auf beiden Seiten am Rande der steilen Felsnase, die schon zur Porvinz Teruel und damit zu Aragon gehört. Der *Plaza Mayor* ist von Arkaden umgeben und sein Gebäudeensemble aus dem Mittelalter ist sehr beeindruckend. Die Herrschaftshäuser sind alle mit Wappen

geschmückt. Besonders schön ist das Rathaus aus dem 13. Jahrhundert mit Fenstern im gotischen Stil. Die Aussicht auf die Landschaft ist von einem Torbogen, der den *Plaza Mayor* begrenzt, besonders schön. Auf der Spitze des Felsplateaus, auf dem Cantavieja liegt, wurde an der engsten Stelle ein Wallfahrtsort errichtet. Am äußersten Rand, auf der Felskante, steht ein Turm der Stadtmauer. Die Kirche des Ortes ist die zweitgrößte in der Provinz Teruel. Sie wurde auf dem Hauptplatz des Ortes erbaut und hat einen separaten, achteckigen Uhrturm und unten ein Tor, durch das die Straße führt.

b. Infrastruktur
Das Rathaus am Plaza Cristo Rey 1, beherbergt das Touristenbüro.
Unterkunft
Das Hotel Balfagon in der Avda. Maestrazgo 20, hat 38 Zimmer mit Bad.
Restaurant
Im Restaurant Buj, in der Avenida Maestrazgo, sind die Gerichte rustikal und man bekommt vor allem Fleisch, Käse und Schinken. An den Karnevalstagen gibt es Kichererbseneintopf.
Sport
Bergwandern und Steilwandklettern
Feste
Am 17. Januar wird San Antonio gefeiert. Im August findet das Patronatsfest Sta. Vicenta y Virgen del Loreto statt und im September die Ferias de Ganado.

13. Mirambel **, prämiert für seine vorbildliche Restaurierung
a. Lage und Sehenswürdigkeiten
Mirambel liegt 16 Kilometer unterhalb von Cantavieja auf 900 Höhenmetern. Heute leben 144 Einwohner in dem Ort, der mehrere Preise für seine gute Restauration erhalten hat. Mirambel ist eine Gründung des Templerordens. 1980 wurde Mirambel als ganzes in den Rang eines historisch-künstlerischen Ensembles erhoben. Ein solcher Ort wäre anderswo von Touristen überlaufen, hier im Hinterland hat man ihn oft ganz für sich alleine. Das Touristenbüro ist im Rathaus untergebracht. Der gesamte Ort ist von einer Stadtmauer umgeben, von der fünf Tore erhalten sind. Vom Parkplatz außerhalb der Stadtmauern aus, führt der Weg nach links, durch das Tor der Nonnen in das Innere des Ortes. Das Tor ist auffällig mit Elementen im Mudejar-Stil verziert. Eine weitere Sehenswürdigkeit ist das ehemalige Augustinerkloster, das ebenfalls Elemente im Mudejar-Stil an seiner Fassade aufweist. Auf der Hauptstraße stehen mehr als ein Dutzend herrschaftliche Häuser aus dem 15. bis 17. Jahrhundert mit reich verzierten Dachkonstruktionen im Stile Aragons. Hervorzuheben sind die *Casa Aliaga* und die *Casa Castellot* an der Plaza Aliaga. Höhepunkt des Rundgangs ist das geschlossene Gebäudeensemble an der Plaza Mayor mit dem Rathaus aus dem 16. Jahrhundert, der Priesterkirche *Santa Margarita* aus dem 17. Jahrhundert und dem früheren Templerpalast aus dem 13. Jahrhundert. Am Rande

der Stadtmauern sind zwei gut erhaltene Waschplätze sehenswert. Lohnend ist ein Gang an der Stadtmauer entlang und ein Blick hinaus durch die südlich und westlich gelegenen Stadttore.

b. Infrastruktur
Die Fonda Guimera vermietet Zimmer an der mittelalterlichen Hauptstraße. Es handelt sich um einen einfachen Gasthof, der von außen wie eine Bar aussieht. Alle Zimmer sind neu ausgestattet worden, die Preise für Übernachtungen sind jedoch immer noch niedrig. 18 Zimmer mit Bad sind vorhanden. Das San Antonio Fest wird am 17. Januar gefeiert und das Patronatsfest im August.

14. Forcall, Stadt an der Kreuzung vieler Flüsse *
a. Geschichte und Lage
Funde aus der Umgebung deuten darauf hin, dass hier bereits im Jungsteinzeitalter, zur Zeit der Iberer und Kelten Menschen lebten. Nahe dem Bauernhof Liborio wird vermutet, dass die Hauptstadt der *Illercavonen*, einer der drei iberischen Stämme die damals die spanische Levante besiedelten, liegen könnte. Auch die Römer haben die wichtige strategische Lage des Siedlungsgebietes gekannt. Um das Jahr 1.000 hat es in dem fruchtbaren Tal, in dem mehrere Flüsse sich verbinden, einige arabische Siedlungen gegeben. Nach der Rückeroberung durch die Christen verschmolzen die Siedlungen zu einem Ort, dem heutigen Forcall. Damals verliefen hier zwei Hauptverbindungswege die vom Meer nach Aragon und Kastilien führten. 1246 wurde der Ortschaft die *Carta Puebla* von Pedro de Portugal verliehen, ein Verwandter von König Jaime I. Forcall liegt in einem zauberhaften Tal in 680 Metern Höhe. Der Fluss Cantavieja und der Fluss Caldes treffen sich mitten im Ort. Hinter dem Ort fließen die beiden Flüsse in den Rio Bergantes. Von Mirambel kommend, das 8 Kilometer entfernt ist, sollte man eine kurze Pause einlegen, um die Aussicht auf Forcall genießen zu können. Hier wohnen 570 Menschen, 8 Kilometer von Morella entfernt.

b. Infrastruktur
An der Plaza Mayor 7, liegt das Rathaus und das Touristenbüro. Das Hotel Palau dels Osset an der Plaza Mayor 15, bietet 36 Zimmer in einem alten Adelspalast an. Er wurde im 16. Jahrhundert auf Wunsch der Familie Osset-Miro errichtet. Eine Übernachtung im Doppelzimmer mit Frühstück kostet ab 40 Euro pro Person. Am 17. Januar wird im großen Stil San Antonio gefeiert, Hogueras genannt. Das Feuer ist hierbei der Mittelpunkt des Festes. Es soll den Winter vertreiben und den Frühling einläuten. Am zweiten Samstag im Mai wird die Wallfahrt San Cristobal gefeiert und am 1. September ist das Patronatsfest.

c. Sehenswürdigkeiten
Die Priesterkirche wurde im gotischen Stil erbaut und hat einige Elemente aus dem 13. Jahrhundert bewahrt. Im 19. Jahrhundert wurde die Kirche renoviert und umgestaltet. Die Fresken in der Apsis und in der Kapelle *San Vito* wurden

von dem Künstler Juan Francisco Cruella aus Morella gemalt. Eine Heiligenfigur aus dem 16. Jahrhundert überstand den spanischen Bürgerkrieg ohne zerstört zu werden. Der barocke Glockenturm ist 55 Meter hoch. Der *Plaza Mayor* nimmt 3.500 qm2 ein. Auf dem Platz, der von Häusern im Stile Aragons umgeben ist, stehen viele Bäume. Fast die Hälfte einer Seite des *Plaza Mayor* wird vom *Palacio Osset* eingenommen. Er wurde mit großen Steinen, einer vorspringenden Dachkonstruktion aus Holz und mit 36 Bögen aus Stein, erbaut. Nebenan erhebt sich der *Palacio de les Escaletes*, der ebenfalls aus dem 16. Jahrhundert stammt. Er besitzt eine gewaltige Außentreppe und die Kapelle *San Miquel* gehört ebenfalls zum Palast. Das Rathaus und das ethnologische Museum haben ihre Heimat in dem Palast gefunden. Öffnungszeiten: täglich 10-13 Uhr. Der Palast *Palacio dels Forts* stammt aus dem 15. Jahrhundert und der *Forn,* der Backofen des Ortes, stammt aus dem 13. Jahrhundert. Er ist der älteste, erhaltene Backofen Europas und der größte in der Provinz. Vor der Stadt steht auf einem Hügel die *Ermita Virgen de la Consolacion*. Die Aussicht auf Forcall und die Berge entschädigt für den steilen Aufstieg. Die Mühle von *Matalle* aus dem 16. Jahrhundert, liegt am Cantavieja Fluss und war früher für die Bewässerung von 39 Grundstücken zuständig.

15. Cabanes del Arc, überragt vom römischen Bogen
a. Geschichte, Lage und Sehenswürdigkeiten
Die Geschichtsforschung hat Indizien dafür gefunden, dass Cabanes del Arc auf eine römische Domäne an der *Via Augusta* zurückgeht. Der prachtvolle, römische Bogen ist nur ein Beispiel für diese Annahme. Der Ort, so wie er heute besteht, wurde erst um das Jahr 1243 gegründet. Er galt damals als ein Dorf, das zum Gut Miravet gehört. Die Stadt entwickelte sich jedoch schnell und so wurden im Jahr 1575 die Burgen Miravet und Albalat dem Gemeindegebiet hinzugefügt. Cabanes liegt nur 15 Kilometer vom Meer entfernt zwischen Torreblanca und Oropesa, auf 294 Metern Höhe, eingebettet in eine reizvolle Landschaft am Rande des südlichen Maestrazgogebietes. Zwei Kilometer von der Stadt entfernt erhebt sich der römische Bogen aus dem Jahre 210 v. Chr. Wahrscheinlich wurde er zur Siegesfeier des Kapitäns Lucio Marcio über die Karthager errichtet. Bereits Cavanilles schwärmte im 18. Jahrhundert, nach einer seiner Reisen durch das valencianische Königreich in den höchsten Tönen von diesem römischen Bogen. Er wurde im Jahre 1931 zum historisch-künstlerischen Monument erklärt. In der Altstadt sind die Reste der Stadtmauer, von denen noch das Tor *Sitjar* zu sehen ist, und ein alter Ofen sehenswert. Die Fassade des alten Krankenhauses aus dem 15. Jahrhundert und der gotische Palast, der das Gemeindehaus beherbergt, können besichtigt werden. Die Pfarrkirche wurde im 17. Jahrhundert zu Ehren Johannes des Täufers erbaut. Die Kirche *Mare de Deu de l'Assumpcio* ist ebenfalls sehenswert. Die Kirche *Santes* liegt außerhalb der Stadt in einem wunderschönen Tal der *Sierra de les Santes*.

b. Infrastruktur
An der Placa Iglesia 5, auf dem das Rathaus steht, sind Informationen erhältlich. Am 17. Januar beginnt der Festkalender mit San Antonio, am ersten Maisonntag begeht man das Patronatsfest zu Ehren Nuestra Senora del Buen Suceso, am 29. Juni wird San Pedro gefeiert und Anfang August werden die Festlichkeiten zu Ehren von Johannes dem Täufer zelebriert.

16. Vilafamés ein idyllischer Ort der Künstler **
a. Geschichte und Lage
Schon vor Tausenden von Jahren wurde die Region rund um Vilafamés besiedelt. Das zeigen zahlreiche Funde vom Neandertaler *Homo erectus vilafamensis*, bis hin zu den Iberern. Zahlreiche Felszeichnungen, die dem Bronzezeitalter zugeordnet werden können, sind in der Gegend von Vilafames erhalten geblieben. Die heutige Stadt ist islamischen Ursprungs. Die Burg und die Befestigungsanlagen wurden von den Arabern gebaut. Im Jahre 1233 wurde der Ort von König Jaume I. zurückerobert. Zunächst war er im Besitz des Ordens Sant Joan de l'Hospital. 1319 geht der Ort in den Besitz des Montesa-Ordens über. In den Carlistenkriegen war Vilafamés hart umkämpft und strategisch gesehen, ein wichtiger Ort. Die Burg wurde während zahlreicher Kriege fast vollständig zerstört. Vilafamés liegt hoch erhoben auf einem roten Sandsteinhügel auf 392 Metern Höhe. Die weite Ebene Pla de l'Arc liegt zu seinen Füßen. Der Ort hat 1.425 Einwohner und wurde 1981 zum historisch-künstlerischen Ensemble erklärt. Die Ortschaft wirkt sehr gepflegt, historische Gebäude sind sorgfältig restauriert und die Wege sind mit Blumen geschmückt. Die Umgebung bietet eine unglaublich schöne Naturkulisse.

b. Infrastruktur
Das Rathaus steht auf der Plaza Ayuntamiento 1, es ist im Internet unter www.vilafames.com zu erreichen. Das Hotel El Rullo vermietet Zimmer in der C./ La Font 24. Das Tardor Culture ist ein Musikfest, bei dem von September bis Dezember Konzerte auf dem Spielplan stehen. Während der Fiesta Mayor zu Ehren des Stadtpatrons im August wird das Fest der Stiere in der Les festes del Bou Straße gefeiert. Verschiedene Musikgruppen spielen vor dem Rathaus die Serenata del Bou, das sind Musikstücke zu Ehren des Stiers.

c. Sehenswürdigkeiten
Museum für moderne Kunst **, Weinmuseum und Burg**
Das Museum für moderne Kunst (Museo de Arte Contemporaneo Vicent Aguilera Cerni) ist in dem gotischen Palast *Casa del Batle,* aus dem 15. Jahrhundert untergebracht. Früher war der Palast die Residenz des königlichen Verwalters und Repräsentanten des Montesa-Ordens. Die Kunstsammlung wurde von dem bekannten Kunstkritiker Vincente Aguilera im Jahr 1970 ins Leben gerufen. Im Inneren befinden sich mehr als 500 Exponate von Künstlern wie Miro, Chillida, Canogar, Josep Renau und Genoves. Es finden wechselnde Aus-

stellungen statt. Öffnungszeiten: im Winter, Mo bis Fr 11-13 Uhr und 16-19 Uhr, So 11-14 Uhr und 17-20 Uhr. Im Sommer, Mo bis Fr 11-13 Uhr und 17-20 Uhr, So 11-14 Uhr und 17-20 Uhr. Das Weinmuseum widmet sich dem Anbau, der Ernte und der Vermarktung von Weinen der Gegend. Der Spaziergang durch die hübschen Gassen des Ortes hinauf zur Burg wird mit wunderschönen Ausblicken auf den Ort und seine Umgebung belohnt. Die Burg thront über dem Ort an seiner höchsten Stelle. Die gesamte Festung ist aus dem gleichen roten Sandstein erbaut, wie der gewaltige Fels, an dessen Hängen das Dorf gebaut wurde. Das klotzige Bollwerk wird von seinem mächtigen roten Turm dominiert. Unterhalb der Burg warten von Blumen gesäumte Gassen auf ihre Entdeckung.

Blick vom Burgfelsen

Sant Miquel und La Sang Kirche
Die Kirche *Sant Miquel* aus dem 17. Jahrhundert ist bei Besuchern ein beliebtes Fotomotiv. Sie wurde im Jahre 1640 in Auftrag gegeben und hat eine große Fassade mit Fenstern und weitläufigen Vorbauten mit Bogenstrukturen. Auch der Besuch der gotischen Kirche *La Sang,* die im 14. Jahrhundert erbaut wurde und im 17. Jahrhundert im Barockstil umgebaut und vergrößert wurde, ist sehr lohnenswert. Beachtenswert sind in ihrem Inneren die Krypta sowie die Dekoration des Presbyteriums und der Nebenkapelle *Santa Barbara*.

Iglesia de la Asuncion/ Himmelfahrtskirche und Stadtspaziergang*
Vor dem Eingang zur Burg biegt ein Weg nach rechts hinunter zur Himmelfahrtskirche (Iglesia de la Asuncion) ab. Im 16. Jahrhundert wurde mit dem Bau der Kirche begonnen und es dauerte bis zum 19. Jahrhundert, bis sie fertiggestellt war. Im Inneren sind Fresken vom berühmten Maler Joaquim Oliet erhalten. Der Fliesensockel wurde in den Keramikwerkstätten von Alcora im 18. Jahrhundert gefertigt. Ein wertvolles Prozessionskreuz aus dem Jahre 1610 gehört zur Einrichtung der Kirche. Besondere Beachtung sollte die barocke Orgel finden. Unterhalb der Himmelfahrtskirche fällt die beeindruckende Felsformation *Roca Grossa* auf. So wie der Felsen auf dem Boden aufliegt glaubt man er müsse nach unten abrutschen, eine eigenartige Laune der Natur. Weiter unten sind Reste der alten Stadtmauern erhalten. Außerdem sind die Fassaden von prachtvollen Häusern im modernistischen Stil des 19. Jahrhunderts sehenswert.

17. L´Alcora *, im Herzen der Keramikkunst
a. Geschichte und Lage
Die archäologischen Ausgrabungsstätten Montmira, Ferrissa und Tossal de las Foies sind iberischen Ursprungs. In anderen Ausgrabungsstätten auf dem Gemeindegebiet wurden römische Überreste gefunden. Der Ort selbst geht auf eine Gründung durch die Araber zurück. Der Name des Ortes bedeutet im arabischen Sprachgebrauch kleines Landgut. Nach der Rückeroberung durch die Christen im Jahre 1238 übergab König Jaume I. die Domäne l´Alcalaten seinem Stellvertreter Ximen d´Urrea. Seine Burg lag nur wenige Kilometer von der heutigen Stadt entfernt und seine Erben waren viele Jahre die Herren über das Land. Im Jahre 1305 wird dem Ort gemäß dem aragonesischen Recht die *Carta Pobla* verliehen. Außerdem erhalten 11 Ritter die Erlaubnis, die Stadt neu zu besiedeln unter der Bedingung, weitere 110 Siedler mitzubringen und Land für die arabische Bevölkerung freizulassen. Später geht die Domäne an den Besitz des Fürstenhauses Aranda über. Lange Zeit später gehörte sie zum Herzogtum Hijar, bis dies im 19. Jahrhundert verschwand. Heute gehört der Titel, der mit der Stadt verbunden ist, der Herzogin von Alba. Unter dem Fürstenhaus Aranda begann die Keramiktradition des Ortes. Die Ursprünge dieser Tradition finden wir in der königlichen Kachel- und Porzellanfabrik des Fürsten von Aranda (Real Fabrica de Loza y Porcelana del Conde de Aranda) wieder. Sie öffnete im Jahre 1727 ihre Türen und wurde von dem gleichnamigen Grafen gegründet. Es war die erste Keramikfabrik in Spanien, die eine bedeutende Produktion herausbrachte. Später wurde neben teuerer Keramik auch einfaches Gebrauchsgeschirr hergestellt und der Ort entwickelte ein eigenes Warenimage. L´Alcora ist mit 8.448 Einwohnern die Hauptstadt der Region l´Alcalaten und befindet sich in einer Übergangszone auf 279 Höhenmetern zwischen der Küstenebene und den Bergen. L´Alcora liegt 19 Kilometer von Castellón und 16 Kilometer von Vila-

famés entfernt am Rande des Maestrazgogebiets. Zum Gemeindebezirk gehören 60 Keramikfabriken.

b. Infrastruktur
Das Touristenbüro im Rathaus, in der C/ San Francisco 5, ist im Internet unter www.alcora.org zu erreichen. Das Gasthaus L´Alcora vermietet Zimmer. Viele Gerichte werden in der Umgebung mit Wildschweinfleisch aus den Bergen zubereitet. Am 17. Januar wird Sant Antoni gefeiert. Maultiere und Pferde nehmen in Erinnerung an die langen Lastzüge mit Produkten aus der Königlichen Keramikwerkstatt, die nach ganz Spanien geliefert wurden, teil. In der Osterwoche gibt es die berühmte trenca de l´hora. Es ziehen dabei Trommlergruppen stundenlang durch die Stadt. Am Ostermontag folgt dann das Festa del l´Infant, das seinen Ursprung in einer Wallfahrt zur Ermita de San Cristobal hat. Die Stadtvorsteher beschlossen damals alle Kinder unter neun Jahren zur Regenbitte zu schicken. Der Heilige erhörte die Gebete und es regnete. Seitdem wird jedes Jahr dieses Wunder gefeiert. Am letzten Sonntag im August wird das Patronatsfest zu Ehren des Stmo. Cristo del Calvario seit dem Jahr 1701 gefeiert. Damals tauchte eine Christusfigur in der Stadt auf. Eine Königin und eine Ehrendame präsentieren die Programmpunkte. Der Hauptakt besteht aus einer Christusprozession.

c. Sehenswürdigkeiten
Kirchen in der Innenstadt, Keramikmuseum, Kreuzwegkapelle
Die Pfarrkirche *Asuncion* ist heute die Hauptkirche. Sie stammt aus dem 14. Jahrhundert und wurde im 16. und 18. Jahrhundert erweitert und restauriert. Erst vor kurzem wurde die Kirche *San Francesc* aus dem 17. Jahrhundert restauriert. Sie ist die frühere Kapelle des gleichnamigen Klosters. Im Inneren sind interessante Fresken aus dem 18. Jahrhundert zu sehen. Sie stammen von den Meistern der königlichen Fabrik des Fürsten Aranda. Die Kirche *Sangre* aus dem 17. Jahrhundert beherbergt ebenfalls schöne Fresken, die Szenen aus der Passion zeigen. In der Kapelle *Marco,* die der Jungfrau der Schmerzen gewidmet ist, sind Fliesen aus der königlichen Fabrik des Fürsten Aranda zu sehen. In einer Grünanlage des Ortes gelegen und im 15. Jahrhundert erbaut, bildet die Kirche *San Vincent* und ihre Umgebung einen Ort der Besinnung für die Bewohner der Stadt. Besondere Beachtung verdienen die glasierte Kuppel im levantinischen Stil und die Kachelarbeiten im Inneren der Kirche. Im historischen Viertel Barrio de la Sangre eröffnete in einem Herrenhaus aus dem Jahre 1907 das Keramikmuseum seine Ausstellung. Das Gebäude besteht aus drei Stockwerken und einem Innenhof, außerdem hat es ein interessantes Treppengeländer. An verschiedenen Stellen sind im Herrenhaus Fliesen aus dem 20. Jahrhundert zu sehen. Sie ergänzen die Museumsausstellung auf interessante Weise. Das Erdgeschoss, früher Stall und Schuppen, wurde renoviert und umgebaut. In einem Saal des Untergeschosses ist ein dynamisches Programm mit Wanderausstellungen und eigenen Sammlungen zur Ergänzung der Museumsinhalte zu sehen. Im ersten Stockwerk wird die Keramikausstellung „Keramik aus Alcora" gezeigt. Sie umfasst Exponate aus der königlichen Fabrik des Fürsten von

Aranda und jüngere Stücke. Der Besucher lernt die Keramikproduktion aus drei Jahrhunderten kennen, von qualitativ hochwertigen Stücken aus dem 18. Jahrhundert bis zu hervorragenden Beispielen zeitgenössischer Arbeiten. Die zahlreichen ornamentalen Stile, wie Goldverzierungen und chinesische Elemente, beweisen die Vielfalt, den Einfallsreichtum und die Fähigkeit, die Produktion an den jeweiligen Modegeschmack der Epoche anzupassen. Im zweiten Stock wird der gesamte Raum für die Sammlung „Ceramica Contemporanea" reserviert. Sie beinhaltet die wichtigsten Stücke aus dem jährlich stattfindenden internationalen Keramikwettbewerb, der seit 1981 jedes Jahr von der Stadt organisiert wird. Er hat sich zu einem der wichtigsten Ereignisse dieser Art in Spanien entwickelt. Öffnungszeiten: Di bis So 11-14 Uhr, der Eintritt ist frei. Der Kreuzweg ist von einer schönen Landschaft umgeben. In den 15 Nischen befanden sich früher Keramikbilder aus der königlichen Fabrik des Fürsten von Aranda. Sie bildeten die Stationen des Kreuzweges ab. Die Kreuzwegkapelle beherbergt eine Christusfigur, die von den Einheimischen sehr verehrt wird.

Burg von l'Alcalaten, Wallfahrtskirche und Schanze von Cristofol
Die Burg ist ein imponierendes Gebäude an der Straße von Alcora nach Llucena einige Kilometer außerhalb der Stadt in der Nähe der Gemeinde Foia. Zahlreiche Restaurationsarbeiten haben ihr einen Teil ihrer Schönheit zurückgegeben. Erst im Jahr 2000 wurden die Außenmauern gereinigt. Sie stammt aus dem 10. Jahrhundert und ist maurischen Ursprungs. Nach ihrem Bau war sie ein wichtiger militärischer Kontrollpunkt in der Gegend. Ihr strategischer Standort ermöglichte es, die Kommunikation durch das Tal des Flusses l'Alcora zu kontrollieren. Die Struktur der Burg ist dreieckig mit einem von zwei Festungstürmen flankierten Eingang. Der höchste Teil der Festung wird ebenfalls von zwei Türmen verteidigt. Reste der Verteidigungsanlagen, in denen das Volk Schutz suchte, sind erhalten. Neben der Burganlage befindet sich die Wallfahrtskirche *Salvador*, eine der wenigen in der Gegend, die im romanischen Stil erhalten ist. Sie wurde im 13. Jahrhundert unter der Vormundschaft des Hauses Urrea erbaut und war die erste Pfarrkirche von l'Alcora, bis die Bevölkerung umsiedelte und eine neue Kirche gebaut wurde. Im 16. Jahrhundert wurde ein Säulengang angebaut und im Jahre 1969 wurde die Kirche komplett restauriert. Die Reste der Schanze *San Cristofol*, die zu Verteidigungszwecken erbaut wurde, erinnern an die Zerstörungen der Carlistenkriege in dieser Gegend. Gleich daneben überragt die gleichnamige Wallfahrtskirche auf einem Berggipfel die Stadt. Der eigenartige, militärische Stil in dem sie erbaut wurde, entstand im 18. und 19. Jahrhundert aufgrund der häufigen Nutzung von Artilleriegeschossen. Heute sind eine der Türen und Teile der Außenfassade und eine Artilleriebatterie am Eingang der Einsiedelei zu sehen.

18. Lucena del Cid, das Tor zum Park des Peñagolosa Berges

a. Geschichte und Lage

Mehrere Fundstätten aus der Bronzezeit und aus der Zeit der Iberer in der Gegend lassen auf eine frühe Besiedlung des Gebietes schließen. Nach ihnen folgten die Phönizier, die Griechen, die Karthager, die Römer und Westgoten. Als die Araber die Herrschaft übernahmen, kam es zu einer ersten Blütezeit des Ortes. Die Mauren widmeten sich ganz dem Aufbau der Landwirtschaft in der Gegend. Llucena del Cid ist 14 Kilometer von L´Alcora entfernt. Es liegt an einem Steilhang auf 590 Höhenmetern über dem tief eingeschnittenen Tal des Llucena Flusses. Auch heute noch wird an den Ufern des Flusses auf fruchtbarem Schwemmboden Gemüse angebaut. Vom Ort aus bietet sich ein reizvoller Anblick auf das Mosaik von kleinen Gärten und Äckern, durch das sich der Fluss schlängelt. In letzter Zeit hat sich in Llucena del Cid zusehends etwas Industrie angesiedelt. Heute leben hier 1.620 Einwohner. Der Ort liegt im südlichen Maestrazgo, in der Nähe des Peñagolosanaturparks.

b. Infrastruktur

Im Rathaus erhält man alle notwendigen Informationen. Übernachten und essen kann man in der Fonda La Terraza und im Hotel Llucena.

c. Sehenswürdigkeiten

Die *Plaza de Espanya* ist von alten Häusern mit Arkadengängen im Stile Aragons umgeben. Auch die Erzpriesterkirche aus dem 18. Jahrhundert mit einer interessanten Krypta und einem Kirchenmuseum ist sehenswert. Im Museum sind sakrale Gegenstände und ein Altarbild aus dem 16. Jahrhundert ausgestellt. Die wertvollen Goldschmiedearbeiten, darunter ein gotisches Kreuz aus dem 15. Jahrhundert, sollten gewürdigt werden. Am Rande der kleinen Parkanlage, die vor dem Ort an der Straße nach Castellon liegt, ist die Aussicht über den Ort und die Kirche *San Vicente Ferrer* hervorzuheben. Ebenfalls besuchenswert ist die *Ermita San Antonio* mit ihrer charakteristischen blauen Barockkuppel. In der Nähe, nicht weit vom Dorf Foios entfernt, findet man einen Wehrturm aus iberischer Zeit, der aus dem 7. Jahrhundert v. Chr. stammt. Nach Westen, hinauf zum Port del Remdcador Pass auf 1.018 Metern Höhe, ist die zerklüftete Landschaft für Wanderungen wie geschaffen. Der Penagolosa ist vom Pass aus sehr gut zu sehen.

VII. Natursehenswürdigkeiten

1. Der Peñagolosa Naturpark*, Wandern in unberührter Natur

Der Peñagolosa ist mit 1.813 Metern der höchste Berg der Provinz Castellón und mit Sicherheit der markanteste. An klaren Tagen kann man ihn bereits von der Küste in der Nähe von Castellón, sehen. Er ragt bedingt durch seine Felswand, an der man auch gut klettern kann, majestätisch in die Höhe. Und er ist umgeben von dichten Wäldern, Schluchten und einsamen Ebenen. Der Gipfel kann nur erwandert werden, entweder von Vilahermosa del Rio, von Chodos oder von der Ermita St. Joan de Penagolosa aus. Eine Wanderung hinauf auf die Bergspitze ist wegen der Aussicht, die bis zum Meer reicht, lohnenswert. Wegen der charakteristischen Landschaft, den urtümlichen Wäldern und der Vielzahl der Tiere wurde das Gebiet zum Naturpark erklärt. Die Behörde des Parks errichtete eine Schranke und ein Kontrollhäuschen. Es soll damit verhindert werden, dass zu viele Besucher mit dem Auto zur Ermita St. Joan de Penagolosa fahren. An den steilen Hängen des Berges sind Adler, Habichte und Falken zu beobachten. Über 1.000 Metern wächst auf dem Kalkgestein die kleine Eiche, die rote Kiefer und die Steineiche. Schwarz- und Weißkiefern kommen unterhalb von 1.000 Metern häufig vor. Im Frühjahr und Herbst regnet es häufig und im Winter sind die höchsten Gipfel schneebedeckt. Der Kalkboden kann den häufigen Regen nicht aufnehmen, deshalb entstehen faszinierende Flusslandschaften. Die Gipfelkette Battala, der zweithöchste Punkt nach dem Peñagolosa, ist auf Wanderwegen zu erreichen. Die Rambla de Pla, die Schlucht Pegunta, die Ebene von Vistabella und die vier Ortschaften, die den Berg umgeben sollten zu einem Besichtigungsprogramm der Region gehören.

a. Der Ort Vistabella del Maestrazgo*
Lage

Die Fahrt mit dem Auto von Adzaneta nach Vistabella del Maestrazgo ist sehr abwechslungsreich. Der direkte Weg führt über den 1.071 Meter hohen Pass Port del Vidre hinunter in ein bewaldetes Tal und in Serpentinen hinauf nach Vistabella, das 435 Einwohner hat die in 1.249 Metern Höhe leben. Die Hochebene, die sich nordwestlich des Städtchens ausbreitet, wird von der Schlucht des Rio Monleon begrenzt. Vistabella ist der am höchsten gelegene Ort des Gebirgsmassivs. Das Leben geht hier seinen alten Gang. Morgens gehen die zumeist alten Männer mit ihren Maultieren zur Feldarbeit und die Frauen und Kinder hüten die Tiere in der Umgebung. Die Großmütter sitzen vor dem Portal der Kirche und sind mit Gesprächen und Handarbeiten beschäftigt.

Infrastruktur
Unterkünfte
In der C/Rosario 8, vermietet die Casa Montana einfache Zimmer. In der Nähe liegen außerdem drei Campingplätze: Lloma Vela I. und II. und El Planes.

Restaurants
Das Restaurant Pico Penagolosa in der Avda. Ramon Salvador 27, wurde vor kurzem renoviert und hat einen großen Raum mit vielen Sitzplätzen. In der C/Mayor 8, bietet das Restaurant Los Arcos eine gute Küche an.
Einkaufen
Käse, Trockenblumen, Holzschnitzereien und handbemaltes Geschirr.
Sport
Wandern, Klettern und Bergsteigen an der Südflanke des Peñagolosa an Steilwänden von über 200 Metern Höhe mit einem Dutzend gekennzeichneter Routen, einfache Pläne sind im Rathaus zu erhalten.
Feste
Am 17. Januar wird San Antonio gefeiert, eine Wallfahrt führt zur Ermita San Juan de Peñagolosa. In der letzen Aprilwoche findet das Els Pelegrins Fest statt. Am 24. Juni ist Natividad de San Juan Bautista und am 24. August das Patronatsfest Sant Bertomeu.

Sehenswürdigkeiten
Vor allem die riesige Priesterkirche aus dem 17. Jahrhundert mit ihrer monumentalen Renaissance-Fassade fällt bei einem Spaziergang durch das Dorf auf. Einige sehenswerte Häuser, in der für diese Gegend typischen Bergdorfarchitektur sind erhalten. Im Traufenbereich der Dachkonstruktion befinden sich oft sehenswerte Holzschnitzereien. 3 Kilometer hinter dem Ort biegt ein Weg nach links ab, hinein in den Naturpark zur *Ermita San Juan de Peñagolosa*. Erst jetzt rückt der höchste Berg der Provinz Castellón langsam ins Blickfeld. An der *Ermita* endet der geteerte Weg und ein Wanderweg, der nach 2 Stunden und 500 Höhenmetern auf dem Gipfel des Penagolasa endet, biegt nach links ab. Die Einsiedelei liegt abgelegen in einer wunderschönen Landschaft, umgeben von Wäldern. Das Restaurant und einfache Unterkünfte haben nur im Sommer geöffnet. Auch das Gebäudeensemble für sich alleine betrachtet ist sehenswert. In der gesamten Region sind Mehrtageswanderungen sehr empfehlenswert. Der Wanderweg Gr-7 führt an der Gemarkung von Vistabella und an der *Ermita San Juan de Peñagolosa* vorbei.

b. Der Ort Chodos **
Lage und Sehenswürdigkeiten
Die Straße von Vistabella führt auf dem gleichen Weg zurück, bis nach 6 Kilometern in einem Tal nach rechts die Straße nach Chodos abzweigt. Sie führt durch viel Wald, der oft aus Wacholderheiden besteht, bergauf. Der Ort selber liegt spektakulär auf einer gekippten Felskuppe in 1.087 Metern Höhe. Es leben 150 Menschen in dem kleinen Ort. Hinter dem Ort ragt der Peñagolosa empor. Er ist von Chodos aus in 7,5 Stunden (hin und zurück) zu erwandern, das sind 25 Kilometer die sich jedoch lohnen. Wegen der Länge der Tour sollte man die Wanderung spätestens um 9 Uhr in Chodos beginnen. Informationen zu Wanderungen sind im Rathaus erhältlich. Chodos ist ein sehr hübsches und gepflegtes Dorf, in abgeschiedener Lage am Rande des kleinen, fruchtbaren

Beckens La Vega, in das mehrere Täler münden. Im Jahr 1254 wurde der Ort durch die Christen besiedelt. Damals waren die Herren von l'Alcalaten die Herren über den Ort. In Chodos findet man viele Reste von mittelalterlichen Mauern und Toren, die im 13. und 14. Jahrhundert erbaut wurden. Beim Spaziergang durch die engen Gassen geht der Blick oft an einem Geländer angekommen nach unten, da der gesamte Ort am Abhang der Felsplatte klebt. Sehr sehenswert ist die Dorfkirche mit einem schönen Vorplatz. Den Schlüssel zur Kirche erhält man im Restaurant El Porcar. Das Heiligenbild der Jungfrau mit Kind und einige schöne Goldschmiedearbeiten sind im Inneren der Kirche zu sehen. An der Calle Major stehen Häuser aus dem 13. und 14. Jahrhundert. Der Dorfbrunnen mit der Christusstatue unterstreicht die Schönheit des Ortes. Auf der Straße, die zurück nach Adzaneta führt, hat man einen wunderschönen Blick auf die Ortschaft und ihre phantastische Lage.

Infrastruktur
Der Ort besitzt 3 Hostals. Oft übernachten hier Wanderer, die im Naturpark ihrem Hobby nachgehen. Das Restaurant El Porcar serviert Hausmannskost. Wandern, Klettern und Höhlenforschung ist in mehreren, nicht ausgebauten Höhlen möglich, vor Ort im Rathaus Informationen einholen.

c. Der Ort Villahermosa del Rio
Lage und Sehenswürdigkeiten
Der Ort liegt 22 Kilometer entfernt von Lucena del Cid auf der anderen Seite des Penagolosa. Das Dorf liegt inmitten einer wilden Berglandschaft auf 730 Meter Höhe, hat 474 Einwohner und wird von der Nähe des Berges dominiert. Seine landschaftlich schöne Lage und die Möglichkeit zu einigen schönen Wanderungen, lohnen einen Besuch. Außerhalb des Ortes liegt das monumentale Sanktuarium *San Bartolome* aus dem 14. Jahrhundert. Es wurde im 18. Jahrhundert im Barockstil umgebaut. Die Kirche ist der Ausgangspunkt für einige Wanderungen zu hervorragenden landschaftlichen Sehenswürdigkeiten. Der *Barranco de Carbo*, mit einer römischen Brücke und mit der Quelle des gleichnamigen Flusses, lohnt eine Wanderung ebenso wie die *Barrancos Tis, Regajo* und *Magro*. Auch eine Wanderung zum *Peñagolosa* ist aus dieser Richtung sehr reizvoll. Der Wanderweg GR-7 führt direkt am Ort vorbei. Die Dorfkirche *Iglesia de Ntra. Sra. de la Navidad* ist wegen ihrer Kunstwerke interessant. Außerdem sehenswert: die Ruinen einer Burg, die *Ermita San Antonio Abad* und die *Ermita romanica del Calvario*.

Infrastruktur
Auskünfte über Wandermöglichkeiten und über Unterkünfte in rustikalen Häusern, sind im Rathaus zu erfragen. Das Hostal El Palomar liegt in der C/. El Palomar, es hat 22 Zimmer mit Bad. Das Hostal Restaurant Ruta de Aragon liegt in der Crtra. Puertomingalvo bei Kilometer 0,5, es hat 12 Zimmer. Wandern, Radfahren und Klettern sind

Sportmöglichkeiten. Einkaufen kann man Artikel die aus Holz hergestellt werden. San Antonio wird am 17. Januar, San Blas nach dem dritten Februar gefeiert. Das Osterfest und das Patronatsfest San Bartolome in der zweiten Augustwoche.

Ermita St. Joan de Penagolosa

2. Die Ports de Beseit ***, ein Gebirge von unvergleichlicher Schönheit
Lage und Geologie
Das Gebirge liegt im Grenzbereich der Autonomieregionen: Katalonien, Aragon und Valencia. Deshalb wird es je, nachdem ob die kastilische oder katalanische Schreibweise angewandt wird, Puertos de Beceite oder Ports de Beseit genannt. Es gehört zu den östlichen Ausläufern der Iberischen Randgebirge, liegt westlich des Ebrotales und Tortosa ist die einzige Stadt in der Nähe dieses Naturgebietes. Die bis zu einer Höhe von 1.447 Metern aufragenden Kalkberge steigen aus den flachen Hügelländern und Ebenen Unter-Aragons empor. Auf der zum Meer hin gewandten Seite steigt das Gebirge aus der Küstenebene steil an. Im Osten wird es vom Ebrodurchbruch begrenzt und im Südwesten schließt sich das Maestrazgo Gebiet an. Es ist ein einsames Felsgebirge mit Schluchten, wilden Felslandschaften und Steilwänden. Sein Aufbau aus Jura- und Triaskalken vor 130-220 Millionen Jahren wurde bei der tertiären Faltung vor 50 Millionen Jahren zu dieser wilden Felslandschaft gestaucht und zerbrochen. Die Bäche und Wasserläufe bilden Wasserfälle (Barber, Cantavella, els Ullals und Caramella) und sie haben tiefe Abgründe, Schluchten, Täler und Höhlen ge-

schaffen, Launen einer wilden Landschaft, die den Reisenden und Bergsteiger bezaubern. Nur an den äußeren Rändern des Gebirges liegen kleine Dörfer. Sie wurden auf Bergkuppen mit einer guten Verteidigungsposition erbaut, da die Region über Jahrhunderte sehr unsicher war. Die Felszeichnungen belegen eine menschliche Besiedlung in der Steinzeit. Aufgrund der für die Landwirtschaft nicht geeigneten Verhältnisse war die Region immer sehr dünn besiedelt. Seit 1950 hat die Bevölkerung stark abgenommen und die traditionelle Nutzungsform der Weidewirtschaft auf Grenzertragsböden wurde unrentabel. Viele Bauernhöfe sind verlassen worden. Die Forstwirtschaft ist weiter von Bedeutung und durch die 1966 erfolgte Erklärung zum Jagdschutzgebiet ist die Nutzung des Steinbockbestandes mehr in den Vordergrund getreten. Der Ausdruck *Ports* (Pässe) bezieht sich auch auf die hohe Reliefenergie des 800 km2 großen Gebietes mit fast schon chaotischen Verwerfungen. Der *Monte Caro* mit 1.447 Metern ist der höchste Gipfel des Massivs und der höchste Berg der Provinz Tarragona. Das Gebiet umfasst 11 Gemeinden und wird in folgender Reiheinfolge beschrieben: Mas de Barberans, Monte Caro, Alfara de Carles, Paüls, Prat de Comte und Fontcalda, Horta de Sant Joan, Beceite und die Matarrana-Schlucht, Vallderrobres und als Sonderteil die Sierra de Benifasar.

Klima, Pflanzen und Tierwelt
In den unteren Lagen des Gebirges herrscht Mittelmeerklima. Immergrüne Steineichenwälder bilden die Vegetation bis in Höhen um 800 Meter. Weiter oben beginnt die Zone der Nadelwälder aus Kieferbeständen. Häufigste Art ist die Schwarzkiefer in den höchsten Lagen kommt die Waldkiefer dazu. Sie ist auch in Nord- und Osteuropa beheimatet. Es gibt in den Bergen große Bestände dieser Wälder und vereinzelt findet man Rotbuchenbestände, zum Beispiel im *Paisos Catalan*. Die Regionen, die von Rindern, Schafen und Ziegen beweidet werden, weisen eigenartige Bergheiden auf. Die Igelheide, eine Bodenpflanze, prägt das Bild der steinigen Böden und wächst sogar auf dem nackten Fels. Es handelt sich um kugelförmige, fast nur aus Sprossdornen bestehende Zwergsträucher, zwischen ihnen hat sich eine artenreiche Pflanzendecke aus Gräsern und Kräutern etablieren können. Im Frühjahr blüht die Igelheide blauviolett. Hier und da überragen rundliche oder säulenförmige Wachholder die Igelheide. An Kulturpflanzen begegnet man neben Olivenbäumen auch Johannisbrotbäumen. Auf der feuchteren Westseite wachsen Haselnussbäume, Eiben, Stechpalmen und der Buchsbaum, der über 3 Meter hoch werden kann. Oberhalb von 1.200 Metern fällt im Winter Schnee und das Klima ist rau und windig. An den kühleren und feuchteren Nordhängen dominieren Rosengewächse und Erika. Die Vogelwelt ist zahlreich vertreten: Steinadler, Wanderfalke und Gänsegeier sind häufig zu beobachten. Seltener sind Habichtsadler, Uhu und Schmutzgeier. Die vielen Felsformationen bieten Lebensraum für Steinrötel, Theklalerche, Felsenschwalbe, Alpensegler, Steinsperling, Zippammer und Alpenkrähe.

Häufig sind Bienenfresser, mehrere mediterrane Grasmückenarten, Wiedehopf und Rotkopfwürger. Im klaren Wasser der Flüsse Algars, Matarrana und Ulldemo leben Flusskrebse und zahlreiche Fischarten. In höheren und feuchten Lagen lebt der Feuersalamander und in trockenen, tieferen Lagen der bis zu 30 cm lang werdende Rippenmolch. Die bis zu 80 cm groß werdende Perleidechse, eine Reptilienart, ist die größte Echse Europas. Auf den Felsen sonnt sich am Nachmittag die giftige Stülpnasenotter. Kaninchen, Ginsterkatzen, Wildkatzen und Wildschweine haben hier ihre Heimat und in den sauberen Flüssen leben Fischotter.

Die iberische Steinbockpopulation konnte sich durch die starke Jagdkontrolle auf 6.000 Tiere vermehren. Sie war vor einigen Jahrzehnten fast ausgerottet. In der spanischen Literatur wird der Steinbock als eine eigene Art beschrieben. Es ist umstritten, ob es sich nicht um eine Unterart des Alpen-steinbocks handelt. Die Tiere sind etwas kleiner als der Alpensteinbock, die Hörner sind gedreht, Farbe und Hornform sind sehr verschieden. Im November und Dezember kämpfen die Böcke um die Weibchen, in der restlichen Zeit schließen sich die Geschlechter zu kleinen Rudeln zusammen. Sie sind ausge-zeichnete Kletterer und halten sich bevorzugt in felsigen Gebieten auf. Durch losgetretenes Geröll, oder durch ihre schrillen Warnpfiffe machen sie auf sich aufmerksam. Wenn im Winter Schnee liegt, kommen die Steinböcke auf ihrer Nahrungssuche bis an die Dörfer heran. Im Sommer leben sie dagegen in höheren Lagen. In der Regel bringen die Weibchen jährlich zwei Junge zur Welt, die in den ersten Lebenswochen durch Adler bedroht sind. Es gibt 4 Unterarten auf der iberischen Halbinsel, eine davon lebt in den Pyrenäen, ihre Situation ist jedoch nach wie vor kritisch. Die Steinböcke in den Bergen Nordportugals sind wegen der starken Bejagung ausgerottet worden. In der Sierra de Gredos, den Ports de Beseit, der Sierra Cazorla und der Sierra Nevada sind genügend Tiere vorhanden.

a. Der Ort Mas de Barberáns
Lage und Sehenswürdigkeiten
Von der Küste aus fahren wir über Álcanar, Ulldecona und Santa Barbara nach Mas de Barberáns. Neben der Straße erreichen wir vor dem Ort einen Aussichtspunkt. Von hier aus ist das gesamte Ebrodelta, Peniscola, die Küstenebene und Mas de Barberans mit der Kirche *Sant Marc* zu sehen. Der Ort gehört zu Katalonien und dem Landkreis Montsia, er hat 715 Einwohner, liegt auf einer Meereshöhe von 200 Metern und hat eine Fläche von 75 km2. Westlich von Mas de Barberans wachsen Dornengebüsch und Pinien auf über 37 Quadratkilometern. Östlich des Ortes wachsen riesige Olivenbaumplantagen, deren Früchte die Haupteinnahmequelle des Ortes bilden. Auf Wanderwegen sind die Felsen *Raco del Capellans* und *Raco la Toronja* zu erreichen. Zwei Höhlen (Cova Roja, Cova d'en Marc) die keine Schauhöhlen sind und im gleichen

Gebiet liegen, sollten nur mit einem Führer betreten werden. Mit einem geländegängigen Auto kann man zwischen den Kilometersteinen 13 und 14 südlich von Mas de Barberans, auf einem Schotterweg etwa 13 Kilometer in die Ports de Beseit hinein fahren. Zuerst geht es durch Olivenbaumplantagen. Singvögel, die Turteltaube und der Wiedehopf sind zu beobachten. Nach 1 Kilometer geht es an einer Kreuzung nach links. Nach einem weiteren Kilometer und einer Bachüberquerung (nur bei Niedrigwasser empfehlenswert) geht es auf dem rechten Weg direkt zum Eingang der *Galera-Schlucht*. Nach weiteren 4 Kilometern Fahrt auf der Piste ist die engste Stelle der Schlucht erreicht. Mit dem Fernglas lassen sich Vögel beobachten. Im Winter halten sich in den Wänden der Schlucht häufig Mauerläufer auf. Durch ein felsiges Gelände und über einen Bach führt der Weg weiter steil bergauf. Schöne Ausblicke auf die Landschaft folgen nun. Dabei ist es empfehlenswert die Gegend nach dem Iberischen Steinbock abzusuchen und am Himmel nach Gänsegeiern Ausschau zu halten.

Infrastruktur
Im Rathaus in der Av. Joan Celma s/n werden Auskünfte über Sehenswürdigkeiten erteilt. Olivenöl und Lammfleisch sind die Spezialitäten der Küche und Landwirtschaft des Ortes. In der Karnevalszeit wird der Farinatag mit einem großen Umzug gefeiert. Beim Stadtpatronenfest vom 25. bis 30. April sind Stierkämpfe, Umzüge und Spezialitäten der Küche des Ortes die Attraktionen.

b. Fahrt auf den Monte Caro **
Von der Küste aus geht es über Alcanar nach Ulldecona und über Santa Barbara nach Roquetes. In Roquetes, einem Stadtteil von Tortosa, erreicht man einen Kreisverkehr, den man an der Tankstelle und an einer Statue die ein tanzendes Paar darstellt, erkennt. Hier nach links abbiegen und durch Roquetes hindurch in Richtung Alfara fahren. Nach 5 Kilometern steht ein Schild, das den Weg nach links hinauf zum Monte Caro anzeigt. Die Landschaft wird immer felsiger und der geteerte Weg steigt steil bergan. Bei Kilometer 10, seit dem Kreisverkehr, erscheint das Denkmal eines Iberischen Steinbocks auf der rechten Seite. Er steht auf einer Felsnadel. Bald ist der Pass erreicht und die Straße verlässt die dem Meer zugewandte Seite. Nun geht es nicht mehr ganz so steil nach oben durch einen Pinienwald und der Weg nähert sich dem Gipfel an seiner Rückseite. An einer weiteren Kreuzung geht es nach rechts 4 Kilometer steil bergauf zum Gipfel auf 1.447 Meter Höhe. Zum Parken ist hier wenig Platz, aber die Aussicht ist großartig. Sie reicht über die Küste und das Ebrodelta bis hinüber zu den angrenzenden Gebirgsmassiven. Eine Aussichtsplattform, die Sendestation und eine Marienfigur krönen den Gipfel des Monte Caro. Auf dem Rückweg geht es an der ersten Kreuzung nach links, hinein in ein bewaldetes Gebiet, in dem einige Ferienhäuser liegen. 1,7 Kilometer danach, steht auf der rechten Seite das Gebäude des Restaurants Pous de la neu. Hier stehen im rustikalen

Ambiente Ziegenfleisch und *Torades*, das sind gebratene Brote, auf der Speisekarte. Nach dem Essen geht es weiter auf dem geteerten Weg bis zu einer Kreuzung. Der Weg nach rechts führt zu einer Quelle inmitten einer wilden Vegetation und der Weg geradeaus zu einer Einsiedelei, einem Haus mit Tagungsräumen und einem Bettenlager.

Der Gipfel des Monte Caro

c. Der Ort Alfara de Carles und die Feriensiedlung El Toscar
Alfara de Carles ist ein Ausgangspunkt für schöne Wanderungen. Obwohl bereits tief im Nordteil des Gebiets gelegen, gehört der Ort zur Comarca Baix Ebre. Die Fahrt ist am Anfang identisch mit dem Ausflug zum Monte Caro. Am Kreisverkehrs in Roquetes Richtung Monte Caro nach links abbiegen. Nach 9 Kilometern biegt man bei dem Schild El Toscar nach links ab. In einem waldreichen Talkessel wird das Ziel des Ausflugs erreicht. Rechts oberhalb der Straße und auf der linken Seite der Straße bieten zwei Ausflugsrestaurants ihre Dienste an. Die Priesterkirche *Sant Augusti* aus dem 18. Jahrhundert ist sehenswert. Vom ehemaligen Kastell im Ortsteil Carles ist wenig erhalten. Die Ferienhauskolonie El Toscar liegt in einem verwunschenen Winkel mit vielen Quellen, üppiger Vegetation und der Einsiedelei Santa Magdalena.

d. Der Ort Paüls*
Lage und Sehenswürdigkeiten
Die Anfahrt erfolgt über Alcanar, Santa Barbara und Roquetes nach Xerta. Nach dem Ort biegt eine Straße nach links von der Hauptstraße ab und führt bergan in das schöne Tal des Barranco del les Fonts. Nach 10 Kilometern erreichen wir Paüls in der Sierra del Masos gelegen, die einen kleinen Teil des Ports de Beseit Massivs bildet. Der Ort liegt in einem Talkessel auf 410 Höhenmetern, umgeben von über 1.000 Meter hohen, steilen Kalkbergen und alten, gepflegten Terrassenkulturen. Paüls hat enge und steile Gassen die hinauf zur Kirche und zum verfallenen Kastell führen. Beide überragen den malerischen Ort. Trotz seiner Nähe zum Ebrotal und zu Tortosa ist Paüls wie andere Bergdörfer, stark von der Abwanderung seiner Bevölkerung betroffen. Heute leben hier überwiegend alte Menschen und viele Häuser sind nur am Wochenende bewohnt, wenn die Gegend mit Ausflüglern aus den Küstenorten bevölkert wird. Die Kirche *Santa Maria* im romanischen Stil wurde kürzlich restauriert. Der Weg zur Kirche und zum Kastell ist vor allem wegen der schönen Aussicht sehr empfehlenswert. Der *Placa Mayor* ist schön angelegt, mit einem kleinen Brunnen und umrundet von Platanen. Am östlichen Ortseingang von Paüls steht ein Wegweiser zur *Ermita San Roc*. Von der Hauptstraße biegt ein schmaler Teerweg nach links ab. Zunächst geht es durch ein weites Tal, auf gepflegten Terrassenanlagen werden Mandel-, Obst- und Ölbäume gezogen. Bald steigt der Weg an und verlässt das Kulturland. Nach 3 Kilometern, ist das Ziel, die *Ermita San Roc* erreicht. Sie liegt in einem Mischwald aus Steineichen, Kiefern und einzelnen Ahorn- und Feigenbäumen. Einige der Bäume sind mehr als 100 Jahre alt. Eine Quelle mit 17 Wasserhähnen und zahlreiche Picknickplätze mit Feuerstellen liegen auf dem Gelände. Die Kapelle selbst ist einfach gestaltet, aber sie fügt sich harmonisch in die Landschaft ein.

Infrastruktur
Das Touristenbüro, im Rathaus an der Placa Mayor 3, ist im Internet unter www.pauls.altanet.org *zu erreichen. Kulinarische Spezialität der Gegend ist eine Pastete, die „Panoli" genannt wird. Am 17. Januar wird am Fest des Heiligen San Antoni ein Picknick vor der Ermita San Roc abgehalten. Vom 14. bis 20. August finden die Hauptfestlichkeiten des Ortes statt, zu Ehren der Heiligen San Roc und Assumpcio de la Mare de Deu.*

e. Der Ort Prat de Comte und die Ermita Mare de Deu de Fontcalda***
Lage
Über Roquetes entlang des Ebros biegt 4 Kilometer hinter Xerta eine Straße nach links ab hinein in die Berge. Eine bizarre Schlucht nimmt uns auf, deren Felsen die gewohnte grauweiße Farbe des Kalkgesteins aufweisen. Nach 15 Kilometern ist Prat de Comte auf 400 Höhenmetern erreicht. Das Dorf ist klein und wirkt verlassen, eine Unterkunftsmöglichkeit gibt es nicht.

Kapelle und Restaurant Fontcalda

Die Felsen Roques de Benet in den Ports de Beceite

Sehenswürdigkeiten
In Prat de Comte ist die *Ca la Placa*, ein Herrenhaus im Gotik-Renaissance Stil, sehenswert. Wandern, Angeln und Radfahren sind die Sportmöglichkeiten auf dem Gemeindegebiet. Der Ort wird mit Hilfe des Wegweisers Fontcalda durchquert und nach 4 Kilometern wird der stillgelegte Bahnhof von Prat de Comte erreicht. Von dort aus geht es auf dem Schotterbett der Bahnstrecke durch zwei Eisenbahntunnels in eine atemberaubende Landschaft hinein. Kurz vor einer Abzweigung nach links kann das Auto in der Schlucht geparkt werden. Es geht nun zu Fuß hinunter über das Bachbett des Riu de la Canaleta zum Heilbad *Fontcalda*. In einer wunderschönen Szenerie empfängt uns eine Kapelle, ein Picknickgelände, ein preiswertes Restaurant, das nur im Sommer geöffnet hat, und am Restaurant nach links abbiegend, die Heilquelle. Sie ist eingefasst und nach der Einfassung sprudelt sie mit einer Temperatur von 25 Grad in den Riu Canaleta. Nach rechts und links kann man einige 100 Meter auf gesicherten Pfaden und sorgsam angelegten Treppensteigen in die Schlucht hineinwandern. Der Weg nach links, der an der Quelle vorbei führt, erreicht den Eingang der Schlucht. Hier bildet die Natur eine schmale Spalte, die wie mit einer großen Säge in eine senkrechte Stelle aus Kalkfels gesägt erscheint. Unter dem Weg strömt das Wasser durch ausgewaschene rundliche Felströge und Becken. Auf kleinen Schotterflächen wachsen Tamarisken und Buchsbaumbüsche. An den Steilwänden ist manchmal der Iberische Steinbock zu sehen. Wenn der Fluss wenig Wasser mit sich führt ist es möglich, über das Bachbett zu fahren. Nach der Überfahrt beginnt der kleine Teerweg schnell steil anzusteigen und in vielen engen Kurven nach oben zu führen. Der Blick zurück in die Schlucht des Riu Canaleta und auf *Fontcalda* ist atemberaubend. Auf 900 Höhenmetern verläuft der Weg, zwischen der Schlucht die der Fluss Riu Canaleta bildet und der Schlucht die zur Sierra de Pandalos gehört, auf einem schmalen Grad weiter. Der Blick, der zu beiden Seiten der Straße senkrecht nach unten geht, ist nichts für Menschen, die nicht schwindelfrei sind. Der Weg führt bald wieder nach unten und der Picknickplatz *Fonteta* wird erreicht. Nach 100 Metern erreicht man die Bundesstraße N 43, nach rechts geht es zurück ins Ebrotal.

f. Der Ort Horta de Sant Joan und die Ports de Beseit**
Geschichte, Anfahrt und Lage
Der Ort ist iberischen Ursprungs, was durch Ausgrabungen belegt werden konnte. Nach der iberischen Zeit gehörte Horta de Sant Joan zum römischen Siedlungsgebiet, vom 8. bis 12. Jahrhundert stand es unter maurischer Herrschaft. Nach der Rückeroberung durch die Christen herrschten die Templer für kurze Zeit über den Ort. Der *Convent Sant Salvador*, 1 Kilometer außerhalb des Ortes gelegen, wurde von den Templern erbaut. Er ist das wichtigste religiöse Gebäude der Templer in Katalonien. Später ging Horta de Sant Joan in den

Besitz des Hospitalliterordens über. Der Ortskern um die Placa del Iglesia stammt in seiner Gesamtheit aus dem Mittelalter. Die Anfahrt nach Horta de Sant Joan beginnt in Prat de Comte wo man nach links abbiegt. Am markanten *Pic de l'Ermita* vorbei ist nach 9 Kilometern eine Kreuzung erreicht, an der man erneut nach links abbiegt und nach weiteren 3 Kilometern Horta de Sant Joan erreicht. Bereits auf dem Weg sind die gewaltigen Felsen der *Roques Benet* auf der linken Seite zu sehen. Parken kann man auf dem großen *Placa Catalunya*. Ein Brunnen, Bars und das Touristenbüro säumen den Platz. Der Ort liegt 542 Meter hoch und hat 1.320 Einwohner. Er gehört zur Provinz Tarragona, wie die anderen bisher im Kapitel Ports de Beseit beschriebenen Orte. Horta de Sant Joan liegt in der fruchtbaren Region der Terra Alta. Picasso hielt sich wegen der schönen Landschaft mehrmals in diesem Ort auf.

Infrastruktur
Das Touristenbüro öffnet seine Türen im Sommer an der Placa Catalunya, ansonsten im Rathaus oder im Ecomuseum in der Pintor Picasso Straße. Internet: www.elsports.org. Die Fonda Miralles im Ort und der Campingplatz an der Area de Franqueta bilden die Übernachtungsmöglichkeiten. Steilwandklettern an den Roquets Benet, Wandern, Rad fahren, Pferdeverleih, Angeln und ein Schwimmbad zählen zu den Sportmöglichkeiten. Am Wochenende nach dem 21. April findet das Stadtfest statt. Das Hauptfest des Ortes wird vom 8. bis 11. September gefeiert.

Sehenswürdigkeiten
Historisches Zentrum, Picasso Museum* und Ecomuseum
Das Zentrum wurde zum nationalen, historischen Monument erklärt. Die Baustile zeigen eine Spanne von der Gotik bis zur Renaissance. Der zentrale Platz an der Kirche, umrankt von Arkadengängen und mittelalterlichen Häusern, die sich auf klotzige Säulen stützen, ist ein gutes Beispiel der intakten Architektur des Ortes. Das Rathaus besitzt eine Renaissancefassade. In den Räumen des Rathauses wurde ein aufschlussreiches Geschichtsmuseum eingerichtet. Die Hauptkirche des Platzes ist die *Sant Joan Baptista Barockkirche*, ihre Fassade und der große Innenraum sind sehenswert. Die *Casa del Delme* und der Gebäudekomplex des alten Kastells sind weitere Punkte unserer Stadtbesichtigung. Der *El Prior Turm* und das Haus des Kommandanten, die Stadthalle, das Stadtgefängnis und das Hospital lohnen ebenfalls eine Besichtigung. Im Gebäude des alten Hospitals in der Dr. Ferran Straße wurde das Picassomuseum eingerichtet. Das Museum stellt 240 Reproduktionen von Lithographien aus, die eine ortsgebundene Thematik aufweisen. Manuel Pallares hat Picasso in den Jahren 1898 und 1909 mehrmals eingeladen. Der Maler kam vor allem wegen der guten Luft nach Horta de Sant Joan. Er holte sich hier seine Inspirationen und soll einmal gesagt haben: „Alles was ich weiß habe ich in Horta de San Joan gelernt". Vor dem Museum ist eine kleine Ausstellung von alten Landmaschinen zu sehen. Im Ecomuseum bekommt man Auskünfte über

den Bezirk, seine Bevölkerung, seine Architektur, seine Natur, seine Geschichte und Karten über das Naturschutzgebiet Ports de Beseit, an dem Horta de San Joan einen großen Anteil hat. Öffnungszeiten des Picassomuseums: Di bis Sa 11-13.30 Uhr. Öffnungszeiten des Ecomuseums: Di bis Sa 11-14 Uhr und 16-19 Uhr. Das Ecomuseum befindet sich in der Pintor Picasso Straße. In der Nähe des Museums schöne Aussicht auf die *Rouquets de Benet*.

Sant Salvador Konvent und Wanderung zum Pic de l'Ermita*
Der Konvent von Horta de Sant Joan zählt zu den nationalen, historischen Monumenten. Er liegt 1 Kilometer außerhalb der Stadt und weist verschiedene architektonische Elemente auf. Im 13. Jahrhundert bauten die Templer daran, im 15. Jahrhundert die Hospitalliter und im 16. Jahrhundert wurden weitere Teile im Renaissancestil hinzugefügt. Der Konvent liegt unterhalb des Berges *Pic de l'Ermita*, auf dessen Gipfel die Ruine einer kleinen Kapelle steht. Auf der Wanderung hinauf zum Gipfel hat man phantastische Ausblicke. Nach Westen und Norden geht der Blick weit hinein in das Hügelland von Aragon. Im Osten und Süden sieht man die schroffen und bizarren Ports de Beseit und die Felstürme der *Roques de Benet*. Die Strecke ist 9 Kilometer lang und kann in 3 Stunden bewältigt werden. Nach links geht es an der Kirche vorbei in nord-westlicher Richtung entlang des Berghanges. Nach dem der Weg in Serpentinen ansteigt, ist ein kleines Geröllfeld nach rechts zu umgehen. Oberhalb ist der Hauptweg erreicht und ein kleiner Steineichenwald folgt. Danach trifft man auf eine Zypressenallee und auf ein verfallenes Gebäude an der Südostseite des Berges. Weiter geht es parallel zum Hang an einem Wasserbehälter vorbei und an einer Felsnase tauchen Zypressen auf. Auf dem rechten Weg sind die Ruinen der *Ermita de Sant Pablo* nicht mehr weit entfernt.

Die Area de la Franqueta und die Felsen Roquets de Benet**
Mit dem Auto fährt man zurück zur Hauptstraße und direkt auf das Naturschutzgebiet Ports de Beseit und die Felsen *Roques de Benet* zu. Von dem kleinen Teerweg biegt nach 5 Kilometern eine Schotterpiste nach links ab. 1,5 Kilometer später ist die zweite Abzweigung erreicht, dort nach links abbiegen und das Auto am Rande des Weges parken. Nun geht es zu Fuß an den steilen, 300 Meter hohen Felstürmen entlang, die sich senkrecht in den Himmel bohren. Am Himmel Gänsegeier, die Szenerie ist so einmalig, dass wir beinahe in stille Bewunderung verfallen. Kletterer haben die Felsen bezwungen, das verraten Seilreste in der Steilwand. Schwindelfreie können die Felsen zu Fuß erklimmen. Nachdem wir etwa 25 Minuten an den Felsen entlang gelaufen sind, erreichen wir einen kleinen Sattel, an dem der Weg scharf nach rechts durch eine Rinne verläuft. Es folgt eine steile Kletterpassage über Felsbrocken, die auf einem flachen Hang endet. Die roten Streifen weisen auf einen Pfad, der nach links verläuft und sich nach Norden wendet. Kurz darauf geht es nach links und einer

Rinne nach die auf den Gipfel führt. Reine Gehzeit 1 Stunde, der Rückweg ist der gleiche. Zurück am Parkplatz geht der Weg zur Teerstraße zurück und nach links 5 Kilometer weiter durch eine wilde Landschaft im dicht bewaldeten Tal des Rio Estrets zum Picknickgelände *Area de la Franqueta*, das mitten in der *Reseva Nacional de los Puertos de Tortosa y Beceite* liegt. Der Fluss ist hier aufgestaut und im Sommer lässt sich ein kühles Bad nehmen. Ein Gelände zum Campen ist ausgeschildert. Durch kurze Spaziergänge lohnt es sich die Landschaft zu erkunden. Geradeaus geht der Forstweg weiter zu einer Hütte und endet vor einer Schlucht, in die nach rechts ein Pfad noch einige Meter hineinführt. Der Weg vom Picknickgelände nach links führt steil bergan und nach der Überwindung von 150 Höhenmetern gelangt man zu einem Aussichtspunkt oberhalb des *Val en Pasta*.

Der Konvent Sant Salvador

g. Der Ort Beceite/ Beseit und die Ports**
Lage
Auf der Hauptstraße fahren wir weiter in Richtung Valderrobes, kurz vor Valderrobes und 21 Kilometer entfernt von Horta de Sant Joan biegen wir nach links ab und befinden uns nach weiteren 6 Kilometern in Beceite. Der Ort gab dem Naturschutzgebiet seinen Namen und liegt am Anfang der Matarranaschlucht. In der Nähe liegt *El Parrizal* mit Felsskulpturen, welche die Natur

nicht schöner hätte hervorbringen können. Der Ort hat 700 Einwohner und liegt auf 579 Meter Höhe.

Infrastruktur
Das Touristenbüro ist im Rathaus untergebracht. Die Fonda Roda, Villanueva 19, 15 Zimmer und die Fonda Urquizu in der gleichen Straße, bieten Unterkunft an. Essen kann man im Restaurant Raco del Tosca und im Restaurant Font del Pas. Wandern Schwimmen in den Naturbecken des Rio Matarrana, Rad fahren und Angeln sind Sportmöglichkeiten. Am 17. Januar wird San Antonio gefeiert. Die Patronatsfeste finden am 24. und 25. August statt.

Sehenswürdigkeiten
Der alte Dorfkern erinnert an die maurische Vergangenheit des Ortes. Es empfängt uns ein Gewirr von kleinen Plätzen und engen Gassen. Am schönsten ist der Plaza Mayor mit seiner Geschlossenheit und mittelalterlichen Ausstrahlung. Die Kirche *San Bartolome* aus dem 17. Jahrhundert, das Rathaus und die Kapellendurchgänge wirken wie aus einer anderen Zeit.

Matarrana Schlucht und El Parizal**
Der Wegweiser *El Parrizal* führt durch den Ortskern von Beceite. Vorbei am Naturschwimmbad, das vom Wasser des Matarranaflusses gespeist wird, sieht man Tropfsteinbildungen im Freien, oberhalb der Straße. Es folgen mehrere Badegelegenheiten im Fluss. Im weiteren Verlauf der Schotterpiste, die zum Teil in schlechtem Zustand ist, sind überhängende Felsnasen und zwei Naturtunnels zu durchqueren. Nach 8 Kilometern, an einem großen Picknickplatz mit Bänken, Tischen und einer Quelle und mit der Möglichkeit zu zelten, ist das Ende des Weges erreicht. Hier beginnt die Wanderung, die sehr stark vom Wasserstand des Rio Matarraña abhängig ist. Am Anfang führt der Weg über Holzbohlen und Trittsteine immer flussaufwärts am linken Abhang entlang. Über dem Wanderer wachsen Schwarzkiefern und im Tal Buchsbäume. Nach 30 Minuten verengt sich der Pfad und steigt steiler an, er verläuft nun zum Teil im Bachbett des Flusses. Nach 1,5 Stunden Aufstieg ist der Wasserfall erreicht und die Schlucht verengt sich plötzlich stark, doch links vor dem Wasserfall steigt ein Pfad steil bergan, an einer Kette geht es bergauf vorbei an mehreren Wasserbecken und bizarren Felsformationen, *El Parrizal* genannt. Der Rückweg ist der gleiche wie der Hinweg.

h. Der Ort Valderrobres**
Geschichte, Anfahrt und Lage
Der Ort und das Matarranatal wurden im Jahr 1169 von Alfons II. von den Arabern zurückerobert. Valderrobres war damals ein Besitztum mit dem Namen *Pena Aznar Lagaya*. Es gehörte zum Bischofssitz Zaragoza und wurde in jener Zeit von Pedro Tooroja regiert. Das Stadtparlament von Zaragoza entschied

später es dem Fortun Robert, unter der Bedingung es wieder aufzubauen, zu übereignen. Die Stadturkunde wurde dem Ort im Jahr 1183 verliehen. Fortun Robert vererbte den Besitz seiner Tochter Sancha und seinen Neffen Matalon de Frescano. 1237 kaufte Lope Guillermo de Oteyza die Rechte über den Ort von den Nachkommen. Diese Familie bewahrte den Feudalbesitz über Valderrobres während des gesamten 13. Jahrhunderts. Als Pedro de Oteyza ohne Nachkommen zu haben gestorben war, entstand ein Streit zwischen der Krone und dem Bischof. Das Resultat war, dass der Stadtrat von Zaragoza im Jahre 1307 eine große Geldsumme bezahlte, um die Rechte an Valderrobres zurückzubekommen. Das Bistum Zaragoza behielt die Rechte über Valderrobres bis zum Jahr 1811. Valderrobres ist 22 Kilometer von Horta de San Joan entfernt und liegt im Hinterland der Puertos de Beceite in Aragon. 1.928 Einwohner leben hier auf 550 Meter Höhe in einem romantisch am Matarranafluss gelegenen Ort, mit einer außergewöhnlichen Bausubstanz.

Infrastruktur
Das Touristenbüro befindet sich in der Avd. Cortes de Aragon 25. Das Hostal Querol in der Avda. Hispanidad 4, die Fonda Albesa in der gleichen Straße und das Hotel El Salt, Elvira Hidalgo 14, bieten Unterkünfte an. Im Hostal Querol haben wir gut gegessen, vor allem Fleischgerichte. Ein Reitstall, ein Schwimmbad, Wandern und Rad fahren sind Sportmöglichkeiten. Möbel und Holzarbeiten sind zum Einkaufen geeignet. Der Festtagskalender beginnt am 17. Januar mit dem San Antonio Fest, danach wird Karneval später die Osterwoche mit Prozessionen gefeiert. Am 14. August beginnen die Feierlichkeiten des Patronatsfestes und am 19. August findet die Wallfahrt „Los Santos" statt.

Sehenswürdigkeiten
Brücke über den Rio Matarraña, Portal de Beros und San Roque, Rathaus
Jenseits des Rio Matarrana kann das Auto auf einem Platz in der Nähe der Brücke, abgestellt werden. Von hier aus ist der Blick auf Valderrobres sehr schön. Es steigt auf der gegenüberliegenden Seite des Flusses leicht an und wird von dem Kastell und der Kirche gekrönt. Über den Fluss führt eine alte Steinbrücke mit Kopfsteinpflaster. Sie hat drei Bögen und wurde im gotischen Stil errichtet. Auf der anderen Flussseite angekommen, erwarten den Besucher die mittelalterlichen Eingangstore *Portal de Beros* und *San Roque*, die zur Stadtmauer gehörten. Nach den Eingangstoren steht an einem von Arkadengängen gesäumten Platz die *Casa Consistoral*, das heutige Rathaus. Der Bau ist sehr eindrucksvoll. Er stammt aus dem 16. Jahrhundert und hat eine Renaissancefassade. Die Balkone weisen hervorragend geschmiedete Balkongitter auf, und das aus altem Holz errichtete kunstvoll verzierte Balkenwerk des überstehenden Daches ist ein Beispiel für den Baustil von Aragon. Ein Duplikat dieses Gebäudes steht in Barcelona im *Pueblo Espanol*.

Brücke, Kiche und Kastell von Valderrobres

Stadtkirche und Kastell
Die Stadtkirche *Santa Maria Mayor* stammt aus dem 14. Jahrhundert und wurde im gotischen Stil erbaut. Ihr Innenraum ist bis auf den Altar eher schlicht gehalten. Die Kirche hatte früher einen direkten Zugang zum Kastell. Das Kastell ist von allen Seiten gut erkennbar und ist zu Fuß durch steile Gassen und durch Torbögen hindurch, vorbei an Häusern mit Fassaden aus einem mittelalterlichen Film, gut zu erreichen. Der Bau ist in seinen Dimensionen gewaltig. Die Fassade verliert durch Zinnen, Türme und durch eine reiche Gliederung an Schwere. Öffnungszeiten: 11-13 Uhr und 17-19 Uhr. Eintritt 2,50 Euro. Das Kastell wurde von 1392 bis 1411 auf Befehl des Erzbischofs Garcia Frenandez de Heredia erbaut. Allerdings nur das Erdgeschoss und das erste Stockwerk. Auch Alfons II. hielt sich oft im Kastell auf. Alfons V. versammelte im Jahr 1429 die spanischen „Cortes" in den Räumen des Kastells. Der Erzbischof Dalma de Mury Cervellon gab den Auftrag zum Bau des zweiten Stockwerks und lebte von 1431 bis 1456 hier. Bei Ausgrabungen entdeckte man die Reste einer älteren Burg. Der letzte Inhaber des Kastells war J. Cebrian im Jahre 1655. Gleich nach dem Eingang ist im früheren Stall und im Warteraum eine Wechselausstellung über die Traditionen, die Natur, das Essen, die Industrie und das Handwerk, über bäuerliche Erzeugnisse und den Tourismus zu sehen. Einige Treppen weiter oben wird der überdachte Innenhof erreicht. Hier

sind verschiedene Türen, die zu den wichtigsten Räumen des Kastells führen. Das Gerichtszimmer, als größter und schönster Raum des Kastells, in dem die „Cortes" von Spanien richteten, hat drei riesige Kamine. Außerdem besitzt es fünf verzierte Fenster. Auch die Küche mit zwei Durchreichen für die Speisen ist sehenswert. Über eine schmale Treppe, die über den Resten anderer Burgteile zu schweben scheint, erreicht man die oberen Zimmer. Die Aussicht über Valderrobres ist einfach toll.

3. Die Sierra de Benifasar*, geheimnisvolle Heimat des Steinbocks
Lage, Anfahrt, Pflanzen- und Tierwelt
Das Gebiet der Sierra de Benifasar gehört zu den Puertos de Beceite. Es bildet mit seinen Dörfern einen eigenständigen Raum und liegt zwischen dem Maestrazgo und der südlichen Grenze der Puertos de Beceite. Die Orte der Sierra de Benifasar gehören zur Provinz Castellon, während der größte Teil der Ports de Beceite zur Provinz Tarragona oder zu Aragon gehört. Naturkräfte, Erosion, Wind und Wasser haben eine Landschaft gebildet, die sich durch Abhänge, Schluchten, Höhlen, Löcher und unzählige spektakuläre Felsformationen auszeichnet. Dies ist eine der Gegenden mit der höchsten Niederschlagsmenge. Das Wasser wird durch das Kalkgestein filtriert, deshalb sind die meisten Flüsse sehr seicht. Der Ausgangspunkt der Autotour ist La Sénia, das über Vinarós und San Rafael del Rio zu erreichen ist. Die Strecke führt uns an der Provinzgrenze vorbei zum Stausee von Ulldecona, hinein in die wilde Landschaft und zu den abgelegenen Dörfern der Region. Zwischen dem Stausee und den nächsten Dörfern lassen sich iberische Steinböcke beobachten. Die Orte werden in folgender Reihenfolge erreicht: La Sénia, Ballestar, La Puebla de Benifasar, Fredes, Bojar, Corachar, Castell de Cabres, Herbeset und Herbés. Die Entfernung von La Sénia beträgt hin und zurück ungefähr 160 Kilometer. Die Straße ist kurvig, eng und mit Schlaglöchern versehen. In der Schlucht von Fou wachsen Haselnussbäume, Lindenbäume, Pappeln, Ahorn und endemische Pflanzen wie das Geißblatt und der Bergbaldrian. Viele alte Bäume, wie die Kiefern von Coveta, die Schwarzpappel von Font Lluny und der Lindenbaum von Cortaxa, die über 150 Jahre alt sind, zeugen von der außerordentlichen Pracht der Natur. Steinadler, Falken, Rohrweihen und Gänsegeier fliegen in weiten Kreisen über hohe Felsen. Der dichte Wald bietet Unterschlupf für Marder, Dachse, Wildschweine und den Iberischen Steinbock.

a. Der Ort La Sénia und der Stausee von Ulldecona*
Lage
La Senia liegt an der Grenze der Provinzen Tarragona und Castellon auf der katalonischen Seite im Bezirk Montsia. 22 Kilometer von Vinaros entfernt. Der Fluss la Senia trennt die Provinzen Tarragona und Castellon in diesem Gebiet. Im Ort steht die letzte Tankstelle, bevor die Straße in das dünn besiedelte Gebiet

der Tinenca de Benifasar hineinführt. La Senia liegt am Eingang einer malerischen Schlucht und hat 5.096 Einwohner. Im Norden des Bezirks liegen die Gebirgspässe von Tortosa Beceite und der Berg El Tossal, der 1.370 Meter hoch ist. Die Vegetation ist vielfältig und vor allem sehr holzreich. Im oberen Teil des Gebirges gibt es Buchen, rote Kiefern und Ginster, weiter unten verschiedene Piniensorten und Olivenbäume, deshalb lebt La Sénia hauptsächlich von seiner Möbelindustrie.

Infrastruktur
In der Calle Trotos 1, im Rathaus, sind Auskünfte zu erhalten.
<u>Unterkünfte</u>
Das Hotel Moli l'Abad befindet sich etwa 4 Kilometer außerhalb des Ortes in Richtung des Stausees auf der linken Straßenseite. Es bietet ein vorzügliches Restaurant und das Hotel Moli eins mit 7 Zimmern und das Hotel Moli zwei mit 5 Zimmern. Beide haben das ganze Jahr über geöffnet. Doppelzimmer ohne Frühstück ab 38 Euro pro Nacht. Außerdem gehört ein Campingplatz mit Holzhäusern zum Angebot und das Selbstbedienungsrestaurant, das direkt am Stausee 8 Kilometer entfernt von La Sénia liegt.
<u>Sportmöglichkeiten</u>
Boote auf dem Stausee, Schwimmen, Wandern, Rad fahren und Angeln.
<u>Einkaufen</u>
Vor allem Möbel, Souvenirs aus Holz und Olivenöl sind typische Produkte.
<u>Feste</u>
Im April und Mai sind Kulturtage mit einem großen Angebot an Konzerten und Ausstellungen. Im Mai wird das San Gregori Fest gefeiert, bei dem es ein großes Festessen gibt. Am 24. August werden Stierkämpfe und Volkstänze aufgeführt.

Sehenswürdigkeiten
La Sénia ist ein hübscher Ort mit vielen weiß getünchten Häusern. Vor allem die Kirche *Sant Bartomeu*, die im 16. Jahrhundert im gotischen Stil gebaut wurde, ist sehenswert. Ein Besuch der vielen Möbelgeschäfte mit mehr als 20.000 m2 Ausstellungsfläche in über hundert Geschäften ist ebenso interessant. Die Teiche, Brunnen und kleinen Seen des Flusses bieten ein lohnenswertes Ziel.

<u>Wanderung entlang des Stausees, zu Schluchten und Wäldern</u>
Ein Ausflug in die Berge führt zum Stausee von Ulldecona und zu den Schluchten *Fou* und *Retaule*. Auf der linken Uferseite des Stausees ist ein Schotterweg mit einem geländegängigen Fahrzeug befahrbar. Wer sein Auto schonen möchte, parkt es neben der Hauptstraße an der Brücke, die den See überquert. Von hier aus sind es 10 Kilometer bis zur Quelle *Font de Teux*, die 740 Meter hoch am Rande der *Fouschlucht* liegt. Neben der Quelle steht auf der rechten Seite des Weges ein großer Felsblock am Rande eines Parkplatzes. Nach dem *Font de Teux* steigt der Weg steil an, der Ausblick auf Felstürme, die bis zu 1.300 Meter hoch sind, ist phantastisch. Nach 50 Minuten Gehzeit ist der

Aussichtspunkt *El Mirador* erreicht. Von diesem Aussichtspunkt ist die *Fouschlucht* gut zu sehen. Nach dem Passieren einer Wegkette geht die Wanderung in nördlicher Richtung weiter und biegt an einer Kreuzung nach rechts ab. Nach 15 Minuten taucht erneut eine Kreuzung auf, an ihr geht es nach rechts und man erreicht den *Font de Retaule,* ein Rastplatz mit einer Quelle inmitten unberührter Natur. Nach weiteren 20 Minuten geradeaus ist der südlichste Buchenhain mit alten und mächtigen Exemplaren erreicht. Haselnusssträucher, Buchsbäume, Wacholder-, Linden- und verschiedene Ahornarten wachsen in der Nische der *Retauleschlucht.* Zurück zur Quelle dem zweiten Pfad folgen, bis nach 5 Minuten eine Kreuzung kommt. Hier geht es links den steilen Pfad entlang. Nach weiteren 5 Minuten ist *Pi Gros,* die größte Pinie Kataloniens, mit einem Stammumfang von 5 Metern erreicht.

Das Kloster Benifasar

b. Das Kloster Benifasar und der Ort Ballestar*
Sieben Kilometer vom Stausee entfernt, führt eine Zypressenallee zum Kartäuserkloster *Santa Maria de Benifasar*. Zwischen dem Stausee und der Straße zum Kloster konnten wir erneut Iberische Steinböcke beobachten. Die umfangreiche Klosteranlage kann an Donnerstagen von 13-15 Uhr besichtigt werden. Sie ist eine Schwesterabtei von Poblet. Bereits kurz nach der Rückeroberung des Gebietes durch die Christen gründete der Zisterzienserorden das

Kloster. Nach einer Blütezeit von 300 Jahren folgten viele Jahrhunderte, die von der Pest und Kriegen gekennzeichnet waren. Im ersten Carlistenkrieg (1833-1840) wurde das Kloster als Kriegsgefangenenlager gebraucht und später verfiel es immer mehr. Im Jahr 1960 wurde das Kloster wieder aufgebaut und sieben Jahre später gab es wieder Nonnen des Kartäuserordens in seinen Gemäuern. Der Ort Ballestar liegt nur 1 Kilometer entfernt auf einem Hügel inmitten eines Hochtales 680 Meter über dem Meer und wird von einem Kranz von Bergen umrahmt, die höher als 1.000 Meter sind. Informationen erhält man im Rathaus des Ortes. Sehenswert ist die alte Dorfkirche aus dem 13. Jahrhundert. Ein Besuch der iberischen Siedlung *Moranda* aus dem 1. Jahrhundert v. Chr., die sich östlich des Dorfes auf einem kleinen Felsplateau erhebt, ist vor allem wegen der schönen Landschaft, die sie umgibt, empfehlenswert. Am Südausgang des Ortes biegt ein Weg spitzwinklig von der Straße ab, er führt ins Tal, durchquert dabei ein Steineichenwäldchen und erreicht die Reste der Siedlung. Hin und zurück ist die Strecke in 40 Minuten zu bewältigen.

c. Der Ort La Puebla de Benifasar
Lage und Sehenswürdigkeiten
Zwei Kilometer von Ballestar entfernt, liegt das Zentrum der Gebirgsregion Tinenca de Benifasar, La Puebla de Benifasar mit 223 Einwohnern auf 680 Meter Höhe. Als solches verfügt der Ort über eine Schule, einen Arzt, Läden, Restaurants und ein Hotel. Die Kirche *San Pere de Apostel* hat die Reste der ersten, romanischen Bauform bewahren können. Das Haupt- und das Seitenportal wurden im 13. Jahrhundert erbaut. Die Kuppel und das Presbyterium wurden im Laufe der Zeit oft verändert.

Infrastruktur
In der Calle Major 27, im Rathaus, sind Informationen erhältlich. Im Hotel Tinenca de Benifasar, Calle Major 50, gibt es 10 Zimmer mit Bad. Das Restaurant La Morena, Calle Major 12, bietet gutbürgerliches. Feste sind am 17. Januar Sant Antoni und am 1. Mai Los Apostoles sowie das Stadtfest vom 13. bis 16. August.

d. Die Orte Fredes*, Bojar, Corachar und Castell de Cabres
In vielen Serpentinen verläuft der Weg über den Convent de Benifasar hinein in eine atemberaubende Landschaft bis nach Fredes auf 1.100 Meter Höhe. Der Ort liegt am Rande der Ports de Beceite inmitten von Bergen. Ein großer Teil der Gemarkung ist mit Pinienwäldern bedeckt und es gibt ein Gasthaus und einige Ferienhäuser. Von Fredes biegt hinter der Colonia Europa nach rechts ein Weg zum Dorf Bojar ab, das auf 1.089 Metern Höhe liegt. Inzwischen gibt es einige vorbildlich renovierte Häuser. Informationen, Essen und Übernachtungsmöglichkeiten bietet die Casa Refugio El Boixar an. Im Sommer täglich geöffnet, ansonsten nur an den Wochenenden. Fredes und Bojar sind Ausgangspunkte für Wanderungen am Europa Wanderweg GR-7. Die Kirche, das Rat-

haus und einige renovierte Häuser sind die Sehenswürdigkeiten von Bojar. Von Bojar führt die Straße 6 Kilometer bergauf nach Corachar, einem Vorposten am Rande der schwer zugänglichen Ports de Beseit, auf 1.250 Metern Höhe. Der Ort ist von altem Kulturland umgeben mit einer kargen Vegetation, in die heute gelegentlich Schafe und Rinder zur Weide getrieben werden. Ein Netz von Mauern aus Kalksteinbrocken, die nach und nach zusammenbrechen, teilt die verschiedenen Parzellen voneinander und stützt die alten Terrassen. Von der etwas abseits auf einer Anhöhe gelegenen Friedhofsanlage mit ihrer schlichten Bruchsteinkapelle ist der Rundblick sehr schön. Die romanische Dorfkirche, 1247 erbaut, ist die einzige Sehenswürdigkeit in der Einsamkeit. Von Corachar fahren wir 6 Kilometer zurück nach Bojar, dann biegen wir nach rechts ab, und nach 8 Kilometern ist Castell de Cabres auf 1.140 Höhenmetern erreicht. Der Ort wurde von den Mauren gegründet. Die Dorfkirche aus dem 18. Jahrhundert ist mit Stuck- und Freskenmalereien verziert. Der Schlüssel ist an der Bar des Ortes erhältlich. In der Umgebung befinden sich alte, stillgelegte Kohlenminen, die von Mitte des 19. Jahrhunderts bis 1950 in Betrieb waren. Außerdem gibt es 7 Kreuze, die traditionell den Schutzheiligen der Landwirtschaft und Schafzucht gewidmet sind. In der Umgebung ist das Angebot an Heil- und Gewürzkräutern groß und der Fernwanderweg GR-7 verläuft südlich des Ortes.

e. Die Orte Herbeset und Herbés
Lage und Sehenswürdigkeiten
7 Kilometer nach Castell de Cabres an der Kreuzung nach rechts abbiegen und Herbeset in 1.100 Meter Höhe ist erreicht. Die Kirche des Ortes ist der Heiligen Nuestra Senora las Nieves gewidmet. Die Wandmalereien stammen von Juan Francisco Cruella aus Morella. In der Kirche befindet sich die Grabstätte der Agueda Sebastia, die 1615 starb und deren Körper der Legende nach 1817 in einer Nische der Kirche unversehrt gefunden wurde. Drei Kilometer hinter Herbeset an einer Kreuzung nach rechts in Richtung Morella abbiegen, und nach 15 Kilometern ist der Ort Herbes die nächste Station des Ausflugs. Das Dorf liegt auf 680 Höhenmetern in einem Hochtal kurz vor der Grenze zu Aragon. Herbes ist maurischen Ursprungs und hat 200 Einwohner. Oberhalb des Ortes fällt die Ruine des Palastes der adeligen Familie Ram di Viu auf. Einst waren die männlichen Mitglieder der Familie die Barone von Herbes. Im Dorf sind die Kirche *San Bartolome* mit ihrem gotischen Portal, das Rathaus und einige herrschaftliche Häuser, zum Beispiel das Haus *Lonja* und die *Casa Abadia,* zu sehen. Dazwischen stehen einige Häuser, die gute Beispiele für die ländliche Architektur des Gebietes sind. Zwei Kilometer östlich von Herbes, in einem Seitental, ist die Kirche *Ermita Virgen de Sargar* wegen der Fresken des Malers Juan Francisco Cruella aus Morella eine Sehenswürdigkeit. Hier endet der Ausflug, und der Rückweg beginnt, oder man fährt über den Pass Torre Miro nach Morella und zurück ans Meer.

Infrastruktur
Im Rathaus von Herbes an der Plaza Iglesia sind touristische Informationen erhältlich. Das Hotel La Lonja in der Hornostraße 17, hat 8 Zimmer. Im gleichen Hotel kann man auch gut essen. Am 24. August wird San Bartolome gefeiert und am 3. Mai findet die Wallfahrt Romeria a la Tosa auf 1.200 Meter Höhe statt.

4. Das Ebrodelta** im Zeichen des Reisanbaus und des Naturschutzes
Geologie und Geschichte
Der Ebro entspringt 927 Kilometer nördlich in der Cordillera Cantabria und ist der mächtigste Fluss Spaniens. Mit 320 Quadratkilometern ist das Delta des Ebros, nach dem Nildelta und dem Rhonedelta, das größte Flussdelta des Mittelmeers. Es reicht bis zu 30 Kilometer ins Meer hinein und hat eine Breite von bis zu 25 Kilometern. Das Delta ist flach und liegt nur wenige Meter über dem Meeresspiegel. Das erdgeschichtlich gesehen, sehr junge Land des Deltas setzt sich aus abgelagerten Schwemmstoffen zusammen. Ab dem 4. Jahrhundert, nach der Abholzung großer Waldbestände durch die Römer, beginnt das Deltawachstum. Die Erosion der Berge bewegte eine Menge Erde in den Fluss und in sein Delta hinein. Tortosa war zur Römerzeit eine Hafenstadt am Meer und liegt heute 40 Kilometer landeinwärts. Bis 1940 transportierte der Fluss 10 Millionen Tonnen Material in das Delta. Jährlich wuchs das Land 10 Meter ins Meer hinein. Das Schwemmland ist sehr fruchtbar. Der Bau von Stauseen führte dazu, dass heute nur 3 Millionen Tonnen Schwemmmaterial ankommen. Früher bildete der Fluss mehrere Arme, die sich immer wieder neue Wege suchten um ins Meer zu gelangen. Wurden sie dabei abgeschnitten, entstanden die Lagunen und Teiche, die einem sekundären Verlandungsprozess unterworfen sind. Das Meer und seine Strömungen und die Winde verursachen Ablagerungen an anderen Stellen. Die Gestalt des Deltas wechselt dabei ständig. Im Norden und Süden bildeten sich kleinere Dünen. Erste Siedlungen wurden von den Arabern gegründet, aber ständige Piratenüberfälle machten die Kultivierung des Landes kaum möglich. Bis ins 18. Jahrhundert war der Einfluss des Menschen im Delta nicht sehr groß. Damals lebten etwa 700 Menschen im Delta und einige Jäger kamen zeitweise hinzu. Die Malaria, ausgelöst durch Stechmücken, war nicht gebannt und sie forderte bis 1918 rund 3.000 Opfer. In jener Zeit wurden Kanalisierungsarbeiten durchgeführt und Reiskulturen angelegt.

Neuzeit
Heute sind 75 % landwirtschaftliche Fläche, 453 Kilometer Kanäle wurden angelegt und es leben über 30.000 Menschen hier. Vor allem Reis und Gemüse werden angebaut. Der Rhythmus von Anpflanzung und Ernte hat sich bis heute nicht geändert. Anfang Februar legen die Bauern die Felder trocken, was für den Besucher etwas trostlos wirkt. Die Erde wird bearbeitet und Mitte April werden die Felder geflutet. Die Aussaat wird eingestreut. Im Sommer steht der Reis hoch und die Felder sind grün, sicher der schönste Anblick. Ende September

erfolgt die Ernte, das Wasser bleibt bis Februar stehen. Auch die Fischerei im Delta ist ein einträglicher Erwerbszweig, bei Wasserflächen mit unterschiedlichem Salzgehalt ist die Artenvielfalt enorm. Nur an den Ufern der Lagunen haben sich Reste der ehemaligen Sumpflandschaft erhalten können. 1983 wurden sie und die Sanddünen der Küstenlinie gegen den Willen der spanischen Regierung zum Naturschutzgebiet erklärt. Das Gebiet umfasst 7.736 ha. Vor allem die *Peninsula de la Banya*, die *Illa de Buda*, die *Peninsula del Fangar* und die Lagune *l'Encanyissada* sind Gebiete, die ohne Erlaubnis nicht betreten werden dürfen. Pestizide, Düngemittel und der Druck, weitere Flächen freizugeben, bedrohen das Schutzgebiet bis heute.

Traktor für den Reisanbau

Pflanzen- und Tierwelt
Die verschiedenen Lebensräume der Sanddünen, Salzböden, Süßwasserteiche und Flussufer führen zu einer artenreichen Pflanzenwelt. Auf den Dünen wächst Strandhafer, an den Salzufern findet man die Strand-Wolfsmilch, die im Herbst weiß blühende Meer-Narzisse und den Queller. Die Ufervegetation an den Teichen und Kanälen besteht aus Schilfrohr, Rohrkolben und der Schneide. Das Ebroufer war ursprünglich mit Silberpappeln, Weiden, Erlen und Ulmen bewachsen. Der einzige gut erhaltene Uferwald dieser Art steht auf der *Illa la Gracia*, im Zentrum des Deltas. Verwilderte Eukalypten stehen dagegen überall

und ein kleiner Tamariskenbestand befindet sich am äußersten Ostzipfel auf der *Illa San Antoni*. Die Vogelwelt ist in ihrem Reichtum kaum zu überbieten. Es gibt 300 verschiedene Arten, deren Aufzählung dieses Kapitel sprengen würde. Jede Art ist mit 50.000 bis 100.000 Exemplaren vertreten. Der Flamingo ist ebenso zu finden wie verschiedene Reihersorten, Entensorten, Schwalben, Möwen und andere. Das Delta ist sowohl Brutgebiet als Überwinterungsgebiet. Außerdem gibt es 37 Fischarten, Aale, Barsche, Brassen, aber auch Langusten, Austern und andere Muscheln und 10 Amphibienarten, darunter die Karettschildkröte. In bezug auf die Flora hat man im Delta 515 verschiedene Arten von Pflanzen katalogisiert. In den beiden Auskunftsbüros des Deltas werden die Tier- und Pflanzenwelt ausgiebig beschrieben.

a. Der Ort Deltebre* im Ebrodelta
Lage
Über Sant Carles de la Rapita und an Amposta vorbei nach rechts, entlang des Ebro, führt die Straße nach Deltebre, im nördlichen Teil des Deltas. 1977 trennte sich Deltebre, das seit dem 19. Jahrhundert bewohnt wird, von Tortosa. Die Einwohnerzahl beträgt 10.000 und trotzdem wirkt der Ort ziemlich ruhig. Deltebre besteht aus den Ortsteilen Jesus i Maria und La Cava. Der Ebro fließt direkt am Ort vorbei. Um auf die andere Seite zu kommen, benützt man statt einer Brücke kleine Autofähren, sie sind ausgeschildert. Gegenüber liegt Sant Jaume d'Enveja. Die wirtschaftliche Entwicklung des Ortes steht in Verbindung mit dem Reis- und Gemüseanbau im Delta. Der Tourismus spielt zunehmend eine Rolle. Das geschützte Gebiet im Bereich des nördlichen Deltas beträgt 4.091 Hektar.

Infrastruktur
Das Touristenbüro beim Ecomuseum hat die Internetadresse www.deltebre.net
Unterkünfte
Das Delta Hotel in der Avd. del Canal ist im Internet unter www.dsi.es/delta-hotel zu erreichen. Das Haus liegt am Rande von Deltebre, inmitten von Reisfeldern, es ist ausgeschildert. Das geschmackvoll umgebaute ehemalige Gehöft bietet 24 Zimmer und ein gutes Restaurant.
Restaurants
Das Restaurant Can Olmos in der Carrer Unio 164, gegenüber dem Fähranleger hat eine rustikale Einrichtung und kocht Reisgerichte zu günstigen Preisen. Das Restaurant Garcia in der Avgd. Graupera 9, hat ein familiäres Ambiente, auch hier gibt es vor allem günstige Reisgerichte.
*Bootstouren (**K**)*
In der Garriga c/Verge del Carme 40, und in der Olmos c/Unio 165, befinden sich zwei Anlegestellen. Eine weitere Anlegestelle für Bootstouren liegt vor dem Restaurant Nuri in der Nähe der Illa de Buda. Der Weg ist ausgeschildert. Die Boote fahren mehrmals täglich bis zur Ebromündung, von Olmos und Garriga aus in etwa 1,5 Stunden, Preis 5

Euro pro Person und vom Anleger an der Illa de Buda dauert die Fahrt 45 Minuten und kostet 3,50 Euro pro Person.
Feste
Am 15. August beginnt das 10 Tage lange Patronatsfestes Nostra Senyora de l'Assumcio i Sant Roc. Gekrönt wird es von einem Stiertreiben durch den Ort.

Sehenswürdigkeiten
Das Ecomuseum (**K**) sollte bei einem Besuch des Ebrodeltas an erster Stelle stehen. Adresse: *Ecomuseum del parc Natural*, Carrer Doctor Marti Buera 21. Öffnungszeiten: Mo bis Fr 10-14 Uhr und 15-18 Uhr, Sa 10-13 Uhr und 15-18 Uhr und So 10-13 Uhr. Eintritt: 1,50 Euro. Sehr ausführlich wird die Flora, die Fauna und die Geschichte des Deltas erklärt und dargestellt. Im Haupthaus wird über Schautafeln, Fotos und Grafiken ein genereller Überblick geschaffen. Infobroschüren stehen bereit und auf sehenswerte Abschnitte des Parks wird hingewiesen. Außerhalb des Gebäudes erfährt der Besucher auf einem Lehrpfad einiges über den Anbau von Gemüse, Obst und Reis im Delta. Entlang des Lehrpfades stehen mehrere Häuser im Delta-Stil, sie können besichtigt werden. Ihr Dach ist mit Reed gedeckt, die Räume und Fenster sind klein. In den Häusern wird landwirtschaftliches Gerät ausgestellt und sie dienen als Vogelbeobachtungsstation. Als weitere Sehenswürdigkeit ist ein gewaltiges Boot ausgestellt, es wurde früher im Delta zum Reistransport benutzt und konnte 350 Sack Reis a' 75 Kilogramm befördern. Ab 1950 ersetzten Lastkraftwagen diese Arbeit. Einige Modelle der Deltalandschaft, ein Aquarium und ein Terrarium bilden den Abschluss der Besichtigung.

b. Die Feriensiedlung Riumar* im Ebrodelta
Lage
Um nach Riumar zu kommen fährt man auf der Hauptstraße von Richtung Amposta kommend, an Deltebre vorbei, bis man zu einer Kreuzung kommt, an der es nach rechts zum Ebro geht. Einige Vermieter von Booten, Anglerbedarf und Ausflugsschiffe, die *Embaracadores* genannt werden, bieten hier ihre Dienste an. Biegt man an der oben genannten Kreuzung nach links ab, führt die Straße am Reitstall vorbei nach Riumar. Nach links geht es zum Campingplatz und geradeaus zum Dünenstrand. Riumar ist eine Urbanizacion, die unweit der Ebromündung an einem schönen Strand liegt. Der Ort sieht im Unterschied zu vielen anderen Urbanizacionen optisch sehr angenehm aus. Es gibt gefällige kleine Villen und den Passeig Maritim der parallel zum Strand verläuft.

Infrastruktur
Zimmer vermietet die Pension Paca in der Carer Flamenc, inmitten der kleinen Ladenzeile am Anfang des Ortes, drei Sterne, 7 Zimmer. Die Pension El Buitre, in der Carretera Riumar gelegen, ist ein kleines Haus mit 20 Zimmern und zwei Sternen. Die Restaurants Maritim und Vista Mar am Passeig Maritim bieten Fischgerichte an.

Reisanbau im Ebrodelta

Typische Häuserreihe im Ebrodelta

c. Der Ort Sant Jaume d´Enveja im Ebrodelta
Lage und Sehenswürdigkeiten
Für 1,60 Euro fährt die Autofähre von Deltebre aus über den Ebro bis nach Sant Jaume d´Enveja. Die Fähre verkehrt im Sommer bis 22 Uhr. Der Ort hat auf einer Fläche von 609 km2 3.350 Einwohner. Die kleinen Siedlungen Balada und Els Muntells gehören ebenfalls zum Ort. Seit 1860 leben hier Menschen, was mit dem Salzhandel und dem Kanalbau auf der rechten Seite des Ebros zusammenhing. Anfangs waren die Häuser aus Zuckerrohrpflanzen und Lehm erbaut. Diese Häuser wurden später durch die heutigen ersetzt. Das Zentrum des Ortes wird von der Calle Mayor bestimmt, sie ist die einzige Hauptstraße. Die Reis- und Gemüsepflanzungen bilden die wirtschaftliche Basis des Ortes. 1978 trennte sich die Ortschaft von Tortosa und ist seither eigenständig. Mehr als die Hälfte des Bezirkes liegt im Naturschutzgebiet. Das ornithologische Museum und die Reismeile in der bäuerlichen Kooperative zeigen dem Besucher den gesamten Prozess des Reisanbaus und der Ernte. In Els Muntells steht das *Onkel Blanco Cottage,* ein typisches Ebrodeltabauernhaus und die *Villa Tomas,* ein Landhaus, 1920 erbaut mit typischem Portal und Säulen, einer Zisterne und einem Brotbackhaus. Ebenfalls von Interesse ist die *Parish Kirche,* die Hauptkirche des Ortes. Im Ortsteil Balada steht der Oleander von Balada, ein alter Baum.

d. Der Ort El Poblenou del Delta und die Casa de Fusta *
Anfahrt, Lage und Sehenswürdigkeiten
Um den Ort zu erreichen fährt man auf der TV 3404 in Richtung Süden aus Sant Jaume d`Enveja hinaus. An der nächsten Kreuzung biegt man nach rechts ab und danach gleich nach links. Bevor El Poblenou del Delta und die *Encanyssada Lagune* erreicht wird nach rechts abbiegen und die *Casa de Fusta* (**K**) kann besucht werden. Sie ist das zweite Informationszentrum im Park. Öffnungszeiten: Di bis So 10-14 Uhr und 15-18 Uhr. Der Eintritt beträgt 1,50 Euro für Erwachsene. Vor dem Haus steht ein Vogelbeobachtungsturm. Das Haus war früher ein Refugium für Jäger. Heute sind in dem Haus informative Darstellungen über die Lagune und ihre Tierwelt zu sehen. Wissenswertes über die Arbeit der Naturschützer, über Vögel, Ausflüge, Wanderungen, Boots- und Fahrradtouren, erhält man auf Nachfrage. Auch Informationsmaterial liegt aus, darunter eine gute Straßenkarte, die im Delta mit seinem unüberschaubaren Straßennetz sehr wichtig ist. Nebenan findet man einen Picknickplatz und Park- sowie Übernachtungsmöglichkeiten für Wohnmobile. In dem angegliederten Restaurant lässt sich gut speisen. Die Lagune *L'Encanyissada* ist mit 1192 ha die größte Lagune des Deltas. Sie steht unter Naturschutz. Von mehreren Aussichtstürmen und von der Brücke, die nach El Poblenou führt, ist die Aussicht über die Lagune und das Beobachten von Vögeln zu empfehlen. Auf speziellen Fahrradwegen darf die Lagune umrundet werden. Der kleine Ort bietet keine

Sehenswürdigkeiten, trotzdem ist er sehr hübsch und kein Vergleich zu den Touristenstädten am Meer. Der Campingplatz Tancada liegt auf der linken Seite des Ortes an der gleichnamigen Lagune und besitzt ein Restaurant.

e. Die weitläufigen, unverbauten Strände des Deltas**
Platja El Trabucador, Platja dels Eucaliptus und Platja Migjorn*
Am Campingplatz und an der Lagune *Tancada* vorbei erreicht man das Meer. Davor wird ein Salinengebiet durchquert mit guten Chancen, Dünnschnabelmöwen, Flamingos und Limikolen zu sehen. Am Strand das Auto stehen lassen und nach rechts laufen, hier befindet sich eine Art Damm, der die *Peninsula de la Banya* mit dem Festland verbindet. An diesem Damm entlang verläuft der 5 Kilometer lange Platja el Trabucador mit einer durchschnittlichen Breite von 140 Metern. Die flachen Meerwasserbereiche auf der rechten Seite sollten auf rastende Vögel hin angeschaut werden. Der Strand endet beim Leuchtturm *Punta de la Banya* und dem Vogelbeobachtungsturm. Hier beginnt die Schutzzone, in der sich auf einer Halbinsel eine große Seeschwalbenkolonie und Salinen befinden. Zurück beim Autoparkplatz geht es zu Fuß gerade aus weiter und schon fängt die Platja del Eucaliptus an. Der Strand ist über 5 Kilometer lang und durchschnittlich 160 Meter breit. Ein Restaurant, eine neue Feriensiedlung, ein Hotel, Ferienhäuser, ein Campingplatz und eine Lagune liegen im Hinterland. An die Platja dels Eucaliptus schließt sich die Platja del Serralo an. Sie ist 3,1 Kilometer lang, 50 Meter breit und wird selten besucht. An der Urbanizacion Eucaliptus beginnt der Weg zur Platja Migjorn nach links über Muntells und Sant Jaume d´Enveja und an der nächsten Kreuzung nach rechts in Richtung *Ila de Buda*. Dann an einem Kanal nach rechts abbiegen und nach wenigen Kilometern ist der Strand erreicht. Er ist 3 Kilometer lang, geht an seinem Ende in den Serralo Strand über und wird wenig besucht.

Platja Riumar und Platja de la Marquesa***
Dieser Strand liegt genau vor der Siedlung Riumar. Durch die Dünen führen mehrere Holzbohlenwege, die benutzt werden sollten. Nur so ist die wertvolle Strandfauna zu schützen. Er verläuft über 4,3 Kilometer bis zur Ebromündung. Die Breite beträgt zwischen 80 und 200 Meter. Von Riumar zurück nach Deltebre fahren und im Ort nach links abbiegen. Nach ungefähr drei Kilometern biegt die Straße nach rechts ab und an ihrem Ende befindet sich der Besucher an der Platja de la Marquesa. Ein Parkplatz und ein kleines Restaurant markieren den Anfang des 5 Kilometer langen und 100 Meter breiten Strandes. Hinter dem Strand mit seinen Dünen taucht der sandige Nehrungshacken der Halbinsel Peninsula del Fangar auf. Die Halbinsel sollte während der Brutzeit der Vögel nicht betreten werden.

5. Die Sierra de Espadan*, der Garten Eden des Mittelmeeres
Zwischen dem Mijares- und dem Planiciaflussbecken erhebt sich die Sierra de Espadan mit ihren unzähligen Quellen und Schluchten. Schneebrunnen zur Eisgewinnung zeugen davon, dass die Menschen seit Urzeiten das Wasser und die Ressourcen für ihre Bedürfnisse genutzt haben. Die Sierra de Espadan ist das größte und das am besten gepflegte Naturschutzgebiet der Communitat Valencia. 31.000 Hektar bilden einen idealen Lebensraum für eine Vielzahl von Tier- und Pflanzenarten. Die hohe Qualität der Trinkwasservorkommen aufgrund des niedrigen Anteils von Kalkgestein ist ein weiterer interessanter Aspekt. Kleine Straßen führen durch dieses Gebiet und nur eine halbe Stunde dauert es, um die verbaute Küste hinter sich zu lassen. Von Castellón geht es über Onda nach Tales, Alcudia de Veo, Ahin, Eslida, Chovar und nach Vall de Uxo mit seiner bekannten Tropfsteinhöhle. Im Januar und Februar blühen die Mandelbäume und die Berge leuchten in weiß und rosa. Der prachtvollste Baum ist die Korkeiche, die auf einem sauren Boden mit hoher Feuchtigkeit gedeiht. Kiefern, Eichen, Kastanienbäume, Haselnussbäume, Ebereschen und Erdbeerbäume bilden einen dichten Wald, der trotz zahlreicher Brände nichts von seiner wilden Schönheit verloren hat. Adler und Falken drehen ihre Runden am Himmel und mehr als 20 verschiedene Fledermausarten leben im Wald. Einige sind vom Aussterben bedroht. Turteltauben, Theklalerchen, Wiedehopfe, Gartenbaumläufer, Rotkopfwürger Zaun- und Zippammern, Kolkraben, Rötel- und Felsenschwalben, Samtkopfgrasmücken und Provence- und Sardengrasmücken lassen sich gut beobachten. Unter den Säugetieren sind Wildschweine, Füchse, Dachse und Steinmarder vertreten. Zur Familie der Reptilien zählen Algerische Sandläufer, Mauereidechsen und Perleidechsen, die hier beheimatet sind. Zahleiche Schmetterlings- und Heuschreckenarten und die auffallenden blauen Holzbienen begegnen dem Besucher.

a. Die Stadt Onda*
Geschichte
Zahlreiche Funde belegen die Anwesenheit früherer Kulturen. Ausgegrabene Werkzeuge aus Feuerstein aus der Jungsteinzeit belegen dies. Die Ansiedlung Murtera entstand in der Eisenzeit. In den Ausgrabungsstätten El Torrello und El Castell wurden Funde aus der Bronzezeit gemacht. Aus der iberischen Epoche stammen die Keramikfunde in El Castell, El Pla dels Olivars und Sitjar Baix. Onda wurde von den Griechen *Sepelacon* genannt und aus der Römerzeit blieben die Reste einer Brücke die über den Mijares führte, ein Teil der *Via Romana*, und elf lateinische Schriften übrig. Der Fund eines bronzenen Medaillons beweist, dass auch die Westgoten ihre Spuren hinterlassen haben. Ein Stadtkern entstand unter der arabischen Herrschaft. Im 11. Jahrhundert wurde die Stadtmauer erbaut und im 12. und 13. Jahrhundert verwandelte sich die Stadt in eines der wichtigsten arabischen Zentren nördlich von Valencia. Zahl-

reiche Überreste aus dieser Zeit blieben erhalten. Die heute restaurierten gipsgebrannten Wappen auf der Plaza San Cristobal und die Burg sind nur einige Beispiele dafür. Nach der Rückeroberung im Jahr 1248 verlieh König Jaume I. der Stadt die Siedlungsrechte. Während der Bruderschaftsbewegungen (1519-1522) kämpfte Onda auf der Seite des Königs gegen die Bruderschaften. Im Jahre 1811 wurde Onda im Unabhängigkeitskrieg von den napoleonischen Truppen überfallen. Im Carlistenkrieg (1836-1846) wurden in der Schlacht von Onda drei Bataillone des Carlistenheers besiegt.

Lage
Onda liegt 14 Kilometer von Villareal de los Infantes und 23 Kilometer von Castellón entfernt im Landesinneren. Auf 200 Höhenmetern leben 19.000 Einwohner. Der Südwesten des Gemeindebezirks von Onda bildet einen Teil der Ausläufer der Sierra de Espadan und der Ort liegt am Rande des Berges Monti der 611 Meter hoch ist. Die Landschaft ist sehr ton- und sandhaltig und wird von Westen nach Osten von den Flüssen Mijares und Soneja durchzogen. In den letzten Jahrzehnten hat sich Onda zu einem der Hauptzentren Castellóns in der Keramikindustrie entwickelt. An vielen alten Gebäuden der Stadt sind Spuren der jahrhundertealten Keramiktradition zu sehen. Die Altstadt und die Burg wurden im Jahre 1967 zum historischen Monument erklärt.

Infrastruktur
Das Touristenbüro befindet sich in der Calle Cervantes 10. Am 17. Januar sind die Feiern zu Ehren San Antonios. Im Juli die Feiern zu Ehren von El Carmen und Virgen de los Dolores. Am 5. August ist der Vispera del Dia del Salvador, an dem die Einwohner zur 5 Kilometer entfernten Kapelle des Stadtpatrons pilgern. Das Stadtfest Fira de Onda findet in der dritten Oktoberwoche statt.

Sehenswürdigkeiten
Museen und Burganlage (**K**)
Das Keramik- und Kachelmuseum in der Calle Cervantes 6, beherbergt mehr als 8.000 Ausstellungsstücke aus der traditionsreichen Vergangenheit Ondas, darunter Gebrauchskeramiken und bemalte Kacheln. Die Sammlung wurde im Jahre 1968 begonnen und umfasst Stücke aus der Gotik, dem Mittelalter, der Renaissance, dem Barock, der Moderne und der zeitgenössischen Epoche. Ethnologische und industrielle Arbeiten und Dokumentationsserien über die einheimische und landesweite Produktion werden gezeigt. Eine bedeutende Sammlung von Stücken aus Ribesalbes aus dem 19. und 20. Jahrhundert ist zu sehen und Werke herausragender Künstler wie Peyro, Mundina und Safont. Öffnungszeiten: Di bis Fr 10-13 Uhr und 17-20 Uhr. Sa und So 11-14 Uhr und 17-20 Uhr, der Eintritt ist frei. Außerdem verfügt Onda über ein kunsthandwerkliches Zentrum in der Caretera de Tales, in dem ein breites Spektrum von Arbeiten aus Werkstätten des Pais Valencia zu besichtigen ist. Öffnungszeiten:

außer Montag, täglich vormittags und nachmittags. Das Naturwissenschaftliche Museum im Kloster Carmen, außerhalb der Stadt, in der Nähe der Kirche *Mare de Deu de l'Esperanca* gelegen, die als Pilgerstätte ebenfalls sehenswert ist, beherbergt mehr als 10.000 Arten aus der Tierwelt und ebenso viele aus der Pflanzen- und Mineralienwelt. Säugetiere, Fische, Insekten, Mineralien, Pflanzen und Fossilien und eine Anatomie- und Knochenabteilung sind zu sehen. Am interessantesten ist der Saal der Missbildungen. Hier kann man die Launen der Natur bestaunen, die Geschöpfe mit zwei Köpfen, oder Gliedern auf dem Rücken schuf. Öffnungszeiten: täglich 9.30-14 Uhr und 15.30-20 Uhr.

In der Burg, deren Reste auf einem Hügel über der Stadt liegen, ist ein Geschichtsmuseum und ein monografisches Zentrum eröffnet worden. Die interessantesten Stücke sind zweifellos die großartigen arabischen Gipsarbeiten, die aus einem andalusischen Herrenhaus aus dem 13. Jahrhundert stammen. Die Ausstellung wird durch ein audiovisuelles und didaktisches Programm ergänzt, welches auf interessante Weise die Geschichte der Burg erklärt. Öffnungszeiten: im Sommer Di bis So 11-14 Uhr und 16-20 Uhr, im Winter Sa und So 11-14 Uhr und 16-19 Uhr. Der Burgbereich ist seit der Vorgeschichte besiedelt. Im 9. Jahrhundert errichteten die Mauren eine Burg. Im 13. Jahrhundert, nach der Rückeroberung durch die Christen, wurde sie zu ihrer heutigen Größe ausgebaut. Sie besteht aus mehreren Festungsringen, die mit vielen Türmen verstärkt wurden, gekrönt von der eigentlichen Burganlage. Der Chronist Muntaner berichtet, dass die Burg so viele Türme zählt wie das Jahr Tage hat. Er nannte sie „Burg der dreihundert Türme".

Kirchen, Kapellen und Stadtrundgang
Der alte Stadtkern mit seinen engen Gassen und ihrem Kopfsteinpflaster wird von der Burganlage und von den Resten der Stadtmauer begrenzt. Die Kirche *La Sangre* aus dem 13. Jahrhundert ist ein schönes Beispiel für die Übergangsepoche zwischen Romanik und Gotik mit Mudejareinfluss. Die barocke Pfarrkirche *Virgen de la Asuncion* wurde im Jahre 1727 auf den Resten einer früheren Kirche erbaut. Sie beherbergt die Altarbilder *San Antonio* und *Santa Barbara*, 1588 von Juan de Juanes gemalt. Die Altarbilder *Animas* aus dem 16. Jahrhundert und *Salvador,* im Jahr 1848 von Joaquin Oliet gemalt, sind sehenswert. Die Kapelle *San Vincente* stammt aus dem 17. Jahrhundert. Weitere Besichtigungspunkte sind der *Font del Sabater*, das *Portal San Pere* aus dem 16. Jahrhundert mit dem Wappen des Hauses Aragon und ganz besonders die *Plaza de l'Almudi* mit ihrer mittelalterlichen Struktur und ihren Bogenbauten. Das moderne Kulturhaus (Casa de Cultura), das neben dem Theater- und Kino Monaco liegt, ist für Besucher geöffnet. Inmitten einer unvergleichlichen Natur liegt die Wallfahrtskapelle des Schutzpatrons der Stadt *Santissim Salvador.* Die Kapelle stammt aus dem Mittelalter, der Innenraum ist im Barockstil modernisiert worden. An der Fassade direkt über dem Eingang ist das große Keramikbild von Mundina aus dem 19. Jahrhundert zu beachten. Auf einem kleinen Hügel erhebt sich der Turm *Torre del Moro*, das Wahrzeichen der Stadt. Etwas außerhalb des Stadtkerns ist die erst kürzlich restaurierte Mühle *Moli de la Reixa* aus dem 17. Jahrhundert, die zu einem historisch besonders wertvollen Gebäude erklärt wurde, zu erwähnen.

b. Rundfahrt durch die Sierra de Espadan
Entlang des Rio Sonella führt die Rundfahrt zunächst von Onda nach Tales. Der kleine Ort liegt eingebettet inmitten des bewaldeten Teils der Sierra de Espadan und hat außer seiner Lage keine weiteren Sehenswürdigkeiten zu bieten. Hinter Tales führt eine Straße nach links bergauf, bis eine Sendestation erreicht ist. 6 Kilometer sind es durch den Wald der Sierra de Espadan bis Alcudia de Veo mit seiner verfallenen Burg, einem schönen Platz mit Brunnen und einem Hostal mit Restaurant, erreicht ist. Hinter Alcudia de Veo biegt die Straße nach links ab und führt über den kleinen Ort Ahin nach Eslida. In Eslida ist die *Ermita de Santo Cristo* einen Besuch wert. Danach geht es hinauf zum *Port de Eslida*, einem Pass auf 610 Metern Höhe, umgeben von einer wundervollen Landschaft. Vom Pass aus ist die Aussicht auf die Sierra de Espadan bemerkenswert. Der nächste Ort ist Chovar, an dessen höchster Stelle die verfallene Burg steht. Die Straße führt hinter Chovar nach links über den 400 Meter hohen Pass *Collada*

de Morianet und nach 14 Kilometern endet die Rundfahrt in Vall de Uxo. Die Entdeckungstour durch die Sierra Espadan von Onda nach Vall de Uxo ist 40 Kilometer lang und ist zusammen mit der Besichtigung der beiden Städte in einem Tag gut zu schaffen.

c. Der Ort Vall de Uxo*
Geschichte
Das Gebiet, das die Stadt heute einnimmt, wurde schon in der Steinzeit von Menschen besiedelt. Seine günstige strategische Lage zu Füßen der letzten Ausläufer der Sierra de Espadan haben es den Menschen erlaubt, leichter Siedlungen zu gründen. Schon im Bronzezeitalter gab es hier einen großen Siedlungsplatz. Funde aus der Ausgrabungsstätte Punta d´Orleyl zeigen, dass die Bevölkerung in der iberischen- und römischen Epoche stark angestiegen ist. In der Römerzeit wurde das Tal kolonisiert. Das aus westgotischer Zeit stammende Gräberfeld im Viertel La Union datiert auf das 6. und 7. Jahrhundert n. Chr. Nach der Eroberung durch die Araber siedelten sich im Tal des Belcaireflusses zwölf Landgüter an, davon 6 im Stadtgebiet von Vall de Uxo. Im 18. Jahrhundert wuchs die Bevölkerung stark an, so dass die ehemaligen maurischen Landgüter in zwei Stadtkerne eingegliedert wurden. Der obere Stadtkern hatte den Namen Dalt und der untere Baix. Beide Stadtteile hatten eine eigenständige Gemeindekirche, im oberen Stadtteil die Kirche *Santo Angel* und im unteren *Nuestra Senora de la Asuncion*. 1860 vereinten sich die beiden Stadtteile und der Raum, der zwischen ihnen lag, wurde zur Plaza del Centro, an der das Rathaus steht. Im 20. Jahrhundert erlebte die Stadt eine weitere Bevölkerungs- und Wirtschaftsexpansion, die vor allem während und nach dem Bürgerkrieg von 1936-1939 einsetzte. Der Grund lag in der Industrialisierung des Handwerks der Schuhfabrikation. Dieser Industriezweig blieb bis in die 90er Jahre der vorherrschende Wirtschaftszweig.

Lage
Die Stadt liegt am Rande der Gebirge Pipa und Noguera. Das Gemeindegebiet wird vom Belcairefluss und den Schluchten Cerverola, Randero, Aigualit und San Jose begrenzt. Es hat eine Fläche von 68 Quadratkilometern und liegt im Durchschnitt 120 Meter über dem Meeresspiegel. In Vall de Uxo leben heute 29.000 Menschen. Sie genießen ein mediterranes Klima mit milden Wintern und heißen Sommern. Die Höchsttemperaturen liegen bei 39 Grad und die Tiefsttemperaturen bei 3 Grad. Der Niederschlag liegt bei 509 Liter pro m2. Castellón liegt 25, Valencia 45 Kilometer entfernt.

Infrastruktur
Im Rathaus am Plaza del Centre 1, und im Internet unter www.vallduixo.infoville.net ist das Touristenbüro zu erreichen. Das Hotel Belcaire mit drei Sternen ist das beste Hotel der Stadt. Am Eingang zur Höhle von San Josep gibt es viele Restaurants und Geschäfte.

Im März wird das Fest der Fallas begangen. Im April begeht man das Patronatsfest zu Ehren von Sant Vincent Ferrer mit einer berühmten Agrarmaschinen- und Handelsmesse. Im Oktober findet ein weiteres Patronatsfest zu Ehren der Heiligen Familie statt.

Sehenswürdigkeiten
Les Coves de Sant Josep/ Höhle Sant Josep*(**K**)
Die Höhle, durch die der Fluss Sant Josep fließt, ist ein wahres Wunder. 4,7 Kilometer der Höhle wurden bis jetzt erforscht. Im Inneren vereinen sich natürliche Kalkablagerungen mit einer sorgfältig inszenierten künstlichen Beleuchtung. Der Ausflug mit dem Boot wird so zu einem abwechslungsreichen Erlebnis. Direkt am Eingang sind an den Wänden prähistorische Höhlenmalereien zu sehen. Sie sind schematisch und können deshalb nicht genau datiert werden. Unsere Vorfahren wurden von dieser Höhle angezogen und verewigten sich in einer geschlängelten Linie, die den Strom des Wassers darstellen soll. Von der UNESCO wurden die Höhlenmalereien zum Erbe der Menschheit erklärt. Der Gang, der bis zur Anlegestelle der Boote führt, wurde früher von einer Gruppe von Personen bewohnt. Bei archäologischen Ausgrabungen fand man zahlreiche Reste, die zu dieser Gruppe gehören. Nach einer Karbonanalyse wurden diese Reste auf die letzte Epoche der oberen Jungsteinzeit um 16.000 v. Chr. datiert. Im 18. Jahrhundert beschrieb A. Cavanilles nach seinem Besuch in der Höhle seltene Vegetationsformen, endemische Insektenarten und eine außergewöhnliche Geologie. Seitdem wurden zahlreiche Forschungen über diese Aspekte durchgeführt. Der Besuch dauert in etwa 40 Minuten, bei einer konstanten Temperatur von 20 Grad. Zwei Kilometer werden in der Höhle auf dem Fluss mit einem Boot befahren. Beim Bezahlen des Eintrittspreises erhält der Besucher eine Übersichtskarte, auf der verschiedene Zonen der Höhle abgebildet sind. Die blaue Zone versinnbildlicht die Bootsfahrt. Danach werden 300 Meter zu Fuß zurückgelegt, die mit der braunen Zone auf der Karte identisch sind. 1,9 Kilometer sind für Besucher nicht zugänglich, sie bilden die rote Zone auf der Karte. Der Ursprung des Flusses und das Ende der Höhle ist den Forschern nicht bekannt. Das Boot durchquert zahlreiche Räume und enge Gänge, bis es zu einem See kommt, der sich in 12 Metern Tiefe gebildet hat. Danach kommen kleine Kieselstrände und weitere sehr enge Gänge, die zur Anlegestelle im Höhleninneren führen. Nun durchquert man zu Fuß einen Gang mit geologischen Formationen. Am Ende des Weges geht es zu Fuß zurück zu den Booten und der Weg zurück zum Eingang ist identisch mit dem Hinweg.

Stadtrundgang durch das historische Viertel und Wallfahrtskapellen
In der Nuestra Senora de la Asuncion Straße im Stadtkern erhebt sich der Turm *Benizahat* aus dem 12. Jahrhundert. Mehrere Brücken, die über den Fluss Belcaire in der Nähe des Stadtkerns führen, sind äußerst sehenswert. Das *Sant*

229

Josep- und das *L'Alcudia Aquädukt* stammen aus der Römerzeit und sind bis ins 20. Jahrhundert hinein genutzt worden. Das *L'Arquet Aquädukt* stammt aus dem Mittelalter. Schöne, kleine Parkanlagen sind unterhalb der Brücken angelegt worden. Unter den religiösen Gebäuden ist der Pfarrkirche *Santo Angel* besondere Aufmerksamkeit zu schenken. Sie beherbergt ein neoklassisches Altarbild und Freskenmalereien aus dem 17. Jahrhundert. Die Barockkirche *Asuncion* mit ihrer eindrucksvollen Fassade und ihrem schlanken, achteckigen Glockenturm ist ebenso sehenswert. Im Inneren hat die Kommunionskapelle einen interessanten Fliesensockel und Freskenmalereien von dem Maler Joaquin Oliet. Durch alte Adelshäuser, wie dem *Palacio de los Marqueses de Vivel*, entsteht bei einem gemütlichen Rundgang eine mittelalterliche Atmosphäre. Die *Ermita de Nuestra Senora del Rosario* liegt im Stadtteil Roser und ist die älteste Kapelle im Stadtzentrum. Sie wurde auf den Resten einer Moschee erbaut. Die *Ermita de San Antonio*, liegt auf dem gleichnamigen Hügel an der Ausfahrt nach San Antonio. Sie wurde im 18. Jahrhundert erbaut. Ihre Schlichtheit ist charakteristisch für diese Kapelle. Die *Ermita de la Sagrada Familia* steht im Park San Jose auf einer Anhöhe und wurde 1698 erbaut. Die *Ermita del Santo Cristo del Calvario* befindet sich im Stadtteil Carbonaire und wurde im 18. Jahrhundert erbaut. An ihrer Fassade sind die eindrucksvollen Fliesen aus Alcora besonders bemerkenswert. Die *Ermita de San Vincente Ferrer* liegt am gleichnamigen Platz und wurde wahrscheinlich auf den Resten einer Moschee im 17. Jahrhundert erbaut.

Auf den Spuren der Vergangenheit
Der Besuch der römisch-iberischen Siedlung *Sant Josep* auf dem gleichnamigen Hügel, gleich neben der Wallfahrtskirche, ist lohnenswert. Ihr Ursprung geht bis ins Bronzezeitalter zurück. Die Glanzzeit der Siedlung war in der iberischen Zeit. Eine weitere Blütezeit erlebte das Dorf im 4. und 5. Jahrhundert n. Chr. Die Türme, Häuser und Straßen sind von einer Mauer umgeben.

6. Der Naturpark Desertio de las Palmes, die Wüste der Mönche*
a. Anfahrt, Lage, Geologie, Tier- und Planzenwelt
Von Benicásim aus geht es unterhalb der N 340 hindurch und bei einem Kreisverkehr ist der Beschilderung zu folgen. Nach dem Überqueren der Autobahn führt die Straße bergauf. Landschaftlich sehr markant ist die kräftige rote Farbe des Bodens und der Felsen dieser Region. Die roten Berge zählen zu den an der spanischen Ostküste seltenen Höhenzügen aus Buntsandstein und bieten einer Pflanzenwelt einen Lebensraum, der sich von der ansonsten vorherrschenden Kalkvegetation stark unterscheidet. In der Sierra de Espadan wiederholen sich diese Verhältnisse auf einem größeren Raum. Das Vorkommen seltener Pflanzen und die außergewöhnliche Situation, dass küstennahes Land nicht landwirtschaftlich genutzt wird, waren Anlass dafür, das Gebiet 1989 unter

Naturschutz zu stellen. Das Schutzgebiet umfasst 3.200 Hektar. Obwohl der Park Wüste genannt wird, zeichnet sich die Landschaft durch eine fruchtbare Vegetation aus. 1985 brannten die Wälder des Gebirges bei einem großen Waldbrand vollständig ab. Durch die Wiederaufforstung konnte ein Teil der Vielfältigkeit der Pflanzenwelt erhalten werden. Die Schutzmaßnahmen wurden immer dringlicher, weil immer mehr Wochenendhäuser im Gebiet erbaut wurden. Der höchste Berg ist der Bartolo mit 729 Metern Höhe, auf ihm wurde ein dichter Wald von Funkmasten errichtet. Auch die Erschließung durch immer mehr Straßen nehmen der Gegend einiges von ihrem Reiz. Dennoch ist es ein schönes Wandergebiet, das durch eine Aussicht über die Küste belohnt. Zahlreiche Felsformationen charakterisieren die Landschaft. Das Gebiet *Agujas de Santa Agueda* steigt bis auf 540 Höhenmeter an und besitzt die Schönheit einer Landschaft voller Steilhänge und Schluchten. Viele Vogelarten wie: Rothühner, Ringeltauben, Turteltauben, Waldvögel wie der Grünspecht, das Sommergoldhähnchen und der Wendehals können beobachtet werden. In den Felsen lebt vor allem die Blaumerle. Marder, Wildschweine und Füchse zählen zu den Säugetieren. Mehr als 600 verschiedene Gefäßpflanzen wachsen hier, von denen einige einzigartig auf der ganzen Welt sind. Die Mikrovegetationszone *Agujas de Santa Agueda* beherbergt besonders viele endemische Pflanzenarten. Bei einem Spaziergang zwischen Ginsterbüschen, Baumheide und Mandelhainen umgibt uns der Duft von Rosmarien und Thymian. Der blauviolett blühende Schopflavendel und der Wundklee wachsen auf diesen Sandsteinböden. Die Zwergpalme, der Matrixstrauch, die Rosmarienblättrige Zistrose, die Kugelblume, der Kreuzdorn und die Erika sind Pflanzen die uns aus dem Kalkgebirge bereits bekannt sind.

b. Die Abtei der Karmeliter

Der Name der Gegend geht auf die Karmeliter zurück, die hier 1697 ein Kloster gründeten und in den folgenden Jahren über die Berge verstreute kleine Einsiedeleien bauten. Sie bezeichneten ihre abgeschiedenen Andachtsplätze als *desert* oder in kastilisch *desertio*. Nach einem Bericht des Naturforschers Cavanilles aus dem 18. Jahrhundert wuchsen in den Klostergärten prächtige Palmen. Die alte Abtei wurde 1783 bei einem Bergrutsch stark beschädigt und in den folgenden Jahren durch den heute bewohnten Bau nach und nach ersetzt. Das Kloster wird seit seiner Gründung ohne Unterbrechung von den Karmelitern geführt und gehört zu den wenigen in Spanien, die nach der Säkularisation im 19. Jahrhundert nicht verlassen wurden. Diese Tatsache ist einer Petition der Bevölkerung von Castellón zu verdanken. Die Petition wiederum war der Dank der Bevölkerung an die Ordensleute, die ihnen bei einer Choleraepidemie im Jahre 1834 Hilfe leisteten. Das Kloster während der Mittagszeit zu besichtigen. Neben der Klosterkirche ist das Klostermuseum sehenswert. Es beherbergt wertvolle, historische und religiöse Objekte, Bilder verschiedener Maler, Bücher, Reliquien, heilige Ornamente und vor allem die primitiven Instrumente, mit denen die Mönche einst im Jahre 1896 begannen, ihren bekannten und wohlschmeckenden Likör herzustellen. Dem Kloster angegliedert ist ein Restaurant, in dem man preiswert essen kann, und ein Souvenirladen.

c. Wanderwege des Einsiedlers

Ein Informationsblatt, erhältlich bei der Touristeninformation in Benicásim, enthält fünf Spaziergänge, die das Gebiet Desertio de las Palmas dem Wanderer näher bringen. Sie beginnen am Parkplatz vor dem Kloster und haben den gleichen Hin- und Rückweg. Der Spaziergang zur *Porteria Alta* dauert zwanzig Minuten. Der Weg oberhalb des Parkplatzes führt an dem *San Franco del Sienas* genannten Ort der Gebete vorbei zur Einsiedelei Virgen del Carmen. Danach geht es weiter zur Porteria Alta und der Einsiedelei San Juan de Bautista, die an einem Teil der alten Mauer, die das Kloster umgab, liegt.

Die Route zum Schloß *Montornes* ist schwieriger, da der Pfad nur schwer zu finden ist. Ein Stück geht es entlang der Hauptstraße, bis uns links eine Felsnase ins Auge fällt, die sich Richtung Meer wendet. Entlang dieser Felsnase steigt man nun einige Zeit nach oben. Das Schloss *Montornes* befindet sich am Ende der Felsnase, es ist schon sehr verfallen, aber die Aussicht ist phantastisch.

Der Weg zum alten Kloster führt uns bergab entlang des Kreuzweges. Vorbei an den Stationen des Heiligen Grabes und des guten Diebes. Das alte Kloster ist von einem Zaun umgeben und kann nicht besichtigt werden. Die Wanderung führt weiter bergab zur Quelle *San Juan Bautitsa*. Es folgen *San Elias*, ein Ort der Gebete, der nach dem Gründer des Klosters benannt wurde und die Einsiedelei der Geburt. Die Dauer der Wanderung beträgt 50 Minuten.

Vom Parkplatz aus nach rechts der Hauptstraße entlang sind nach 10 Minuten die Quelle und Einsiedelei *San Jose* erreicht. Sie liegt rechts der Hauptstraße etwas erhöht in einem Kieferwäldchen. Ein Pfad führt bergauf, vorbei an der Einsiedelei *Santa Teresa* und dem Ort für Gebete *San Euthimios* zur Einsiedelei *Montserrats*. Die Dauer des Spaziergangs beträgt 45 Minuten.

Nicht weit entfernt vom neuen Kloster entlang der Hauptstraße nach Benicásim, biegt der Weg zum höchsten Punkt der Desertio de las Palmes ab. Das Kreuz des *Bartolos* steht direkt unterhalb der Sendestation. Während der Weg bergauf ansteigt, lässt sich die Flora und Fauna des Naturparks gut beobachten. Oben angekommen ist die Einsiedelei *San Miguel* sehenswert, innen ist sie bunt geschmückt. Die Aussicht ist einmalig. Im Jahr 1902 haben 10.000 Menschen eine Pilgerfahrt entlang dieser Route unternommen, um das Kreuz zu segnen, das neben der Einsiedelei steht. Die Dauer der Wanderung beträgt 70 Minuten.

Die Abtei der Karmeliter

7. Der Naturpark El Prat de Cabanes, vielfältige Landschaftsbilder
a. Anfahrt, Lage, Tierwelt
Der Naturpark liegt an der Küste zwischen Torrenostra und Oropesa del Mar. Entstanden ist dieses sumpfartige Gebiet genauso wie das viel größere Ebrodelta aus abgelagertem Geröll und Erde, die als Folge der Waldzerstörung vom angrenzenden Bergland zur Küste geschwemmt wurden. Je nach dem Einzugsgebiet der Flüsse, die das Erosionsmaterial sammeln und transportieren, haben die Sumpfgebiete unterschiedliche Dimensionen. Das Gebiet zeichnet sich durch seine hohe Feuchtigkeit und Salzkonzentration aus. Auf einer Fläche von 1.000 Hektar eröffnet sich dem Besucher ein eigentümliches Ökosystem mit einer originellen Landschaft, unterschiedlichen Stimmungen und einer Vielzahl verschiedener Tier- und Pflanzenarten. Der Park ist vom Meer durch eine natürliche Grenze aus weiß schimmernden Kieselsteinen getrennt, die von der Brandung angeschwemmt wurden. Hinter dieser Grenze folgt das über 6.000 Jahre alte Torfmoor aus der Nachtertiärzeit. Es gibt drei gut erhaltene Zonen: die Salzsteppe, den Küstenstreifen und die Wasser- und Sumpfvegetation. Da in diesem Gebiet früher Reis angebaut wurde, gibt es verschiedene Entwässerungsgräben. Die Ruine des ehemaligen Pumphäuschens gegenüber der Kläranlage

gilt als Zeugnis für den früheren Reisanbau. Die Felder entstanden im 18. Jahrhundert, in dem man den fruchtbaren Schlamm aus den Kanälen immer wieder aufschüttete. Die geringen Erträge, bedingt durch die zunehmende Versalzung des Wassers, haben die Nutzung des Gebietes für den Anbau inzwischen ganz unterbunden. Die Sumpfgebiete an der spanischen Mittelmeerküste werden durch Trockenlegungen, Auffüllungen, Überbauungen, Abwässer, Lagerung von Abfall und durch die Landwirtschaft vom Menschen beeinflusst oder vernichtet. Das gilt auch für das Sumpfland bei Torreblanca. Nachdem der Reisanbau nicht mehr rentabel war, blieb das Gebiet sich selbst überlassen. In letzter Zeit wird es durch den Bau neuer Küstensiedlungen von den Rändern her zunehmend reduziert und die Badegäste hinterlassen im Sommer ihren Müll, der durch angeschwemmtes Treibgut vermehrt wird. Dennoch ist das Gebiet im Kernbereich vergleichsweise gut erhalten. Um weitere Eingriffe zu verhindern, erfolgte im Jahre 1988 die Erklärung zum Naturschutzgebiet durch die Regierung von Valencia. Die Tierwelt zeichnet sich durch eine Vielzahl von Wasservögeln aus, die auch im Naturschutzgebiet zu bestimmten Zeiten gejagt werden. Zu den bemerkenswerten Vogelarten des Sumpfgebietes von Torreblanca zählen die Rostflügel-Brachschwalbe, der Graureiher, der Kuhreiher, die Wasserralle, der Teichrohrsänger, der Schilfrohrsänger, das Teichhuhn, der Cistensänger, die Kolbenente, der Tamariskensänger, die Wiesenweihe, der Kiebitz und der Zwergtaucher. Eine weitere seltene Art ist die europäische Sumpfschildkröte, die im Alter eine Größe von 25 cm erreichen kann. In den Kanälen leben zwei endemische Fischarten, die zur Gruppe der Karpfen gehören. Der Seebarsch, der Dorngrundel und der Aal sind hier heimisch, genauso wie der rote, amerikanische Krebs, der in den letzten Jahren hier eingeführt wurde. Weiterhin leben hier verschiedene Froscharten.

b. Pflanzenwelt, Infrastruktur, Wanderung
Die Vegetation besteht aus salztoleranten Pflanzen wie Röhrichten, Schilf, Binsen, Meereswacholder, Sumpfraute und die Osterluzei mit ihren gelben Blüten. Zum Strandwall hin wachsen Stech- und Kopfbinse, Strandaster, Strandalant, dickblättriger Wegerich, französischer Beifuss und Gliedermelde. Informationen über den Naturpark erhält man im Touristenbüro in Torrenostra oder Oropesa del Mar. Eine Wanderung führt von Torrenostra bis zum Torre de la Sal oder bis Oropesa del Mar. Es sind zehn Kilometer bis Tore de la Sal und fünfzehn Kilometer bis Oropesa, der Rückweg ist der gleiche wie der Hinweg. Am Strand von Torrenostra beginnt die Wanderung, sie bedarf keiner ausführlichen Beschreibung, da sie direkt am Meer entlang führt. Nach ungefähr einem Kilometer wird eine Hütte, bei der drei Kanäle ins Meer münden, die der Entwässerung dienen, erreicht. Der Weg wird nun etwas bequemer und verläuft als Fahrweg, neben dem steinigen Strandwall an den Salzwiesen entlang. Etwa 5 Kilometer nach Torrenostra ist eine große Ruine am Strand erreicht. Nach

weiteren 4 Kilometern liegt am Südrand des Naturschutzgebietes die Siedlung Torre de la Sal. Von hier aus geht es entweder den gleichen Weg zurück, oder landeinwärts zur Siedlung El Empalme an der Nationalstraße N 340, um mit einem Bus wieder zurück zu fahren. Die Wanderung kann auch bis Oropesa weiter gehen. Von dort aus fährt der Bus wieder zurück nach Torreblanca.

8. Die Sierra de Irta, das letzte unverbaute Gebirge am Meer*
a. Anfahrt, Lage, Tier- und Pflanzenwelt
Die Sierra de Irta liegt zwischen den beiden Küstenorten Peñiscóla und Alcossebre. Sie ist die letzte unberührte Sierra der Küste von Valencia. Der Küstenstreifen südlich von Peñiscóla ist 20 Kilometer lang, bis zu 573 Meter hoch, er hat 50 Meter hohe Steilhänge und ist fast unverbaut. Das Gebirge besitzt einen großen Wert und soll in Kürze zum Nationalpark erklärt werden. Kleine Höhlen in den Steilhängen bringen Abwechslung in das Landschaftsbild. Ein Schotterweg führt durch das Gebiet. Stille Strandbuchten liegen zwischen Peniscola und Alcossebre. Die Nähe zum Meer macht diese Landschaft außergewöhnlich. Die Höhenunterschiede des dahinter liegenden Gebirges sorgen für einen deutlichen Kontrast. Neben kleinen Sandbuchten erheben sich Steilküsten und Hänge, die der Landschaft ihre Schönheit verleihen. Der Kontrast zum lebendigen Peñiscóla könnte kaum größer sein. Habichte, Wanderfalken, Möwen, Kormorane, Rebhühner, der Wiedehopf, Lerchen und Falken lassen sich gut beobachten. Am Boden sind Wildschweine und Bergkatzen beheimatet. Salamander und Schlangen lassen sich in der Mittagssonne auf den Felsen nieder. An den Hängen wachsen Steineichen, Kiefern, Ulmen, Matrixsträucher und die endemische Füchsinnenverscheucherin. Aleppokiefern, Zwergpalmen und der Wachholder sind entlang des Schotterweges zu sehen. Im Sommer ist die Landschaft übersät von den weißen Blüten der Zistrose, im Winter dominiert das Gelb des Ginsters. Der Duft von Rosmarien, Thymian, des Lavendels und des Schopflavendels erfüllt die Luft.

b. Infrastruktur
Weitere Informationen zur Geschichte, Flora und Fauna und Routenvorschläge sind im Touristenbüro in Peñiscóla erhältlich. Baden ist unterwegs an den beiden Sandbuchten Playa del Pebret und Playa del Russo möglich. Rad fahren und Wandern sind in der gesamten Sierra de Irta eine reizvolle Angelegenheit.

c. Radstrecke und Wanderungen
Peñiscóla wird mit dem Mountainbike in Richtung Süden verlassen. Vor der Siedlung Font Nova biegt nach drei Kilometern ein Schotterweg nach links in Richtung Meer ab. Der gesamte Weg ist 40 Kilometer lang, der Hinweg ist der gleiche wie der Rückweg. Der Schotterweg steigt bald an und an seinem höchsten Punkt steht auf der linken Seite der *Torre Badum*, ein alter Wachturm,

der im 16. und 17. Jahrhundert Piratenüberfälle verhindern sollte. Er steht 50 Meter hoch über dem Meer, unter ihm befindet sich die Steilküste, hinter ihm Peñiscóla mit seiner Altstadt. Vor ihm liegt die reich gegliederte Küstenlinie bis nach Alcossebre und die nun flacher werdenden Hänge der Sierra de Irta. Der Weg führt nun wieder bergab, hinunter ans Meer. Es folgen die Sandstrände Playa del Pebret und Playa del Russo, zwischen denen eine wunderbare Kurzwanderung möglich ist. Der Weg ist markiert. Kleine Dünenfelder und dunkle Aleppokiefern bilden die Kontraste dieser Wanderung. Bei der Siedlung Las Fuentes, die schon auf der Gemarkung von Alcossebre liegt, nimmt die Bebauung langsam zu und der Weg wird wieder besser. Ein großer, weißer Leuchtturm taucht auf der linken Seite des Weges auf. Der Ortsanfang von Alcossebre mit seinem Jachthafen und seinen Stränden ist erreicht.

Eine Schotterstraße führt südlich von Peñiscóla steil bergauf zur Kapelle San Antonio aus dem 16. Jahrhundert in der Sierra de Irta. Der Komplex besteht aus einer Kapelle, einem Wohnhaus und einer Unterkunft für Pilger. Die beiden Kastelle Pulpis und Chivert sind ebenfalls sehenswert. Das Kastell de Pulpis ist über Santa Magdalena de Pulpis zu erreichen, das 13 Kilometer von Peñiscóla entfernt an der N 340 liegt. Das Kastell de Chivert wird im Kapitel Alcala de Chivert beschrieben.

9. Der Rio Mijares*, ein Fluss mit Heilquelle und Kurort
Lage, Pflanzen und Tierwelt
Die Strecke von Castellón über L´Alcora nach Ribesalbes am Rio Mijares und am Sitjar-Stausee ist 27 Kilometer lang. Von Ribesalbes geht es weiter über Fanzara und Toga nach Torrechiva und Cirat, das nochmals 35 Kilometer entfernt liegt. Das Tal in dem die Ortschaften Fanzara und Toga liegen, ist sehr breit. Der Hintergrund wird vom Pena Saganta, der 723 Meter hoch ist, geprägt. Nach diesen Ortschaften rauscht der Fluss durch den Engpass von Los Tajos, bis er Torrechiva erreicht. Danach verläuft die Straße am linken Flussufer entlang in Serpentinen bis nach Cirat, das am Zusammenfluss des Salinasflusses mit dem Mijaresfluss liegt. Die Straße überquert eine Schlucht und wir sind in Montanejos mit seinen Thermalquellen. Hier lohnt sich ein längerer Aufenthalt, bevor es durch den Engpass von Chillapajaros weiter zum Stausee Arenoso-Montanejos und nach Puebla de Arenoso geht. Die Rückfahrt ist auf dem gleichen Weg möglich, oder man fährt von Campos de Arenoso über einen 922 Meter hohen Pass nach Barracas im Tal des Rio Palancia und die Schnellstraße über Segorbe und Vall de Uxo zurück ans Meer. Das Gebiet Alto Mijares, in dem der Fluss verläuft, wird im Norden vom Peñagolosa Massiv und im Süden von der Sierra de Espadan begrenzt. Zwischen Fanzara am Rio Mijares auf 200 Meter Höhe und dem Peñagolosaberg erstreckt sich eine raue Berglandschaft. Die Bevölkerung konzentriert sich am Rio Mijares und seinen Nebenflüssen, die

Hochebenen sind dünn besiedelt. Über den Bergen regnet es oft sehr heftig und das Wasser speist die Gebirgsbäche. Der Rio Mijares sammelt das Wasser kleinerer Flüsse, die sich in engen Schluchten durch den harten Kalkstein graben. Das Gebiet, durch das er fließt, ist von großer Schönheit. In der Nähe der Küste dominieren die Orangen, danach folgen die traditionellen Trockenanbaugebiete mit Johannisbrot-, Mandel- und Olivenbäumen. In der Römerzeit hatte der Fluss den Namen *Idubeda*. Später wurde er dann *Millars* oder *Millares* genannt. Erst in neuerer Zeit fand der Name Mijares Verbreitung und wurde in die Bezeichnung der Region aufgenommen. Die Vegetation spiegelt die verschiedenen klimatischen und ökologischen Bedingungen wieder. Kleine Uferhaine, Schwarzfichtenwälder, Rottannen, Korkeichen, Bergeichen, Lärchen im Hochland von Baronia de Arenos und Sadebäume im Ödland kommen in dem beschriebenen Gebiet vor. In den vergangenen Jahren hat die Aufgabe von Terrassenpflanzungen im Gebirge eine Ausdehnung des Waldes begünstigt. Viele Greifvogelarten finden in diesem Gebiet einen geeigneten Lebensraum. Darunter sind Schlangenadler, Hühnerhabichte, Zwergadler und Wanderfalken. Wildschweine, der Dachs, das Eichhörnchen und der Fuchs leben als Säugetierarten in dem Gebiet.

a. Der Ort Ribesalbes
Die Ortschaft liegt auf 172 Metern Höhe und der Gemeindebezirk breitet sich auf einer Fläche von 8,4 km2 aus. Der ursprüngliche Stadtkern befand sich am linken Rand des Flusstales. Im Tal des Rio Mijares ist *La Rinconada* eine der wichtigsten paläontologischen Ausgrabungsstätten Europas. Im 18. Jahrhundert führte der Künstler Jose Ferrer in Ribesalbes das Keramikhandwerk zu einer großen Blüte. Der Stausee erreicht mit dem aufgestauten Wasser des Rio Mijares in regenreichen Zeiten das Stadtgebiet. Er verfügt über eine bewaldete Freizeitzone, die zum Zelten geeignet ist. In einem alten Herrenhaus wurde das Freiherrenmuseum *Casa de los Baronia* eröffnet. Das Herrenhaus hat drei Stockwerke und Bögen in seiner Fassade. Das Dach ist mit maurischen Ziegeln bedeckt. Die paläontologische Sammlung, in den Räumen des Herrenhauses, stellt internationale Funde und Fossilien von Insekten, Pflanzen und Wirbeltieren aus der Ausgrabungsstätte *La Rinconada* aus. Darunter befinden sich sechs auf der Welt einzigartige Insektenarten. In weiteren Räumen ist eine interessante Keramikausstellung zu sehen, in der von der Reproduktion einer alten Keramikwerkstatt mit ihren Arbeitsutensilien bis zu verschiedenen Stücken moderner Keramikkunst ein Bogen gespannt wird. Die Werkstätten von Ribesalbes pflegen das traditionelle Töpferhandwerk. Teller, Schalen, Kaffeeservice, Krüge, Küchengefäße, Aschenbecher, Blumentöpfe, Apothekentöpfe, und Blumenvasen werden angefertigt und verkauft. Es handelt sich um Stücke aus eigener Kreation und um solche, die von antiken Modellen abgeschaut wurden. Der Stadtführer von Ribesalbes, in der Touristeninformation im Rat-

haus erhältlich, beinhaltet eine Auswahl von acht Werkstätten. Innerhalb des Stadtzentrums lohnt sich ein Besuch der neoklassischen Kirche *San Cristobal*. Im Inneren kann man interessante Wandmalereien besichtigen. Auf einem Spazierweg, der die Martischlucht überquert, wird einige Zeit später ein kleines Aquädukt über den Rio Mijares erreicht.

b. Die Orte Fanzara, Espadilla, Toga und Cirat
Der nächste Ort im Mijarestal ist Fanzara, das auf 230 Meter Höhe liegt. Das Klima ist mediterran und die Landwirtschaft steht im Vordergrund. Die Ruinen des maurischen Kastells befinden sich am Platz Castellet. Die Kirche *Assumption* wurde kürzlich renoviert und hat einen großen Altar. Sie wurde im 17. Jahrhundert erbaut. Außerhalb des Ortes lohnt ein Besuch der *Ermita del Santo Sepulcro*. Der Fluss bildet aufgestaute Becken zum Baden. Sie werden *Fuente de la Alcudia* genannt. Die Ruinen von einigen alten Landhäusern, die nahe dem Wald liegen, sind einen Besuch wert. Auf einer Brücke überquert man von Fanzara kommend den Mijaresfluss. Espadilla liegt auf 250 Höhenmetern zwischen dem Mijares- und Ayodarfluss. Sehenswert ist die *Casa Abadia* aus dem 17. Jahrhundert, der Kirchplatz, die Kirche aus dem 18. Jahrhundert und das Kastell. Toga liegt zwei Kilometer von Espadilla entfernt auf der rechten Uferseite auf 200 Höhenmetern. Die Hauptertragsquelle des Ortes ist die Landwirtschaft. Vor allem Zitrusfrüchte und Olivenbäume bilden hierfür die Grundlage. Die Kirche *Immaculada Conception* aus dem 16. Jahrhundert ist sehenswert und der *Palacio Senorial* der neben einem Brunnen im unteren Teil des Ortes steht. Er ist leider nicht sehr gut erhalten. In der Nähe befindet sich der *Canyon de la Azud*, durch den sich der Fluss sein Flussbett gegraben hat. Die Schlucht ist bei Freunden des Klettersports beliebt. Cirat liegt 12 Kilometer entfernt von Toga auf der linken Seite des Flusses. Die Fahrt entlang des Flusses ist auf diesem Abschnitt sehr malerisch. Auf zwei Brücken wird er überquert und um die Natur genießen zu können, sollte man aus dem Auto aussteigen und einen Blick auf den Fluss werfen. In der Umgebung befinden sich bereits 1.000 Meter hohe Berge, durch die sich das Flusstal schlängelt. Es gibt einige größere Pinienwälder mit vielen Quellen. Reste des Kastells von Cirat liegen malerisch zwischen Quellen und Bergen. Picknickplätze, wie der *Fuente de la Salud* oder der Platz beim *Mirador de Ocino* mit einem schönen Blick über den Fluss, laden zum verweilen ein. Auf einer Wanderung kann die *Salinasschlucht* und der *Noviawasserfall* besichtigt werden. In natürlichen Becken kann man im Fluss im Sommer baden. Im Ort sehenswert ist der Springbrunnen aus dem 19. Jahrhundert, die *San Berandos Kirche* aus dem 17. Jahrhundert und der *Torre de los Condes Cirat*, ein Turm aus dem 13. Jahrhundert. Das ethnologische Museum befindet sich in der *Casa Cultura* am Plaza San Bernardo.

c. Montanejos* und Ausflug nach Puebla de Arenoso
Geschichte, Lage und Legende
Bei Ausgrabungen in der Cueva Negra über der Quelle Fuente de los Banos wurden Funde aus der Bronzezeit gemacht. Zahlreiche Reste iberischer Keramik aus der zweiten Eisenzeit stammen aus der Zone Plarandar. Montanejos entstand zwischen 225 und 205 v. Chr., als die Turboletas die Stadt Teruel verließen. Sie versuchten so, der Unterdrückung durch die Karthager und Römer zu entgehen. Die meisten Spuren hinterließen die Araber, die sich im 11. Jahrhundert ansiedelten. Aus dieser Zeit stammen die Ruinen der Burg und die Reste von Wachtürmen. Von Cirat liegt Montanejos 9 Kilometer, von Castellon 65 und von Valencia 95 Kilometer entfernt, im Alto Mijares Gebiet. Der Gemeindebezirk dehnt sich auf 37 Quadratkilometern aus. Im Winter leben 500 Einwohner in Montanejos, im Sommer 10.000. Für die Bewohner von Valencia ist Montanejos, das auf 490 Höhenmetern liegt, ein beliebter Ferienort, der seit 1863 offiziell als Badeort anerkannt ist. Das Thermalwasser ist bei Nieren- und Blasenleiden, Kreislauf- und Verdauungsbeschwerden, bei Hautkrankheiten und Rheuma hilfreich. Die Ortslegende erzählt, dass ein maurischer König von den wohltuenden Eigenschaften einer der 54 Quellen des Ortes so beeindruckt war, dass er ein Heilbad erbauen ließ, das die Schönheit seiner Frauen bis in alle Ewigkeit erhalten sollte. Die Legende über die Quelle Fuente de los Banos, die mitten im Fluss entspringt, zieht seit Jahrzehnten zahlreiche Besucher an. In der Umgebung erheben sich Berglandschaften und Aussichtspunkte können auf Wanderwegen erreicht werden.

Infrastruktur
Das Touristenbüro, im Internet unter www.montnejos.com zu erreichen, hat seinen Sitz in der Av. Fuente de los Banos 7.
Unterkünfte
Das Hotel Xauen in der Avda. Fuentes Banos 26, bietet 2 Sterne und genügend Komfort für einen längeren Aufenthalt. Internet: www.hotelxauen.com. Das Hotel Rosaleda del Mijares in der Carretera de Tales 28, bietet ebenfalls 2 Sterne, 81 Zimmer mit Heizung, Minibar, Haartrockner. Außerdem ein Thermalhallenbad und eine Sauna. Internet: www.hotelesrosaleda.com.
Sport
Der Gemeindebezirk hat sich zu einem bevorzugten Ort für die Ausführung von Abenteuersportarten gemausert. Es existieren spektakuläre Kletterzonen im Barranco de Maimona (mit einer der besten Kletterschulen Spaniens) oder im Risco del Morron, die in 50 Sektoren unterteilt sind. Auch in der Klamm von Chillapajaros, die 100 Meter hoch und 25 Meter breit ist oder im Estrecho de Montanjeos lässt sich die Sportart Steilwandklettern betreiben. Am Puente Nuevo befindet sich eine Bungeeanlage. Die Höhlenforscher kommen hier ebenso auf ihre Kosten, wie die Angler und es gibt einen Reitstall. Mountainbikeräder sind ausleihbar und die Fernwanderwege GR-7 und GR-33 führen an Montanjeos vorbei. Kurzwanderungen zu den Natursehenswürdigkeiten in der Umgebung und baden im Rio Mijares und im Winter im Thermalbad sind beliebt.

Feste
Im Januar finden die berühmten Feuer zu Ehren San Antonios statt, mit einer traditionellen Tierprozession und der Austeilung von gesegnetem Brot. Im August begeht man eine Sport- und Kulturwoche und am 25. Juli findet das Patronatsfest zu Ehren von San Jaime statt.

Sehenswürdigkeiten
Der arabische Turm, die Kirche *Santiago Apostol* aus dem 17. Jahrhundert und die Wallfahrtskirche *Nuestra Senora de los Desamparados* zählen zu den Sehenswürdigkeiten. Außerhalb der Stadt genießt man einen schönen Blick auf den Stausee von Puebla Arenoso. Die Quelle Fuente de los Banos verfügt über eine Wassermenge von 5.000 Litern pro Minute mit einer Wassertemperatur von 25 Grad. 1997 wurde ein modernes Heilbad eröffnet. Folgende Anwendungen werden im hydrothermischen Bereich angeboten: Thermalbad, SPA, Hydromassagen, Druckstrahlduschen, Zirkulärduschen, Dampfbad und Ultraschall-Aerosol. Es gibt Zusatzbehandlungen wie Massagen, Atemübungen, Fango, Drucktherapie, kalte Umschläge, Schönheits- und Kosmetikbehandlungen.

Ausflug nach Puebla de Arenoso und zum gleichnamigen Stausee*
Der Ort liegt 9 Kilometer von Montanjeos entfernt, direkt am Staussee *Arenos-Montanjeos* auf 700 Höhenmetern und sein Klima ist mediterran und kontinental bestimmt. Im Januar beträgt die Durchschnittstemperatur 6 Grad und im August 24 Grad. Oliven zählen zu den wichtigsten landwirtschaftlichen Produkten und fast jedes Haus besitzt einen eigenen Gemüsegarten. Schafe und Kühe zählen ebenfalls zum bäuerlichen Haushalt. Pinien und Eichen sind typische Bäume des Waldes in dieser Gegend. Im Ort ist die Priesterkirche aus dem 16. bis 18. Jahrhundert und das Rathaus aus dem 17. Jahrhundert sehenswert. Das Museum stellt Werkzeuge und Antiquitäten aus. Außerhalb des Ortes befindet sich eine Hängebrücke über den Rio Mijares die 1894 erbaut wurde. Die *Ermita de San Cristobal* mit ihrem gotischen Eingang und das *Castillo de la Vinaza de Arenos,* das von den Mauren erbaut wurde und auf einem Hügel im Stausee steht, sind weitere Sehenswürdigkeiten.

10. Der Rio Palanica*, ein Flusstal mit vielen Sehenswürdigkeiten
Lage, Pflanzen- und Tierwelt, Wandern, Radtouren und Kunsthandwerk
Den Landkreis Alto Palanica durchzieht das Flusstal Rio Palancia, in dem viele sehenswerte Ortschaften einen Besuch wert sind. Der Fluss Palanica und seine Nebenflüsse bewässern die fruchtbaren Huertas. Er windet sich zwischen Felsen hindurch und staut sich auf dem Weg zum Meer an dicht bewachsenen Stellen, wo Pappeln und Weiden wachsen. Am Oberlauf des Flusses wachsen Wacholderbäume, Sadebäume, Steineichen und die Pinienwälder der Sierra de Espina. Die Berge von Espadan, Calderona, Espina und Javalambre bilden im Norden und Osten die natürliche Grenze des Palanica Gebietes. Das Flusstal

war über Jahrhunderte die wichtigste Verbindung zwischen Aragon und dem Meer. Der Rio Palanica entspringt bei El Toro in den Ausläufern der Sierra de Javalambre. Hier erheben sich bis zu 2.000 Meter hohe Berggipfel. In den Wäldern leben Wildschweine, Füchse, Hasen, Rebhühner und Wachteln. Im Oberlauf des Flusses leben Forellen, zu denen sich flussabwärts Barben, Hechte und Karpfen gesellen. In der Gegend gibt es ideale Jagd- und Angelreviere. Der Fernwanderweg GR-10 folgt den Bergketten der Sierra Calderona und der Sierra de El Toro und ist mit weißen und roten Markierungen versehen. Zu empfehlen sind die Strecken zwischen Gatova und Masia de Tristan und zwischen Canales und Sacanet. Der Fernwanderweg GR-36 verbindet die Städte Villavieja im Kreis La Plana Baixa und Montanejos. Er verläuft zum größten Teil am Nordhang der Sierra de Espadan. Der Fernwanderweg GR-7 durchquert die Provinz Valencia von Norden nach Süden und den inneren Teil des Alto Palanica Bezirkes. Empfehlenswert ist die Etappe von Montan nach El Ma de Noguera und Bejis. Der Landkreis verfügt über ein Netz gut markierter Radtourstrecken mit neun Routen, die an Naturschauplätzen vorbei führen. Die lokale Handwerkskunst verbindet traditionelle Formen mit aktuellen Mustern. Henkelkrüge, Näpfe und Wasserkrüge aus Segorbe und Altura, Stöcke aus dem Almonacidtal und Segorbe und die Esparatograsfiguren aus Castellnova sind beliebte Artikel, die in Werkstätten und in Läden zu erwerben sind.

a. Sot de Ferrer*
Lage und Sehenswürdikgeiten
Die Tour entlang des Flusses beginnt in Sot de Ferrer, das über die N 234 und die N 225 zu erreichen ist. 20 Kilometer von Vall de Uxo und 40 Kilometer von Castellón entfernt liegt der Ort auf 230 Metern Höhe, eingebettet zwischen der Sierra de Espadan und den Ausläufern der Sierra de Calderona, im Tal des Rio Palanica. 600 Einwohner leben dauerhaft in Sot de Ferrer, im Sommer sind es zwischen 1.200 und 1.500, weil viele Städter ein Sommerhäuschen besitzen. Das Wetter ist sehr mild und es werden Orangen, Kirschen, Kakis, Olivenbäume und Mispelbäume angepflanzt. Innerhalb des Ortes ist der *Palast de Senor* an der Plaza de la Iglesia aus dem 14. Jahrhundert im Gotikstil interessant. Er kann nicht besichtigt werden, da er in privaten Händen ist. Die Kirche wurde im neoklassizistischen Stil im 18. Jahrhundert erbaut. Die Brücke vor dem Ort überquert den Fluss, ihre Ursprünge liegen im 17. Jahrhundert. Sie wurde 1957 bei einem Hochwasser zerstört und wiederhergestellt. Von weitem ist die *Ermita de San Antonio de Padua* zu sehen, erbaut wurde sie im 18. Jahrhundert. Sie liegt auf einem Hügel auf den ein in weiß gehaltener Kreuzweg führt. In der Nähe des Kreuzweges biegt ein Weg nach links ab und endet im Palanicatal an einem Picknickgelände.

Infrastruktur
Im Rathaus, Plaza Espania 1, werden touristische Auskünfte erteilt. Markttag ist der Donnerstag. Das Hostal Millan, neben der N 234 bei Kilometer 22 in der Nähe von Sot de Ferrer gelegen, hat zwei Sterne. Internet: www.hotelmillan.com. Sot de Ferrer ist vom 15. bis 28. Februar seit 20 Jahren eine Faschingshochburg. Am 13. und 14. Juni findet das Patronatsfest zu Ehren von Saint Antonio de Padua statt.

Der Kreuzweg oberhalb von Sot de Ferrer

b. Die Stadt Segorbe** und der Ort Altura
Anfahrt, Lage und Geschichte
Die Bischofsstadt Segorbe, am Rio Palanica und der N 234 gelegen, ist sowohl in wirtschaftlicher als auch in kultureller Hinsicht die Hauptstadt des Landkreises. 8.000 Einwohner leben 105 km von Teruel und 32 Kilometer von Sagunt entfernt, zwischen zwei burggekrönten Hügeln. Die Gemeinde breitet sich auf einer Fläche von 108 Quadratkilometer aus und liegt 362 Meter über dem Meer. Die Winter sind mild und die Sommer heiß und trocken. Die Landwirtschaft und der Handel sind die Haupteinnahmequellen des Ortes. Segorbe war bereits von den Iberern und den Kelten besiedelt und hieß damals *Segobriga*. Die Bewohner des Ortes kämpften später auf der Seite der Römer gegen die Iberer unter dem Feldherrn Viriatus. Die Römer ließen die erste Stadtmauer erbauen. Unter den Westgoten wurde die Stadt zum Bischofssitz. Segorbe wurde von König Jaume I. von den Arabern zurückerobert und im 14.

Jahrhundert mit einem neuen Festungswerk versehen. Altura hat 5.000 Einwohner, ist 2 Kilometer von Segorbe entfernt und liegt auf der gleichen Meereshöhe. Obstbaumfelder und Gemüsegärten schmücken zwischen Bauernhäusern und Mühlen die Umgebung von Altura.

Infrastruktur
Im Internet ist das Touristenbüro von Segorbe unter www.segorbe.org und in Segorbe in der C/ Marcelino Blanco Straße 3, zu erreichen. In der Avenida Santuario öffnet das Touristenbüro von Altura zu unterschiedlichen Zeiten seine Türen. Internet: www.alturaayuntamiento.com. Markttag ist Donnerstag in Segorbe und Mittwochs in Altura.
<u>Unterkunft</u>
Das Hotel Maria de Luna in der C/ Communidad Valenciana 2, ist mit drei Sternen das beste Haus am Platz.
<u>Feste</u>
Im Februar findet der Karneval mit Kostümparaden, Straßenmusikern und Tanz statt. An Ostern gibt es Prozessionen und vom 1.bis 15. Juni feiert man das Fest Gigantes y Cabezudos. Vom 1. bis 8. August findet das Fest Angel Custodio statt, bei dem Tanzgruppen auftreten. Vom 20. August bis 31. August begeht man das Patronatsfest mit Stierkämpfen, Tänzen und traditioneller Musik. Vom 1. Oktober bis 8. Oktober findet die Romeria de la Cueva Santa statt und am 8. Dezember das La Purisma Fest. Am 25. März wird in Altura die Fiesta de la Encarnacion zu Ehren des kommenden Frühlings und im September das Patronatsfest gefeiert.

Sehenswürdigkeiten
<u>Kirchen, Stadtmauer, Brücken und Rathaus</u>
Da Segorbe in der Vergangenheit ein Bischofssitz war, wurden in der Stadt zahlreiche Kirchen und religiöse Gebäude gebaut, darunter auch die Kathedrale *Santa Maria*. Sie wurde auf den Ruinen einer aus westgotischer Zeit stammenden Kirche im 15. und 16. Jahrhundert errichtet und mehrfach renoviert. Innerhalb der Kathedrale ist das Dommuseum und der Kreuzgang besonders hervorzuheben. Das Dommuseum stellt eine Sammlung von Altarbildern der Schule von Valencia, sowie Gemälde von Jacomart, Macip, Reixach und ein Madonnenrelief von Donatello aus. Öffnungszeiten: Di bis So 11-13.30 Uhr. Eintritt, 2 Euro. Außerdem besitzt die Kirche einen sehenswerten Kapitelsaal. In der Kirche *San Martin de las Monjas*, die im 17. Jahrhundert erbaut wurde, hängt eines der besten Bilder von Ribalta, es wird „Christus in der Vorhölle" genannt. Die Kirche *San Pedro* wurde bereits im 13. Jahrhundert erbaut. Sie ist ein gutes Beispiel für Kirchen, die gleich nach der Rückeroberung durch die Christen gebaut wurden. Das Altarbild Valdecristo ist die Hauptsehenswürdigkeit im Inneren der Kirche. Die barocke Kirche *Sangre* empfängt den Besucher mit Gemälden von Vincente Macip. Die barocke Kirche *San Joaquin* aus dem 17. Jahrhundert überrascht im Innenraum mit einer außergewöhnlichen Dekoration. Das Seminargebäude aus dem 17. Jahrhundert ist wegen seines Fliesenschmucks sehenswert und beherbergte früher eine Jesuitenschule. Der *Arco de*

la Veronica, ein Tor der römischen Stadtmauer, kann besichtigt werden. Weitere militärische Stadtsicherungen kamen im 13. Jahrhundert dazu. Im 14. Jahrhundert wurde eine Festung errichtet, von der heute der Gefängnisturm und der Henkersturm, beide zur Stadtmauer gehörend und zylinderförmig, besichtigt werden können. Das Aquädukt wurde im 14. Jahrhundert im gotischen Stil errichtet. Die neue Brücke wurde im späten 19. Jahrhundert im modernistischen Stil erbaut und ist das einzige Beispiel dieses Architekturstils in der Gegend. Das Rathaus, ein ziviles Gebäude aus dem 16. Jahrhundert, war früher der Palast *Ducal* der Elemente des Mudjarstils aufweist. Das Gebäude liegt direkt am zentralen Platz *Agua Limpia* mit seinen wunderschönen Springbrunnen.

Der botanische Garten, das Hospital und das archäologische Stadtmuseum
Auf der linken Seite der Hauptstraße, 100 Meter entfernt vom Platz *Aqua Limpia* ist ein Spaziergang im schön angelegten botanischen Garten *Glorieta del Botanica*, der in der Nacht beleuchtet wird, empfehlenswert. Das Hospital aus dem 18. Jahrhundert wurde aus den Mauerresten der Burg erbaut. Im archäologischen Stadtmuseum werden auf zwei Stockwerken an der Plaza de los Mesones archäologische und ethnologische Ausstellungen präsentiert. Im ersten Stockwerk wird die Frühzeit bis zur Zeit der Römer thematisiert. Im zweiten Stockwerk sind Exponate des traditionellen Handwerks ausgestellt, zum Beispiel Körbe und Keramiken aus verschiedenen Epochen. Öffnungszeiten: So 11-13.30 Uhr

Der Burgberg Cero de Sopena, das Castillo de la Estrella, Ausflug nach Altura
Mitten durch die Stadt hindurch, vorbei an der Kathedrale, führt ein Spazierweg hinauf zu den Ruinen des Burgberges. Die wunderbare Aussicht auf die Stadt, das Tal und den Fluss belohnen den Besucher. Auf einem Spaziergang hinunter zum Rio Palancia erreicht man den Brunnen *Fuente de los 50 Canos or Provinces*. Er besteht aus 50 Wasserhähnen, verziert mit den 50 Wappen der 50 Provinzen. In Ortsnähe von Altura erhebt sich das Kartäuserkloster *Valdecristo*, das 1385 von Aragons König Martin dem Humanen gegründet wurde. In 850 Metern Höhe, 10 Kilometer oberhalb des Ortes, liegt die berühmte Wallfahrtsstätte *Virgen de la Cueva Santa* in einer Höhle eingebettet und von Pinienwäldern umgeben. Die Jungfrau der heiligen Höhle ist die Schutzpatronin der spanischen Höhlenforscher.

c. Der Ort Navajas**
Lage
Navajas liegt 5 Kilometer entfernt von Segorbe, flussaufwärts direkt am Rio Palancia. Von diesem Ort geht ein besonderer Zauber aus. Seit dem 18. Jahrhundert ist der Ort ein bedeutender Ferienort. Die schöne Naturlandschaft, die Ruhe und die Nähe zu Valencia und Castellón, die jeweils 60 Kilometer entfernt

liegen, machen den Gemeindebezirk zu einem idealen Ort, um hier das ganze Jahr über zu leben. Die Landschaft und viele sportliche Möglichkeiten führten zu dem Touristenslogan „Navajas, der Garten Palancias".

Infrastruktur
An der Placa del Olmo steht das Rathaus mit Touristenbüro und eine Bar mit Restaurant. Im Sommer stehen die Stühle malerisch unter einer alten Ulme. Das Hostal El Jardi del Estornell und der Campingplatz vermieten Zimmer und Standplätze. Wandern, Bergsteigen, Fischen, Jagen und Rad fahren sind Sportmöglichkeiten. Am Stausee Regajo, Segelfliegen, Schwimmen und Surfen. Das Patronatsfest wird im September gefeiert und ist der Virgen de la Luz gewidmet. Eine musikalische Woche der Trompete und das Jota Festival mit spanischen Tänzen und klassischen Musikkonzerten werden im Sommer vor der Kulisse des Salto de la Novia gefeiert.

Sehenswürdigkeiten
Stadtrundgang, Landschaft Salto de la Novia und der Stausee Regajo
Am Ortseingang in der Calle Valencia stehen wunderschöne Herrenhäuser, aus dem 14. bis 18. Jahrhundert, die sich prominente Bürger Valencias bauen ließen. Das Ortszentrum bildet die *Plaza del Olmo* und das Rathaus. Wie der Name schon sagt, erhebt sich auf den Platz ein uralter Ulmenbaum. Er steht dort seit dem Jahr 1636 und ist zum Symbol von Navajas geworden. Im Inneren der Kirche *Inmaculada Conception* dominieren himmelblaue Töne. Wasser ist in Navajas im Überfluss und in bester Qualität vorhanden, es versorgt die zahlreichen Brunnen des Ortes. Aus einem der Brunnen tritt es gleichzeitig aus 13 Wasserhähnen hervor. Die Quelle der Hoffnung und die Gesundheitsquelle *Teja* dienen der Versorgung der Bevölkerung. Die größte Sehenswürdigkeit des Ortes ist der Salto de la Novia. Der Weg zum Sprung der Braut führt links am Ort vorbei, bis er einen Aussichtspunkt oberhalb des Rio Palancia erreicht. Vom Aussichtspunkt geht man nach rechts hinunter zum Fluss. Eine Legende erzählt, dass eine Braut wie es Tradition war, hinunter zum Fluss ging, um an seiner engsten Stelle auf die andere Seite zu springen. Sie wurde bei diesem Versuch vom Wasser mitgerissen, genau wie ihr Bräutigam, der sie retten wollte. An der Unglücksstelle ist ein 60 Meter hoher Wasserfall zu sehen, der aus einer Wand hervortritt, an der sich Tropfsteine gebildet haben. Bevor der Wasserfall erreicht wird, sind neben der Straße enge Stufen in den Fels geschlagen. Am Ende der Stufen ist der Aussichtspunkt *Paradiso* erreicht. Von hier aus ist die Sicht auf den Wasserfall besonders schön. Nach dem der Wasserfall und der Fluss erreicht worden sind, beginnt ein Weg, der im Tal des Rio Palancia bis nach Segorbe führt. Ein weiterer Weg biegt nach links ab, steigt an und erschließt schöne Ausblicke auf den Wasserfall, den Fluss und das Tal. Zwei Kilometer von Navajas entfernt ist der schön gelegene Stausee *Regajo* wegen der vielen Sportmöglichkeiten an seinen Ufern und auf dem Wasser von Interesse.

d. Die Stadt Jerica*
Lage
Jerica liegt 500 Meter hoch und hat 3.000 Einwohner die 11 Kilometer von Segorbe entfernt wohnen. Das alte Städtchen erhebt sich malerisch am Abhang eines steilen Kalkhügels der im Trias geformt wurde. An der Spitze des Hügels steht die Burg und zwei beachtenswerte Kirchen. Das Klima ist rauer geworden und die Landwirtschaft (Viehzucht und Obstanbau) ist für die Bevölkerung von Jerica der Haupterwerbszweig.

Infrastruktur
Das Rathaus in der C/ Hestoriador Vayo 11, hat die Internetadresse www.jerica.com. Markttag ist der Donnerstag und der Samstag. Am 5. Februar wird Santa Agueda gefeiert, sie ist die Stadtpatronin. Stierkämpfe und Straßenprozessionen werden abgehalten. Im September folgt das Divina Pastora Fest, es dauert zwei Wochen. In der ersten Woche finden die wichtigsten Festlichkeiten statt. Kinder führen die Spiele „El Vole" und „La Bacala" auf, die Krönung der Königinnen findet statt und Blumenteppiche werden ausgelegt.

Sehenswürdigkeiten
Im oberen Stadtteil treffen wir auf die Ruinen des Kastells. Hier wurden die Reste von iberischen und römischen Keramiken gefunden. Der *Torre del Homenja* ist der einzige Eingang in das Kastell. Gleich nebenan befindet sich die gotische Pfarrkirche *Santa Agueda,* die im 18. Jahrhundert im Barockstil umgebaut wurde und der gleichnamige Brunnen aus dem 18. Jahrhundert. Im Inneren besteht die Kirche aus fünf Sektionen und das Seitenschiff ist nach beiden Seiten für angrenzende Kapellen geöffnet. Am Ende des Seitenschiffes entstand im 18. Jahrhundert die Kommunionskapelle. Der Hauptaltar ist eine Kopie des Altars, der während des Bürgerkrieges zerstört wurde. Der Bogen am Ende des Hauptaltars ist barocken Ursprungs. Die Vorderseite der Kirche datiert auf das Jahr 1749. Am Plaza San Juan endet die Stadtmauer, die nach ihrem Bau zwei Glockentürme hinzugefügt bekam. Einer der Eingänge in die Türme hat den Namen *Portal de la Sala.* Das *Portal de San Roque* gehört zum zweiten Bereich der Stadtmauern, es wurde im 14. Jahrhundert erbaut. Die Portale *San Joaquin* und *Santa Ana* gehören zum dritten Bereich der Stadtmauern, sie waren die Hauptportale der Stadt. Die *Cristo de la Sangre Kirche* wurde im Mittelalter erbaut und im 17. Jahrhundert im Barockstil erneuert. Sie besteht aus einem Seitenschiff mit vier Bereichen und ist die Heimat des Stadtpatrons. Der Hochaltar wurde später im neo-klassizistischen Stil renoviert. Der Turm *Campanas,* im Mudejar-Stil erbaut, ist das Wahrzeichen der Stadt. Er hat drei achteckige Bereiche mit verschiedenen Parametern, wurde im 17. Jahrhundert errichtet und 1979 unter Denkmalschutz gestellt. Heute läuten die Kirchenglocken der Kirche *Cristo de la Sangre* in dem Turm. Die im 17. Jahrhundert erbaute Einsiedelei *Virgen de Loreto,* in der gleichnamigen Straße, gehörte früher zu einem

Hospital. Die *Ermita Virgen de los Desamparados* befindet sich neben dem Brunnen von Randurias. Marco Martin, ein Einwohner von Jerica, erklärte sich im Jahre 1618 bereit, die Kosten für den Bau eines Klosters zu tragen, um den Orden der Kapuziner zu etablieren. Die Bauarbeiten begannen am 4. Januar 1619 in einem Vorort von Jerica. Marco Martin wurde später ein Mönch und erhielt den Namen F. Tomas de Xerica. Nicolas Camaron beschrieb in seiner „Divina Pastora" zwischen 1716 und 1767 seine große Hingabe als Mönch. Ein Dokument über das Kloster von 1764, das anlässlich einer Steuereinordnung gemacht wurde, belegt die Existenz von 24 Mönchen, die dort lebten. Der Konvent wurde 1821 aufgehoben und 1835 geschlossen. Vieles über das Kloster blieb bisher unbekannt, die meisten Dokumente sind verschwunden. Teile des im Bürger-krieg zerstörten Klosters von Socos aus dem 17. Jahrhundert stehen in der oben beschriebenen Kirche. Das Stadtmuseum ist bekannt für seine römischen Steine. Das Kirchenmuseum beherbergt ein Kreuz von 1388 und andere goldene Kirchenutensilien.

e. Die Orte Viver und Bejis
Lage und Sehenswürdigkeiten
Viver liegt 2 Kilometer von Jerica entfernt am Rio Palancia in einer Höhe von 580 Metern. Der Hauptteil der Bevölkerung arbeitet heute im Handel und der kleinen Industrie des Ortes. Das Wetter ist bereits kühler als an der Küste und geht in den kontinentalen Bereich über. Das Gemeindegebiet umfasst 50 km2, die Landschaft ist gebirgig, waldreich und schluchtenreich und das Wasser sprudelt aus mehr als 50 Quellen hervor. Der Ferienort trägt den Beinamen „Viver de las Aguas". Bejis liegt 13 Kilometer entfernt von Viver am Oberlauf des Rio Palancia auf einem 650 Meter hohen Hügel. Das Gemeindegebiet ist gebirgig, der Pena Juliana ist 1.475 Meter hoch und die Masia de las Ventas liegt auf 600 Höhenmetern. Das Klima in den Höhenlagen ist rau und die wirtschaftliche Grundlage des Ortes ist durch die Mineralwasserfirma Agua de Bejis gesichert.

Infrastruktur
Das Touristenbüro im Rathaus von Bejis in der C/ Virgen de Loreto Straße 2, hat nicht immer geöffnet. Das Gasthaus Escabia, das Gasthaus Los Cloticos, die Pension Tren Pita mit einem Stern und der Campingplatz Los Cloticos mit zwei Sternen bieten verschiedene Unterkunftsmöglichkeiten. Im Februar wird der San Blas Tag gefeiert mit Tänzen und Süßigkeiten und speziell für dieses Ereignis gebackenen Hühnern und im September wird zu Ehren der Nuestra Senora de Loreto ein Fest mit Tänzen und Feuerwerk gefeiert.

Stadtrundgang in Viver und Ausflüge
Die auffällige Pfarrkirche des Ortes wurde im 16. Jahrhundert erbaut. Der Glockenturm der Kirche ist über Viver hinaus bekannt. Sie besteht aus drei Kir-

chenschiffen und ihren Seitenkapellen. Eine Kapelle ist die Kreuzeskapelle, die nächste ist die Kommunionskapelle und die dritte Kapelle bildet das Prebysterium. Im Inneren der Kirche sind einige schöne Wandgemälde erhalten. Auch der *Fuente de Asuncion*, ein Brunnen im Barockstil aus dem 15. Jahrhundert, ist sehenswert. Er wurde damals zur Trinkwasserversorgung des Ortes gebaut. Die Kirche und das Kloster *San Francisco de Paula* wurden im Barockstil erbaut. Das kleine, ethnologische Museum des Ortes hat an den Samstagen geöffnet. Die Kapellen *Santa Barbara* und *San Roque*, beide im 17. Jahrhundert erbaut, sind ebenso einen Ausflug wert wie die natürlichen Höhlen bei El Sargal in der Nähe des Flusses und die Quellen *San Miguel* und *La Chana*. Besonders schön ist der Naturschutzpark *La Floresta* in der Nähe der Huronschlucht. Ein Wasserfall, der von wild wuchernder Vegetation umgeben ist, stürzt sich in dem Naturpark in die Tiefe. Auskünfte über Wanderungen sind im Rathaus zu erfragen.

Sehenswürdigkeiten in Bejis
Über Bejis erheben sich die Ruinen einer Burg. Die ersten Bewohner waren Römer, dann kamen die Araber und später die Christen. Erhalten ist ein Brunnen, das Silo und ein Teil der Mauern. Enge Gassen mit wappengeschmückten Herrenhäusern führen zum archäologischen Museum in der C/ Carretera Estacion, in dem römische Schmucksteine und Gefäße ausgestellt werden. Öffnungszeiten: Sa 19-21 Uhr und So 11-13 Uhr. Auf der Rückseite des Dorfes erstreckt sich das römische Aquädukt *Arcos*. Es wurde 1982 unter Denkmalschutz gestellt. In den *Barrancos del Resinero* und *Quinon* ist eine wunderschöne Landschaft zu bestaunen. Am *Fuente Los Cloticos* wurde ein Picknickgelände angelegt.

11. Die Islas Columbretes*, ein Paradies für Taucher
Die Inselgruppe liegt 60 Kilometer entfernt vom Festland. Von Castellón und Alcossebre sind die Inseln in drei Stunden mit Booten zu erreichen. Der Archipel setzt sich aus vier kleinen und mehreren noch kleineren Inseln zusammen. Er hat eine Länge von 5 Seemeilen und 19 Hektar Oberfläche über dem Meer. Die Inseln sind ein gutes Beispiel für vulkanische Inseln sowohl aufgrund ihrer wertvollen Bodenmaterialien als auch wegen ihrer ungewöhnlichen Erscheinungsform. Mit 14 Hektar und 68 Metern Höhe ist die *Illa Grande* die größte und schönste Insel, auf einer Kette von Vulkankratern. Der Felsenrand der Insel wölbt sich über eine natürliche Sandbucht, die von dem englischen Kapitän W. H. Smyth mit dem Namen *Puerto Tofino* bedacht wurde. Die hufeisenförmige Bucht bietet den Schiffen perfekten Schutz. Die Insel *Caralott* ragt 32 Meter aus dem Meer und stellt den geologischen Überrest eines zentralen Vulkankamins dar. Das Meer und der Regen haben dem Vulkangestein die eigentümliche Form gegeben, da die poröse Konsistenz der Asche und Schlacke und das starke Gefälle den Erosionsprozess beschleunigen.

Ferrera und *Fordada* sind zwei weitere Inseln des Archipels, der 1988 zum Naturschutzgebiet erklärt wurde. Auf *Columbrete Grande* darf nur im Beisein des Parkwächters an Land gegangen werden. Fischen in der Nähe der Inseln ist verboten. Verschiedene Die Isolierung der Inseln hat dazu beigetragen, dass die Evolution der Tier- und Pflanzenwelt ungewöhnliche Arten und Unterarten hervorgebracht hat, die man nur auf diesen Inseln finden kann. Nicht zu vergessen ist der spektakuläre Meeresgrund, der sich in atemberaubender Schönheit präsentiert. Von den Meeresvögeln sind insbesondere Eleonorenfalken, Krähenschaben, Audouin-Möwen und Gelbschnabel-Turmtaucher zu erwähnen. In Europa sind diese Arten bereits selten geworden und die Inseln sind der einzige Brutplatz in der Autonomie-Gemeinschaft Valencia. Auch für Zugvögel spielen die Inseln eine wichtige Rolle als Rastplatz. Seit über 10 Jahren gelten die Inseln als bedeutende Forschungsstation für Zugvögel, die hier beringt werden. Auch wenn man das Boot nicht verlässt, lohnt sich die Fahrt durch die Gewässer. Die Bilder von Vulkangestein, das aus dem blauen Meer aufragt und Fischbänke auf dem Meeresgrund zwischen roten Korallenformationen haben ihren eigenen Reiz. Der Meeresgrund mit seinen Höhlen, Bänken und Riffs beherbergt Meereszackenbarsche, Goldbrassen, Langusten und die Laminaria rodriguezi Alge.

VIII. Register

A
Albocácer/ Seite 179
Alcalá de Chivert/ Seite 75
Álcanar/ Seite 108
Alcossebre/ Seite 75
Allgemeines/ Seite 11
Altura/ Seite 242
Amposta/ Seite 149
Antonio Gaudi/ Seite 127
Ares de Maestre/ Seite 180
Almazora/ Seite 77
Almenara/ Seite 98
Alfara/ Seite 202

B
Balneari de Cardó/ Seite 159
Ballestar/ Seite 213
Baix Penedes/ Seite 142
Beseit/ Seite 208
Benicarló/ Seite 62
Benicasim/ Seite 81
Benifallet/ Seite 158
Bejis/ Seite 247
Berge von Prades und von Montsant/ Seite 143
Benasal/ Seite 180
Bojar/ Seite 215
Burriana/ Seite 88

C
Cambrils/ Seite 119
Cabanes del Arc/ Seite 188
Cantaviejea/ Seite 185
Castell de Cabres/ Seite 215
Castellón de la Plana/ Seite 25
Catí/ Seite 170
Capafonts/ Seite 142
Cervera del Maestre/ Seite 165
Cesar Martinell/ Seite 160
Chilches/ Seite 96
Chodos/ Seite 196
Cirat/ Seite 237
Concha de Barbera/ Seite 142
Corachar/ Seite 215
Corbera l'Ebre/ Seite 162
Convent de Benifasar/ Seite 215

D
Deltebre/ Seite 219

Der Iberische Steinbock/ Seite 200
Der Volksheld El Cid/ Seite 182
Domenec Montaner/ Seite 128
Dörfer und Städte des Maestrazgo/Seite 165
E
Ebrodelta/ Seite 217
Ebrotal/ Seite 148
El Pinell de Brai/Seite 159
Escaladei/Seite 144
Escornalbou/ Seite 123
El Poblenou de Delta/ Seite 222
El Toscar/ Seite 202
Espadilla/Seite 238
Espaluga de Francoli/ Seite 143
F
Fahrt auf den Monte Caro/ Seite 201
Fanzara/ Seite 238
Fontcalda/ Seite 204
Forcall/ Seite 187
Fredes/Seite 215
G
Geschichtlicher Überblick/ Seite 12
Gandesa/ Seite 162
H
Herbés/ Seite 216
Herbeset/ Seite 216
Horta de San Joan/ Seite 205
Hinweise zur Benutzung/ Seite 11
I
Islas Columbretes/ Seite 248
Im Tal des Riu Corb/ Seite 147
J
Jerica/ Seite 246
K
Klima und Reisezeit/ Seite 20
Kunstgeschichte/ Seite 15
L
L'Abroc/ Seite 143
L'Alcora/ Seite 191
L' Amettla de Mar/ Seite 116
L'Ampolla/ Seite 114
La Sénia/ Seite 212
La Igulesia del Cid/ Seite 184
Les Cases de Álcanar/ Seite 108
L'Hospitalet de Infant/ Seite 118
Lucena del Cid/ Seite 194

M
Mas de Barberáns/ Seite 200
Mirambel/ Seite 186
Miravet/ Seite 160
Moncofar/ Seite 96
Montanjeos/ Seite 239
Montblanc/ Seite 132
Montbrió del Camp/ Seite 123
Mont-roig del Camp/ Seite 122
Morella/ Seite 171
N
Naturpark Desierto de las Palmas/ Seite 230
Naturpark Prat de Cabanes- Torreblanca/ Seite 233
Natursehenswürdigkeiten/ Seite 195
Navajas/ Seite 244
Notfälle/ Seite 11
Nules/ Seite 91
O
Onda/ Seite 224
Oropesa del Mar/ Seite 78
Orte an der Costa Azahar/ Seite 61
Orte an der südlichen Costa Daurada und im Hinterland/ Seite 107
Orte im Maestrazgo/ Seite 165
P
Paüls/Seite 203
Peñagolosagebiet/ Seite 195
Peñíscola/ Seite 68
Ports de Beseit/ Seite 198
Port Aventura/ Seite 125
Prades/ Seite 143
Prat de Comte/ Seite 203
Puebla de Arenoso/ Seite 240
Poblet/ Seite 136
Puebla de Benifasar/ Seite 215
Perello/ Seite 115
R
Reisewege/Seite 21
Reisen mit Kindern/ Seite 24
Reus/ Seite 126
Ribesalbes/ Seite 237
Rio Mijares/ Seite 236
Rio Palancia/ Seite 240
Riudoms/ Seite 126
Riumar/ Seite 220
Register/ Seite 250
Rundfahrt in der Sierra de Espadan/ Seite 227

S
Salou/ Seite 124
Sama Park/ Seite 121
San Mateo/ Seite 166
Santa Creus/ Seite 141
Sant Carles de la Ràpita/ Seite 112
Sant Jaume de Enveja/ Seite 222
Sagunt/ Seite 99
Segorbe/ Seite 242
Sierra de Benifasar/ Seite 212
Sierra Espadan/ Seite 224
Sierra Irta/ Seite 235
Siruana/ Seite 143
Sot de Ferrer/ Seite 241
Strände Ebrodelta/Seite 223
Sprache/Seite 11
Speisen und Getränke/ Seite 18
Südlicher Teil des Maestrazgo/ Seite 165
T
Tarragona/ Seite 44
Teruel/ Seite 52
Tírig/Seite 168
Tivenys/ Seite 157
Toga/ Seite 237
Torreblanca/ Seite 78
Tortosa/ Seite 151
U/ Ulldecona/ Seite 111
Unterkunftsformen/ Seite 23
V
Valencia/ Seite 31
Valderrobres/ Seite 210
Vallbona de les Monges/ Seite 140
Vall de Uxó/ Seite 227
Valls/ Seite 145
Vinarós/ Seite 62
Vilfamés/ Seite 189
Villareal de los Infantes/ Seite 88
Villahermosa del Rio/ Seite 197
Villafranca del Cid/ Seite 182
Viver/ Seite 247
Vistabella del Maestrazgo/ Seite 195
Vorwort/ Seite 9
X/ Xerta/ Seite 156
Z
Zisterzienserroute/ Seite 136
Zorita del Maestrazgo/ Seite 177